Hans Herlin

Verdammter Atlantik

Hans Herlin

Verdammter Atlantik

Schicksale deutscher U-Boot-Fahrer

Lizenzausgabe 1988 für
Manfred Pawlak Verlagsgesellschaft mbH,
Herrsching

Printed in Jugoslavia
ISBN: 3–88199–456–4

Inhalt

Glückliche Zeiten

U 47 – Kapitänleutnant Günther Prien

Die Frau hatte sich nie vorstellen können, wie es sein würde, wenn der Krieg vorbei wäre. Sie hatte sich an den Gedanken geklammert, daß mit dem Frieden der Alptraum der heulenden Sirenen, der einstürzenden, brennenden Häuser weichen würde. Nichts war geschehen, als die britischen Panzer über die Elbbrücken hinweg nach Hamburg hineinrollten.
Mit den englischen Truppen kam das Gerücht in die Stadt. Plötzlich war es da. Und dann hatte ein britischer Sender die Nachricht gebracht: Günther Prien, Kommandant von U 47, lebt! – Er ist mit seiner Besatzung in einem Konzentrationslager aufgefunden worden. Prien selbst wird, sobald er wiederhergestellt ist, über den Rundfunk sprechen . . .
Die Frau starrte auf das graue Fenster, hinter dem es nicht Tag werden wollte. Prien lebt! dachte sie.
Günther Prien und ihr Mann, Wolfgang Barten, waren alte Freunde. Sie waren von der gleichen Crew. Die gleiche Crew – das war das stärkste Band zwischen zwei Marineoffizieren.
Wieder blickte sie zum Fenster hinüber, und sie dachte an den Tag, als man kam, um ihr zu sagen, daß ihr Mann, Kapitänleutnant Wolfgang Barten, gefallen war. Am 13. Oktober 1939 war sein Boot, U 40, im Kanal auf eine Mine gelaufen.
Der 13. Oktober 1939. Der gleiche Tag, an dem ein anderer U-Boot-Kommandant sich anschickte, mit seinem Boot, U 47, in die Bucht von Scapa Flow, dem Ankerplatz der britischen Home Fleet, einzubrechen.
Als sie dort lag und das dachte, fühlte sie sich, als läge das Schlimmste des Krieges, der doch beendet war, noch vor ihr. Sie lag in der Dunkelheit und wartete, bis das graue Rechteck im Zimmer sich in der aufgehenden Sonne rötete. Sie hatte plötzlich Angst, daß auch sie sich noch Hoffnung machen würde. Wenn sie jetzt Prien wirklich fände. Sie dachte an ihren eigenen Mann. Zwar hatte man ihr gesagt, er sei ver-

mißt, aber vielleicht . . . Darum mußte sie die Wahrheit erfahren. Die ganze Wahrheit.
Sie mußte noch einmal eingeschlafen sein. Sie hatte die Tür offengelassen, und sie erwachte von dem Schrillen des Telefons. Sie fürchtete sich, als sie den Hörer abnahm. Es dauerte eine ganze Weile, bis sie die Stimme der Frau verstand.
»Du hör, Anna-Liese, ich glaube, ich hab' jetzt etwas erfahren, etwas Konkretes. Kannst du mitschreiben? Die Nummer ist 441071 . . . Du mußt Apparat 223 verlangen, Wirtschaftsamt. Eine Frau . . .« Sie buchstabierte den Namen. »Die Witwe eines alten U-Boot-Mannes. Sie kann dir die Adresse dieses Mannes sagen. Er ist mit Prien auf U47 zusammen gefahren. Und er soll es auch überlebt haben . . .«
Eine Stunde später hatte Frau Anna-Liese Barten die Anschrift. Die Adresse eines Mitgliedes der Besatzung von U47. Heinz Grann, Hamburg, Kleiner Schäferkamp 44.
Der Mann, der ihr öffnete, stützte sich auf zwei hölzerne Krücken. Er nickte, als sie ihren Namen nannte.
»Man hat mich zu Ihnen geschickt«, begann sie. Sie starrte auf den Zettel in ihrer Hand. Dann reichte sie ihm das abgerissene Kalenderblatt. Sie streifte das Kopftuch von ihrem Haar, und sie fühlte dabei den Staub, der sich darauf gelegt hatte, als sie durch die zerschlagenen Straßenzüge der Stadt gelaufen war. »Man sagte mir, Sie kannten Prien, Günther Prien . . .?«
»Ich bin auf U47 gefahren. Seinem Boot.« Er lächelte. »Die beste Mannschaft – und der beste Kommandant.«
Er humpelte ihr voraus durch den düsteren Gang, in dem kaum Platz war zwischen den vielen Schränken. Er stieß eine Tür auf und ließ sie eintreten. Sie konnte sich später kaum genau an diesen Raum erinnern; nur, daß sie sich über die vielen Blumenstöcke gewundert hatte, die überall standen. Er hatte seine Krücken sorgfältig zusammengelegt und neben sich an den Sessel gelehnt, so, als werde es ein langes Gespräch.
»Günther Prien war ein guter Freund meines Mannes«, sagte sie, »der Pate meines Jungen. Als ich jetzt hörte . . . Wir mußten glauben, daß er tot war! Der Wehrmachtsbericht . . .!«
Er unterbrach sie fast ungeduldig. »›Mit dem Verlust des Bootes muß gerechnet werden‹ – das kenne ich.« Eines der Fenster stand offen. Einmal fuhren Wagen vorbei. Laut und mit kreischenden Bremsen. Er begann zu sprechen wie ein Mann, der froh war, sich aussprechen zu können.

»Das Boot, unser Boot . . . Es sollte von seinem Stützpunkt auslaufen. Das war in Lorient, im Februar. Einundvierzig.« Er blickte auf. In seinen müden Augen war nichts zu lesen. »Solange ist das her. Das Boot war ordentlich mitgenommen. Es war zwar überholt worden, aber auf einer Probefahrt zeigte sich, daß der Motor noch immer muckte. Prien wollte mit so einem Boot nicht ausfahren. Es war auch wegen der Mannschaft. Er verlangte das letzte von uns. Aber er wußte, wenn es zuviel war . . . Als der Befehl kam, da liefen wir aus. Und dann . . .« Seine Augen blickten ins Leere, dorthin, wo nur der Stoff seiner grauen Hose ganz nahe unter der Hälfte umgeschlagen und mit einer Nadel festgesteckt war. »Ein anderes Boot war auch ausgelaufen. Es hatte Befehl, uns zu rammen. Aber das wußten wir da noch nicht. Ich will den Namen des Bootes nicht nennen.« Er schwieg eine Weile, als wolle er ihr Zeit lassen.

»Wir hatten das andere Boot im Horchgerät ausgemacht. Wir tauchten auf, und da war es. Wir signalisierten hinüber – und in dem Augenblick erst sahen wir, daß es zum Rammen ansetzte. Wir begriffen erst, als man uns aufgefischt hatte und Posten mit Gewehren . . .« Er brach ab.

»Und was ist mit – Günther?« Sie spürte plötzlich, wie sie nicht mehr die Kraft hatte, sich gegen das, was er sagte, zu wehren. Sie schloß die Augen.

»Er wurde verletzt. Ersparen Sie mir das. Und das war auch nicht das schlimmste. Das schlimmste war, daß Kameraden . . .« Seine Stimme war stockender geworden. »Die ersten Wochen verbrachten wir in einem Lazarett, in Wilhelmshaven. Ein abgetrennter Flügel. Posten vor den Türen. Wir hatten mehrere Verletzte. Später ging es weiter. Bei Nacht, unter strenger Bewachung. Zuerst nach Torgau, dann Esterwegen . . . Ich lag dort mit ihm in einer Stube.« Plötzlich griff er nach seinen Krücken. Er trat vor sie hin. »Ich verstehe, daß Sie mir nicht glauben«, sagte er. »Das alles ist schwer zu glauben. Ich komme später gern noch einmal zu Ihnen. Vielleicht wollen Sie, daß dann jemand dabei ist.«

Auch sie hatte sich erhoben. »Wo ist er jetzt? Wie geht es ihm? Bitte, sprechen Sie doch!«

Der Mann humpelte schwingend voraus zur Tür. Dort wandte er sich noch einmal um. Seine Antwort kam ohne Zögern. »Die Engländer halten ihn noch versteckt, bis die deutschen Behörden die Todeserklärung zurücknehmen. Eigentlich, nicht wahr, dürften wir ja alle nicht mehr leben.«

Einige Tage später hatte Frau Barten eine zweite Unterredung mit Herrn Heinz Grann. Wieder erzählte Grann die Geschichte, ausführlicher noch, in allen Einzelheiten. Und er hatte nunmehr sogar zwei Adressen, unter denen sich Günther Prien zur Zeit aufhielte. In Lüneburg und bei Hannover.
Lüneburg. Das waren nur sechzig Kilometer von Hamburg. Aber die Elbbrücken waren schwer bewacht und für jedermann gesperrt.
Frau Barten brauchte einen Passierschein. Sie lief von Dienststelle zu Dienststelle. Im Rathaus schickte man sie zum Esso-Haus am Neuen Jungfernstieg. Endlich wurde sie beim Stadtkommandanten vorgelassen.
Der Town-Major, ein Mr. Bender, war verständnisvoll. – Günther Prien? Sicher, er kannte diesen Mann. Welcher Engländer kannte ihn nicht. Mr. Bender hatte Mut immer bewundert. Selbst den Mut seiner Feinde. – Die Gerüchte? Oh – well, das stimmt. Mr. Prien lebt – das hatte auch er gehört.
So hielt Frau Barten am 12. Juni 1945 das für sie so bedeutsame Dokument in der Hand: ALLOWED TO CROSS THE ELBE-BRIDGES. Gründe: »Information about Mr. Günther Prien, who should have been found in a Konzentrationslager.«
Am 14. Juni fuhr Frau Barten nach Lüneburg. Aber sie wurde enttäuscht. Die Adressen, die sie von Herrn Grann erhalten hatte, stimmten nicht. Und doch war die Reise nicht vergebens. In Lüneburg stößt sie auf eine neue Spur; auf der Betreuungsstelle für ehemalige Häftlinge der Konzentrationslager. Leiter ist Herr Ahrendt, und als Frau Barten bei ihm nach Günther Prien fragt, ist er sofort zur Hilfe bereit. Er wird Kuriere in die Lager der Ostzone schicken. Vor allem nach Torgau. Und er wird, so erklärt Herr Ahrendt, sich vor allem mit dem Roten Kreuz in Genf in Verbindung setzen.
Während Frau Barten, wieder in Hamburg, Tag um Tag verzweifelter auf Nachricht wartet, meldet sich bei ihr ein Herr Voss. Er ist Deutscher. Er arbeitet als Dolmetscher beim britischen Secret Service. Und Herr Voss schwört: Prien und die Männer seiner Besatzung leben. Er weiß, sie waren einige Tage im Gebäude des Secret Service in Hamburg in der Feldbrunnenstraße untergebracht.
Immer ratloser wird die Frau. Was und wem soll sie noch glauben? Als sie das untätige Warten nicht mehr aushält, fährt sie noch einmal nach Lüneburg. Im Kohlenzug. Stundenlang steht sie auf dem Trittbrett. Und wirklich. Man hat dort Nachricht für sie. Eine Nachricht, an der sie nicht zweifeln kann, Antwort aus Genf. Das Rote Kreuz hat

geschrieben, daß Günther Prien, wenngleich verletzt, am Leben sei. Seinen derzeitigen Aufenthalt allerdings kenne man nicht. So kann sie nur zurückfahren und warten und hoffen und zweifeln. So wird es Ende 1945. Weitere Spuren weisen nur ins Leere.

Auch Priens Mutter, Frau Bohstedt in Leipzig, hört von den Gerüchten. Auch bei ihr melden sich Leute, die beschwören, ihr Sohn Günther lebe. In ihrer Verzweiflung wendet sich die Mutter an Freunde, an die Ämter in Leipzig und dann nach Berlin. Am 6. Dezember 1945 erhält sie von dort eine endgültige Nachricht. Ein Brief vom Hauptausschuß »Opfer des Faschismus, Berlin SO 36, gez.: Raddatz«.
Das Ergebnis der Untersuchung, das Frau Bohstedt schon im Dezember mitgeteilt wird, veröffentlicht die Berliner Zeitung »Der Morgen« am 3. Februar 1946. Es ist der erste authentische Bericht. Er ist mit eidesstattlichen Zeugenaussagen belegt. Und mit Dokumenten, die aus dem Reichsjustizministerium stammen sollen:
Am 24. Mai 1941 wurde amtlich bekanntgegeben, daß das U-Boot des Kapitänleutnants Günther Prien »von Feindfahrt nicht zurückgekehrt sei«. Das Gerücht, das schon seit Jahr und Tag am Heldentode Priens zweifelte, wird nun durch vieler Zeugen Mund bestätigt. Was hat sich wirklich ereignet? Das erfuhren authentisch zuerst Leute aus Neu-Seddin bei Potsdam nach dem Zusammenbruch. Dort wurden auf dem Güterbahnhof in einigen Waggons Akten des Reichsjustizministeriums gefunden, die dann von den Besatzungsbehörden beschlagnahmt wurden. Unter ihnen befindet sich auch die Akte Prien.
Elektroschweißer Busse aus Beelitz, der die Akte gelesen hat, stellt den Inhalt so dar:
»Günther Prien ist vor ein Kriegsgericht gestellt und zusammen mit dem größten Teil der Mannschaft seines Bootes in das KZ Torgau und später in das Moorlager Esterwegen (Hann.) gebracht worden. Beim Hauptausschuß ›Opfer des Faschismus‹ in Berlin liegen Zeugenaussagen ehemaliger Häftlinge vor, die mit Prien zusammen in Haft waren. Einer dieser Zeugen ist Fritz Reichert aus Wittenau, Rödernallee. Er hat Prien noch Ende Februar 1943 in Torgau gesehen. Weiter liegt dem Hauptausschuß ein Brief von Hans Bothmann aus Gotha vor. Er ist Vater des Leitenden Ingenieurs des Bootes Prien. Bei ihm hat sich der Zeuge Werner Kowernik aus Berlin gemeldet, der Prien und den Ingenieur Bothmann im Moorlager Esterwegen getroffen hat. Nach weiteren Zeugenaussagen ist Prien noch im Januar/Februar 1945 in Torgau gesehen worden.«

Seit diesem Tag kennt die Mutter Günther Priens nur noch ein Ziel: fort aus dieser Stadt. Sie hat hier niemanden, der ihr raten kann. Niemand, dem sie vertrauen kann.
Die Mutter hat noch ein paar Bücher gerettet: die Bibliothek ihres Sohnes mit nautischen Fachbüchern. Sie verkauft sie. Für das Fahrgeld nach West-Berlin.
Das wenige, was ihr sonst noch geblieben ist, läßt sie zurück. Die Bronzebüste ihres Sohnes, die man ihr aus Lorient geschickt hatte, und ein paar Sachen packt sie in eine alte Seekiste. Sie erhält die Erlaubnis für einen Besuch nach West-Berlin. Im März 1950 verläßt die Mutter Günther Priens Leipzig.
»Als ich floh, dachte ich, Ruhe zu finden, aber scheinbar bekomme ich sie nie«, schreibt sie in ihrem ersten Brief aus West-Berlin. Sie hat ein kleines Zimmer in Charlottenburg gefunden. Sie erhält ihren Flüchtlingsausweis und Aufenthaltsgenehmigung für West-Berlin. Dann kommt auch ihr Rentenbescheid, fünfundvierzig Mark. Sie wird in das Städtische Wohnheim in Berlin-Siemensstadt eingewiesen. Sie bewohnt dort ein Zimmerchen mit einer Kochnische, das Zimmer Nummer zehn. Sie zahlt dreißig Mark dafür, Gas und Licht extra. Und sie muß sich selber verpflegen. Immer noch findet sie keine Ruhe. Immer noch kommen die sich widersprechenden Nachrichten über ihren Sohn. Dann wird sie krank. Fünf Monate liegt sie in ihrem Zimmer im Heim. Dann bringt man sie ins Krankenhaus. Nach neun Monaten wird sie entlassen. Hoffnungslos, sagen die Ärzte, Krebs.
Ihre Briefe, in denen sich ihr Schicksal spiegelt, werden seltener. Sie weiß, daß sie keine Kraft mehr hat. Auch für eine Frau, die im Leben gelernt hat, allein zu sein, gibt es eine Grenze. »Niemand fragt nach meinem Leben. Wozu noch? Könnte ich nur Günthers Kindern noch etwas sein, aber die sind für mich unerreichbar.«
Einer der letzten Briefe, die sie vor ihrem Tode erreichen, kommt aus Leipzig. Und selbst jetzt noch, Anfang des Jahres 1954, quält man sie. Ein Herr Trauts schreibt ihr, an dem Tag, an dem sie Leipzig verlassen hätte, hätte ihr Sohn sie in ihrer Wohnung gesucht.
Dann, an einem trüben Märztag, stehen ein paar Bewohner des Wohnheimes Siemensstadt um das Bett der Frau im Zimmer zehn. Niemand spricht. Sie brauchen keine Worte. Längst ist der Krieg zu Ende, aber hier, in den Gesichtern der Alten, ist er immer noch gegenwärtig.
Die Frau lächelt denen, die dort stehen, zu. Die bitteren Jahre hatten ihr den Mut gegeben, die letzte Angst zu überwinden, die Angst, sich

zu ihrem Sohn zu bekennen. Nicht zu dem, was sie aus ihm gemacht hatten. Nicht zu dem Helden des Krieges und nicht zu dem Märtyrer, der im KZ endete.
Der Krieg war in ihren Augen immer Angst gewesen. Und nicht das, was man in Büchern darüber las. Sie wußte, wie er wirklich war, aber das konnte sie nun niemandem mehr sagen. Auch ihren Enkelkindern nicht. Vielleicht war es das, worauf sie immer noch gehofft hatte! Schade, daß sie es ihnen nicht mehr sagen konnte.
Es würde wohl immer so sein. Und es würde nie anders werden, wenn die Mütter nicht damit aufhörten, ihren Söhnen zu erzählen, daß ihre Väter Helden gewesen seien.
Am 23. März 1954 starb die Mutter Günther Priens beinahe zweiundsiebzigjährig in Berlin. Sie starb, ohne die ganze Wahrheit über ihren Sohn zu kennen.

Seit dem 15. September 1939 lag U47 in Kiel. Es war das vierte Boot an der Tirpitz-Mole, und man sah es von der »Hamburg« aus, die auf der anderen Seite der Mole festgemacht hatte. Die »Hamburg« war ein alter umgebauter Kreuzer, und dort wohnten die Männer der 7. U-Flottille, zu der auch U47 gehörte.
Der Krieg hatte U47 auf See überrascht. Am 19. August 1939 war das Boot von Kiel ausgelaufen. Es stand im Atlantik, in der Biskaya, als der Funkspruch kam. Das war am 3. September 1939 um 15.40 Uhr, und zwei Tage darauf hatten sie ihren ersten Dampfer versenkt, die britische »Bosnia«. Einen Tag später die »Rio Claro«, und am 7. September die »Gartavon«. Am gleichen Tag war die Order gekommen, die U47 nach Kiel zurückrief.
In den ersten Oktobertagen wurde das Boot neu ausgerüstet. Wohin es gehen sollte, wußte niemand.
Schon am 1. Oktober, einem Sonntag, wurde der Kommandant von U47, Kapitänleutnant Günther Prien, aus der Messe der »Hamburg« herausgerufen. Als das Verkehrsboot von der Tirpitz-Mole ablegte, erkannte Wilhelm Spahr, der Obersteuermann von U47, seinen Kommandanten Günther Prien. Spahr sah das Boot einen weißen Strudel durch das klare, blaue Wasser der Förde ziehen. Es schwenkte hinüber zur Blücherbrücke. Spahr blickte die anderen Männer vielsagend an. An der Blücherbrücke lag die »Weichsel«, das Wohnschiff des F.d.U., des Führers der Unterseeboote, Dönitz.
Das Verkehrsboot kehrte erst nach drei Stunden zurück. Spahr sah

Prien plötzlich an der Tür zur Messe auftauchen. Der Obersteuermann schritt breitbeinig durch die Messe.
Prien lächelte flüchtig. »Ich brauche ein paar Karten«, sagte er. »Nördliche Nordsee und Schottland ...«
»Schon 'raus, was wir machen, Herr Kaleu?« fragte Spahr.
Prien schien nichts gehört zu haben. »Noch was, Spahr. Die Gezeitentafel und das Seehandbuch für die nördliche Nordsee.« Er nahm seine Mütze ab und fuhr mit den Fingern über das Schweißband. Als er aufblickte, lächelte er. »Was soll schon sein? Ich weiß selbst noch nicht, was wir machen sollen.«
Der Obersteuermann hatte die Karten in die Kammer des Kommandanten an Bord der »Hamburg« gebracht. Er stand schon vor der Tür und wollte eben gehen, als er noch hörte, wie sich der Schlüssel im Schloß drehte. Spahr schüttelte den Kopf. Noch oft in den nächsten Tagen sollten die Männer vom U47 das Verkehrsboot zur Blücherbrücke fahren sehen. Der Obersteuermann hatte das alles schon fast vergessen, als er zwei Tage später zusammen mit dem Ersten Wachoffizier von U47, Bertel Endraß, zu Prien gerufen wurde. Das erste, was die beiden Männer sahen, waren die auf dem Tisch in der Kammer ausgebreiteten Seekarten.
Prien stand vor einem der Bullaugen, kleine blaue Kreise eines wolkenlosen Himmels. Er nahm sich eine Zigarette und reichte sein Etui weiter. Er stieß sich von der Wand ab. »Was ich euch jetzt sage, darüber habt ihr Stillschweigen zu bewahren.« Er sagte es wie etwas ganz Nebensächliches, aber er lächelte nicht mehr. Sein Gesicht war hart. Wenn er ernst war, hatte er das harte Gesicht eines Mannes, der unter Tage arbeitet. »Kommt mal her.«
Sie blickten über seinen Rücken hinweg auf die Karten. Als sie den Namen der Bucht lasen, sahen sie sich an. Ihr Blick war voller Erstaunen. Prien hatte einen Zirkel genommen, und gemeinsam beugten sie sich über die Karte. Es war eine Karte von Scapa Flow mit seinen sieben Eingängen. Prien ließ den beiden Männern Zeit. »Sieht aus wie ein Buch mit sieben Siegeln«, sagte er dann. »Ihr werdet euch wundern – wir wollen da hinein.« Er zog einige Luftaufnahmen aus einem großen Umschlag. »Sie haben hier was ausspioniert. Das ist vor etwa vierzehn Tagen aufgenommen worden. Seht es euch an. Schwere und leichte Streitkräfte in der Bucht; die fühlen sich sicher wie in Abrahams Schoß.« Er warf die Aufnahmen auf den Tisch. »Vom 13. bis 28. September hat U14 vor den Orkneys operiert. Wellner, der Kommandant, hat wertvolles Erkundungsmaterial mitgebracht, eine

ganze Akte, Bewachung, Stromverhältnisse und so weiter.« Er zog neue Aufnahmen aus dem Kuvert und blickte auf die Rückseite. »Die hier sind vor sechs Tagen gemacht worden. Sie haben alles verrammelt, mit Minensperren und versenkten Wracks. Bis auf eine Stelle ... hier hat Scapa Flow eine Achillesferse.«

Sie beugten sich über die Vergrößerungen. Eine Weile war es ganz still. Die Zirkelspitze zeigte auf die nördlichste der Passagen – Kirksound. Durch die Lupe war alles genau zu sehen: die erste Minensperre, die drei versenkten Blockschiffe, die das Fahrwasser sperren sollten. Doch da war eine Stelle frei. Südlich der Wracks, etwa einhundertsiebzig Meter bis zu der Stelle, wo das Wasser so flach war, daß das Boot nicht passieren konnte. Auch im Norden war eine kleine Lücke ...

»Und das Ufer?« fragte Endraß tonlos.

»Soll unbewacht sein.«

Plötzlich war das Trillern einer Bootspfeife draußen hörbar, leise, monoton, aber in der Stille unheimlich. Prien stieß den Sessel zurück. »Ich lasse euch jetzt allein. Überlegt euch das. Jeder rechnet aus, was für uns die beste Zeit ist. Und jeder macht das für sich.«

In den nächsten Stunden saßen die beiden Männer und rechneten. Zwischen den Zahlen und Angaben, mit denen sie die Bogen bedeckten, stand nichts von der Gefahr. Es war eine Rechenaufgabe. Als sie fertig waren, schrieb jeder sein Ergebnis auf einen Zettel und steckte ihn in ein Kuvert. Als Prien die Zettel las, entspannte sich sein Gesicht. Unabhängig voneinander waren sie zum gleichen Ergebnis gekommen. Auch Prien selbst, der Steuermann des F.d.U., Krökel, und der Chef des Stabes, Kapitän zur See Godt, hatten den gleichen Zeitpunkt errechnet. So war es beschlossen: In der Nacht vom 13. auf den 14. Oktober 1939 sollte ein einziges U-Boot versuchen, Englands Seemacht zu erschüttern.

Am 4. Oktober ging an die um die Orkneys aufgestellten Boote U10, U18, U20 und U23 ein Funkspruch, der ihnen unverständlich blieb. Sie wurden aus den Gewässern um die Orkneys zurückgenommen; der Feind sollte nicht beunruhigt werden.

In den nächsten Tagen rüstete U47 um. Das geschah ganz offen, vor aller Augen. Das Boot gab seine Lufttorpedos ab und nahm die neuen elektrischen ›Aale‹ an Bord. Ein Teil des Proviants wurde wieder von Bord geschafft. Auch Brennstoff und Frischwasser gab U47 ab. Die Männer der Besatzung schüttelten den Kopf. Was sollte das?

Am 8. Oktober war alles an Bord. Der Kommandant stand auf der Brücke. In diesem Augenblick lief ein anderes Boot in die Förde ein. Es war U40, und auf der Brücke stand sein Kommandant, Priens alter Freund Wolfgang Barten. U40 kam vom Marine-Arsenal Kiel-Gaarden. Es hatte dort Torpedos übernommen.
»Na, Prienchen, was hast du denn Besonderes vor . . .« Bartens Stimme klang hallend herüber.
Prien ließ sich das Megaphon reichen. »Will 'raus . . .«
»Na, der Alte wird doch nicht so verrückt sein und dich in die Höhle des Löwen jagen . . .«
Prien ließ die Hand sinken. Er fühlte, wie die Männer auf dem Boot ihn anstarrten. Er neigte sich weit über das Schanzkleid des Turmes: »So verrückt kannst auch nur du sein«, schrie er zurück.
Es war das letzte Mal, daß sich die beiden Freunde sahen. Am 13. Oktober lief U40 im Kanal auf eine Mine, und keiner überlebte.
U47 war durch den Kaiser-Wilhelm-Kanal in die Nordsee gelaufen; südlich von Helgoland machte es seine Tauchversuche. Dann lief es bis Borkum, und am 9. vormittags war U47 auf dem »Borkumweg« unterwegs zur Doggerbank.
Der Ober-Funkmaat, Hans Blank, ein Kölner, saß untätig vor seinen Apparaten. Für das Unternehmen war ein eigener Code für den Funkverkehr ausgearbeitet worden, aber dieser Sonderschlüssel sollte nur im dringendsten Fall angewendet werden.
Sie marschierten über Wasser, und sobald sich auch nur die Spur einer Rauchfahne am Horizont zeigte, tauchte das Boot. Das Barometer war gefallen. Unter tiefhängenden, schnell treibenden Wolken glitt das Boot wie ein Schatten über das Wasser. Querab von Kinnairds Head änderte es plötzlich den Kurs und lief zur englischen Küste. U47 stoppte, als die Seekarte zeigte, daß sie eine Tiefe von zweihundert Metern unter dem Kiel hatten, das Teufelsloch!
Wieder hatten die Männer einen Grund zum Staunen. Einer flüsterte es dem andern zu: Varendorff, der Zweite Wachoffizier, war mit einem Kleidersack auf den Turm gestiegen. – An dem Sack hingen schwere Gewichte, und Minuten später vernahm man den klatschenden Aufschlag auf das Wasser; alle Dokumente, Funkunterlagen und sonstige Geheimsachen sanken auf den Grund.
Am 12. Oktober abends stand U47 querab von den Orkneys. Die Nacht war dunkel und windig, und die Männer auf der Brücke waren wie Blinde, die den Weg ins Labyrinth finden sollten. Prien stand da, das Glas vor den Augen. Plötzlich zerschnitt ein heller Strahl das

Dunkel der Nacht. Jemand auf dem Turm flüsterte die Zeit. Es war zweiundzwanzig Uhr.
»Muß schon sagen, die Engländer sind nette Leute«, meinte Prien. Es war das Leuchtfeuer von Rose Ness. Es rotierte, und sie liefen näher zur Küste, bis sie ihren Standort festgestellt hatten.
»Ob da Schiffe auslaufen?« fragte Endraß. »Mensch, hoffentlich kommen wir nicht mehr in einen leeren Stall.«
Um halb zwölf erlosch das Licht, und das Boot schlich zurück nach Osten. Auf der Hundert-Meter-Linie stoppten die Maschinen.

Zur gleichen Zeit fuhr ein Wagen bei der Befehlsstelle des Führers der U-Boote, Dönitz, in Sengwarden bei Wilhelmshaven vor. Es war ein Wagen der Luftwaffe. Minuten später standen die Männer in ihren blauen Uniformen mit dem Luftwaffenleutnant vor dem Tisch mit den Aufnahmen. Als die starken Lampen eingeschaltet wurden, drängten sich alle um den Tisch. Eine Weile hörte man nur ihr Atmen und das Knistern der Drähte in den Birnen.
Der Flugzeugführer des Aufklärers, Leutnant Newe, der diese Aufnahmen am gleichen Tag, dem 12. Oktober, um fünfzehn Uhr über Scapa Flow gemacht hatte, brauchte zu den Fotografien nicht viel zu sagen. Die Sichtverhältnisse waren ausgezeichnet gewesen, und die Schiffe in der Südwest-Ecke vor der Insel Hoy, am Ankerplatz der britischen Home Fleet, waren gut auszumachen; ein Flugzeugträger, fünf schwere Schiffe, zehn Kreuzer und die kleinen Schatten der Zerstörer. Sie alle wußten, was das bedeutete. Sie wußten, daß die Flotte, in der sichersten Seekriegs-Basis der Welt, ihren Dornröschenschlaf schlief. Aber sie wußten auch, daß die Chance des U-Bootes, zu entkommen, sehr gering war.
Dönitz war der erste, der sprach. Er wandte sich an seinen Nachrichtenoffizier. »Also gut. Unterrichten Sie U47.«
Die Männer standen noch immer vor den Aufnahmen, als der Offizier zurückkehrte. Eine Sekunde zögerte er. »Das Boot hat den Funkspruch nicht aufgenommen«, sagte er dann. »Es gibt nur eine Erklärung. Prien wird sein Boot auf Grund gelegt haben.«
Der Luftwaffenleutnant schob sich vor. »Ich habe noch eine Meldung«, sagte er. »Am elften, also gestern, ist eine Maschine ohne Auftrag in Scapa Flow eingeflogen. Eine niedrige Wolkendecke lag über der Bucht, und der Mann mußte tief heruntergehen. Ein Versehen. Hoffentlich haben wir damit den Feind nicht gewarnt . . .

U 47 lag in hundert Meter Tiefe, und der Grund, auf dem es lag, war weicher, guter Sand. Die Männer im Boot waren unbelastet von Erinnerungen. Sie hatten drei britische Schiffe versenkt, aber sie hatten gesehen, wie die Besatzungen sich in die Boote hatten retten können. Sie hatten auch von den beiden U-Booten erfahren, die die Deutschen bisher verloren hatten, U 39 und U 27, aber sie hatten auch gehört, daß die Besatzungen beider Boote lebend in Gefangenschaft gekommen waren.

Es war acht Uhr, als Endraß, der Erste Wachoffizier, die Leute in den Bugraum rief. Im Licht der schattenlosen, umgitterten Glühlampen waren ihre Gesichter bleich. Aber das täuschte. Es waren junge, ausgeruhte Gesichter, die der Krieg noch nicht gezeichnet hatte. Der Kommandant lehnte mit dem Rücken gegen das wasserdichte Schott. Er wartete, bis es still war und bis die Stille so unerträglich wurde, daß das Geräusch eines Wassertropfens laut gegen ihre Ohren trommelte.

»Zuhören!« sagte Prien plötzlich. »Wir haben den Auftrag, nach Scapa Flow einzulaufen. Die englische Flotte liegt dort vor Anker. Nach den vorliegenden Meldungen ist alles versammelt. Wir sollen angreifen und möglichst viele Schiffe vernichten.«

Keiner sprach. Keiner bewegte sich. Das Schweigen hielt an.

»Ich weiß, was ich da von euch verlange, aber ich denke, ihr laßt mich nicht im Stich. Und jetzt alle Mann sofort in die Kojen! Um sechzehn Uhr ist Wecken.«

Sie tauchten den ganzen Tag nicht auf. Sie lagen im Dunkeln. Die Kojen waren eng, etwas feucht, und manchmal hörten die Männer, wie die Strömungen gegen die Außenwände des Bootes schlugen. Der Tag währte eine Ewigkeit. Auch der Obersteuermann Spahr fand keinen Schlaf. Er sah die Karte vor sich, die Karte . . . Sieben Meter Tiefe, zehn Meter Tiefe. Und die Stelle, an der die Wracks liegen mußten . . . Er hatte das alles im Kopf, und doch quälte ihn der Gedanke, vielleicht etwas übersehen zu haben. Er wälzte sich aus seinen Polstern und schlich nach vorn. In der Offiziersmesse breitete er die Karte nochmals aus, schlug die Gezeitentafel auf. Vor der Koje des Kommandanten hing der schwere, grüne Vorhang. Nichts rührte sich dort.

Um sechzehn Uhr brauchte sie niemand zu wecken. So schnell waren sie noch nie aus den Kojen gekommen. Es gab einen Imbiß, und dann machten sie das Boot klar. Um sieben Uhr war alles bereit. Die Luft in der engen stählernen Röhre war verbraucht und stickig, voller

Schweiß und Öl. In seiner kleinen Kombüse bereitete der Kochsmaat, der Matrosengefreite Friedrich Walz, das Essen zu.
Das Klappern des Geschirrs war das einzige Geräusch, als die drei Männer mit den Sprengladungen durch das Boot gingen. Wenn U 47 entdeckt werden sollte, so wollten sie durch den Gutter Sound zu den großen Depots beim Hauptankerplatz durchlaufen. Dort wollten sie das Boot unter die Brücke legen, aussteigen und wenigstens die Brücke mit in die Luft gehen lassen. Keiner ließ einen Blick von den drei Männern, die die Sprengladungen anbrachten. Die anderen waren dabei, Zigaretten und Streichhölzer wasserdicht in Ölpapier zu verpacken. Einer nach dem andern schlich sich mit seinem Päckchen in die Zentrale und legte es dort ab.
Dann gab Prien den Befehl zum Auftauchen, und langsam löste sich das Boot und trieb hinauf. Es stieg, und dann wurde das Singen der Maschinen immer heller. Die Männer um den Kommandanten ließen keinen Blick von seinem Gesicht, als er ganz behutsam das Sehrohr ausfuhr. Er preßte die Augen an das Okular. Sie sahen, wie er einen schnellen Rundblick nahm, aufblickte, die Mütze zurückschob und zögerte. Er trat beiseite.
»Sehen Sie mal, ob Ihnen was auffällt«, sagte er zu seinem Ersten Wachoffizier.
Endraß preßte die Augen an das Okular. Als er dann aufblickte, verriet sein Gesicht nichts. Prien streifte die schweren Stulpenhandschuhe ab und legte die Hände auf die Knie: »Hat's Ihnen die Sprache verschlagen? Na los, was meinen Sie?«
»Der Mond kann es nicht sein«, antwortete Endraß. »Und ein brennendes Schiff – ich weiß nicht.« Er unterbrach sich plötzlich. »Nordlicht! Mensch, sollten wir daran nicht gedacht haben!«
Prien legte die Handschuhe über den Griff des Periskops. »Auftauchen«, sagte er nur.
Das Boot brach steil aus dem Wasser. Der Kommandant kletterte als erster nach oben, klein und drahtig, mit schnellen Bewegungen. Dann folgten die anderen: Bertel Endraß, der Erste Wachoffizier, von Varendorff, der Zweite Wachoffizier, und der Bootsmann, Hans Sammann. Einen Augenblick nahm ihnen die klare, frische Luft den Atem.
Die Diesel sprangen an. Ein leichter Wind trieb die Wolken über das dunkle Wasser. Am Horizont flimmerte das eigentümliche Licht. Es sah aus, als habe jemand den Horizont mit leuchtendem Phosphor angestrichen. Die Männer hatten den Schutz von den Nachtgläsern ge-

nommen. Aber sie brauchten die Gläser nicht, um zu sehen, daß die Nacht für ihr Unternehmen zu hell war. Das Bild von dieser Nacht hatte Prien bis in seine Träume verfolgt. Es irritierte ihn, daß dieses erste Bild schon trog. Flackernd stand das Nordlicht über der See; eine Sekunde blickten die Männer schweigend und unruhig auf ihren Kommandanten.
»Frage Kurs?« Es war der Rudergänger, Schmidt.
Prien antwortete nicht sofort. Er spürte, wie die anderen auf seine Entscheidung warteten. Er war froh, auf der Brücke zu sein. In der Dunkelheit war alles leichter. Man verriet sich nicht so leicht – und es war wichtig, daß ein Kommandant sich nie verriet. Auf dem Turm mußte man nur auf die Stimme achten. Vielleicht würde es morgen dunkler sein? Aber vielleicht würde sich nichts ändern. Vielleicht hatten sie auch ohnehin keine Chance. Heute nicht, und morgen nicht. Vielleicht war das eine Selbstmörderpartie. Es war sinnlos, länger zu warten. Noch einmal vierundzwanzig Stunden auf Grund liegen? Vierundzwanzig Stunden, quälende, ungewisse Stunden ... Er beugte sich über das Sprachrohr. Er gab den Kurs, und an der Stimme, mit der der Rudergänger die Befehle wiederholte, merkte der Kommandant, wie erlöst der Mann war.
»Gutes Schußlicht, Herr Kaleu«, sagte Endraß plötzlich. »Die sehen nicht nur uns – wir sehen sie auch besser.«
Prien richtete sich auf. Er wischte über die Linse des Glases, hob es an die Augen und schraubte an der Einstellung. – Um 19.15 Uhr war das Boot aufgetaucht. Seither schien die Zeit nicht mehr zu stimmen. Für Minuten brauchten sie Stunden, und Stunden vergingen in Minuten. Plötzlich sah Prien, wie von Varendorff sein Glas absetzte. Seine Seestiefel machten ein quietschendes Geräusch auf den Grätings. Prien wußte, daß der andere ihn fragend ansah, aber er wandte sich nicht um. Da hörte er die Stimme Varendorffs: »Haben Sie nichts gesehen, Herr Kaleu? Ein Schiff läuft auf uns zu!«
»Sie sehen Gespenster«, sagte Endraß, aber auch seine Stimme klang unsicher.
Das Kriegstagebuch von U 47, das sich heute im Archiv der britischen Admiralität befindet, vermerkt zu diesem Zeitpunkt:
»Alles verläuft planmäßig bis 23.07 Uhr, als wir bei Sicht eines Schiffes vor dem Leuchtturm Rose Ness tauchen müssen. Ich kann das Schiff in keinem der Periskope ausmachen.«
Schon in dreißig Meter Tiefe berührte das Boot Grund. Es schlug hart auf, und als der Stoß das Boot schüttelte, vernahmen die Männer die

Geräusche der Schrauben. Es war das typische Turbinengeräusch, an dem sie hörten, daß es nur ein Zerstörer sein konnte. Das Schiff lief direkt über sie hinweg. Die Männer im Turm horchten mit offenen Mündern. Ihre Augen waren nach oben gerichtet, als befähige sie eine seltsame Gabe, wirklich etwas zu sehen. Das Geräusch der Schraube entfernte sich langsam, kam wieder näher und entfernte sich wieder. Sie kannten die Lage der Minensperren, der Blockschiffe – das alles hatten die Luftaufnahmen deutlich gezeigt. Aber was wartete sonst auf sie?

Der Gegner hatte nicht geschlafen; man war sicher, daß es besondere Dinge gab, moderne U-Boot-Abwehrwaffen. Aber was es war, wußte man nicht genau. Der Krieg zur See war bisher nur ein vorsichtiges Abtasten gewesen.

Prien dachte an den Geheimbericht, der den deutschen Kommandanten kurz vor Ausbruch des Krieges zugeleitet worden war. Ein britisches U-Boot, M 2, war im Kanal auf eine Mine gelaufen und auf Grund gesackt. Sein genauer Standort war nicht bekannt, und doch hatte ein englischer Zerstörer es sofort gefunden. Die Agentenberichte besagten, daß er mit einer Art Suchgerät arbeitete, von dem man in Deutschland bisher nichts gewußt hatte.

»23.31 Uhr. Wieder aufgetaucht, in den Holmsound eingelaufen«, vermerkte das Kriegstagebuch von U 47.

Die Männer hatten wieder ihre Posten auf der Brücke bezogen. Es war hell genug, so daß sie jetzt das Ufer sehen konnten. In dem unwirklichen Licht hob es sich wie eine Kulisse aus dem Meer. Jeden Augenblick mußten sie jetzt die drei Wracks ausmachen, die die Fahrrinne versperrten.

»Kein Echolot mehr.« Priens Kommandos waren nur noch ein Flüstern.

»Kein Echolot?« Der Obersteuermann Spahr in der Zentrale schüttelte den Kopf. Er wiederholte den Befehl, aber er ließ das Echolot weiterticken. »Ist doch Quatsch. Wenn die Horchgeräte haben, hören sie zuerst unseren Diesel.«

»Die hören auch noch dein Herzklopfen«, sagte der Zentralemaschinist.

Plötzlich wurde Spahrs Gesicht bleich: Der Tiefenmesser zeigte nur noch zehn Meter. Ein Rädchen in seinem Gehirn hakte ein. »Hart Steuerbord!« rief er durch das Sprachrohr zur Brücke hinauf. »Nur noch zehn Meter Wasser unter dem Kiel. Wir laufen falsch. Kirksound weiter im Norden.«

Prien fuhr herum. Sein Gesicht war hart vor Zorn. Aber im gleichen Augenblick entdeckte er das Wrack. Ein Wrack – und es mußten doch drei sein. Sie waren im Skerrysound; sie waren wirklich auf falschem Kurs. Er gab dem Rudergänger einen Befehl. Erst als das Boot scharf nach steuerbord drehte, fing er an zu fluchen. In dieser Nacht schien sich alles gegen sie verschworen zu haben. Nach ein paar Minuten meldete Spahr, daß das Boot wieder tiefes Wasser unter dem Kiel hatte. Im gleichen Augenblick spürten die Männer, wie die Strömung das Boot erfaßte – und das war das erste, womit sie im voraus gerechnet hatten.

Das Boot lief immer schneller. Und dann sah Prien das gesuchte Wrack. Auch die anderen hatten es entdeckt. »Ich habe das Wrack«, flüsterte Prien. »Ich fahre jetzt nach Sicht.« Er war beruhigt, daß das Bild, das er sich an Hand der Karten und Luftaufnahmen eingeprägt hatte, jetzt wieder stimmte: Das Schiff hatten die Engländer wohl im Kirksound versenkt, aber es war abgetrieben worden. Es lag nahe am Ufer, außerhalb der Fahrrinne. Prien ließ das Glas auf die Brust fallen. Er beobachtete, wie das Ufer näher kam. Er nahm die Wassertiefen auf, die man ihm laufend meldete, aber das waren abstrakte Zahlen. Selbst seine jahrelange Erfahrung erschien ihm jetzt wie eine nutzlose, auswendig gelernte Schulweisheit. Er wußte plötzlich, daß ihm nun nichts mehr half als das Gefühl der entschlossenen Wut, die er spürte. Ein Gefühl, dem ein bißchen Angst und viel Ehrgeiz beigemischt waren.

Bald mußte die erste Minensperre kommen. Und dann waren sie darüber hinweg, ohne es gemerkt zu haben. Erst nachträglich überfiel sie das Gefühl der Gefahr, das wie eine zurückflutende Welle über ihnen zusammenstürzte. Die starke Strömung hatte die Minen tief unter Wasser gedrückt, so daß sie dem Boot nichts hatten anhaben können. Steil und dunkel stieg das Ufer zu ihrer Rechten auf. Dann waren die drei Blockschiffe da – gespenstisch im Bühnenlicht des Himmels. Es überraschte Prien, wie gut sie zu sehen waren. Aufbauten und Masten und sogar noch ein Teil der Decks ragten aus dem Wasser. Er deutete zu dem Schiff, das am nördlichsten vor ihnen lag.

»Wir mogeln uns dort vorbei«, sagte er. Sein Gesicht war starr. Wie er dort stand, glich er eher einem asketischen Mönch als einem Soldaten. Plötzlich wurde dieses Gesicht noch maskenhafter, als Prien die stählernen Trossen erkannte, durch die die einzelnen Schiffe miteinander verbunden waren. Das Licht lag auf den Stahlseilen, die von den Aufbauten schräg ins Wasser hinuntertauchten und zum nächsten

Schiff wieder anstiegen. In diesem Licht waren sie wie scharfe, tödliche Klingen. Die Strömung war stark, und sie riß das Boot mit sich nach steuerbord, dem Ufer zu. Der Strom schob das Boot genau auf die stählernen Trossen zu, die sich vom Bug des nördlichsten Schiffes zum Land hin senkten. Es war, als springe das Boot wie ein Selbstmörder in die Klinge.
Prien hatte nie daran gedacht, daß etwas schiefgehen würde. Er spürte den Gedanken daran wie einen elektrischen Schlag. Dann kamen seine Kommandos, und fast gleichzeitig, wie ein sich überschneidendes Echo, antwortete ihnen die Stimme des Rudergängers. Das Boot wendete und schoß auf das Schiff zu. Wie die gut gezielte Klinge eines Messerwerfers federte es am Bug des Blockschiffes vorbei, von dem die Trosse zum Land lief. Die Männer auf der Brücke duckten sich, als die Trosse auf sie zuschnellte und am Netzabweiser entlang über den Turm knirschte. Das Boot zitterte und schien stillzustehen. Dann war U47 frei. Es schoß wild nach backbord.
Plötzlich wurde die Strömung ruhig. Da tauchte steuerbord der Schatten eines Schiffes auf. Es war keine hundert Meter von ihnen entfernt. Es war ein kleines Wachboot. Auch ohne Glas erkannte Prien den Posten an Deck des Schiffes. Im Glas sah er ihn gegen das Ruderhaus lehnen. Das Boot glitt vorbei, und der Posten mußte seine Silhouette mit dem bloßen Auge sehen, wenn er aufblickte.
Prien ließ die Gestalt nicht aus den Augen, bis sie am Boot vorbei waren.
Sie passierten auch die zweite Minensperre, und das Geräusch der reißenden Strömung drang nicht mehr an ihre Ohren. Das Wasser wurde wie Samt, und dann lag vor ihnen die weite, ruhige Bucht.
Schon waren die Blockschiffe und das Wachboot nur noch schemenhaft zu erkennen, und alles, was geschehen war, schien weit, weit zurückzuliegen. Prien hatte den Kopf gesenkt und starrte nach vorn in die Bucht. Seine Haltung erinnerte Endraß plötzlich an einen Stier, der mit gesenktem Kopf in die Arena trabt. In ihrer unheimlichen Stille war die Bucht wie eine tödliche Arena. Und die düsteren Hügel waren die Ränge, auf denen die Zuschauer im Dunkeln saßen und warteten, wer Sieger bleiben würde.
»Wir sind durch . . .«, gab Prien durchs Sprachrohr ins Boot. Die Worte wanderten von Mund zu Mund. Die Männer nahmen sie auf wie Blinde, denen man vom Licht erzählt. Sie standen auf ihren Posten, vor ihren Instrumenten. Jeder kannte nur seine Aufgabe. Sie waren die Galeerensklaven einer modernen Zeit. Vierzig Männer in

einem engen, stählernen Verlies. Ihre Lungen waren angefüllt mit den Abgasen der Motoren, und um sie war der Geruch ihrer Uniformen, die sie, solange sie auf See waren, nie ablegten und wie eine zweite Haut trugen. Sie hörten Geräusche. Sie hörten Kommandos. Sie versuchten, sich aus allem ein Bild zu machen. In Wahrheit konnten sie nur vertrauen. Sie konnten nur hoffen. Sie konnten Angst haben. Sie konnten mit offenen Mündern lauschen. Oft wußten sie nicht einmal, wann der Tod näher kam.

»0.27 Uhr. Es ist widerlich hell. Die ganze Bucht liegt in Licht getaucht. Im Süden bei Cava ist nichts zu sehen. Wir laufen weiter in die Bucht«, steht im Kriegstagebuch.

Die Männer auf der Brücke spürten das Unheimliche dieser Nacht. Sie war wie ein gefährlicher Zauber, den sie abschütteln mußten. Das Boot lief ganz leise. Selbst die Wellen, die der Bug zerschnitt, teilten sich fast geräuschlos. Das Boot tauchte nicht. Nach einer halben Stunde hatten sie den Hoxasound passiert, und jetzt mußten sie jeden Augenblick die Schiffe an ihrem Ankerplatz liegen sehen.

Aber der Kommandant machte nur die gezackte Silhouette einiger Zerstörer und Wachboote aus. Von den großen Schlachtschiffen war nichts zu sehen. Das Boot glitt weiter, aber die Reede blieb leer. Wieder nahm Prien das Glas an die Augen. »Die können uns doch nicht in einen leeren Stall gejagt haben . . .« Seine Hände umklammerten das Schanzkleid des Turmes. »Sie müssen hier liegen.« Er weigerte sich zu glauben, was er sah. Und gleichzeitig wußte er doch, daß die Sicht so gut war, daß die Schiffe ihnen nicht hätten verborgen bleiben können. Er kniff die Augen zusammen. Das Nordlicht lag über dem grauen Wasser. Noch einmal blickte er zur Reede hinüber, dann ließ er das Glas herunterfallen. Es schlug hart gegen das Eisen der Reling. Es war das erste Mal, daß er daran dachte, daß sie auch zurück mußten. Und er wußte plötzlich, daß der Weg zurück viel schwerer sein würde.

Eine Unendlichkeit war vergangen. Die Gesichter der Männer auf der Brücke waren ernst. Es gab jetzt keinen Zweifel mehr. Der Ankerplatz war verlassen! Sie wußten nicht, daß im Laufe des 13. Oktober ein großer Teil der britischen Home Fleet aus Scapa Flow ausgelaufen war.

Prien überlegte, ob sie sich so leise wieder davonstehlen sollten, wie sie gekommen waren. Er dachte es nur eine Sekunde. Dann hob er den Kopf. »Hier ist nichts zu holen. Wir suchen weiter«, sagte er. »Irgendwo in diesem verdammten Bau muß doch was zu finden sein.«

Er rief dem Rudergänger einen neuen Kurs zu. Er hatte nie schnell aufgegeben. Er wußte, was seine Offiziere und jeder Mann seines Bootes von ihrem Kommandanten dachten. In ihren Augen war er ein harter Bursche. Was sie nicht wußten, war, daß er das nicht immer gewesen war. Er hatte es lernen müssen, mühsam, Lektion um Lektion. Das Leben hatte früh damit angefangen, ihn zu lehren, wie man es überlebte. Er hatte viele Wunden bekommen – aber sie hatten sich geschlossen. Sie waren wieder aufgebrochen und wieder verheilt. Und jedesmal war die Stelle, an der es ihn getroffen hatte, nur härter und unverletzlicher geworden.
Er hatte auch Träume gehabt, Jugendträume. Es war ganz klar, daß er zur See fahren würde. Er war fünfzehn, als er von zu Hause wegging. Seither war er seinen Weg allein gegangen. – Die Seemannsschule in Finkenwerder lag am Strom, und man sah nachts die Lichter der ausfahrenden Schiffe – aber er war zu müde und zu kaputt, um dabei viel zu träumen. Das rote, häßliche Backsteingebäude nannten sie »Matrosenfabrik« von Finkenwerder. Dort hatte er seine erste Lektion empfangen: daß man sich seiner Haut wehren mußte.
Sein erstes Schiff war ein Segler, die »Hamburg«. Sie ging nach Südamerika. Er fuhr als Schiffsjunge ohne Heuer. Seither war er auf vielen Schiffen gefahren. Auf vielen Meeren. Auf elenden Frachtern. Verladen und Ausladen, Rost klopfen, Farbe abkratzen, Farbe auftragen und wieder Rost klopfen – das war sein Leben. Aber es hatte sich gelohnt. Er machte sein Steuermannsexamen, sein Funkerpatent. Er war einundzwanzig Jahre alt, als er auf der »San Franzisco« die Stelle als Vierter Offizier bekam. Drei Jahre danach machte er seine Prüfung als Kapitän auf großer Fahrt, mit vierundzwanzig Jahren. Das war im Januar 1932, zur Zeit der großen Arbeitslosigkeit; Kapitäne, die ein Schiff suchten, gab es wie Sand am Meer. Er hatte die Schiffsmakler abgeklappert. Er hatte nur ein Lächeln oder Achselzucken bekommen. Das war die nächste Lektion: Wenn man gerade glaubte, oben zu sein, ging es mit einem schon wieder bergab.
Er war damals zu seiner Mutter nach Leipzig gefahren. Arbeit gab es nicht. Er mußte stempeln gehen. Lange hielt er es nicht aus. Er hatte sich zum Freiwilligen Arbeitsdienst gemeldet. Als er hörte, daß die Marine ehemalige Handelsoffiziere suchte, war er sofort dabei. 1933 hatte er wieder von vorn angefangen. Als einfacher Seemann. 1935 kam er zur U-Boot-Schule nach Kiel. Er wurde Fähnrich zur See, und das erste Boot, auf dem er fuhr, war U 3. Nach einem Jahr war er Wachoffizier auf U 26 geworden.

Dann hatte er sein eigenes Boot bekommen, U47, Germania-Werft, Kiel. Baunummer 583. Das vergaß er nie. Geburtsdaten hatte er sich nie merken können, aber den Tag, als U47 in Dienst gestellt wurde und er zum erstenmal die Besatzung sah, den Tag wußte er genau: 17. Dezember 1938.
Es kam der Krieg. U47 stand am 3. September im Atlantik, als die Funksprüche aufgenommen und dechiffriert wurden. Und dann hatte der Kommandant seine Geheimorder gelesen, während die Männer schon auf der Brücke den Hoheitsadler abmontierten und das taktische Zeichen des Bootes mit Farbe überpinselten . . . Er war noch nicht sicher, was es diesmal für eine Lektion werden sollte.

Das U-Boot in der Bucht von Scapa Flow wendete und ging auf Gegenkurs, den Weg zurück. U47 lief unter der Küste nach Norden. Die Bucht blieb unheimlich still. Prien wartete lauernd. Er wußte nicht, ob er das Richtige tat. Aber dann hörte er hinter sich die aufgeregte Stimme des Zweiten Wachoffiziers. »Herr Kaleu! Herr Kaleu! Ich glaube . . . Sehen Sie sich das an, dort!«
Betont langsam hob Prien das Glas an die Augen. Er glaubte, er müsse zu atmen aufhören. Er hatte einen Schatten im Glas, und als er die Einstellung etwas drehte, bekam das dunkle Etwas schwarze Umrisse, und dann war das Schiff klar auszumachen. Ohne Glas war es daumennagelbreit und etwa einen Zentimeter hoch. Das bedeutete auf diese Entfernung, daß es ein großes Schiff war. Er gab seine Befehle, als die Silhouette schärfer wurde. Dann erkannte er die hohen Masten, die Aufbauten und Schornsteine. Jetzt war er sicher. Er brauchte den Flottenkalender nicht. Er kannte sein Wild.
»Sieht aus wie ein Schlachtschiff«, sagte Endraß.
Prien nickte stumm. »Wir müssen noch mehr steuerbord gehen.« Er warf einen Blick zur Küste hinüber, die dunkel anstieg. »So nahe wie möglich. – Ich glaube, es ist die ›Royal Oak‹. Und dahinter liegt noch so einer. Ich hab' nur das Vorschiff. Wir müssen sehen, daß wir sie beide kriegen.« Das Boot lief näher zum Land. Sie waren noch zweihundert Meter entfernt, als sich ein Drittel des zweiten Schiffes zeigte. »Das muß genügen«, sagte Prien. Näher konnten sie nicht mehr an die Küste.
Sie sahen keine Lichter auf den Schiffen, während sie behutsam heranschlichen. Weiter in der Bucht, hinter den beiden Schlachtschiffen, ankerten einige Zerstörer. Auch sie lagen schlafend in der dunklen Bucht.

Die Eintragung im Kriegstagebuch lautet: »0.55 Uhr. Angriff auf die zwei dicken Brocken. Entfernung dreitausend Meter.
0.58 Uhr. Ein Torpedo auf das nördliche Schiff, zwei auf das südliche.«
Endraß legte den Abschußhebel um, und das Boot schüttelte sich mit einer leichten Bewegung, als die drei Bug-Torpedos ihre Rohre verließen und schnurgerade ihre Ziele suchten. Den Männern auf der Brücke blieb nichts als die schreckliche Zeit des Wartens. Prien beobachtete die Silhouetten, während die Stimme des Obersteuermanns, der die Sekunden mitzählte, wie einzeln fallende Tropfen war.
»Fünf . . . Zehn . . . Fünfzehn . . .« Nach der dritten Minute kam Spahr bis fünfunddreißig, als das nördliche der beidenSchiffe hinter einer steil ansteigenden Wassersäule verschwand. Als die Explosion vorbei war, lag die Silhouette des anderen Schiffes unberührt wie zuvor da. Sonst geschah nichts. Die Männer auf dem Turm blickten sich verständnislos an. Gleich zwei Torpedoversager? Das konnte doch nicht sein. Das Boot ging auf Gegenkurs, und im Abdrehen feuerten sie ein Torpedo aus dem Heckrohr. Wieder geschah nichts. Die Zeit strich dahin, und nach vier Minuten ließ der Steuermann die Stoppuhr anhalten und hörte verwirrt auf zu zählen. Das Unheimliche war, daß selbst nach der Detonation alles stillgeblieben war. Immer noch lagen die Schiffe dort wie verlassene Geisterschiffe. Die Zerstörer warfen nicht los. Ihre suchenden Scheinwerfer griffen nicht in die Dunkelheit. Keine Zeichen. Keine Abwehr.
Prien spürte plötzlich die Anspannung der letzten Tage. Er war müde. Er hatte alles getan. Er würde sehen, daß er wegkam. Als er in den Gesichtern der anderen zu lesen versuchte, sah er, daß sie das gleiche gedacht haben mußten. »Rohr eins bis drei nachladen«, sagte er schnell. »Jetzt will ich's wissen.«
Langsam zog das Boot über Wasser. Selbst wenn die Torpedoleute sich beeilten, würde doch eine Viertelstunde vergehen. Eine Viertelstunde, in der das Boot weithin sichtbar über Wasser zog. Wenn man sie erst einmal entdeckt hatte – dann half ihnen nur die Schnelligkeit des Bootes über Wasser. Aber was sich in dieser Nacht auch gegen das deutsche U-Boot verschworen hatte, eines stand auf seiner Seite – das starke Gefühl der Sicherheit, das die Engländer in Scapa Flow beherrschte.
Prien schrak zusammen, als der Bugraum die Rohre klar meldete.
»In zwölf Minuten, Herr Kaleu«, sagte Endraß. »Das hat's noch nicht gegeben.«

Sie gingen diesmal näher heran. Als sie auf tausend Meter Entfernung waren, gab der Kommandant seinem Torpedo-Offizier den Schuß frei. Aber Endraß schüttelte den Kopf. »Ich will noch näher 'ran, Herr Kaleu . . .« Sie waren noch etwas mehr als fünfhundert Meter von ihrem Ziel entfernt, als die Männer auf dem Turm den Wagen hörten. Sie hatten alle so gebannt nach vorne gestarrt, daß niemand das Scheinwerferpaar gesehen hatte. Der Wagen kam von Scapa Bay her. Er kam die Küstenstraße herunter. Das Boot lag nahe an der Küste, aber vielleicht wäre nichts geschehen, wenn die scharfe Kurve der Straße zum Meer hin nicht gewesen wäre. Plötzlich schlossen die Männer auf dem Turm geblendet die Augen. Für Sekunden lag das Boot grau und glänzend im Scheinwerferlicht des Wagens. Dann heulte der Motor auf. An dem Scheinwerfer sahen sie, daß das Auto wendete und nach Scapa Bay zurückraste. Im Licht der Scheinwerfer war die Straße wie ein weißes Band, das sich vor den Rädern des Wagens abrollte.

Um 1.18 Uhr verschwand das Ziel, das 29150 t große Schlachtschiff »Royal Oak«, das schon bei der Schlacht im Skagerrak im Ersten Weltkrieg dabei war, hinter dem tödlichen Vorhang aus Wasser und Feuer.

»Hart Steuerbord«, schrie der Kommandant. Er starrte hinüber zur »Royal Oak«; es war, als sei eine flammende Sonne auf das Schiff niedergegangen, aber bis das U-Boot gewendet hatte, war schon alles vorbei. Und als der Rumpf des Schlachtschiffes auseinanderbrach, versuchte Prien nicht daran zu denken, was jetzt auf dem Schiff geschah. Es war einfach: Sie torpedierten Schiffe und überließen sie ihrem Schicksal. Zuschlagen und davonschleichen – das war ihr Gesetz.

Plötzlich wurde die Bucht lebendig. Lange, suchende Scheinwerfer stachen wie Klingen in die Dunkelheit. Der Kommandant sah die Zerstörer loswerfen. Ihre Lichter suchten kreuz und quer durch die Bucht. Es war, als suchten sie keinen Gegner, sondern seien auf der Flucht vor ihm. Prien blickte auf die Uhr. Halb zwei – seit neunzig Minuten waren sie jetzt in der Bucht. Das Boot lief die Küste entlang, und niemand verfolgte es. Sie spürten die Strömung schon sehr früh, weit vor den Minensperren. Sie war reißend stark, und diesmal hatte das Boot den Strom gegen sich. Es schien stillzustehen.

»Beide Maschinen äußerste Kraft.« Prien richtete sein Nachtglas auf das Land. Aber das Ufer stand unverrückbar still. Das harte Pochen der Diesel erschütterte den Turm; er spürte ihre Kraft, wenn er die

Hand auf das Schanzkleid legte. Als er einen Blick zurückwarf, stand der weiße, quirlende Strom hinter dem Heck.
»Wir werden diesmal an der alten Stelle nicht vorbeikommen«, sagte Endraß. »Wir haben zu hohes Wasser. Wir kommen niemals mit der Trosse klar . . .«
»Wir versuchen es südlich.« Prien gab den neuen Kurs. Die ganze Zeit dachte er, irgend etwas muß doch noch kommen.
»Zerstörer Steuerbord neunzig Grad«, meldete plötzlich der Signalgast, Matrosengefreiter Gerd Hänsel. Und nach einer Pause: »Er läuft auf uns zu!«
»Die E-Maschinen zusätzlich 'ran«, sagte Prien nur.
»Jetzt morst er uns an, Herr Kaleu. Er verlangt Erkennungssignal. Was soll ich antworten?«
Prien nahm sein Glas nicht von den Augen. Er sah, wie die Landpeilungen jetzt schneller vorrückten. »Laß ihn«, sagte er ruhig. »Der erkennt uns nicht.« Als er sich umwandte, sah er das Blinken der Morselampen auf dem Signaldeck des Zerstörers. Er starrte auf den Punkt und wartete, daß jeden Augenblick die Scheinwerfer des Zerstörers aufleuchten und das U-Boot in tödliches Licht tauchen mußte. »Funkspruch an F.d.U.«, sagte er leise.
Die beiden Funkobergefreiten blickten dem Oberfunkmaat über die Schulter, als Hans Blank den Funkspruch abgab.
»›Royal Oak‹ versenkt, ›Repulse‹ angeschlagen«, wiederholte Steinhagen dann. Er schluckte. »Sind wir denn schon draußen?« Sie lauschten eine Weile. Aber es waren so viele Geräusche, daß sie es aufgaben, sie zu deuten; jedes der Geräusche zeichnete sich auf ihren müden, ausgepumpten Gesichtern ab. Im Halbdunkel der Zentrale tauchte der Matrosenobergefreite Marquardt auf. »Sie haben uns. Zerstörer. Ist hinter uns her! Wenn wir heil hier rauskommen . . .«, begann Marquardt, aber in diesem Augenblick hörten sie die erste Explosion.
»Wasserbomben«, sagte jemand.
»Mich kriegen keine zehn Pferde mehr auf dieses Heldenboot«, sagte Marquardt. Kaum hatte er es gesagt, griffen seine Hände ins Leere. Er schlug gegen die stählerne Wand. Sie vergaßen zu atmen, und dann hörten die Männer plötzlich zwei Stimmen aus der Zentrale.
»Mensch, erst sind wir mitten durch das Blockschiff durch. Und nun haben wir einen Landungssteg gerammt, glatt weggeputzt . . .«
Sie hörten immer noch die Wasserbomben, aber es klang jetzt wie in Watte verpackt. In das Wummern hinein hörten sie jemand brüllen.

»Jetzt sind die ganz verrückt geworden«, sagte Steinhagen. Der Schweiß stand ihm auf der Stirn. Er klammerte sich an ein paar Hebel wie ein Gefangener an das Gitter in seiner Zelle. Aber plötzlich leuchtete sein Gesicht auf. Es war ein Freudenschrei, der durch das Boot ging. Noch ehe die Männer ganz verstanden hatten, was geschehen war, brüllten sie mit. Sie schrien wie lange unter Tage verschüttete Männer, die sie ans Licht holen . . .

Als U 47 um 2.15 auf seinen neuen Kurs Süd-Ost ging, war es ein anderes Boot. Ein neues Boot, und jeder Mann schien anders zu sein. Keiner schlief. Sie hatten tausend Fragen. Der Flottenkalender ging von Hand zu Hand. Und von Zeit zu Zeit blickten sie hinüber zu dem grünen Vorhang vor dem Kommandantenraum, hinter dem Prien in das Kriegstagebuch den Bericht der letzten Stunden schrieb:

»6.30 Uhr. Liegen getaucht. Das Leuchten über der Bucht von Scapa Flow bleibt für lange sichtbar. Ich nehme an, sie werfen in der Bucht immer noch Wasserbomben.«

Erst am Abend des 14. Oktober, nach vierzehn Stunden, tauchte das Boot wieder auf. Im Schutz der Dunkelheit nahm es Kurs auf den Firth of Forth. U 47 hielt Funkstille, um dem Gegner seinen Standort nicht zu verraten. Obersteuermann Spahr hatte die Morgenwache von vier bis acht Uhr. Es war ein diesiger Morgen. Die Sicht war schlecht. Gegen sechs Uhr war U 47 etwa zwanzig Seemeilen östlich von Kinnaird Head, als der Ausguck auf der Brücke zu spät erkannte, daß das Boot mitten in ein Rudel feindlicher Schiffe gelaufen war. Sie standen backbord und steuerbord und voraus. An den Silhouetten erkannte Spahr U-Boot-Jäger und Minensuchboote. Die Ausgucks und die zwei Mann, die zum Rauchen auf der Brücke gewesen waren, stürzten zum Turmluk. Spahr war der letzte. Er zählte die Männer, und dann riß er den Lukendeckel hinter sich zu.

Die ersten Wasserbomben fielen sehr ungenau, und das Boot lag auf Grund, ehe sie besser zielten. Die rhythmischen Schläge kamen immer näher. Irgend jemand im Boot zählte mit, während die Männer schweigend an ihren Plätzen kauerten und sich nicht zu rühren wagten. Der Mann zählte bis zweiunddreißig, als die Detonation das Boot hochwarf. Es sackte zurück, und Spahr, der in der Messe kauerte, starrte auf die Außenwand des Bootes, die unter den hämmernden Schlägen zu atmen schien.

Den ganzen Sonntag lag das Boot auf Grund. Erst nach Stunden liefen die Schiffe ab.

Im Schutz der Dunkelheit tauchte U 47 auf. Prien hatte sich ausge-

sjunge ohne Heuer macht Prien seine erste Seereise auf dem Segler »Ham-
ld oben, am Boden sitzend rechts). 1932, mit vierundzwanzig Jahren, legt Prien
fung als Kapitän ab. Aber es gibt keine Arbeit. Er meldet sich zur Kriegsmarine.
oben links zeigt ihn als Oberfähnrich auf dem Kreuzer »Königsberg«. 1935
rien zur U-Boot-Waffe nach Kiel, auf U 3 (Bild unten).

Deutschlands berühmtestes Unterseeboot U 47 und sein Kommandant

Als Schi
burg« (B
seine Pri
Das Bil
kommt I

U 47 vor dem Auslaufen zu der Unternehmung Scapa Flow. Am Turm eine Zeichnung des I WO Endraß.

Wilhelmshaven, 17. Oktober 1939, U 47 aus Scapa Flow zurück. An Bord Großadmiral Raeder (ganz rechts).

In Berlin gibt Hitler der erfolgreichen Besatzung von U 47 in der Reichskanzlei ein Mittagessen: Eintopf

Günther Prien auf dem Turm seines Bootes im Atlantik, November 1940; die vorletzte Unternehmung.

Fassungslos stehen die Menschen überall in England vor den Anschlägen der Admiralität mit den Namen der Überlebenden von der »Royal Oak«, dem Schlachtschiff, das Prien in der »sichersten Bucht der Welt« versenkt hat. — Bild rechts: U 107 nach der Torpedierung eines Tankers.

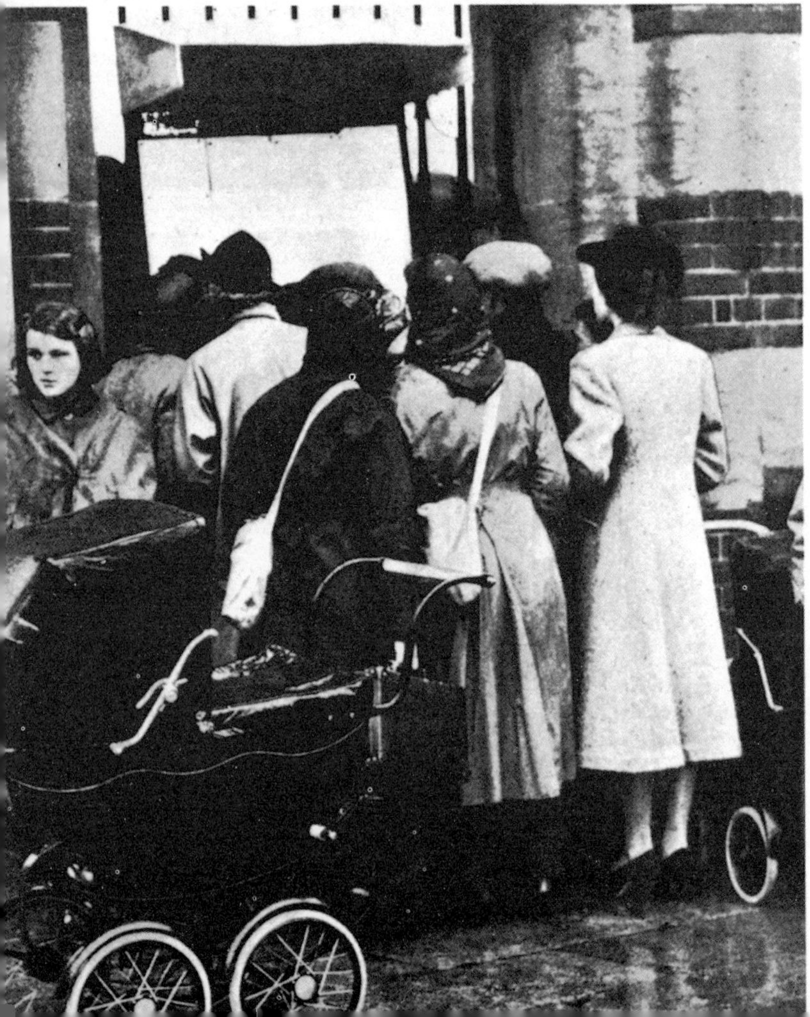

rechnet, daß die Engländer das Schiff, von dem er glaubte, es in der Bucht beschädigt zu haben, zur Reparatur schleppen würden. Das nächste Dock, das dafür in Frage gekommen wäre, war Edinburgh. Er beschloß, sich im Firth of Forth auf die Lauer zu legen, um den vermutlich angeschlagenen Pott abzufangen; immerhin hatten sie ja noch fünf Torpedos.

In allen Städten Englands hingen bald die Anschläge, und überall, wo die Menschen davor standen, hatten ihre Gesichter den gleichen Ausdruck der Ohnmacht.

IMPORTANT stand über den Anschlägen. Und darunter: HMS ROYAL OAK – LIST OF SURVIVORS. – HMS Royal Oak – Liste der Überlebenden.

Die ersten Anschläge waren am Abend des 16. Oktober 1939 angebracht worden, drei Tage, nachdem die »Royal Oak« in der Bucht von Scapa Flow versenkt worden war. Am Abend des 16. umfaßte die Liste etwa dreihundertfünfundsiebzig Namen. Am Morgen des 18. waren es nicht mehr geworden.

Ein Anschlag hing in Whitehall, genau gegenüber dem dunklen, dreistöckigen Ziegelbau der britischen Admiralität in London.

Fast jeder der Passanten blieb einen Augenblick stehen, las die Überschrift und eilte dann schnell weiter. Es waren meist Frauen, die stehenblieben.

Der Regen hatte aufgehört, als die Frau des Bürgermeisters herunterkam. Sie schob einen hochrädrigen Kinderwagen vor sich her. Das schwarze Wachstuch des Wagens glänzte in der Nässe so wie die Straße und die grauen Häuser.

Vor dem Anschlag ließ die Frau den Wagen stehen. Sie beugte sich einen Augenblick zu dem Kind hinab, sagte etwas und stellte sich dann hinter die letzte Reihe. Sie blickte den anderen über die Schulter und wartete geduldig, bis jemand sich herausdrängte. So schob sie sich langsam nach vorn, bis sie vor den weißen Listen stand, die mit Reißnägeln auf eine schwarze Tafel geheftet waren.

Die Namen auf der Liste waren alphabetisch geordnet. Die Frau begann bei dem Buchstaben »G« zu lesen. Aber sie schien den Namen, den sie suchte, nicht zu finden. Ihre Augen gingen ratlos hin und her, die Zeilen entlang. Sie zog ihr Kopftuch fester. Nur einmal wandte sie sich um, als das Kind schrie . . .

In diesem Augenblick trat ein Mann aus dem Gebäude der Admiralität in den Vorhof. Dann ging er durch das Tor der hohen Außenmauer und überquerte die Straße. Er zögerte einen Augenblick, als er die Menschen vor dem Anschlag sah. Dann zog er aus der linken Rocktasche eine Liste. Er stieß eine der Frauen an. »Erlauben Sie?« Er drängte sich zwischen die Frauen. »Wenn Sie mich bitte vorlassen . . .«, wiederholte er.

»Haben Sie neue Namen?« fragte der einzige Mann, der unter den Frauen stand.

Die Frauen wichen jetzt zur Seite. Der Mannn hielt den Zettel in der Hand, und mit der anderen begann er ein paar Namen auszustreichen. Er hatte einen Tintenstift, und auf den Listen hinterließ der Stift eine dicke blaue Linie, die den Namen ganz verdeckte. Als er fertig war, verglich er sie noch einmal mit seinem Zettel.

»Weiß man jetzt schon, wie es passiert ist?« fragte jemand.

Der Mann zuckte nur die Schultern und trat von der Tafel zurück.

»Wenn unsere Flotte selbst in Scapa Flow nicht mehr sicher ist . . .«, begann ein anderer.

Die Frau mit dem Kopftuch blickte dem Mann nach, wie er wieder die Straße überquerte und auf den Torbogen mit den zwei gegenüberliegenden, geflügelten Seepferdchen zuschritt. Dann hing sie ihre Tasche an den Kinderwagen. Sie schob ihn vor sich her die Straße zum Trafalgar Square hinunter, während es wieder leicht zu regnen begann.

Am Sonntag, dem 15. Oktober 1939, hatte man in der Befehlsstelle des Führers der Unterseeboote, Dönitz, noch immer keine Nachricht von U47. Das einzige, was man in Sengwarden bei Wilhelmshaven wußte, hatte man von den Engländern. In den Abendstunden des Freitag hatte die britische Admiralität den Verlust der »Royal Oak« bekanntgegeben. Ohne Erklärungen. Ohne Kommentar. Ohne Standortangabe. In den Morgenstunden des Sonntag berichtete der Rundfunkabhördienst: Die Engländer melden ergänzend, daß bisher dreihundertsiebzig Mann den Untergang der ›Royal Oak‹ überlebt hatten. Von einem U-Boot war nicht die Rede. Auch die Agentenmeldungen aus England boten keine sicheren Anhaltspunkte. Ein Bericht besagte, daß noch am Morgen des 14. die letzten großen Einheiten der Flotte aus Scapa Flow ausgelaufen waren.

Das Warten dauerte den ganzen Sonntag. Es kamen Funksprüche von anderen Booten, aber keine Nachricht von U47. Dönitz wußte, was von dieser Nachricht für ihn abhing. Es ging nicht um das eine Boot.

Er hatte siebenundfünfzig Boote, als der Krieg begann, von denen nur zwei Drittel für den Fronteinsatz tauglich waren. Er verlangte dreihundert. Aber sein Antrag, beschleunigt U-Boote zu bauen, lag seit langem in Berlin auf Eis. Er brauchte einen Erfolg, und er wußte, warum er das Boot nach Scapa Flow geschickt hatte.
Es war kurz nach elf Uhr, als der Nachrichtenoffizier mit der Funkkladde hereingeschossen kam: »Herr Kommodore, Prien hat die ›Royal Oak‹ versenkt!« Dönitz las die Meldung, langsam, Wort für Wort:
»Unternehmung planmäßig durchgeführt, ›Royal Oak» versenkt, ›Repulse‹[1] beschädigt. Erbitte Einlaufweg I am 16. 10. abends, da andere Unterlagen nicht mehr an Bord.« Er blickte auf das dicke Buch und klappte es dann zu.
Was soll ich antworten, Herr Kommodore?«
Dönitz sah nicht auf. »Einlaufen Wilhelmshaven. Geben Sie entsprechend FT!«
Noch in der Nacht unterrichtete Dönitz das Oberkommando der Marine in Berlin. Er hatte recht gehabt, daß einem mutigen Mann der Einbruch in Scapa Flow gelingen konnte. Und doch wußte er, daß sein Unternehmen durch das Auslaufen des Hauptteils der Flotte um den vollen Erfolg gebracht worden war. Aber Dönitz erhielt dennoch seinen Erfolg. Er hatte in Berlin einen Verbündeten. Als das Propagandaministerium die Nachricht erhielt, nahm Goebbels selber die Fäden in die Hand.
Am 17. Oktober 1939, morgens gegen elf Uhr, lief U 47 in Wilhelmshaven ein. Die Besatzung war in Lederzeug auf dem Boot angetreten. Durch einen Winkspruch hatte Prien erfahren, daß Großadmiral Raeder U 47 an der Schleuse erwartete. Das Boot machte an der dritten Einfahrt fest. Dann kamen sie an Bord, hinter ihnen die Ordnonnanzen mit ihren schwarzen Kästchen. Jedermann an Bord wurde das EK II verliehen, Prien bekam das EK I.
Einer von jenen, der bei Scapa Flow als E-Maschinenmaat dabei war, ist Kurt Hollstein. Hollstein, der jetzt in Hamburg lebt, erzählt heute:
»Wir dachten, damit hat sich's. Aber wir sollten nach Berlin, die ganze Besatzung. Wir holten unsere Sachen von Bord. So, wie wir waren,

[1] Prien irrte sich. Es war nicht die »Repulse«, sondern das alte Flugzeugmutterschiff »Pegasus«. Treffer auf diesem Schiff hat die britische Admiralität allerdings nicht bestätigt.

ging es weiter, die Hände gewaschen, und auf zu den Flugzeugen. Die Maschinen waren von Berlin gekommen. Eine Condor und eine Ju 52, die ›Führermaschine‹. Im ersten Galopp ging es nach Kiel-Holtenau. Neue Begrüßung, EK I für die Leute, die Prien inzwischen vorgeschlagen hatte.
Auf der ›Hamburg‹, unserem Wohnschiff, war erst einmal Großreinemachen. Am anderen Morgen um neun Uhr ging es wieder los, nach Berlin. Abermals mit Flugzeugen. Diesmal in unserem besten Zeug. Genau halb elf mußten wir in Tempelhof landen. Gleich auf dem Flugplatz wurden wir von einem Admiral vergattert. Langer Vortrag, was wir alles nicht erzählen durften. Keine Namen von Schiffen. Das nicht und das nicht. Mit einem Wort: nichts.
Wir kämpften uns durch die Menge zu den Wagen. Schwarze Mercedes, viel Chrom, mit offenem Verdeck. Man hatte die Straßen bekanntgegeben, durch die wir fahren würden. Sie waren schwarz von Menschen. Sie hingen an den Fenstern, standen auf den Balkons. Ich weiß nicht, was sie uns alles in die Wagen schmissen. Blumen und Zigaretten, Schals. Mit Mühe und Not kamen wir in unser Hotel, den ›Kaiserhof‹. Vom ›Kaiserhof‹ ging es dann später zu Fuß zur neuen Reichskanzlei. Wir waren zum Mittagessen eingeladen. Vorher mußte die ganze Besatzung in einem Nebenzimmer vor Hitler antreten. Prien erhielt das Ritterkreuz. Es gab wieder eine Rede. Von Angst und feige sein und ganze Kerle sein.
Später im Gleichschritt marsch ins Propagandaministerium. Kuchentafel, dezente Tanzmusik, Wochenschau, Mikrophone, Fotografen. Zuerst die Auslandspresse. Dann unsere Leute. Und wir sollten doch eigentlich nichts sagen.
Abends im Wintergarten. Mitten im Programm schaltete sich das »Wunschkonzert« auf die Lautsprecheranlage ein. Es waren viele Spenden für uns eingegangen. Alles in allem, so wurde uns verkündet, fünfzigtausend Mark.
Prien hat das Geld für uns auf ein Sonderkonto eingezahlt. Ich glaube, am Ende des Krieges waren über zweihunderttausend Mark auf diesem Konto. Keiner von uns hat je etwas davon gesehen. Die es überlebt haben nicht und die Angehörigen der Toten auch nicht.
Das war alles am 18., am Mittwoch. Die ganze Nacht haben wir uns noch durch die Berliner Bars geschleppt. Sogar das Tanzverbot war aufgehoben. Den ganzen Donnerstag ging es weiter. Ich weiß das alles gar nicht mehr. Am Freitag fuhren wir nach Hause. Mit einem Sonderzug. Dönitz hatte uns das Fliegen ausdrücklich verboten.«

Es war noch am gleichen Abend. Die beiden Offiziere, die die »Hamburg« verlassen hatten, gingen die Pier hinunter. Der Wind trieb einen leichten, nieselnden Regen heran und machte die Pier naß und schmutzig. Sie gingen an den Booten vorbei und blieben dann an der Anlegestelle des Verkehrsbootes stehen. Sie standen eine Weile schweigend nebeneinander, warteten und wichen immer einen Schritt zurück, wenn das Wasser gegen die Mole schlug und aufspritzte.

»Wenn ich denke, daß es erst zehn Tage her sind, daß wir ausgelaufen sind«, sagte Endraß.

Prien starrte zu den Booten an der Mole hinüber. Sie lagen verlassen da, grau und naß; ohne die Männer waren sie kaltes, totes Metall.

»Haben Sie schon gehört, was mit U40 passiert ist?« Endraß nahm einen Augenblick seine Mütze herunter und schüttelte die Nässe ab. »Sie kannten Barten gut, nicht?«

Prien starrte auf das Wasser hinaus. Von dem Verkehrsboot war nichts zu hören.

»Wir fingen damals zusammen an«, sagte Prien. »Seine Frau wohnt hier in Kiel. Sie haben ein Kind, und sie erwartet noch ein zweites.«

Die Häuser standen dunkel am Ufer der toten Bucht. »Wissen Sie, daß Barten mit seinem Boot am gleichen Tag auf die Mine lief, als wir nach Scapa 'rein sind, am dreizehnten . . .«

»Dem einen bringt es Glück, dem andern Pech.« Endraß sagte es ruhig, und aus seinem Mund klang es ganz selbstverständlich.

Sie hörten jetzt in der Ferne ein Boot. Es mußte das Verkehrsboot sein.

»Ich bin froh, daß alles vorbei ist«, sagte Prien plötzlich. »Die hätten die Jungs noch ganz verrückt gemacht, wenn das länger gegangen wäre . . .«

Prien dachte an all die schönen Worte. Es waren leere Worte, wenn er überlegte, wie es wirklich gewesen war. Kirksound, Scapa Flow. Die stählernen Trossen und die Lichter der Scheinwerfer auf der Küstenstraße. Das waren ein paar Namen und Dinge, die bleiben würden. Das waren ehrliche Worte, verglichen mit den anderen.

Am 16. November 1939 geht U47 wieder auf Fahrt. Einen Monat bleibt das Boot in See. Es versenkt in dieser Zeit drei Schiffe mit zusammen 21000 BRT; sechs Torpedos von U47 versagen auf dieser Fahrt. Immer häufiger werden die Klagen, auch von den anderen

Booten. »Kinderkrankheiten«, sagt man und glaubt, daß die Kommandanten ihre eigenen Mißerfolge den Leuten von der Torpedoversuchsanstalt Eckernförde in die Schuhe schieben wollen ...

Als U47 am 3. April 1940 aus Kiel zu seiner fünften Unternehmung auslief, wußte niemand an Bord, wohin es diesmal ging. Der Kommandant hatte Geheimbefehle an Bord, aber erst nach vier Tagen kam der Funkspruch, die Order aufzubrechen: U47 hatte den Befehl, möglichst ungesehen zum Vaagsfjord zu laufen. Am Tag zuvor war ein Vorkommando unter General Dietl in Narvik gelandet. – Norwegen also!

Von Zeit zu Zeit empfing U47 die Funksprüche von anderen Booten. Alles schien nach Norwegen unterwegs zu sein. Am 12. April näherten sie sich ihrem befohlenen Standort. Und einen Tag darauf notiert Prien im Kriegstagebuch von U47:

»15.00 Uhr. Eingang FT 1430. An Narvik Boote: Narvik gehen. Englische Streitkräfte eingebrochen. BdU.«

Der Erste Offizier brachte Prien den Funkspruch. Prien ließ sich die Karte geben. Eine halbe Stunde saß er darüber. Das Kriegstagebuch berichtet:

»Ich entschließe mich, auf die befohlene Position im Vaagsfjord zu gehen, weil gemäß Meldung U49 feindliche Streitkräfte hier heraufmarschieren und ich 36 Stunden brauche bis Narvik von hier aus. Komme zu der Ansicht, daß der Gegner beabsichtigt, im Vaagsfjord bei Gratangen und evtl. bei Skaanland Truppen zu landen, denn von dort führen gute Straßen nach Narvik.«

Unsichtbar für den Gegner, aber auch selber blind, schlich U47 weiter. Zwanzig Stunden blieb das Boot unter Wasser. Dann tauchte es auf. Die Nacht war taghell, und sie sahen die Zerstörer, die vor dem Fjord auf und ab liefen. Sie tauchten und krochen auf Grund weiter. Dann warteten sie. Um halb sechs gab Prien den Befehl aufzutauchen. Als das Boot sich langsam vom Grund löste, hörten die Männer ein starkes Klirren.

Leicht stippte das Seerohr aus dem Wasser. »Was doch ein gutes Näschen wert ist ...« Triumph lag in Priens Stimme. In der Optik des Sehrohres erkannte er die Schiffe im Zwielicht des Fjords unter Land. Er zählte acht Schiffe. Er sah die schwerbeladenen, schmutzigen Leiber der Transporter tief im Wasser liegen. Es waren drei Transporter, und er glaubte, die Truppen, die sich auf den Decks drängten, zu erkennen. Daneben ankerten drei Frachter und zwei Kreuzer. Acht unbewegliche Ziele!

»An alle Stationen«, gab er weiter. »Rohr eins bis vier klar.« Er sagte es ohne Hast und beobachtete weiter. Plötzlich erkannte er die Fischkutter. Es waren so viele, daß sie nicht zu zählen waren. Er sah sie zwischen dem Land und den Schiffen hin und her eilen. Wenn sie, mit Truppen beladen, von den dunklen, schmutzigen Leibern ablegten, lagen sie tief im Wasser. Wenn sie zurückkamen, huschten sie ganz leicht und obenhin durch den Fjord.

»Sind schon feste bei der Arbeit.« Prien richtete sich auf. Der Ausdruck seines Gesichts mit den geröteten, unausgeschlafenen Augen wurde ruhig. Er setzte sich wieder hinter das Sehrohr. »Je einen Schuß auf die drei Transporter, einen auf den schweren Kreuzer!« Das äußerste Schiff war tausendfünfhundert Meter entfernt, das nächstliegende siebenhundertfünfzig Meter. Sie würden die Torpedos im Drehen nach Backbord schießen. Prien gab seine Befehle; als er, die Augen immer noch ans Okular gepreßt, die Hand hob, wurde es im Boot totenstill. Dann sank die Hand herab.

»Torpedos los.«

Wie ein Echo kam die Stimme des Leitenden Ingenieurs: »Alle Mann voraus ...« Bordschuhe tappten über die eisernen Platten, als die Männer zum Bugraum hasteten, damit das Boot nicht mit der Spitze hochschoß, wenn die Torpedos die Rohre verlassen hatten.

Prien starrte auf die Ziele, während der Obersteuermann die Sekunden zählte. Nichts änderte sich an dem Bild in der Optik. Immer noch eilten die Fischkutter hin und her. Die Torpedos hatten versagt. Prien sank auf den Sitz zurück. Er hielt die Augen geschlossen. Er wartete. Als er die Männer ansah, wichen sie seinem Blick aus. In der Stille war plötzlich eine Stimme zu hören. Prien zuckte zusammen. »Ruhe!« brüllte er. Eine Sekunde verharrte er regungslos, bis er die weiteren Befehle gab.

Das Kriegstagebuch vermerkt: »22.35 Uhr. Wieder aufgelaufen. Im Astafjord nach Osten gelaufen. Dicht unter ›Andörja‹ aufgetaucht, Batterie geladen und die Bugrohre nachgeladen. FT an BdU aufgegeben. ›Truppenlandungen in Lavangen und Gratangen mit Fischkuttern. Transporter liegen Südende Bydgen. 4 Fehlschüsse‹.«

Prien blieb die ganze Zeit auf der Brücke. Niemand sprach ihn an. Es war eine ruhige, windstille Nacht, und ein eigenartiges Licht färbte das Wasser und die Berge schneeig weiß. Nach zwei Stunden meldete der Erste Wachoffizier das Boot klar.

»Wir versuchen es diesmal über Wasser«, befahl Prien. Sie schossen wieder vier »Aale«. Drei davon waren elektrische Torpedos, der vierte

ein alter Preßlufttorpedo. Prien konnte seinen Lauf an den Luftblasen erkennen. Sekunden vergingen, Minuten. Und wieder geschah nichts.
»Mein Gott«, sagte jemand neben ihm. »Das kann doch nicht sein . . . acht Versager!«
Prien achtete nicht darauf. Er verfolgte den Lauf des einen Torpedos. Seine Spur schnitt durch das Wasser des Fjords. »Nichts«, sagte er hart. »Nichts! Backbord. Jetzt soll das Heckrohr noch schießen . . .«
Seine Worte gingen in der Detonation unter. Die Luft erzitterte. Es war ein gespenstischer Anblick, als die Wassersäule gegen den Himmel schoß.
»Was ist, Herr Kaleu?«
»Wir haben getroffen«, sagte Prien bitter. »Einen Felsen! Der Blasentorpedo. Er lief zuerst richtig, dann machte er einen Knick nach links und steuerte zehn Grad falsch.«
Das Boot hatte hart gedreht. »Hecktorpedo klar!« meldete der Erste Offizier. Während im Fjord noch das letzte Echo der Detonation widerhallte, wurden sie durch ein Geräusch aufgeschreckt.
Im Kriegstagebuch steht: »01.37 im Drehen unter Aarneset aufgelaufen. Boot sitzt fest und löst sich nicht trotz beider Diesel AKZ. Es ist erstaunlich, daß noch niemand etwas unternommen hat auf Grund der Detonation des G7a!«
Prien stand mit gesenktem Kopf da, den Blick auf den quirlenden Strom am Heck des Bootes gerichtet. »Alle Mann an Oberdeck.« Der Erste Wachoffizier rief die Befehle ins Boot hinunter. Die Männer kletterten aus dem Turmluk. Als sie an ihrem Kommandanten vorbeihasteten, sah Prien ihre erschreckten Gesichter. Es gab ihm einen Stich. Er wandte sich schnell ab, damit sie seine Ruhe für echt hielten.
Er sah die Männer hin und her laufen, um das Boot loszuschaukeln; sie liefen, als ginge es um ihr Leben.
Er wandte sich an den Zweiten Wachoffizier. »Worauf warten Sie? Vernichten Sie die Geheimsachen! Machen Sie das Boot zur Sprengung klar.«
Der Fjord lag in einem seltsam künstlichen Licht. Prien blickte starr auf die Silhouetten der Kreuzer, grau und fast greifbar nahe. Die Kommandos des Ersten Wachoffiziers klangen jetzt leiser, hoffnungsloser. »Nach backbord – marsch-marsch. Zurück marsch-marsch.«
Auf das Kommando stolperten die Männer erschöpft am Turm vorbei. Es wurde immer heller. Die Dämmerung des Morgens kroch in den

Fjord. Plötzlich erschienen auch alle Geräusche heller: das bösartige, zischende Geräusch, wenn die Tauchzellen ausbliesen. Priens Hände tasteten nach einem Halt. Der Boden glitt unter seinen Füßen weg. Es gab einen Laut, wie das gesprungene Eisenblatt einer Säge, und dann sackte das Boot ins Wasser zurück.
»Los! Ins Boot.« Die Männer zogen sich ausgepumpt am Turm hinauf und ließen sich durch das Turmluk ins Boot hinunterfallen. U47 kam frei und tauchte dicht unter dem Land.
Das Boot lag in fünfzig Meter Tiefe. Als sie aufzutauchen versuchten, sahen sie, daß ein Zerstörer und ein paar bewaffnete Fischkutter zwischen dem Boot und dem Meer standen. Sie saßen in der Falle. Den Rest der Nacht und den ganzen folgenden Tag lag das Boot auf Grund. Der Zerstörer und die Kutter mußten wissen, daß das U-Boot da war; immer wenn sie aufzutauchen versuchten, hagelte es Wasserbomben. Sie warteten, lauschten und schwiegen. Abends mußten sie hinauf, wenn sie nicht ersticken wollten. Prien führte das Boot in den Fjord zurück, um die Batterie aufzuladen. Im Schatten der Felsen tauchten sie auf. Eine Dreiviertelstunde blieben sie unentdeckt.
Wieder lagen sie den ganzen folgenden Tag auf Grund, um den Wasserbomben und den Horchgeräten auszuweichen. Die Luft an Bord wurde immer stickiger. Prien hatte alle Mann in die Kojen geschickt. Die Männer lagen dort mit bleichen Gesichtern und rangen mühsam nach Luft. Prien konnte nicht mehr länger warten. Er ließ das Boot auf Sehrohrtiefe gehen. Er lief auf den Zerstörer zu. Dann stellte er alle Maschinen ab, und mit der letzten Fahrt glitt das Boot unter dem Zerstörer hinweg.
Es war kurz vor Mitternacht, als sie auftauchten. Die Männer erhoben sich taumelnd aus ihren Kojen. Achtundvierzig Stunden waren vergangen. Zwei Tage hatten sie gebraucht, um aus dem Fjord herauszukommen. Gegen drei Uhr morgens gab der Funkmaat dem Kommandanten einen Funkspruch der Befehlsstelle an Prien weiter. »U47 Rückmarsch antreten.« Prien nickte nur stumm. Er befahl den neuen Kurs. Er hörte die Männer im Boot flüstern. Er ging durch das Boot. Die Männer lagen mit angespannten Gesichtern in den Kojen; trotzdem schliefen sie nicht. Er wußte, daß sie ihm nachstarrten, als er gebückt zu den Funkern ging.
»Na«, sagte er, »so sang- und klanglos wollen wir doch nicht nach Hause ziehen.« Er wußte, daß es unecht klang, aber er sagte es laut, daß alle es hören konnten. »Also. Haut auf die Tassen. Von U47 an BdU. Standort Qu 8947. Noch vier klare Torpedos.«

Den ganzen Tag warteten sie auf Antwort. Aber sie nahmen nur Funksprüche von anderen Booten auf, und alle sprachen von Versagern. Die Männer wälzten sich in ihren Kojen, bleich und mit verstörten Gesichtern. Am späten Nachmittag kamen Morsezeichen aus dem Funkempfänger.

Das Tagebuch berichtet darüber am 18. 4.: »16.30 U47 von BdU. Wartestellung von North-Minch bis Nordspitze Shetlands. Transporter zu erwarten. Hinmarsch auf kürzestem Wege. Keine Angriffsbeschränkung.«

Die Ausgucks sichteten die Rauchwolken gegen Mittag des nächsten Tages. Drei Minuten, nachdem das Boot getaucht war, konnte man die Schiffe klar erkennen. Es waren keine Transporter. Es war ein schweres Schlachtschiff, eskortiert von zwei Zerstörern. Die drei Kriegsschiffe hielten Kurs Narvik. Als Prien das Schlachtschiff in der Optik hatte, von der Vorderkante des Turms bis zum Deckaufbau achtern, nickte er dem Ersten Wachoffizier zu. Das Boot lag ganz ruhig, als die Torpedos die Rohre verließen. Wieder begann das quälende Zählen. Die Worte schienen durch das Boot zu hallen.

»Zehn . . . fünfzehn . . . zwanzig . . .« Prien spürte die feuchten Kleider auf der Haut. Er hätte etwas darum gegeben, wenn er die Torpedos zurückholen könnte. Er fürchtete sich davor, daß sie wieder versagten.

»Drei Minuten. Zehn . . . fünfzehn . . .«, begann die Stimme von neuem.

»Hört auf!« schrie Prien. »Hört schon auf zu zählen!« Er senkte den Kopf. Plötzlich vernahmen sie eine Detonation. Der Obersteuermann drückte auf seine Stoppuhr. ». . . Sieben Minuten und achtzehn Sekunden«, sagte er mit langsamer, hilfloser Stimme. »Ein Endstrekkendetonierer und zwei Versager!«

Prien ließ sich auf die Kreiselkiste vor dem Kartentisch fallen und schlug die Hände vors Gesicht. Dann sprang er auf die Beine. Er riß die Seekarten vom Tisch. Er zerknüllte sie und schleuderte sie hinter sich. Er fegte Zirkel und Lineale vom Tisch herunter und hieb mit den geballten Fäusten auf die Platte und schrie seine ganze Wut und Erschöpfung und die unmenschliche Anspannung der letzten Tage hinaus.

»Ist doch eine Schweinerei«, sagte plötzlich jemand. »Was soll der ganze Quatsch? Den Kopf hinhalten – für wen? Wieso machen wir da noch mit?«

Prien richtete sich langsam auf. Er blickte von einem zum andern. Die

Männer wichen scheu zur Seite. »Wer?« begann Prien, aber dann brach er ab. »Jeder kann hier aussteigen«, sagte er, plötzlich ruhig. »Sobald wir zurück sind, aber an Bord – an Bord redet hier keiner so!« Er schritt auf seine Koje zu. Er schlug den Vorhang zurück. Er wandte sich noch einmal um. »Wir halten Fühlung«, sagte er.

Dönitz stand am Fenster des Lagezimmers in der Befehlsstelle der Unterseeboote in Sengwarden. Die Hände auf dem Rücken, blickte der nach dem Scapa Flow zum Konter-Admiral beförderte Befehlshaber der U-Boote hinaus auf die roten Kasernengebäude. Die Stabsoffiziere hinter den Tischen mit den Karten sprachen leise miteinander. Sie verstummten, als Dönitz sich umwandte. »Die Boote sollen ihren Torpedobestand durch Kurzsignale melden.« Sein Gesicht war undurchdringlich. »Ich will die Meldungen sehen, sowie sie eingehen.« Er ging zu seinem Arbeitszimmer hinüber und zog die Tür hinter sich zu.

In der Nacht gingen die Funksprüche ein. Einer war wie der andere. Nur wenige Boote hatten noch mehr als zwei oder drei Torpedos an Bord. Es war eine enttäuschende Bilanz, die Dönitz am Morgen vor sich liegen hatte. Jedes der Boote hatte sich verschossen. Und nicht eines hatte einen Erfolg zu melden. Nicht ein einziges!

Die Offiziere folgten dem Befehlshaber, als er zu der großen Operationskarte an der Längswand des Lagezimmers trat. Kleine Fähnchen mit den Nummern der Boote staken um die Küste Norwegens. Nur ein paar einsame Fähnchen in der Nordsee und im Atlantik.

»Und was ist mit U47?« fragte Dönitz unvermittelt.

»Prien hat noch zwei Hecktorpedos«, antwortete der Nachrichtenoffizier, Kapitänleutnant Hans Meckel.

»Das ist alles?« Dönitz zögerte eine Sekunde. »Geben Sie mir nochmals die Funksprüche von U47.« Er setzte sich und ging die Funkkladde durch.

»Mein Gott – acht Fehlschüsse oder Versager. Und dann noch der ergebnislose Angriff auf das Schlachtschiff. Nur einer dieser Transporter im Vaagsfjord – das hätte die Lage im Raum um Narvik entscheidend beeinflussen können ...« Er warf einen Blick hinüber zu der Karte. Auf einem besonderen Feld, abgesondert von den anderen, staken fünf Fähnchen. Fünf Fähnchen! Das hieß fünf Boote, die sie in diesem Monat bisher verloren hatten. Das war ein Sechstel aller Boote vor Norwegen und der bisher höchste Verlust überhaupt – Er hatte bei diesem Unternehmen fast alle Boote eingesetzt, sogar einen Teil der Schulboote. Das Ergebnis war, daß die wenigen Boote, die nicht am Norwegen-Unternehmen teilgenommen hatten, im April nur sechs Schiffe mit nicht einmal 30000 BRT versenkt hatten. Und doch hatten alle seine Boote nicht verhindern können, daß die Engländer ihre Landungsoperation ungestört durchgeführt hatten.

Der Admiral stützte sich auf. »Und von den Leuten von der Torpedoversuchsanstalt hören wir nur Beschwichtigungen. Ich brauche Beweise. Beweise! Wir können jetzt nichts tun. Wir müssen warten, bis die Boote zurück sind.«

Am 25. April wußte man beim Befehlshaber der Unterseeboote, daß U47 am Morgen des 26. in Kiel einlaufen würde. An diesem Vormittag, gegen elf Uhr, schellte in der Marine-Propaganda-Abteilung West, in einer Kaserne am Rande Wilhelmshavens, das Telefon.

»Für Sie, Herr Oberleutnant«, sagte Bootsmaat Kreib. Er schob den Apparat über den Tisch. »Vom BdU«, flüsterte er und zog bedeutungsvoll die Augenbrauen hoch.

Der Oberleutnant zur See der Reserve Kurt Esmarch nahm den Hörer. »Was ist denn? Wer? Ach Sie?«

»Können Sie mit Ihrem Übertragungswagen nach Sengwarden überkommen?«

Am Apparat war Kapitänleutnant Meckel, der Nachrichtenoffizier des BdU.

»Nur zu gern. In der letzten Zeit war nicht gerade viel los«, sagte Esmarch. »Was gibt's denn? Wieder mal ein großer Empfang?«

Die Antwort kam erst nach einigem Zögern. »Kommen Sie mal mit Ihrer Jolanthe. Und bringen Sie Ihre Toningenieure mit. Wir wollen eine Aufnahme machen. Von einer Kommandantenbesprechung. Alles Nähere hier. Aber machen Sie schnell.«

Wenige Minuten später fuhr der graue Wagen aus der Kaserne. Es war einer der ersten Übertragungswagen des deutschen Rundfunks, ein grauer, schwerer Kasten auf einem alten Mercedes-Chassis, der überall dort auftauchte, wo erfolgreiche Boote von Feindfahrt zurückkehrten. Esmarsch hatte keinen Fahrer mitgenommen. Sie waren nur zu dritt. Esmarch und die beiden Toningenieure Kreib und Kettler. Sie brauchten eine halbe Stunde bis nach Sengwarden. Meckel wartete schon, als der Wagen vor dem Stabsgebäude hielt. Esmarch kletterte aus dem Sitz. Die beiden Männer begrüßten sich; dann nahm der Kapitänleutnant den P.K.-Mann beiseite.

»Wo brennt es denn?« meinte Esmarch. Er blickte erstaunt in das ernste Gesicht des Offiziers.

»Wir erwarten Prien heute«, begann Meckel.
»Ist U47 denn schon zurück?«
»Seit heute morgen.« Meckel schwieg. Hinter ihm lief der Motor des Wagens. Esmarch starrte auf seine Schuhe, als er sagte: »Gute Nachrichten?«
Meckel blieb stehen. Dann schüttelte er den Kopf. »Prien kommt zur Kommandantenbesprechung.«
»Norwegen?« fragte Esmarch.
»Wenn Sie wüßten . . .«, sagte Meckel. »Die Torpedos. Da ist was oberfaul.«
»Aber wieso denn diese Tonaufnahme? Prien redet doch frei weg.«
Meckel ging nicht darauf ein. »Der Admiral braucht etwas, um seine Klagen zu untermauern, etwas, um die Verantwortlichen festzunageln. Da habe ich ihm den Vorschlag gemacht, eine Bandaufnahme zu machen. Wir wollen seinen Bericht frisch vom Faß, verstehen Sie? Hören Sie, Esmarch. Niemand darf davon erfahren! Auch Prien nicht. Können Sie das machen? Die ganze Sache ist natürlich Gekados, geheime Kommandosache.« Er blickte auf die Uhr. »Eine Stunde werdern Sie noch Zeit haben, alles vorzubereiten. Kommen Sie.«
Meckel ging voran; er führte Esmarch in das Arbeitszimmer des Befehlshabers der U-Boote; ein nüchtern eingerichteter Raum. Auf zwei zusammengeschobenen Tischen lagen die Seekarten, und als Esmarch einen Blick darauf warf, erkannte er die Karten von den Küsten Norwegens.
Meckel blickte den P.K.-Mann fragend an. »Der beste Raum, den wir dafür haben. Meinen Sie, es geht?« Meckel deutete auf eine zweite Tür. »Wir werden zuerst drüben im Lagezimmer sein. Aber das Gespräch, das Sie aufnehmen sollen, wird hier stattfinden.«
Esmarch hatte die Mütze abgenommen. Langsam und bedächtig zündete er sich eine Zigarette an. Er blickte auf die Stühle, die nebeneinander an der Wand standen. »Wo wird Prien sitzen?«
»Die Tischordnung können Sie bestimmen.« Meckel sagte es leichthin, aber sein Gesicht blieb ernst. Er beobachtete, wie Esmarch die Stühle um die Tische gruppierte. »Wieviel Leute?«
»Der Admiral . . .« Meckel zählte sie an den Fingern ab. Sechs – mit mir sieben.«
Esmarch ordnete die Stühle. Er untersuchte den Raum, klopfte die Wände ab, blickte besorgt zur Decke. Auf den Grünanlagen zwischen den Wohnbaracken tauchte der graue, kastenartige Übertragungswagen auf. »Seid ihr verrückt«, schrie Esmarch. »Nicht hier heran.

Kreib! He, Kreib! Komm mal her!« Als der Bootsmaat zum Fenster kam, befahl Esmarch: »Fahrt den Wagen ganz nah ans Haus ran, aber so, daß von hier aus nichts zu sehen ist.« Esmarch ließ das Fenster offen. Er blickte sich suchend um. Auf einem Tischchen stand ein Volksempfänger. Er zog den Stecker heraus. Er starrte auf das kleine, schwarze Gehäuse. In diesem Augenblick kamen die beiden Toningenieure mit den Leitungen zum Fenster. Esmarch half ihnen, die Kabel ins Zimmer zu ziehen. Dann reichte er Kreib den Volksempfänger. »Schlachten Sie das Ding aus und bringen Sie das Mikrophon darin unter.«

Sie brauchten nicht lange, dann waren sie mit allem fertig. Sie verlegten die Leitungen. Sie tarnten sie und führten sie durch das Fenster zu dem Volksempfänger mit dem eingebauten, hochempfindlichen Mikrophon. Esmarch stellte das kleine Gehäuse in die Nähe des Platzes, auf dem Prien sitzen würde. Sie testeten die Anlage, und dann zogen sich die drei Männer von der Marine-Propaganda-Abteilung in ihren Übertragungswagen zurück.

Esmarch zog die Tür hinter sich zu. Er prüfte, ob die Fenster dicht schlossen. Sie mußten fast eine Stunde warten. Esmarch saß neben dem Lautsprecher, der das Gespräch in den Wagen übertragen würde. Die beiden Toningenieure, die Bootsmänner Kreib und Kettler, hockten vor ihren Aufnahmemaschinen, auf denen die ersten Igephon-Platten lagen. Sie machten die Stoppuhren bereit. Sie warteten, und plötzlich vibrierte der Stoff vor dem Lautspecher. Esmarch fuhr erschreckt hoch und regulierte die Lautstärke.

»So, Kinder, es geht los. Sie sind jetzt im Zimmer.« Er hob den Arm. Eine Sekunde verging. Dann setzte das Stimmengewirr wieder ein. »Jetzt ist Dönitz da.« Esmarch ließ die Hand heruntersinken. Einer der Toningenieure setzte den Tonabnehmer auf die Platte. Mit einem leisen Summerton begann sich die erste Platte zu drehen.

•

»Kommen Sie, Prien! Hier – das ist Ihr Platz!« Kapitänleutnant Mekkel führte den Kommandanten von U47 zu seinem Stuhl. Die Offiziere warteten, bis Dönitz sich gesetzt hatte. Dann gruppierten sie sich um den Tisch mit den Seekarten; der Chef der Operationsabteilung, Fregattenkapitän Godt, und die vier Stabsoffiziere des Befehlshabers der Unterseeboote, die Kapitänleutnante Oehrn, von Daublebsky, Winter und Meckel.

»Also«, begann Dönitz, »jetzt sprechen Sie sich mal aus. Daß Sie hier ganz offen reden können – das brauche ich wohl nicht zu betonen.«

Während die Offiziere sich vorbeugten, um ihn anzusehen, starrte Prien auf die Seekarten auf dem Tisch vor ihm. Man sah, daß er sich erst an diesem Morgen rasiert hatte, am Kinn und bis zu den Wangen hinauf war die Haut bleich. Die Männer um den Tisch blickten sich verstohlen an, als Prien zu sprechen anfing. Er begann seinen Bericht sehr ruhig, mit einer Stimme, die müde, fast resigniert klang. Immer wieder griff seine Hand mechanisch zu dem glatten Kinn, während er von der Fahrt berichtete. Nur von Zeit zu Zeit schlug er eine Seite des Kriegstagebuches um, das vor ihm lag, aber er blickte kaum hinein. Es erstaunte ihn, daß er so ruhig war. Er glaubte, sich selbst dabei zu beobachten. Seine ganze Wut war weg, und seine Worte klangen in diesem Raum ganz anders.

Hier, in diesem Geschäftszimmer, war sein Boot ein Fähnchen, das man auf der Operationskarte verschob. Hier regierten Zahlen, die Statistik. Hier hatte der Krieg ein glattes Gesicht.

Jemand räusperte sich. Prien blickte auf. Er spürte den brennenden Stummel der Zigarette zwischen seinen Fingern, der so klein war, daß er ihn nicht mehr halten konnte.

»Verstehen Sie«, unterbrach Dönitz, »was wir brauchen, sind Tatsachen. Sie wissen, wie leicht man die Torpedoleute verflucht . . .«

»Weiß ich, weiß ich. Wer gibt schon gern zu, daß er sich geirrt hat. Beim ersten Angriff – ich habe nachträglich festgestellt, daß mein Feuerleitmann vergessen hatte, den Seitenschalter einzustellen. Die vier Schuß gingen also nicht getrennt auf die vier Ziele, sondern liefen geschlossen auf den in der Mitte liegenden Tanker. Das war ein Fehler. Ich habe den Mann gleich an Ort und Stelle mit zehn Tage geschärftem Arrest bestraft. Ich habe es getan, obwohl sein Fehler keine Auswirkungen hatte, da die Torpedos doch versagten.« Er stand auf, machte ein paar nervöse Schritte, aber als die Offiziere sich nicht rührten, setzte er sich wieder . . .

»Die Strafe steht im Kriegstagebuch. Ich bitte«, er blickte Dönitz an, »ich bitte, daß sie zurückgenommen wird. Das als erstes. Ich kann den Mann nicht mit gutem Gewissen in den Bau schicken, nachdem sich nachher gezeigt hat, mit was für elenden Torpedos man uns losgeschickt hat.«

Dönitz hob die Hand. Aber Prien ließ sich nicht unterbrechen. »Vielleicht wäre es gut, wenn Sie mal hörten, was meine Leute so reden.« Sie können nicht mehr. Sie sind ausgepumpt, einfach fertig. Was soll's denn? Den Kopf hinhalten? Schöne Reden halten? – Einige sterben, damit die anderen gerettet werden. Ein paar opfern sich, daß eine

ganze Armee Zeit hat, sich zu retten – das ginge ihnen ein. Das haben sie schon in der Schule gehabt. Vier, acht, null vor Christus: Thermopylen.« Seine Stimme wurde immer erregter. »Ich kann kein Boot führen, ohne Erfolg zu haben. Es geht ohne Schlaf, ohne Essen, es geht nur nicht ohne Erfolg. Ein Erfolg, das hält die Leute zusammen. Das bringt alles in Ordnung. Ein Spiel, in dem nur der Gegner Trümpfe hat, das spielt man einfach nicht.«
Er starrte von einem zum andern, aber er schien sie nicht wirklich zu sehen. »Das habe ich mir geschworen. Mit solchen Torpedos laufe ich nicht mehr aus . . .« Er blickte auf. Einen Augenblick schien er selbst vor seinen Worten zu erschrecken. »Das kann jeder hören«, sagte er steif. »Ein Offizier hat zu schweigen! Hintern zusammenkneifen und schweigen. Er zerdrückt heimlich eine Träne und stirbt. Dann bin ich eben kein idealer Offizier . . . Mit solchen Torpedos laufe ich nicht mehr aus.«

Die drei Männer im Übertragungswagen hörten jedes seiner Worte. Sie hielten die Köpfe gesenkt und sahen einander nicht an. Esmarch lehnte mit geschlossenen Augen an der Wand neben dem Lautsprecher. Der redet sich um Kopf und Kragen, dachte er. Nur von Zeit zu Zeit öffnete er die Augen, wenn einer der Toningenieure die eine Platte aufnahm und die andere auf dem zweiten Aufnahmegerät anlief. Er saß noch so da, als sie im Lautsprecher hörten, daß die Männer im Arbeitszimmer die Stühle wegschoben und den Raum verließen. Eine Weile herrschte beklemmendes Schweigen. Dann erhob sich Esmarch. Er nahm die Platten. Es waren zehn. Er schob sie behutsam in ihre Hüllen und numerierte sie. Er war schon an der Wagentür, als Kreib sagte: »Was soll ich eintragen?« Er wies auf das Materialbuch vor sich auf dem Tisch. »Sie wissen, wie genau die sind.«
Esmarch winkte ab. »Schreiben Sie Schrott. Zehn Platten Schrott. Darüber wird geschwiegen.«
Prien war noch da, als Esmarch mit den Platten herüberkam und sie Dönitz überreichte. Der P.K.-Mann begrüßte Prien, aber er vermied es, ihn anzusehen. Er atmete auf, als Dönitz unvermittelt sagte: »Wir wollen ihm die Sache doch mal vorführen.«
Sie spielten Prien die Aufnahme vor. Sie war nicht besonders sauber, und ein paar Sätze waren verschluckt, aber sonst war alles gut zu hören, was er gesagt hatte. Er hörte schweigend zu. Vielleicht hilft es was, dachte er. Aber er spürte keine Freude bei dem Gedanken. Was hatte er schon erreicht? Ein paar schöne Versprechungen. Das nächste

Mal, wenn sie ausliefen, haben sie prächtige Aale an Bord! – Wenn es so war, dann konnte er vielleicht mit besserem Gewissen seinen Männern befehlen. Aber immer würde er auf sich selbst gestellt sein. Immer würde nur er zu entscheiden haben, was richtig war oder nicht.
Prien hatte sich noch am gleichen Tag nach Kiel zurückfahren lassen. In der Nähe der Pier, an der die »Ubena« lag, stieg er aus. Die »Ubena« war das neue Wohnschiff für die Besatzung von U47; Prien ging die Pier hinunter. Man grüßte ihn, und ein paar, die ihn erkannten, sprachen ihn an, aber er winkte ab und ging schnell in seine Kammer an Bord. Er machte kein Licht, als er seinen Mantel ablegte und an das Bullauge trat. Er stand eine Weile dort, aber der Hafen war dunkel, und ein Hafen in der Dunkelheit war tot und sinnlos. Er zog die Verdunklung vor und knipste die Schreibtischlampe an. Er arbeitete schnell, um es hinter sich zu haben. Die Leute sollten nach Hause. Zu ihren Frauen. In ihre alte Welt, die noch heil und ganz war. Auch er wollte nach Hause. Aber er dachte nicht daran, sondern an den Tag, an dem die Leute nach der Werftliegezeit des Bootes wieder zurückkommen mußten. Es war ein Aufschub! Urlaub im Krieg war nur ein Aufschub vor dem Todesurteil.

Nach einer langen Werftliegezeit ging das Boot, das seit Scapa Flow als Wahrzeichen den schnaubenden Stier am Turm trug, U47, am 4. Juni 1940 wieder in See. Das Operationsgebiet lag im Atlantik; diesmal, so hatte Prien seiner Besatzung vor der Ausfahrt versichert, sollten die Torpedos besser sein. Und als das Boot am 7. Juli wieder in Kiel einlief, hatte Prien einen bisher beispiellosen Erfolg errungen: U47 hatte zehn Schiffe mit zusammen 66587 BRT versenkt.
Wie U47, so meldeten auch die anderen deutschen Boote plötzlich große Erfolge. Von Juni bis September 1940 versenkten sie fast dreihundert Schiffe mit annähernd einer Million BRT. – Nach der Kapitulation Frankreichs standen den deutschen Booten auch die Häfen der Atlantik-Küste zur Verfügung. Die verkehrsreichen Jagdgründe lagen den grauen Wölfen jetzt direkt vor der Nase.
Am 26. August lief U47 wieder von Kiel aus; die siebte Feindfahrt innerhalb eines Jahres. Vier Wochen jagte das Boot feindliche Schiffe. Am 23. September erhielt U47 den Funkspruch, der das Boot sofort nach dem französischen Hafen Lorient rief.
An dem ausgefahrenen Periskop hingen sechs Wimpel. Auf den bunten Stoffdreiecken stand die Tonnage von sechs Schiffen mit zusammen 45250 BRT, als das Boot in Lorient einlief. Die Angst, die Mü-

digkeit, die Erinnerung an die Serien von Wasserbomben, an Hunderte endloser Stunden unter Wasser, von denen jede die letzte sein konnte, warfen die Männer ab.
Das graue Boot glitt in den Hafen, zu den grauen, trübseligen Häusern mit den bunten Reklametafeln an den Wänden. Sie waren eine Stunde früher dran, und nur Oberleutnant Kurt Esmarch hatte wie immer einen guten »Riecher«. Der P.K.-Mann hatte einen anderen Übertragungswagen. Eine graue Kiste auf ein Citroën-Chassis montiert. Auf die Seiten war ein Walfisch gemalt. »Hier spricht Walfisch-Esmarch«, hallte seine Stimme zur Begrüßung über das Werftgelände, und weil die Musikkapelle zum Empfang nicht da war, legte er eine Platte mit dem Engelland-Lied auf.
Prien hatte den ganzen Tag zu tun. Die Mannschaft wurde in einem kleinen Hotel am Marktplatz untergebracht. Urlaub würde es diesmal nicht geben. Weitere Befehle erwarteten Prien in Paris, wohin Dönitz inzwischen seine Befehlsstelle verlegt hatte.
Die Offiziere und Prien selbst hatten in Lorient Zimmer im Hotel »Beau Séjour«. Die meisten Boote waren draußen, und das Hotel war fast leer. Prien ging gleich auf sein Zimmer. Er warf sich, so wie er war, in den Kleidern, auf das Bett. Er wußte nicht, wie lange er geschlafen hatte. Es war dunkel, als er aufwachte, und jemand hatte seinen kleinen Koffer und den Seesack hereingebracht. Er zog sich ganz aus. Er wusch sich mit dem kalten Wasser und legte sich dann vor dem Spiegel das Ritterkreuz um, als jemand plötzlich die Tür aufriß und ins Zimmer stürmte.
Der Junge in der grauen Gefreitenuniform des Infanteristen warf die Tür hinter sich zu. Prien schloß den letzten Knopf. Dann drehte er sich um. »Hans-Joachim . . . Wie kommst du hierher?«
Die Stiefbrüder gaben sich die Hand; vielleicht war es die Uniform, die sie davon abhielt, sich wie früher zu umarmen. Sie glichen sich nicht sehr, sie hatten nur beide die gleichen flinken Bewegungen.
»Hast du schon gegessen?« fragte Prien.
»Richtig noch nicht. Ich warte hier schon zehn Tage auf dich.«
»Was Wichtiges? Was mit Mutter?«
Der andere blickte auf seine Hände. »Ich muß dich sprechen, Günther«, sagte er ernst. »Du weißt schon, warum?«
Prien wehrte ab. Er bestellte zu essen. Es wurde aufs Zimmer gebracht. Sie aßen und löschten nachher das Licht und nahmen den Wein und die Gläser mit nach draußen auf den kleinen Balkon vor dem Zimmer . . .

»Warum hast du mir auf meine Briefe nie geantwortet?« fragte der Stiefbruder plötzlich. »Du weißt doch, wie wichtig mir das ist . . .«
»Ich war immer schreibfaul.« Prien trat ins Zimmer. Als er zurückkam, hatte er ein Fernglas umhängen. »Und nur deswegen bist du auf gut Glück hierhergekommen? Hast du Urlaub?« Er setzte das Glas an die Augen. Er sah die Kirche am Hafen, den flachen Turm der Kathedrale. »Deshalb also?«
»Es kostet dich doch nur ein Wort, und sie versetzen mich zu den U-Booten. Ich hab' mich freiwillig gemeldet«, sagte der Stiefbruder heftig, »aber meine Einheit läßt mich nicht weg. Ich möchte nur wissen, was du dagegen hast! In einem Jahr ist der Krieg vorbei, und ich . . .«
Prien starrte ihn an. Er sah in diesem Gesicht nur grenzenlose Bewunderung, und gerade das erschreckte ihn. Er nahm das Nachtglas an die Augen. Für Sekunden fiel ein Lichtschein auf das Kopfsteinpflaster der Straße. Er sah die U-Boot-Leute aus einer Kneipe kommen. Mit Gesang zogen sie am Hotel vorbei.
»Also – was ist, legst du ein Wort für mich ein?«
»Warum nicht?« sagte er. Plötzlich war er gewiß, daß dieser Krieg noch lange nicht aus war. Aber er konnte nicht mehr zurück. Vielleicht war es nur sein Ehrgeiz. Vielleicht nur die Eitelkeit – Er mußte ausharren bis zum Ende, aber er würde es nicht überleben.
»Darf ich mal?« Sein Bruder nahm das Glas. Als er es zurückreichte, sagte er: »Weißt du noch? Als Junge wolltest du immer ein Fernglas haben . . .«
Prien trank schnell, um nicht daran zu denken. Er hatte jeden Groschen gespart. Ein Glas . . . so wie dieses. Ein Glas, das die Sterne heranholte. Jetzt hatte er ein Glas . . . Du solltest ihm sagen, was du jetzt durch dein Glas siehst, dachte er. Sag ihm, wie du sie siehst, wenn sie über Deck rennen, wenn der Torpedo getroffen hat, und in die Boote klettern und dann um ihr Leben rudern, während das Schiff hinter ihnen wie eine Fackel versinkt. Und sag ihm, wie es denen geht, die nicht die Boote erreichen . . . Aber er sagte: »Ich muß morgen nach Paris. Ich kann dich mitnehmen. Ich schreibe dir einen Brief.«
In diesem Augenblick gingen die Luftschutzsirenen. Die erste, die aufheulte, mußte ganz in der Nähe sein, und ihr gellender Ton traf sie wie ein Schlag.
Am Rande der Stadt verloren sich ein paar dünne Scheinwerferbündel im Himmel, und in den helleren Ton der Sirenen krachten die ersten Bomben . . .

Als Prien zusammen mit seinem Stiefbruder aus dem Hotel auf die Straße stürmte, flogen die englischen Maschinen ein zweites Mal an. Sie rannten durch die leeren Straßen bis zum Marktplatz, dorthin, wo die Häuser brannten. Zuerst glaubte Prien, das Hotel, in dem seine Besatzung untergebracht war, sei getroffen. Aber es stand unversehrt im Dunkel. Sie hielten sich an die Mauern, als sie weiterliefen. Plötzlich blieben sie stehen. Sie sahen die Männer in Uniformen. Sie schleppten Möbel aus den brennenden Häusern auf den Platz – ein paar trugen Frauen heraus.

Im Fenster eines der Häuser tauchte eine Gestalt auf und schrie etwas. Prien erkannte ihn an der Stimme. Es war sein Stabsmaschinist, und dann sah er auch, daß es die Männer von seinem Boot waren.

Er rannte zu ihnen hin, um zu helfen.

Am nächsten Tag fuhr Prien mit seinem Stiefbruder nach Paris. Dort trennten sie sich. Ein halbes Jahr später wurde der Stiefbruder zur U-Boot-Waffe versetzt. Er ging im September 1943 als Fähnrich mit seinem Boot unter.

Der »U-Boot-Tracking-Room«, der seit August 1940 in den Gebäuden der Admiralität in London arbeitete, war das Gehirn der britischen U-Boot-Abwehr. Die Frequenzen, auf denen die deutschen Boote sendeten, waren den Engländern bekannt. Es war ihnen bisher nicht gelungen, den deutschen Geheimschlüssel zu brechen, doch jedesmal, wenn ein deutscher Funker sein Gerät bediente, konnte er damit seinen Standort verraten. Hier, in diesen Räumen, saßen Tag und Nacht Experten, um die Meldungen von den Fernsende-Anlagen auszuwerten. Hier war es, wo man zuerst feststellte, daß die Deutschen eine neue Taktik anwandten. Plötzlich verdoppelten sich die aufgefangenen Funksprüche: Die Deutschen zogen ihre Boote in Rudeln zusammen. So kam die Nacht vom 18. auf den 19. Oktober 1940. In dieser Nacht und in den Nächten darauf erhielt eine neue Taktik, die schon einige Zeit von einzelnen deutschen Kommandanten erprobt worden war, ihre grausige Taufe. Eine neue Taktik, die mit allen Traditionen des U-Boot-Krieges brach. U-Boote waren bisher Einzelgänger gewesen, Wölfe, die allein und einsam ihre Opfer holten. Sie hatten sich vor den Häfen und in den Gebieten des größten Verkehrs auf die Lauer gelegt und gewartet, möglichst unsichtbar und in Funkstille, um sich nicht zu verraten. Jetzt, auf dem weiten Atlantik, den die Geleitzüge des Feindes auf immer wieder veränderten Zickzackkursen durchzogen, versagten die alten Methoden. Dönitz hatte seinen Booten deshalb neue Instruktionen gegeben. Er schickte sie an die Geleitzugstraßen. Sichtete ein Boot Schiffe, so griff es jedoch nicht mehr an. Es funkte die Position des Geleitzugs, schlich ihm nach, beobachtete und meldete der Befehlsstelle Position, Kurs, Geschwindigkeit. Die Befehlsstelle rief über Funk andere Boote herbei. Und erst, wenn Dönitz ein ganzes Rudel zusammengezogen hatte, hob er jede Angriffsbeschränkung auf.

In den beiden Nächten des 18. und 19. Oktober 1940 stieß ein Rudel von zwölf U-Booten, darunter die Kommandanten von U 47, Günther Prien, U 100, Joachim Schepke, und U 99, Otto Kretschmer, in drei Geleitzüge, weit draußen, Hunderte von Meilen von der Küste. Spät in der Nacht griffen die Boote aufgetaucht an. Ohne sich um die Korvetten und Zerstörer zu kümmern, brachen sie in die Herde der großen Schiffe ein. Stundenlang fuhren sie ihre Angriffe. Tanker flogen mit grellen Stichflammen in die Luft und erleuchteten die Nacht. Leuchtkugeln stiegen über den getroffenen und sinkenden Schiffen in den Himmel. In der Nacht darauf griffen die Boote erneut an. Als im Morgengrauen des 20. das Gemetzel aufhörte, waren von den zweiundachtzig Schiffen zweiunddreißig gesunken, U 47 hatte davon allein acht Schiffe mit 50000 BRT versenkt.

Am 23. Oktober 1940 war das Boot Priens wieder in Lorient. Als erster Kommandant eines U-Bootes hatte er jetzt über 200000 BRT versenkt. Er erhielt als fünfter Offizier der Wehrmacht die damals höchste Auszeichnung, das Eichenlaub zum Ritterkreuz. Er trug es nur ein paar Tage. Dann wanderte es mit der Uniform in das Spind. Schon nach zehn Tagen, am 3. November, ging U 47 wieder in See; der neunten Unternehmung innerhalb eines Jahres. Es war bitterkalt, und das Boot stampfte durch die schweren Novemberseen. U 47 empfing Funksprüche über Geleitzüge, aber wenn das Boot mit äußerster Kraft hinlief, war nichts von den Schiffen zu sehen. Von Tag zu Tag wurde das Wetter schlechter, Regen und schwere Stürme. Die Wachen standen in feuchtem Ölzeug auf dem Turm, bis ins Mark frierend.

Nach drei Wochen spürte U 47 einen Geleitzug auf. Prien meldete den Standort, und als andere Boote herangekommen waren, griffen sie gemeinsam an. U 47 fuhr drei Angriffe. Sie verschossen zehn Torpedos, aber sie hatten keinen Treffer. Beim Ablaufen stellten sie fest, daß die Feuerleitanlage ausgefallen war. Als sie vor einem Zerstörer tauchten, sackte das Boot weg. Wie ein Stein schoß es mit dem Bug nach unten. Erst auf einhundertzwanzig Meter gelang es, das Boot abzufangen. Eine Stunde beriet Prien sich mit seinem Leitenden Ingenieur, Bothmann, und mit seinem Ersten Offizier, von Varendorff. Es war klar, daß sie ein untaugliches Boot hatten. Auch ihr Brennstoff wurde knapp. Die Männer sahen es ihrem Kommandanten an, wie schwer ihm der Entschluß fiel.

Am 30. 11. 40 steht im Kriegstagebuch: »21.50 Abgabe FT 2135/30/149: Erbitte Rückmarsch Heimat zur Grundüberholung U47.«

Die Antwort brauchte nur eine Stunde. Ein Läufer kam mit der Funkkladde in die Zentrale. Prien schlug die Kladde auf. Er las, und dann blickte er langsam auf. Er schob die Kladde stumm weiter. Bothmann und Varendorff beugten sich darüber. Als sie aufsahen, hatten sie verstörte Gesichter.

Von Varendorff war der erste, der sprach. »Ob die denken, wir wollen Weihnachten nur zu Hause sein?«

»Herr Kaleu«, sagte Bothmann, »das ist unmöglich! Mit ihren paar Männern in Lorient können sie nie die schweren Reparaturen durchführen.«

Prien blickte auf, und der Ingenieur schwieg. »Auf dem Ohr hören sie eben schlecht«, sagte Prien. »Machen Sie mir Meldung, wie es auf allen Stationen aussieht.« Er wandte sich ab. Er ging zu seiner Koje, und sie hörten, wie er den schweren grünen Vorhang zuriß. Nach einer Stunde kamen die beiden Offiziere, um zu berichten.

Um 23.55 Uhr verzeichnet das Kriegstagebuch: »Abgabe FT 2315/30/151: BdU. Ausgefallen: Hauptlenzpumpe, Trimm- und Backbord-Kühlwasserpumpe, gesamte Feuerleitanlage, Kommandoanlage. Undicht: Alle Abgasklappen, Turmluk, Kurbelwellendurchführung. Bei höheren Fahrstufen starke Ölverluste. Erhebliche Überholungsarbeiten an Torpedorohren, Diesel, E-, Luft- und Tauchanlage, Mindest-Reparaturdauer 5 Wochen. U47.«

Als der Spruch aufgegeben war, ging Prien hinauf auf den Turm. Die See war ruhiger, und ein paar Sterne waren da, flimmernd in der Kälte. Von Varendorff brachte nach einer halben Stunde die Antwort der Befehlsstelle auf die Brücke. Als Prien das Gesicht des Ersten Offiziers sah, kannte er schon die Antwort: »Also doch Lorient?«

Von Varendorff nickte. »Rückmarsch Lorient.«

Prien überlegte nur eine Sekunde. »Sagen Sie, wie lange können wir noch auf See bleiben?«

Von Varendorff blickte überrascht auf. »Wir haben noch für zwölf Tage Proviant. Aber ...«

»Also vierzehn Tage notfalls. Gut.« Er sah, wie die anderen Männer auf dem Turm sich nach ihm umwandten. »Schicken Sie mir den Torpedomechaniker«, befahl er. »Thewes muß die letzten Torpedos irgendwie klarkriegen. Wir gehen nicht zurück, solange wir nicht den letzten Tropfen Öl verfahren haben.«

Am Tage darauf fingen sie von einem anderen Boot einen Funkspruch auf. U 101 meldete einen Geleitzug. Sie machten kehrt. Sie marschierten den ganzen Tag und den ganzen folgenden Tag. Prien wich nicht von der Brücke. Nach Mitternacht nahmen sie die Peilzeichen anderer Boote auf. – U 47 war wie ein lahmer Wolf. Ein Wolf mit Wunden, aber er hatte die Schlauheit von vielen hundert Nächten Jagd.

In der Nacht darauf fanden sie die Schiffe. Es war die Nacht zum Freitag, und seit Scapa Flow galten die Nächte des Donnerstags, des Freitags und des Samstags als die besten Nächte für das Boot. U 47 griff nicht mit den andern an. Grausam geschickt schlich es sich in den Geleitzug. Während nun die Schiffe von den Torpedos getroffen zerbarsten, holte er sich selbst aus nächster Nähe seine Beute. Am Morgen hatten sie mit den restlichen zwei Torpedos und ihrem Bordgeschütz zwei Schiffe mit 17 000 BRT versenkt.

Das Boot brauchte drei Tage zum Heimmarsch. Von Varendorff schrieb schon für die Leute die Gesuche um Urlaub aus. Der Leitende Ingenieur tippte auf der Reiseschreibmaschine die Reparaturliste für die Werft. Am Morgen des 6. Dezember kam die Küste in Sicht. Die grauen Vorpostenboote wuchsen aus der Wasserlinie des schmutziggelben Horizonts. Sie tauschten Signale aus, und die Boote gaben den Weg in den Hafen frei. Das Wasser wurde ruhig, und in der kalten Morgenluft waren die Werftanlagen noch grauer als sonst. Durch das Glas sah Prien vom Turm die Menschen am Kai und die Männer der Kapelle, die sich aufstellten.

Seit den großen Erfolgen seiner Wolfsrudel-Taktik hatte Dönitz seine Befehlsstelle von Paris nach Lorient verlegt. Von Ende Oktober an residierte er in dem Besitztum eines französischen Sardinenfabrikanten, dem Schlößchen Kernével, fünf Kilometer von Lorient. Noch am Nachmittag fuhr Prien zur Berichterstattung zu seinem Befehlshaber hinaus. Es war dunkel, als er zurückkam.

Der Autobus hielt vor der Präfektur, in der Prien sein Zimmer hatte. Er zögerte eine Sekunde, und dann schritt er schnell über den Platz mit dem Musikpavillon auf das hohe, eiserne Tor zum Hafengelände zu. Die Kasernen, in denen seine Leute untergebracht waren, lagen

innerhalb des Hafengeländes, aber er fand niemanden; sie waren alle schon in der Stadt, die Wiederkehr zu feiern.
Es regnete leicht. Mit hochgeschlagenem Kragen stolperte er über das Kopfsteinpflaster. Er hörte jemand hinter sich herkommen. Er wartete. Es war Bothmann. Als er an seiner Zigarette zog, sah Prien, daß der L. I. seinen neuen seidenen Schal mit der aufgestickten »13« trug.
»Na!« sagte Prien. »Sind Sie Ihren Wunschzettel losgeworden?«
»Ich komme eben von der Flottille. Die werden noch die Stunde verfluchen, in der sie das Boot nach Lorient gerufen haben.«
»Die Sache hat sich aufgeklärt«, sagte Prien schnell. »Während wir draußen waren, soll Papa Scheel hier die Werft in Schwung gebracht haben. Sie haben jetzt Facharbeiter aus Deutschland geholt. Sie sollen jetzt alle Reparaturen hier ausführen können.« Sie waren weitergegangen. »Wir werden ihnen nichts schenken«, sagte Prien. »Wir gehen mit dem Boot nicht eher raus, als bis auch der kleinste und letzte Defekt behoben ist. Sehen Sie zu, daß Sie Weihnachten zu Hause sind, aber dann möchte ich, daß Sie selbst hier sind und den Leuten auf die Finger sehen.« Er wartete, bis Bothmanns Gestalt im Dunkel verschwand. Die Fäuste in den Taschen, ging er die Kaimauer entlang. Das Wasser war ruhig und wie nasser Asphalt, und nur manchmal schlug eine Welle dumpf gegen eines der festgetäuten Boote. Er hörte den Schritt des Wachtpostens und von ferne für Sekunden Musik, als jemand ein Fenster öffnete. Der Posten grüßte, als er über den schmalen Steg auf sein Boot ging. Er kletterte ins Innere des Bootes. Plötzlich fröstelte ihn. Das Boot war trotz der brennenden Birnen wie eine Gruft, und er dachte daran, wie es sein würde, wenn es in die Tiefe hinunterglitt, immer tiefer unter dem Hagel der Wasserbomben . . . Er schüttelte den Gedanken ab.
In der Luft hing ein leichter Geruch von Öl und der starke Duft von dem süßlichen Eau de Cologne, mit dem die Männer sich während der Fahrt wuschen. Im Lichtkegel der Lampe sah er am Boden ein zerlesenes Heft liegen. In seiner Kammer packte er ein paar Sachen zusammen. Er war schon wieder beim Aufstieg am Turmluk, als er Schritte an Deck hörte. Er warf die Tasche voraus und zog sich auf die Brücke. Er verhielt sich ganz ruhig, bis der Kopf über dem Rand des Schanzkleides auftauchte. Er erkannte von Varendorff am hellen Haar.
»Sie, Herr Kaleu?« sagte der Erste Offizier erstaunt.
Prien streckte ihm die Hand entgegen. »Abschied nehmen?«
Von Varendorff wischte sich verlegen mit dem Ärmel über das regennasse Gesicht.

»Haben Sie es denn noch nicht gehört?« fragte Prien. »Sie sollen ein eigenes Boot bekommen . . .«
Von Varendorff hob den Kopf. »Ja. Ich kann es noch nicht glauben.« Es klang jungenhaft, sehr solz und unsicher.
Prien konnte seine Augen nicht sehen, aber er wußte auch so, wie sie blickten. Er wußte nur zu gut, was in dem anderen vorging, und plötzlich merkte er, wie fertig und müde er war. Die Erkenntnis traf ihn wie ein unvermuteter Schlag. Von Varendorff war der letzte Offizier von der alten, eingeschworenen Mannschaft. Einer nach dem andern war gegangen. Wessels, der Leitende Ingenieur, Spahr, sein Steuermann; beide fuhren auf einem anderen Boot. Endraß, sein Erster Offizier bei Scapa Flow, hatte U46 übernommen und erst vor einem Monat das Ritterkreuz bekommen. Auch seine Männer hatte er gehen lassen müssen. Nur ein paar waren noch da. Er hätte nie jemanden gehalten, denn auf seinem Boot konnte er sie nicht befördern, und er verstand, daß sie weiterkommen wollten. Über hundertfünfzig Männer waren in diesem Jahr auf sein Boot gekommen und wieder gegangen.
»Ich war nicht sicher, daß Sie mich gehen lassen würden, Herr Kaleu«, sagte von Varendorff.
Eine Sekunde dachte Prien, du brauchst ihn nicht gehen zu lassen. »Mensch, Varendorff, jetzt freuen Sie sich schon«, sagte er dann. Zum erstenmal fühlte er sich alt, und doch war er noch nicht einmal dreiunddreißig. »So ist das eben. Erst guckt ihr mir alles ab, dann verschwindet ihr. Und Papa geht das nächste Mal wieder mit einem ganzen Kindergarten in See.« Es fiel ihm schwer, die Worte herauszubringen. »Also, machen Sie's gut!« Er wandte sich schroff ab. Das hatte ihm immer geholfen. Es war die Rolle, hinter der er seine wahren Gefühle verstecken konnte.
Von Varendorff streckte die Hand aus. »Darf ich Ihnen noch für alles . . .«
»Keine Sentimentalitäten!« unterbrach Prien rauh. Es gab ihm einen Stich, als er es sagte. Er bückte sich nach der Tasche und ging davon – Ein halbes Jahr später wurde von Varendorff Kommandant von U213. Er lebte noch ein Jahr. Am 31. August 1942 wurde U213 südöstlich der Azoren versenkt, und keiner von der Besatzung überlebte . . .
Prien blieb eine Woche in Lorient. Am 12. Dezember wollte er in Urlaub gehen. Einen Tag zuvor wurde er noch einmal zu Dönitz nach Kernével gerufen. Er fuhr mit dem Autobus. Er hielt direkt vor dem

»Sardinen-Schlößchen«, wie jeder in Lorient die Befehlsstelle nannte. Die Gebäude lagen in einem Park, dicht am Wasser, von einer halbhohen Mauer umgeben. Er kam an den Gebäuden der Funker vorbei, an dem Tennisplatz, auf dem der Regen die weißen Linien auf der roten Asche verwaschen hatte. Vom Stabsgebäude brachte ihn eine Ordonnanz durch die Kastanienallee hinüber in die Villa.
Dönitz empfing Prien allein in dem privaten Arbeitsraum im ersten Stock. Er führte den Kommandanten zu den schweren Polstersesseln. »Kommen Sie. Zigarette? Was zu trinken?« Sie warteten, bis Krämer, der Steward, die Getränke gebracht hatte. Dann trat Dönitz an das Fenster. Er hielt die Arme auf dem Rücken verschränkt. An den Ärmeln glänzten die breiten goldenen Streifen. Plötzlich blickte er Prien an. »Nun mal ganz ehrlich: Fühlen Sie sich noch frisch genug?«
Priens erste Reaktion war Zorn. Er spürte, wie es heiß in ihm hochschoß – wie eine Flamme. Aber dann fiel das Feuer jäh zusammen, und er fühlte sich zum Verzweifeln müde. Er blickte weg, als er den prüfenden Blick des andern spürte. Genau gegenüber lag Port Louis, ein kleiner Fischerhafen, aber er hatte noch nie einen der Kutter ausfahren sehen. Er dachte, daß sie kaum noch zum Fischen hinausfahren konnten. »Ich fühle mich ganz in Ordnung«, sagte er. »Ein bißchen Schlaf, dann sieht alles anders aus.«
»Ich mache Ihnen einen Vorschlag«, sagte der Admiral. »Gehen Sie als Lehrer auf eine U-Boot-Schule. Überlegen Sie es sich in aller Ruhe. Ich lasse Sie nicht gern gehen. Sie wissen, wie wenige Boote ich habe. Zweiunddreißig Boote haben wir jetzt verloren – mehr als gebaut worden sind. Ich schaffe es nur, weil ich Leute wie Sie habe. Wenn der Feind nur hört, U47, U99, U100 sind ausgelaufen, dann zittert er schon. Wir müssen jetzt dran bleiben. Jetzt haben wir sie in Panik. Die Furcht lähmt sie . . .«
Prien ging langsam zum Tisch. Du mußt dich jetzt entscheiden, dachte er, aber dann wußte er plötzlich, daß er keine Wahl hatte. Er hatte sie nie gehabt, auch damals nicht, als man ihn gefragt hatte, ob er nach Scapa Flow auslaufen wolle. Er konnte sich nicht besser machen, als er war; er wollte den Erfolg. Und jetzt konnte er nicht mehr abtreten wie irgendeiner. »Mir wäre es lieber, Sie geben mir ein neues Boot«, sagte er.
»Genau das dachte ich Ihnen vorzuschlagen.« Dönitz lächelte. »Machen Sie noch eine Feindfahrt. Dann wird U47 Schulboot. Aber Sie können es sich noch immer überlegen: Lehrer oder ein neues Boot.«
»Ein neues Boot«, wiederholte Prien sofort.

Der Admiral nickte.
Anfang Februar 1941 erhielt Prien vom Flottillenchef die Nachricht, daß U47 werftklar sei. Ein paar Tage später traf der Kommandant in Lorient ein. Der Auslauftermin war für den 16. Februar festgesetzt worden. Einen Tag zuvor machte U47 an der Pier seinen Probelauf. Dabei stellte sich heraus, daß der Steuerbordmotor einen Riß im Zylinderblock hatte. Der Auslauftermin wurde auf den 18. Februar verschoben. Am Morgen des 18. machte das Boot seine zweite Probefahrt. Wieder wurden an dem Boot Mängel entdeckt, und erneut meldete der Flottillenchef nach Kernével: Auslauftermin um weitere zwei Tage verschoben. Am Nachmittag des 19. stand es dann endgültig fest, daß U47 am nächsten Tag in See gehen sollte.

Prien war in seinem Zimmer in der Präfektur, um sich umzuziehen. Seine Offiziere und die zwei Fähnriche, die diese eine Fahrt als Wachoffizier-Schüler mitmachen sollten, warteten in der Messe. Sie wollten zusammen nach Riec sur Belon fahren, einem bekannten U-Boot-Lokal, bei Madame Melanie Austern essen, Abschied feiern. Um halb sieben, als die Wagen, mit denen sie nach Riec sur Belon fahren wollten, schon draußen standen, kam Hollstein, der E-Maschinist von U47.«
»Ich wollte mich bei Ihnen zum Urlaub abmelden«, sagte er. Er reichte seinem Kommandanten die Papiere.
»Sie auch?« fragte Prien überrascht. Er sah die Papiere nicht an. »Wie lange denn?«
»Vier Wochen. Ich war die ganze Zeit hier, wegen der Werftarbeiten an den E-Maschinen«, sagte Hollstein.
Prien war zu dem kleinen Schreibtisch getreten. Er schlug die Bootsliste auf mit den Namen und Dienstgraden der Teilnehmer dieser Fahrt. »Fünf Leute noch«, sagte er. »Fünf Leute von unserer Scapa-Flow-Besatzung.« Er dachte an die neuen Gesichter, die ihn erwarteten, und er empfand eine plötzliche Kameradschaft für alle diese Männer; es war tröstlich, zu wissen, daß er sie nie im Stich gelassen hatte. »Wann soll es losgehen?« fragte er.
»Morgen früh. Mit dem ersten Zug ...« Hollstein hatte eine Fotografie aus seiner Brusttasche gezogen. Es war eine Aufnahme des Bootes, U47. »Bitte, Herr Kaleu«, sagte Hollstein, »wenn Sie mir darauf Ihren Namen schreiben, als Erinnerung?«
Prien setzte sich schnell und schrieb seinen Namen; er dachte, jetzt muß ich noch ein paar schöne Worte sagen – aber er versuchte es nicht

einmal. »Machen Sie's gut«, sagte er. »Und vergessen Sie nicht ein paar Geschenke für Ihre Frau!«
Hollstein war froh, als er draußen war. Er hatte ein eigenartiges Gefühl. Dieser ernste, grüblerische Prien, der er gesehen hatte, war ihm fremd. Der Maat lief zurück in die Unterkunft. Er packte seine Sachen und die Geschenke für seine Frau ein. Er stellte den Koffer unter das Bett, und dann ging er die Kameraden suchen. Er schlenderte die enge Straße am Hafen hinunter, an der Kathedrale vorbei, zu den kleinen, grauen Häusern mit den Fensterläden aus Blech. Er schaute in ein paar Kneipen hinein. Alle Tische waren besetzt. Er sah die Batterien von Bier- und Weinflaschen auf den Tischen, und er hörte die Musik von den abgespielten Platten. Aber kaum einer tanzte. Die Männer hatten Gesichter, als sei es sehr anstrengend, sich zu betrinken und zu vergessen, daß sie morgen schon nicht mehr leben könnten.
Er fand ein paar Leute von U47, aber einige Male, wenn er nach jemandem fragte, deutete man nur mit einem Grinsen auf die Treppen im Hintergrund; sie führten nach oben, wo die Mädchen ihre Zimmer hatten ... Er suchte noch in ein paar anderen Kneipen, aber er fand seine alten Kameraden nicht. Er ging in die Kaserne zurück. Er zog sich nicht mehr aus. So, wie er war, legte er sich hin. Er döste vor sich hin, und im Halbschlaf hörte er von Zeit zu Zeit jemand hereinkommen und auf sein Bett sinken. Aber dann mußte er doch fest eingeschlafen sein. Plötzlich rüttelte ihn jemand wach.
»Wach schon auf! Los, Kurt, wach auf!« Es war Böhm, der »eiserne Gustav«, wie sie ihn nannten.
Hollstein rappelte sich auf. Er blickte auf seine Uhr. »Noch eine Stunde«, sagte er.
»Besser, wir gehen sofort«, sagte Böhm. Er deutete unsicher auf eines der Betten, auf dem sich stöhnend ein Mann wälzte. Hollstein sah Böhm fragend an. Böhm kniff ein Auge zu. Dann ging ein Lächeln über sein breites, gutmütiges Gesicht. Er machte eine Kopfbewegung zum Bett hinüber. Der Mann hatte die Hände an den Magen gepreßt. Er sah die beiden Männer ans Bett kommen. »Ich glaube, ich muß ins Revier«, sagte er. »Der Blinddarm, glaube ich.«
»Kapierst du?« fragte Böhm. »Es ist der E-Maat. Wenn er ins Revier kommt, dann brauchen wir Ersatz. Dann bist du wieder dran, Urlaub oder nicht.«
Hollstein spürte, wie er bleich wurde. Er beugte sich zu dem Mann hinunter. »Junge«, sagte er, »simuliere nicht. Wenn einer nach Hause geht, dann bin ich das ...«

Der Mann ließ die Hände sinken. Er sah von einem zum anderen. Dann kehrte er sich zur Wand.
»Komm«, sagte Böhm, »nimm deine Sachen. Schnell hier weg.«
Zu dritt begleiteten sie den Maschinenmaat Kurt Hollstein an den Bahnhof. Sie warteten auf dem Bahnsteig. Nach einer halben Stunde wurde der Zug hereingeschoben, und dann stand Hollstein am Fenster und beobachtete unruhig die Sperre.
»Mensch, hast du ein Schwein, daß du aussteigst«, sagte Böhm.
Hollstein konnte nichts antworten. »Noch bin ich nicht weg«, sagte er schließlich.
»Sag mal, kannst du mir noch was pumpen?« fragte einer der Maate.
Hollstein griff nach seiner Tasche, als Böhm sagte: »Sei nicht verrückt, wenn wir absaufen, siehst du dein Geld nicht wieder . . .«
In diesem Augenblick fuhr der Zug an. Hollstein stand am Fenster und winkte. Er winkte immer noch, als die drei Männer schon gegangen waren. Er war fast sicher, daß er sie nie mehr wiedersehen würde.

Um zwei Uhr nachts hatte man den Wagen von Riec sur Belon zurückkommen sehen. Man hatte die Männer gehört, lachend und betrunken, und über allen Priens Stimme, wie er sein Lieblingslied sang; das Lied, das er als Schiffsjunge auf der »Hamburg« gesungen hatte:

»Oh Whisky is the life of man
Oh I drink Whisky when I can
Oh Whisky for my Jonny
Oh Whisky for my Jonny.«

Mittags aß Prien im Offizierskasino der 2. U-Boot-Flottille. Nachher trank er mit ein paar Freunden. Er war froh, als es dann soweit war. Auf dem Bett in seinem Zimmer lag die neue Ledergarnitur bereit. Er badete und zog sich um. Das Leder war steif und neu, und es saß an ihm wie ein schwerer Taucheranzug. Er packte seine Uniform in den Koffer. Sie würden sie aufheben, und morgen schon würde ein anderer in diesem Zimmer sein. Er blickte sich noch einmal um. Auf dem Schreibtisch lag noch ein Stapel ungeöffneter Briefe. Er wußte, was darin stand. Bitte um Autogramme; Briefe von Schulklassen. Er nahm den Papierkorb und streifte den ganzen Stapel hinein.
Er nahm die neue, frisch gestärkte Mütze. Er trat vor den Spiegel . . .

Plötzlich sah er sein Gesicht, ausgeruht und rund. Er hatte zuviel zugenommen. Er dachte an die endlosen Feiern, an die Einladungen in seinem Urlaub. Er dachte, daß er wie ein schlecht trainierter Boxer in den Ring ging . . . Er war froh, daß er den ganzen Rummel hinter sich lassen konnte.
Er hatte nie viel davon gehalten. Es gab andere Dinge, die einen stolz machten. Es machte ihn stolz, was er aus seinem Leben gemacht hatte. Es machte ihn stolz, daß er die Menschen, die er bekämpfte, nie gehaßt hatte. Es gab ein paar Dinge, die eines Mannes Leben lebenswert machten. Er dachte plötzlich voller Sehnsucht, wie gut es sei, die kalte Luft der See zu atmen. Er dachte an alle die Schiffe, auf denen er gefahren war. Er dachte an die Nächte an Deck. Dann hatte er manchmal geglaubt, alles zu verstehen. Am Ende zog es einen immer dorthin, wohin man sich sehnte.
Er setzte die Mütze auf und verließ schnell den Raum.
U47 lag neben der »Ysère«, dem ausgeschlachteten Rumpf eines französischen Kanonenbootes. Die Besatzung war an Deck angetreten.
Prien schritt über die schmale Stelling an Deck. Er begrüßte die Männer. Er blickte in die vielen fremden Gesichter. Er nahm die Meldung entgegen und ließ die Männer wegtreten. Dann kam er noch einmal über die Stelling auf die »Ysère«. Er nahm die Kamelien, die ihm eines der Mädchen gab. Er steckte sie sich ans Revers. Er sprach mit den Männern. Er schüttelte die Hände, die sich ihm entgegenstreckten.
Auch die U-Boot-Kommandanten Kretschmer und Schepke waren gekommen, um ihn zu verabschieden.
»Also, Prienchen«, sagte Kretschmer, »in zwei Tagen komme ich nach. Such uns schon mal einen dicken Geleitzug.«
»Verlaß dich drauf«, sagte Prien. »Verlaß dich ganz auf Papas Nase.«
Sie reichten sich die Hände, und dann ging Prien zurück auf sein Boot. Er klomm auf den Turm. Während die Leinen loswarfen und die Diesel ansprangen, setzte die Musik ein.
Auf dem Balkon vor dem Lagezimmer des »Sardinenschlößchens« in Kernével stand Dönitz mit den Männern seines Stabes. Sie konnten das Boot auslaufen sehen. Sie winkten, als das Boot vorbeizog, ein grauer Schatten, der hinausglitt und mit dem Meer zerfloß.
Im Lagezimmer steckte ein Offizier auf der großen Atlantikkarte ein Fähnchen um.

Gegen Abend hörten sie die mahlenden Schraubengeräusche, und Kretschmer, Kommandant von U99, gab den Befehl aufzutauchen. Das Boot mit dem goldenen Hufeisen am Turm, das zwei Tage nach Prien ausgelaufen war, brach aus dem Wasser, aber als die Männer auf die Brücke kletterten, war um sie nichts als weiße Finsternis. Wie Rauch stieg der Nebel aus dem Meer. Von dem Geleitzug war nichts zu sehen. Aber dann entdeckte jemand das andere U-Boot. Der graue Schatten glitt durch den Nebel, wie in einem Traum. Es gab keinen Zweifel: Es war ein deutsches Boot, und als Kretschmer das Glas an die Augen nahm, erkannte er die Männer auf dem Turm und das Wahrzeichen. »Prien«, sagte Kretschmer nur.

Erst an diesem Morgen hatte U99 seine Lauerstellung südlich Island an der Geleitzugstraße Kanada–England erreicht. Kurz nach vierzehn Uhr hatte U99 einen Funkspruch von U47 aufgenommen; Prien meldete einen Geleitzug. Es war die erste Nachricht des Bootes seit seinem Auslaufen aus Lorient vor fünf Tagen.

Fast eine Viertelstunde glitten die beiden Boote nebeneinanderher durch den Nebel, während sie sich durch die »Flüstertüte« unterhielten. Wie geht es? – Wie geht es selber? – Schepke ist auch in der Nähe – Hast du schon Erfolge gehabt? – Sie wechselten diese ganz einfachen Fragen und Antworten, aber den Männern schien es, als sei hier eine Enklave der Sicherheit in der gefährlichen Weite des Ozeans.

Plötzlich riß die Nebelwand auf, und vor ihnen lag der Geleitzug. Wie eine graue Herde mühten sich die Schiffe langsam durch die See. An ihrer Stelle stoben die Zerstörer vor, fielen zurück, holten wieder auf. Einer der Zerstörer mußte die beiden deutschen Boote entdeckt haben, denn er drehte plötzlich auf sie zu. Kretschmer sah noch, wie die Männer auf Priens Boot von der Brücke verschwanden, eheer–1eelbst das Turmluk hinter sich zuschlug . . .

Die Begegnung der beiden Boote fand am Nachmittag des 25. Februar 1941 statt.

»Auf dieser Unternehmung«, so bezeugt Jupp Kassel, damals Oberfunkmaat auf U99, »stolperten wir dauernd über Prien. Wie ein Schatten blieb er an ›seinem‹ Geleitzug. Während die anderen Boote Funkstille hielten, führte er uns alle immer wieder heran . . .«

Alle zwei bis drei Stunden nahmen die Boote am Geleitzug O. B. 293 die Funksprüche von U47 auf. Am Abend trat Kretschmer seinem Rivalen fast auf die Fersen: Ein einzelnes Schiff, das aus dem Verband zurückgefallen war und das Kretschmer verfolgte, schnappte ihm Prien vor der Nase weg. Kurz vor Mitternacht nahm der Oberfunk-

maat Kassel einen Funkspruch auf: »Keine Peilzeichen wegen Wabo-(Wasserbomben-)Verfolgung. Habe Fühlung verloren, stoße nach. Bisheriger Erfolg 22000 Tonnen. U 47.«
Es war eine Nacht mit schwerem Sturm und Nebel. Auch U 99 hatte den Geleitzug verloren. Kretschmer entschloß sich, auf eigene Faust auf die Suche zu gehen. Er nahm Kurs auf die Hebriden. Aber er hatte kein Glück. Eine Woche verging, und sie hatten nicht ein Schiff gesichtet. Es war zum Verzweifeln. Und dann war es wiederum Prien, der die richtige Nase gehabt hatte. Er meldete Standort, Kurs und Geschwindigkeit eines neuen, aus Kanada kommenden Geleitzugs. Wie immer waren seine Angaben genau. Am 6. März, gegen Mittag, erreichte U 99 den Konvoi.
Er war sehr stark bewacht. Kretschmer wartete bis zur Dämmerung. Dann führte er das Boot zwischen zwei Zerstörern hindurch mitten unter die Herde der Schiffe. Sie torpedierten einen Walfänger, ein großes Schiff mit über 20000 Tonnen. Es stoppte und bekam Schlagseite. Sie griffen andere Ziele an, und dann schlichen sie sich heraus, um zu sehen, was inzwischen aus dem Walfänger geworden war. Sie fanden das Schiff nicht mehr, aber sie beobachteten an der Stelle, an der sie es torpediert hatten, zwei Zerstörer, die Schiffbrüchige auffischten.
Zur gleichen Zeit fingen sie einen Funkspruch von Prien auf, der den neuen Kurs des Geleitzuges meldete. Das war gegen fünf Uhr früh am 7. März, und kurz darauf setzte das Boot seiner Beute nach. Um sie lagen die gestoppten, brennenden oder sinkenden Schiffe, die die anderen Boote aus der Herde herausgeschossen hatten. Sie erreichten das Geleit erst am Morgen, aber das war ein heller und klarer Morgen, und über Tag würden sie nicht angreifen können – eine Galgenfrist für die Männer auf den grauen Booten und die anderen auf den Handelsschiffen.
»Diesen letzten Funkspruch von Prien nahm ich selber auf«, berichtet Jupp Kassel. »Es war genau um vier Uhr vierundfünfzig. Am 7. März. Den Tag über hörten wir nichts von U 47, aber während der Nacht würde Prien als Beschatter wieder regelmäßig seine Meldungen abgeben. Ich machte, sobald es dunkel wurde, selbst Dienst. Ich saß da und wartete, die Kopfhörer übergestülpt. Plötzlich war in der Muschel ein starkes Pfeifen. Es war so stark, daß es von einem Boot ganz in der Nähe kommen mußte. Nur ein Boot konnte das sein. Nur Prien stand so nah. Es waren Abstimmgeräusche auf der Kurzwelle. Mit Priens Sender stimmte etwas nicht! Wir hatten während dieser Unterneh-

Prien und Joachim Schepke, U 100 (im Bild), neben Kretschmer, U 99, die gefürchtetsten U-Boot-Kommandanten.

Die U-Boote, die bisher Einzelgänger gewesen waren, greifen die großen Konvois im Herbst 1940 erstmals in Rudeln bis zu zwölf Booten an. Sinkende Schiffe kennzeichnen den Weg der großen Geleitzugstraße von Kanada nach England.

Die Mannschaft des Frachters hat ihr Schiff verlassen. Das U-Boot gibt dem Opfer den Fangschuß.

Von Varendorff, I WO auf U 47 und Kommandant von U 213.

Kretschmer, U 99, fing die letzten Funksprüche von U 47 auf.

Das letzte Bild von U 47: Am 20. Februar 1941 begrüßt Prien seine Besatzung kurz vor dem Auslaufen.

Kapitänleutnant Peter Zschech, Kommandant von U 505. Seitdem das Boot durch Bombentreffer schwerbeschädigt worden war, schien auf ihm ein Fluch zu liegen. Siebenmal geleiteten Sperrbrecher und Sicherungsfahrzeuge das U-Boot vergeblich aus dem Hafen (Bild unten).

1941 beginnt der Ausbau der großen U-Boot-Bunker in den Häfen der französischen Atlantikküste. Hier allein sind die Boote vor Luftangriffen sicher und können wieder einsatzklar gemacht werden. – Durch ein Megaphon gibt Kommandant Zschech vor dem Auslaufen von der Brücke seine Befehle. Das Zeichen von U 505: eine Axt.

mung schon mehrmals verstümmelte Funksprüche aufgefangen, und einmal, nach einer langen Pause des Schweigens, hatte U47 gemeldet ›Sendstörung behoben‹. Auch an diesem Abend hörte ich, wie der Funkmaat von U47 versuchte, seinen Apparat wieder in Ordnung zu bringen.

Ich machte Kretschmer Meldung davon. Er kam selbst herunter in die Funkbude. Er brauchte nicht einmal den Kopfhörer aufzusetzen, das unheimliche, durchdringende Pfeifen war so stark, daß man es noch aus den beiden Muscheln, die auf dem Tisch lagen, hörte.

Ich weiß noch, wie wir uns erschreckt ansahen. Jeder Engländer konnte das mithören.

Nach einer Stunde etwa verstummte das Pfeifen. Wir hofften und bangten und wagten nicht, daran zu denken, daß es dem Engländer gelungen war, den genauen Standort des Bootes auszumachen. Aber nichts geschah. Prien mußte seinen Sender nicht klarbekommen haben. Und dann kam der Funkspruch. Aber nicht von Prien. Er kam von der Befehlsstelle, aus Lorient. Es war gegen dreiundzwanzig Uhr, und ich hörte ihn, immer wieder, immer wieder: ›U 47 Standort, Lage und Erfolg melden . . .‹

Um Mitternacht hörten wir ganz in der Nähe den Wasserbombenangriff auf ein Boot. Und im gleichen Augenblick vernahm ich in dem Kopfhörer wieder den Ruf: ›U47 sofort Standort, Lage und Erfolg melden . . .‹

So ging es die ganze Nacht. Immer wieder riefen sie das Boot an. Wir hörten nicht, daß Prien sich meldete.«

Langsam und tastend fuhr der Wagen an die halbhohe Mauer, die bis an das Wasser reichte, heran. Es war dunkel, und über den Scheinwerfern waren Kappen montiert, die nur einen schmalen Lichtschlitz freiließen. Ein paar Minuten später parkte der Mann in der Uniform eines Leutnants zur See sein Fahrzeug neben den anderen Wagen der Befehlsstelle in Kernével bei Lorient. Es war Wolfgang Frank, ein Kriegsberichter, der dem Befehlshaber der Unterseeboote, Dönitz, direkt unterstand.

Frank warf den Schlag zu. Er blickte hinüber zu der Villa bei dem Tennisplatz, über der sich die Antennen und Masten gegen den Himmel abhoben. Er beobachtete die Funkstation, und er sah, wie für eine Sekunde ein Lichtschein nach draußen fiel. Dann schloß sich die Tür, und Frank sah eine Gestalt den Weg zum Stabsgebäude einschlagen. Er eilte dem Offizier nach. Bei der Auffahrt holte er ihn ein.

Der Nachrichtenoffizier im Stabe des Befehlshaber, der Kapitänleutnant Meckel, blieb an der Schwelle der Tür stehen. »Du, Frank? Was gibt's denn?«
Der Kriegsberichterstatter wandte sich Meckel zu und suchte mit einem Blick ins Dunkel das Gesicht seines Gegenübers. »Sag mal, Meckel! – Stimmt das mit Prien?«
Meckel hob den Kopf. »Ja, Frank«, antwortete er dann. »Wir haben Sorge. Priens Boot hat sich seit Tagen nicht mehr gemeldet.« Sie waren jetzt in das Lagezimmer getreten. Im Raum lag ein gedämpftes Licht. Meckel setzte sich mit einer Entschuldigung und begann die Funksprüche durchzusehen.
»Er hatte ein so gutes Gefühl bei dieser Unternehmung«, sagte Frank unvermittelt.
Wortlos schob Meckel eine Kladde über den Tisch. Frank nahm sie und setzte sich damit zum Licht. Er schlug sie auf und blätterte darin, bis er die letzten Meldungen von U 47 gefunden hatte. Die letzte Eintragung war vom 7. März, vier Uhr vierundfünfzig . . . Er blickte nicht auf, als er sagte: »Und seither nichts mehr? Heute ist der sechzehnte, oder nicht? Das sind jetzt – zehn Tage.«
»Es haben sich schon viele Boote zehn Tage nicht gemeldet«, sagte Meckel, und seine Stimme klang plötzlich abweisend. Er erhob sich und stützte sich auf die Kante des Tisches. »Wir rechneten stündlich damit, daß er weitere Erfolge melden würde. Aber wir hörten nichts mehr. In der Nacht haben wir dann das Boot zum erstenmal angerufen, ohne Erfolg.«
Sie sahen sich eine Sekunde an. Sie wußten beide, wie man immer nach Gründen suchte, die erklärten, warum ein Boot nicht antwortete. Aber sie wußten auch, wie selten es vorkam, daß ein Boot sich nach so langem Schweigen wieder meldete. Frank klappte die Funkkladde zu. Er kam um den Tisch herum. »Und die anderen Boote? Die, die mit ihm waren in der Nacht?«
Meckel legte ihm die Hand auf den Arm. Er ging hinüber in das Kartenzimmer mit der großen Karte an der Längswand. Der Kapitänleutnant blieb davor stehen. Frank starrte auf die Positions-Fähnchen der einzelnen U-Boote auf den Feldern der Seekarte. Er suchte nach dem Fähnchen mit der Nummer 47, aber er fand es nicht unter den anderen Booten, die um den ebenfalls auf der Karte eingezeichneten Geleitzug standen. »Sie waren zu fünft«, sagte Meckel jetzt. »Auch Kretschmer war dabei. Er hat uns Priens letzten Funkspruch bestätigt. Aber seither nichts, nichts, Frank.«

Frank starrte immer noch auf die Karte, als ein Offizier hereinkam und Meckel eine Nachricht reichte. Frank beobachtete, wie sie ein paar Fähnchen umsteckten; sie standen jetzt auf einem engen Raum zwischen Island und Färöer, vor dem großen Minenfeld.
»Gute Nachricht«, sagte Meckel. »U 110 hat einen Geleitzug gefunden. Kretschmer und Schepke sind mit dran. Wie ich die beiden kenne, gehen die nicht mehr weg, bis sie sich leergeschossen haben. Da können wir heute nacht noch allerhand erwarten. Wird auch langsam Zeit . . . Bisher sieht es in diesem Monat noch schlecht aus mit den Versenkungsergebnissen.«
Frank hatte jetzt das Fähnchen von Prien gefunden. Es steckte abseits auf einem besonderen Feld, wie ausgeschlossen von den anderen.
»Ich kann es einfach nicht glauben«, sagte er. »Prien hatte so viel Erfahrung. Es geht mir nicht in den Kopf, daß er sich erwischen ließ.«
»Wir können nur abwarten«, sagte Meckel. »Mitte April läuft die Operationsdauer des Bootes ab. Das sind noch vier Wochen. So lange hat Prien Proviant und Brennstoff an Bord . . .« Meckel wartete, bis der Offizier das Kartenzimmer verlassen hatte. Dann faßte er den Freund bei den Armen und blickte ihn ernst an. »Hör mal, Frank«, sagte er. »Das ist alles streng geheim! Ihr Schreiberlinge posaunt immer alles aus. Im Ernst. Kein Wort darüber! Kein Sterbenswörtchen. Wir haben von der Seekriegsleitung Befehl, den möglichen Verlust von U 47 streng geheimzuhalten. Auch die Angehörigen dürfen nicht unterrichtet werden.« Er machte eine Pause. »Sobald ich etwas höre, lasse ich es dich wissen.«
Als der Kriegsberichter wieder ins Freie trat, blieb er eine Weile stehen, bis seine Augen sich an die Dunkelheit gewöhnt hatten. Wieder blickte er hinüber zu der Funkstelle. Er sah den Mond nicht, aber er sah die treibenden Wolken und die Antennen gegen das eigentümliche Licht am Himmel. Er überquerte schnell das Rasenstück. Er trat in die Funkstelle ein, und dann stand er in dem Raum, in dem die Funker vor ihren Empfängern saßen, die Kopfhörer übergestülpt. Ihre Finger drehten an den Knöpfen, und manchmal nahm einer der Männer einen Bleistift zur Hand, warf einen Blick auf die große Uhr an der Wand und schrieb dann etwas nieder. Jede Nacht entschieden sich hier die Schicksale vieler Menschen. Ein leises Zirpen in einem Kopfhörer – so kam der Erfolg, und so kam der Tod.
Frank hatte sich noch nie so ohnmächtig und so als Zuschauer gefühlt, und er verließ schnell den Raum. Auf dem Weg zum Parkplatz kam

er an einem flachen Gebäude vorbei. Durch einen Spalt sah er Licht. Er klopfte ans Fenster, und kurz danach hörte er die Tür gehen.
»Frank! Sie? Wollen Sie nicht hereinkommen?« Der Mann ging voraus in das Atelier. Er deutete entschuldigend auf den schmutzigen Arbeitskittel, den er über seiner Uniform trug. Niedner, Oberleutnant der Marine-Artillerie, trat zu dem hölzernen Podest, auf dem eine angefangene Büste stand. Er nahm von einem Brett einen feuchten Klumpen Ton. »Es stört Sie doch nicht, wenn ich weitermache?« fragte er.
»Im Gegenteil!« Frank blickte zu den Regalen, in denen die Bronzeabgüsse einiger Büsten standen.
Wolfgang Niedner, seit 1939 Ordonnanzoffizier im Stabe Dönitz, stammte aus Leipzig, wo er früher ein Bildhaueratelier gehabt hatte. Er setzte im Stabe Telegramme auf, bis er einmal eine Büste von Dönitz machte. Seither ließ man ihn hier modellieren. Schon in der Befehlsstelle des BdU in Paris hatte er ein Atelier. Niedner machte Büsten von allen Ritterkreuzträgern der U-Boot-Waffe. Sein Plan war, alle Büsten später in einer Ehrenhalle für die U-Boot-Waffe aufzustellen. Es gab sogar bereits ein Modell dieser Halle, die einmal an der Kieler Förde stehen sollte . . .
Frank hatte ihn die ganze Zeit bei seiner Arbeit beobachtet. Manchmal trat Niedner von dem Podest zurück und verglich seine Arbeit mit ein paar Fotografien. Frank erhob sich und trat an das Holzgestell, und weil er es nicht glauben konnte, ging er zu dem Pult, euf dem die Fotografien lagen. Es waren Bilder von Prien.
Niedner hob die Hände, an denen Ton klebte. »Ich bekam ihn nie zum Modellsitzen«, sagte er. »Ich habe ihn oft darum gebeten. Es ist schwer, nach Fotografien zu arbeiten . . .«
Frank starrte noch immer auf das Tonmodell. Er wollte schweigen, und doch sagte er: »Sie haben ihm einen Mittelscheitel gemacht. Prien trug den Scheitel rechts . . .« Als er es sagte, kam ihm der Raum plötzlich gespenstisch vor mit den Büsten in den Regalen und dieser neuen hier von einem Menschen, der vielleicht schon tot war . . .
Frank war in die Stadt zurückgefahren. Er hatte seine Sachen in die Präfektur gebracht. Er war in ein paar Lokale gegangen, um zu sehen, welche Boote im Stützpunkt lagen. Er sah wenige bekannte Gesichter; die Bistros und Cafés waren überfüllt von Männern der Organisation Todt, die am Hafen an den U-Boot-Bunkern bauten.
Es war sehr spät, als er in die Präfektur zurückkam. Man sagte ihm, jemand habe angerufen. Er fragte nach dem Namen. Es war Meckel.

Eine Sekunde durchzuckte ihn eine Hoffnung, aber als er sich dann doch verbinden ließ, überwältigte ihn plötzlich das Gefühl kommenden Unheils. »Nachricht von Prien?« fragte er trotzdem, als Meckel sich meldete.
Er hörte, wie der andere mit der Antwort zögerte. »Nein, Frank. Schepke und Kretschmer melden sich nicht mehr. Wir haben alle Boote angerufen. Sie haben auch geantwortet. Nur U110 und U99 nicht. Erst Prien und nun das!«

Die Männer von U99 schwammen um ihr Leben. Sie hielten sich in der Dunkelheit in einem engen Pulk zusammen. Leib an Leib trieben sie in dem eisigen Wasser, das voller Spuren von dem Öl versenkter Schiffe war. Langsam drehte der Zerstörer auf sie zu. Er hatte das deutsche U-Boot jetzt nicht mehr zu fürchten. Seine Scheinwerfer fingerten über die Wellen. In ihrem Licht sah Kretschmer die Kletternetze über die Reling des Zerstörers ins Wasser herunterhängen, und er beobachtete, wie die Engländer die ersten seiner Männer an Deck zogen. Er ruderte mit den Armen, als er am Heck des Zerstörers das Wasser der Schraube aufwirbeln sah . . . Der Engländer drehte ab. Er versuchte zu rufen, aber er hatte nur die Kraft zu einem Schrei, der ungehört verhallte. Sein Kopf tauchte für Sekunden unter. Der Tauchretter trug ihn, aber das eisige Wasser drückte seine Lungen zusammen. Mit letzter Kraft bewegte er Arme und Beine, verbissen und verzweifelt. Er kam näher, aber ein Brecher warf ihn zurück. Es war, als erlebte er die letzte Stunde seines eigenen Bootes noch einmal . . . Auf hundert Meter hatten sie die ersten Wasserbomben bekommen. Das Boot sank sofort wie ein Stein, und es gab nur noch eine Rettung – aufzutauchen. Es war gelungen, aber als das Boot an die Oberfläche kam, waren die Zerstörer da. Mit Schlagseite lag U99 in der See, bewegungsunfähig, und die Zerstörer hatten sie mit Leuchtspurmunition beschossen. Er konnte jetzt nur noch die Männer retten und alles tun, um das Boot nicht in die Hände der Engländer fallen zu lassen. Er hatte noch einen Funkspruch abgegeben. Sie sollten wissen, was geschehen war. Aber sie hatten die Ventile nicht sprengen können. Der Deckel zur Munitionskammer hatte sich bei dem Bombenangriff verklemmt, und so konnte man nicht an die Sprengpatronen. Schröder, sein Leitender Ingenieur, war hinuntergegangen, um die Tauchzellen zu öffnen. Er war nicht mehr herausgekommen. Eingesargt in den stählernen Leib, hatte das Boot ihn mit in die unheimliche Tiefe genommen . . .

Plötzlich hörte er einen Ruf. Dann ein paar Worte, deutsche Worte. Wie durch eine dunkle Scheibe sah er einen Mann an der Reling. Er deutete in seine Richtung. Kretschmer verstand zuerst nicht, was er schrie, dann hörte er nur das eine Wort: »Der Kommandeur . . . Der Kommandeur!«
Das nächste, was er wieder mit Bewußtsein spürte, war das Tau, in das seine Hände sich krallten, und die Arme, die ihn unterfaßten und hochzogen. Er hatte wieder Boden unter den Füßen, und es wunderte ihn, daß seine Beine ihn trugen. Erst jetzt sah er den Engländer, der mit gezogener Pistole vor ihm stand. Er starrte ungläubig auf die Waffe. Die Posten stießen ihn vor sich her in eine Kabine. Sie gaben ihm trockene Kleider, und sie reichten ihm ein Glas Rum. Dann ließen sie ihn allein.
Er mußte sofort eingeschlafen sein. Er wußte nicht, wie lange; als er die Augen aufschlug, sah er, daß ihm ein Offizier gegenübersaß. Kretschmer sah drei Streifen am Ärmel seiner Uniform. Der Engländer lächelte aus einem Paar dunkler Augen und dichten Augenbrauen.
»Pech für Sie«, sagte der Engländer plötzlich. Er sagte es, als ginge es nur um ein verlorenes Spiel. Er machte die Andeutung einer Verbeugung. »Mac Intyre. Ich bin der Kommandant.«
Kretschmer fühlte sich jetzt besser, und er war auf der Hut vor den Fragen, die kommen mußten. »Danke, daß Sie meine Leute aufgefischt haben«, sagte er. »Glück für Sie, daß wir alle Torpedos verschossen hatten.«
Der Engländer ging auf und ab und kam dann zurück. »Es tut mir leid«, sagte er dann, »aber Sie werden lieber die Wahrheit hören wollen: Wir haben vor Ihnen noch ein anderes Boot erwischt. Eine halbe Stunde vorher. Die letzte Serie Wasserbomben galt eigentlich noch diesem Boot. Wir waren mächtig erstaunt, als da noch ein zweites Boot war . . . Ihr Kamerad hieß – Schepke.« Der Engländer blickte auf. Er schien dem Deutschen die Frage an den Augen abzulesen. »Sorry, er ist tot. Wir konnten nur sechs Mann der Besatzung retten . . .«
»Wie starb er?« Es kostete Kretschmer Mühe, zu fragen.
»Er war auf der Brücke, als der Zerstörer das U-Boot in der Höhe des Turmes rammte . . .«
Schepke! Schepke und er – und Prien. Er war jetzt plötzlich sicher, daß es auch Prien erwischt hatte. Sie hatten immer zusammengehört, so verschieden sie auch waren. 1936 waren sie zur gleichen Zeit nach

Kiel in die U-Boot-Schule gekommen. Sie hatten zur gleichen Zeit ihre Erfolge errungen. Und nun waren sie alle drei zur gleichen Zeit ... Kretschmer blickte auf. Warum sagte der Engländer nichts von Prien?

Der Kommandant stand bei der Tür. Er hielt die Klinke schon in der Hand. Plötzlich wandte er sich noch einmal um. Und dann kam seine Frage, schnell und überraschend, so, als hätte er sie die ganze Zeit im Hintergrund seiner Gedanken gehabt. »Wie steht es mit Prien?« fragte er. »Wissen Sie etwas von Prien?«

Kretschmer rührte sich nicht. Dann wissen sie es selber nicht, dachte er. »Nein«, sagte er so beherrscht wie möglich.

»Ist er in See?« fragte der Engländer.

»Vielleicht«, antwortete Kretschmer. »Oder im Stützpunkt. Oder im Urlaub. Ich weiß es nicht. Ich beantworte solche Fragen nicht.«

Aber der Engländer lächelte wieder. Und jetzt war Triumph in seinem Gesicht. »Ich glaube«, sagte er, »ich glaube, wir haben auch Prien erwischt.«

Am dritten Tag, als der Geleitzug in vor U-Booten sicheren Gewässern war, lief der Zerstörer »Walker« mit den zweiundvierzig Gefangenen von U99 an Bord voraus. Am Morgen des 21. März machte die »Walker« an den Docks von Liverpool, dem Hauptquartier des Westlichen Küstenkommandos, fest.

Die erste Nacht verbrachte Kretschmer in Liverpool in Einzelhaft im Walton-Gefängnis. In aller Frühe und Heimlichkeit ging es am nächsten Tag nach London. Immer noch wurde Kretschmer von allen anderen Besatzungsmitgliedern getrennt gehalten. Man sperrte ihn zuerst einmal in Preston in die Umkleidekabine des dortigen Fußballklubs. Am Tag darauf überbrachte man ihn in das Verhörlager nach Kensington Palace Gardens.

Eine Woche lang wurde er täglich verhört. Dann gab man es auf und schaffte ihn in das Durchgangslager nach Cockfosters.

Am 3. April erschien dort plötzlich »sein« Vernehmungsoffizier. »Halten Sie sich bereit«, sagte er. »In einer halben Stunde fahren wir nach London.« Er bekam ein paar Zivilkleider. Unterwegs erfuhr Kretschmer das Ziel: Der Chef der britischen U-Boot-Abwehr, Captain George Creasy, hatte den Deutschen in seine Privatwohnung »gebeten«.

Gegen ein Uhr hielt der in braunen und grünen Tarnfarben gestrichene Wagen vor einem Block von Häusern in der Nähe des Buckingham-Palastes. Die Wohnung lag im ersten Stock, und Captain Creasy

wartete in der Vorhalle. Creasy streckte die Hand aus. Er hatte das Gesicht eines Mannes, der selbst zur See gefahren war. Seine ruhigen, hellen Augen blickten prüfend auf den Deutschen, der ihm so viele Nächte den Schlaf geraubt hatte.
»Ich möchte mit Commander Kretschmer allein sprechen«, sagte er und nickte dem Vernehmungsoffizier zu. »Ich werde Sie rufen, wenn wir fertig sind.« Creasy ging voraus in das Zimmer mit dem Kamin. Er wies auf einen Sessel. Er schenkte zwei Gläser voll mit Portwein. Dann setzte er sich und schob eine Kiste Zigarren über den Tisch.
»Sie rauchen nur Zigarren«, sagte er, »nicht wahr?« Er sagte es ohne Überlegenheit. Er beugte sich vor: »Damit Sie mich richtig verstehen: Ich habe nicht die Absicht, Sie zu verhören. Dies ist ein Gespräch. Man muß seinen Gegner kennen . . .«
Und dann kam die Frage, die Kretschmer erwartet hatte; die gleiche Frage, die Commander Mac Intyre gestellt hatte: »Sagen Sie. Wegen Prien. Können Sie mir verraten, ob einer seiner Besatzung gerettet wurde?«
»Ich weiß nichts von Prien«, sagte Kretschmer.
Creasy lachte. »Well – Sie wissen bestimmt, daß wir sein Boot zehn Tage, bevor Sie in Gefangenschaft gerieten, versenkt haben . . .«
»Warum fragen Sie dann?« Zum erstenmal sah Kretschmer, daß den Engländer seine Ruhe für eine Sekunde verließ. Aber dann sagte er: »Sie waren mit ihm an dem Geleit. Es war am Abend des 7. März. Ein Zerstörer der Eskorte, die ›Wolverine‹, hat Priens Boot erfolgreich angegriffen . . .« Creasy beugte sich vor. »Der Kommandant beobachtete dabei etwas ganz Ungewöhnliches. Wie gesagt, er schmiß einen Bombenteppich, und an der Stelle, wo seine Wasserbomben explodierten, sah er auf dem Wasser ein orangenfarbenes Licht . . . Ein paar Flämmchen . . .« Der Captain blickte Kretschmer ernst an. »Haben Sie eine Erklärung dafür?«
Kretschmer schüttelte den Kopf. »Nein«, sagte er. »Von so etwas habe ich nie gehört.«
Die Unterredung dauerte bis vier Uhr. Creasy ließ sich dann ein Stück von dem Wagen mitnehmen. Er war den ganzen Weg sehr schweigsam. Nur einmal deutete der Engländer aus dem Fenster auf die von einem Bombenangriff zerstörten Trümmerflächen.

Die Engländer hatten im vergangenen Monat, im April, fünf deutsche U-Boote versenkt, und davon drei mit den deutschen Kommandanten, die sie am meisten gefürchtet hatten. Es war der erste Hoffnungsschimmer in der bisher für sie dunklen und düsteren Geschichte der Schlacht um den Atlantik.

Einige Tage später gab Lieutenant-Commander J. M. Rowland, der Kommandant des Zerstörers »Wolverine«, der kurz nach Mitternacht des 8. März ein Boot, das nur U47 sein konnte, versenkt hatte, in London einen persönlichen Bericht. In der Admiralität hatte man ein sogenanntes »Feststellbüro« eingerichtet. In diesem Büro saßen die Männer, die darüber entschieden, ob die Versenkung eines U-Bootes anerkannt wurde oder nicht.

Die Männer erhoben sich, als Captain Creasy den Konferenzraum betrat. Rowland folgte zögernd an den großen, runden Tisch. Er ging vorsichtig, so als bewege er sich an Deck eines Schiffes.

Rowland setzte sich. Er legte seinen schriftlichen Bericht, den er eingereicht hatte, vor sich auf den Tisch; er sah, daß die Offiziere Kopien hatten.

»Bevor Sie beginnen«, sagte Creasy, »darf ich noch über das Ergebnis der Verhöre der Gefangenen der U-Boot-Besatzungen von U99, U100 und U70 berichten. Alle diese drei Boote operierten in der Nacht vom 7. auf den 8. März am Geleitzug O. B. 293, den die ›Wolverine‹ unter Kommander Rowland begleitete. Wir haben die Mannschaften dieser Boote immer wieder verhört, und das scheint mir jetzt festzustehen: Das U-Boot, das die ›Wolverine‹ in dieser Nacht verfolgt und – vermutlich – versenkt hat, war U47, Kapitänleutnant Prien. Vor zwei Tagen hat der deutsche Rundfunk eine Nachricht über Prien verbreitet. Danach ist Kapitänleutnant Prien zum Korvettenkapitän befördert worden. ›Wegen Tapferkeit vor dem Feinde‹, wie es in der Meldung wörtlich heißt. Aber meiner Meinung nach will das nichts besagen.«

Er lehnte sich zurück, nickte Rowland zu, mit seinem Bericht zu beginnen.

»Als der Konvoi von den deutschen U-Booten angegriffen wurde, am Abend des 7. März, befand sich die ›Wolverine‹ südöstlich von Island. ›Wolverine‹ behielt Kurs und Geschwindigkeit bei und feuerte keine Leuchtgranaten. Ich faßte diesen Entschluß aufgrund der Erfahrungen der vergangenen Nacht. Die Wetterbedingungen waren ähnlich, schlechte Sicht, zum Teil Nebel. Wir hätten durch das Mündungsfeuer nur den Standort des Schiffes verraten. Die Chance, durch Leuchtgranaten eine wirkliche Aufhellung der Umgebung zu erreichen, war dagegen verschwindend gering ...«

Er war in der Offiziersmesse, als U-Boot-Alarm gegeben wurde und der Lautsprecher plötzlich losplärrte: »Achtung! Kommandant auf die Brücke. Kommandant auf die Brücke. Achtung!«

Drei Minuten später stand er auf der Brücke. Es war ein großer Geleitzug, trotz der Schiffe, die herausgeschossen worden waren, aber auf der Brücke sah Rowland nur die Schiffe an seiner Steuerbordlinie.

Alle Mann auf der Brücke fuhren zusammen, als die erste Explosion gegen ihre Trommelfelle dröhnte. Die U-Boote hatten ihren Angriff schlau vorbereitet; ohne jede Warnung waren sie herangekommen. Es war nicht ein einzelnes Boot, das sahen sie sofort, es mußte ein ganzes Rudel sein; in der Steuerbordlinie trafen die Torpedos zwei Schiffe . . .

Rowland beobachtete, wie das eine Schiff in der Mitte auseinanderriß und sofort absackte. Das zweite mußte ein Tanker sein. Eine grelle Stichflamme schoß am Mitteldeck hoch; der Tanker war so nahe, daß der rote Widerschein der Flammen auf den Gesichtern der Männer auf der Brücke zuckte . . .

Dann war es plötzlich wieder still, eine lähmende Stille, in die das metallische Ping-Ping des Ortungsgerätes hineintickte.

Rowland stand hinter seinem Sprachrohr. Er beugte sich etwas vor, wenn er seine Befehle gab. Sonst stand er aufgerichtet da, mit dem bitteren Gefühl, dem Abschlachten der Schiffe ohnmächtig zusehen zu müssen. Für die Schiffe waren die Zerstörer die einzige Hoffnung, aber meist war es eine Hoffnung, die trog. Die Eskorten fuhren den Geleitzügen aus Kanada bis zum zwanzigsten Längengrad entgegen. Dort nahmen sie die Herde in ihren Schutz. Und doch konnten sie nicht verhindern, daß die Herde Nacht für Nacht ihre Opfer zurücklassen mußte, bis der zusammengeschmolzene Rest durchkam.

Es war immer dasselbe. Dann kam man zurück. Dann kam eine Nacht in einem Hotel an der Küste. Dann fragte man nach Freunden und erfuhr, daß man sie nie wiedersehen würde. Aber oft ging es auch noch am gleichen Tag wieder hinaus, um einen ausfahrenden Geleitzug zu schützen. Und dabei hatten sie noch das Glückslos in diesem grausamen Spiel. Den U-Booten ging es um die Frachter. Zerstörer griffen sie selten an.

Sie hörten auf der Brücke jetzt immer neue Explosionen. Der getroffene Tanker fiel zurück. Er lag noch immer in seinem Gürtel aus brennendem Öl. Rowland starrte in die Dunkelheit, und die ganze Zeit spukte ein Bild in seinem Kopf: das Periskop eines U-Bootes, das durch das Wasser schnitt. Ein Auge, das ihn beobachtete . . .

Aber Stunde um Stunde verging, ohne daß sie eines der Boote sichteten. Auch die anderen Zerstörer meldeten nichts. Plötzlich kam die Stimme des Horchers durch den Lautsprecher auf die Brücke: »Ein Geräusch. Steuerbord sechzig Grad. Näher kommend.«
Im gleichen Augenblick meldete der Ausguck aufgeregt: »Ich sehe Rauch, Sir. Auspuffgase von Dieselmotoren. So sieht es aus. Steuerbord sechzig.«
»Null, null, dreiundzwanzig Uhr«, sagte der Offizier hinter dem Pult, auf dem das aufgeschlagene Logbuch lag.
Rowland gab den neuen Kurs. Die »Wolverine« drehte bei. »Geschwindigkeit achtzehn Knoten. Signal an die ›Verity‹: Achtung! Habe etwas vor mir!« Die »Verity« war der zweite Zerstörer auf der Steuerbordseite des Konvois.
»Kontakt näher kommend, schnell näher kommend«, scholl die unpersönliche, gleichmäßige Stimme des Horchers aus dem Lautsprecher. »Dort, Sir! Ein Kielwasser. Genau voraus!« kam die Stimme des Ausgucks.
»Zweiundzwanzig Knoten«, sagte Rowland ruhig. Der Zerstörer hob den Bug, und der Sprühregen des Gischtes stob auf. Rowland hatte das Kielwasser auch entdeckt, und dann erblickte er das Boot, das graue lange Ding, dem sie immer auf den Fersen waren und das sie doch so selten zu Gesicht bekamen.
Der Offizier im Logbuch wiederholte: »Null, null, siebenundzwanzig Uhr. U-Boot erkannt.«
»Äußerste Kraft voraus!« Rowland sah, wie der Bug des Zerstörers auf das Boot zuschwenkte, aber er entdeckte zugleich, daß der Deutsche ihn erkannt hatte. Das U-Boot schlug einen wilden Zickzackkurs ein und bog mit hoher Geschwindigkeit ab. Die »Wolverine« eröffnete kein Feuer, aus Angst, den Gegner aus der Sicht zu verlieren. Rowlands Ziel war es, selber unentdeckt dem Boot so nahe zu kommen, daß er es entscheidend treffen konnte, ehe es in die Tiefe geschreckt wurde.
Gegen halb eins schoß die »Verity« Leuchtgranaten. Das U-Boot tauchte sofort weg. Die Entfernung betrug ungefähr fünfzehnhundert Meter.
Die Blicke der Männer auf der Brücke der »Wolverine« waren auf ihren Kommandanten gerichtet, als Rowland den Kurs auf hundertachtzig Grad änderte.
Die U-Boote hatten ein weiteres Schiff in der Steuerbordlinie getroffen. Es hielt sich über Wasser, in dichte Rauchwolken gehüllt, aus de-

nen gelbe Flammen schlugen. Als die »Wolverine« ablief, sah sie im Wasser gekenterte Rettungsboote und Wrackteile treiben und dazwischen die Köpfe schwimmender Seeleute. Für Sekunden tastete ein Scheinwerfer des Zerstörers über die Schiffbrüchigen, die in einem Flecken dicken Öls trieben. Eine kleine Barkasse eilte hin und her, um sie aufzufischen. Sie selbst konnten nicht helfen. Sie sahen noch, wie der gelichtete Konvoi sich wieder enger zusammenschloß und im Zickzackkurs weiterlief.

»Kontakt. Näher kommend. Fest. Backbord fünf Grad. Kurs unverändert«, kam die Stimme des Horchers, als sei er an allem unbeteiligt.

Aus Rowlands Gesicht wich die Spannung, als er befahl, die Wasserbomben zu werfen . . . Die Stimme des Horchers ging in der dumpfen Explosion unter. Eine Minute, drei Minuten vergingen. Dann kam eine andere Stimme über einen zweiten Lautsprecher: »Leitstelle an Brücke. Kein sichtbares Resultat.« Die »Wolverine« warf den ersten Bombenteppich um 00.48.

Immer wieder bekamen sie Kontakt mit dem U-Boot. Sie warfen einen Achter-Bomben-Teppich. Keine Resultate. Sie stellten den Kontakt wieder her, warfen eine schwere Bombe. Keine Resultate.

Um halb vier kam der Ingenieuroffizier auf die Brücke. Er hatte auf der Wasserfläche Maschinenöl gesehen. Er hatte es mit einem Scheinwerfer angeleuchtet und eine Probe genommen. »Ich würde schwören, daß das Öl von einem U-Boot herrührt, Sir«, berichtete der Offizier.

Rowland stand jetzt seit sechs Stunden auf der Brücke. Ganze drei Stunden jagten sie schon das Boot. Er war müde und erschöpft, aber er spürte es nicht. Er war jetzt sicher, daß sie dem deutschen U-Boot sehr nahe gewesen waren. Wenn das Öl wirklich von dem Boot kam, mußten ihre Bomben sehr nahe gelegen haben . . . Aber er wußte jetzt auch, daß das deutsche U-Boot von einem erfahrenen Kommandanten geführt wurde.

Sie spielten Katz und Maus, Stunde um Stunde, während Rowland sich nicht von der Brücke rührte.

Die »Wolverine« kam dem U-Boot näher, ging auf hohe Geschwindigkeit und warf die Bomben; »Wolverine« ging auf langsame Fahrt, so lange, bis sie wieder Horchkontakt hatten . . .

Immer wieder mußte Rowland an den anderen denken, der wie jetzt er an seiner Kommandostelle stand. Er versuchte, in seinen Gedanken ein Gesicht zu formen. Es gelang ihm nicht. Er sah eine Uniform, eine Mütze, wie er sie von Bildern kannte.

Er wußte nur zu gut, wie es denen da unten zumute sein mußte. Er wußte, wie es war, wenn der Bombenregen das Boot wie mit Fäusten schüttelte und wenn sie hörten, daß es der Zerstörer in seinem Ortungsstrahl hatte.

Er selber hatte sechs Jahre auf einem U-Boot gedient. Er wußte, was mit den Männern geschah, die unter Wasser in ihren engen Röhren hockten – jeden Augenblick gegenwärtig, daß die Außenhaut des Bootes zerplatzte oder zusammengedrückt wurde. Und er ahnte, was es hieß, mit dieser Vision des Todes vor Augen noch zu kämpfen.

Rowland sah auf. Er nahm den heißen Kakao, den ein Läufer ihm reichte.

Kurz nach vier Uhr sichtete der Ingenieuroffizier eine neue Ölspur. Die »Wolverine« folgte ihr einige Minuten.

Als der Zerstörer der Spur nachlief, verloren sie plötzlich den Kontakt mit dem U-Boot. Dann meldete die Horchstation Geräusche achteraus. Sie entfernten sich schnell, wurden schwächer und schwächer. Rowlands vor Müdigkeit eingefallenes Gesicht leuchtete auf. »Kurs hundertachtzig Grad. Geschwindigkeit achtzehn Knoten.« Nach einer Viertelstunde war alles wieder beim alten. Sie hatten das Boot, das im Netz ihrer Peilung wie gefangen war. Die unbewegte Stimme aus dem Lautsprecher klang plötzlich vollkommen verändert: »Geräusche sehr laut! Zweihundert Grad . . . Sehr gut hörbar . . . Ein lautes, metallisches Geratter, Sir . . .«

»Kurs zweihundert Grad«, sagte Rowland tonlos. »Wir gehen auf zwanzig Knoten.«

»Fünf Uhr sechzehn«, sagte der Offizier am Logbuch.

Zwei Minuten später entdeckte Rowland das aufgetauchte U-Boot. Wieder sah er zuerst das quirlende Kielwasser, und dann wuchs das Boot aus der Dunkelheit.

»Äußerste Kraft voraus«, rief Rowland. »An alle Stationen: Klar zum Rammen!« Die »Wolverine« schien unendlich langam Fahrt zu gewinnen.

Das U-Boot tauchte, und noch im Tauchen änderte es seinen Kurs nach steuerbord, so wie ein Tier einen Haken schlägt. Aber Rowland hatte es diesmal gesehen. Er wußte, daß er zum Rammen zu spät kam. Aber diesmal entschloß sich das Schicksal, auf die »Wolverine« zu steigen. Dort, wo das U-Boot tauchte, war das Wasser klar und durchsichtig. Das Schraubenwasser war deutlich zu erkennen. In der kristallenen Klarheit des Wassers sah Rowland die V-förmige Blasenspur am Heck des getauchten Bootes und ein phosphoreszierendes

Leuchten rund um den Turm. Er hatte die »Wolverine« sofort auf den neuen Kurs des U-Bootes gebracht. Als die Brücke des Zerstörers über dem Turm weglief, gab er den Befehl, die Wasserbomben zu werfen ...

Rowland unterbrach seinen Bericht. Einer der Offiziere im Konferenzsaal wandte sich an den Kommandanten der »Wolverine«: »Wenn Sie Wasserbomben werfen, müssen Sie erst abwarten, ehe Sie eine Wirkung feststellen können. In der Zwischenzeit kann ein geschickter Kommandant sich aus dem Staube machen. Eine Wasserbombe muß schon sehr dicht fallen ...«

Rowland hatte seinen Stuhl zurückgestoßen. »Ich sagte schon, das Wasser war kristallklar, daher ließ sich die Position des U-Bootes so genau schätzen. Ein großer Fleck Blasen – dahinter die V-förmige Spur.« Er zeichnete es auf der Tafel. »Der breite Fleck gestörten Wassers schien mir von Preßluft aus dem U-Boot herzurühren. Um zweiundzwanzig Minuten nach fünf warf die ›Wolverine‹ dann einen Zehner-Bomben-Teppich. In dem Augenblick, als die ›Wolverine‹ das U-Boot überlief, gab ich den Befehl, die Serie zu werfen. In Intervallen von vier Sekunden. Nach dem Befehl trat ich schnell vom Sprachrohr weg. Rechtzeitig genug, um noch zu sehen, daß eine Bombe aus einem der Steuerbordwerfer das Wasser genau an der entferntesten Stelle der V-förmigen Spur traf ... Mehr als fünfzehn Meter Tiefe kann das Boot in diesem Augenblick nicht erreicht haben.«

»Fünfzehn Meter, sagen Sie. Und Sie haben trotzdem keine Wrackteile gefunden? Wenn das Boot nur fünfzehn Meter tief war und Sie so genau getroffen haben – dann müßten Sie doch Wrackteile gesichtet haben?«

Rowland goß sich etwas Wasser aus der Karaffe in ein Glas. »Wir sahen nichts, als die ›Wolverine‹ steuerbord wendete«, fuhr er dann fort. »Leider haben wir die Stelle nicht gründlich abgesucht, wir brachen die Suche nach Wrackteilen sofort ab, als der Horchraum Kontakt meldete. Es war ein klarer, fester Kontakt. Der Horcher beschrieb die Geräusche als doppelte Echos. So drehten wir bei, ohne die Stelle weiter abzusuchen. Nach etwa zehn Minuten sichtete ich an Steuerbord ein schwaches orangefarbenes Licht, an der Stelle, wo wir die Bomben geschmissen hatten. Wie Flämmchen auf dem Meer ...«

»Wie lange beobachteten Sie das?«

»Zehn Sekunden, nicht viel länger. Ich hatte festen Kontakt und nur auf die Gefahr hin, das U-Boot zu verlieren, hätte sich feststellen lassen, um was es sich bei dem Licht handelte. Da unsere Wasserbomben knapp wurden, entschloß ich mich zu einer neuen Taktik. Ich fuhr einige Angriffe, bei denen ich Leuchtbojen warf, ich dachte, das würde meinen Gegner irritieren. Nur zwischendurch warf ich noch Bomben für den Fall, damit er das Gefühl haben sollte, daß ich knapp würde. So mußte er immer mit Bomben rechnen, selbst wenn ich blind angriff.«

»Sie hatten immer noch keinen Verdacht, daß Sie dem U-Boot gar nicht mehr auf der Spur waren?«

»Der kam mir erst gegen Morgen. Was mich zuerst mißtrauisch machte, war die vollkommen veränderte Taktik des U-Bootes. Der Kommandant war uns die ganze Nacht immer in geraden Linien ausgewichen. Als wir jetzt die Kontakte seit fünf Uhr prüften, stellte sich heraus, daß sich das Boot immer in Kreisen zurückzog. Wir kamen zu dem Ergebnis, daß alle Kontakte seit dem Zehner-Bomben-Teppich auf das getauchte U-Boot ungenau gewesen waren . . .«

Rowland erinnerte sich jetzt wieder genau an das Gefühl, das er gehabt hatte, als er in dem fahlen Morgen plötzlich den großen Schwarm von Fischen entdeckte. Es war ein Anblick, der ihn zum Lachen reizte, so unwirklich war er: der Schwarm von Schweinsfischen, der durch das Wasser schnitt, auftauchte, wieder untertauchte . . .

»Ja«, sagte er. »Als wir bei noch gutem Kontakt zwei blinde Anläufe machten, stellte sich heraus, daß wir den Schwarm Schweinsfische angriffen . . .«

»Das heißt also, daß alle Kontakte seit der vermutlichen Zerstörung des Bootes ungenau waren? Daß Sie noch drei Stunden Fischen nachjagten . . .«

»Sie hielten uns drei Stunden zum Narren – ja! Mehr kann ich nicht sagen. Vielleicht war das orangefarbene Licht wirklich der Schlüssel des ganzen Geheimnisses. Wir fuhren das ganze Gebiet noch einmal ab. Alle Stellen, wo wir glaubten, Angriffe gefahren zu haben. Wir fanden nichts. Wir sahen nur noch einmal Schweinsfische, dort, wo wir sie verlassen hatten . . .«

Die Männer berieten sich, und dann sagte der, der die Fragen gestellt hatte: »Sie werden zugeben, daß Ihr Bericht noch kein Beweis sein muß, daß das Boot vernichtet und die gesamte Besatzung getötet wurde . . .«

»Ich weiß.«

Rowland stand ruhig auf. Er zündete sich eine Zigarette an. Er war mit seinen Gedanken woanders. Er sah den Geleitzug. Unter einem grauen Himmel zeichneten sich schmutzig die Schiffe ab. – Morgen schon würde er wieder draußen sein, um sie zu schützen.

Das Fähnchen mit der Nummer 47 steckte nicht mehr auf der großen Operationskarte des Befehlshabers der Unterseeboote in Kernével bei Lorient. Lange hatte es unverändert auf einem besonderen Feld, abseits von den anderen Booten, gestanden. Jetzt wurde es auch dort entfernt. In die Unternehmungsliste des Bootes wurde an Stelle des Einlauftermins ein Kreuz gesetzt.

Am 20. Februar 1941 war U47 von Lorient aus in See gegangen. Vierundzwanzig Männer waren mit dem Kommandanten an Bord. Ende April wußte man in Lorient mit Sicherheit, daß dies die letzte Fahrt des Bootes gewesen war. U47 konnte nicht mehr in See sein, seine Brennstoff- und Lebensmittelvorräte mußten verbraucht sein . . . Das wußte man nicht nur im Stab des Befehlshabers.

Die Werftarbeiter konnten sich ausrechnen, daß das Boot längst hätte zurück sein müssen. Die Funker hatten immer wieder vergeblich Anfragen an die anderen U-Boot-Stützpunkte gerichtet, ob U47 vielleicht dort eingelaufen sei. Bei den Männern an der Poststelle stapelten sich die unzustellbaren Briefe für die Feldpostnummer von Priens Boot, 18837.

Aber die Seekriegsleitung in Berlin entschied weiterhin: Der Verlust von U47 ist geheimzuhalten. Gegen Ende April erhielt man in Kernével die Erlaubnis, die nächsten Angehörigen zu unterrichten, daß U47 vermißt sei. Sie hatten sich allerdings zu verpflichten, nicht darüber zu sprechen und keine Trauerkleidung zu tragen.

Am 26. April schloß der Chef der Operationsabteilung des BdU, der Kapitän zur See Godt, die Akten über Prien. Am gleichen Vormittag ging ein Fernschreiben an die Verwaltung der 7. U-Boot-Flottille nach La Baule sur mer. Im Hotel Majestic in La Baule sur mer war die Verwaltung der 7. U-Boot-Flottille untergebracht, der auch U47 angehörte. An diesem Tag, am 26. April 1941, ließ der Chef der Verwaltung, der Kapitänleutnant Rüting, den Gefreiten Fritz Howe zu sich kommen. »Die Vermißtenmeldung Zwei Stern für U47 ist da, Howe. Wickeln Sie Prien ab.« – Das war ihr ganzes Gespräch. – »Wickeln Sie Prien ab . . .« So nüchtern sah das aus. Bei Prien und all den anderen. Es sollten noch viele werden.

Die Mutter Günther Priens hatte die Vermißtenmeldung in Leipzig erhalten. Sie sprach zu niemandem davon. Am 20. Mai kam ein Brief. »Reichsmarschall des Großdeutschen Reiches« stand auf dem Briefkopf. Er war datiert vom 18. Mai 1941, und Göring hatte ihn selber unterschrieben.

»Sehr verehrte gnädige Frau,

Sie können meine Gefühle verstehen, unter denen ich Ihnen diesen Brief schreibe. Obwohl ich schon seit Wochen von dem Verlust Ihres Sohnes weiß, bin ich persönlich doch keineswegs darüber hinweggekommen. Wie er den Heldentod gefunden hat, kann ich Ihnen leider nicht sagen. Es muß angenommen werden, daß es bei dem letzten großen Angriff, den er auf einen Geleitzug gefahren hat, gewesen ist.

Die Bekanntgabe des Verlustes müssen wir so lange hinauszögern, als der Feind noch nichts von diesem Verlust weiß.

Da sein Name aber so viel Schrecken für den Gegner bedeutet, muß jetzt, da er nicht mehr selber angreifen kann, sein unsterblicher Name wirken, und solange dieses Wirken über den Tod hinaus Geltung hat, müssen wir der Umwelt gegenüber schweigen.

An eine besondere Feier ist zur Zeit, auch bei Bekanntgabe des Verlustes, nicht gedacht. Ich bin aber sicher, daß nach dem Krieg für diesen Helden eine ganz besondere Form der Ehrung gefunden wird, und dann ist es sicher, daß die Mutter dabei nicht fehlen darf.«

Fünf Tage später, am 23. Mai 1941, gab das Oberkommando der Wehrmacht dann plötzlich den Verlust von U 47 bekannt:

»Freitag, 23. Mai 1941 ... Das von Korvettenkapitän Günther Prien geführte Unterseeboot ist von seiner letzten Fahrt gegen den Feind nicht zurückgekehrt. Mit dem Verlust des Bootes muß gerechnet werden. Korvettenkapitän Günther Prien, der Held von Scapa Flow, der vom Führer mit dem Eichenlaub zum Ritterkreuz des Eisernen Kreuzes ausgezeichnet worden war, und seine tapfere Besatzung leben im Herzen aller Deutschen weiter ...«

Aber die Gerüchte waren da. In ihnen lebte Prien weiter. Plötzlich erzählte man von Meuterei. Man flüsterte, Prien sei mit seiner Besatzung ins KZ gekommen. In Leipzig aber hatte die Mutter inzwischen ein paar Sachen ihres Sohnes zurückerhalten. Einen Ehrendolch, eine Büste, die der Bildhauer der Befehlsstelle gemacht hatte, und ein paar Briefe, die ihn nicht mehr erreicht hatten. Noch ahnte sie nicht, daß sie eines Tages durch die Legenden um ihren Sohn dazu verurteilt sein würde, noch einmal zu hoffen ...

Selbstmord-Biskaya

U 505 – Kapitänleutnant Peter Zschech

Damals, als die Zeitungen noch Prien ihre Nachrufe widmeten, hatte die Geschichte eines anderen Mannes schon begonnen, die des Kapitänleutnants Peter Zschech. Zschech trug keine hohen Auszeichnungen. Er hatte mit seinem Boot nur ein Schiff versenkt.

Niemand hat die Geschichte dieses Mannes je geschrieben. Und als er starb, nicht ganz sechsundzwanzig Jahre alt, da wußte jeder, der Zeuge seines Todes geworden war, zu schweigen. Denn Peter Zschech hatte sich an Bord seines Bootes, U 505, erschossen.

Ein paar Eintragungen im Kriegstagebuch von U 505 berichten in wenigen Worten von dem, was in der Nacht vom 25. auf den 26. Oktober 1943 geschah.

19.52 Schraubengeräusche in mittlerer Entfernung.
19.54 Kolbengeräusche.
19.56 Echolotgeräusche.
19.58 Wasserbomben – sehr nahe.
19.58 Kommandant ausgefallen.
21.00 Kommandant tot. Erster Wachoffizier Meyer übernimmt das Kommando.
04.06 Leiche des Kommandanten über Bord.

Aber die Geschichte Peter Zschechs ist auch die Geschichte des Bootes, das er über ein Jahr führte, U 505. Heute steht U 505 als Ausstellungsstück in Chicago vor dem Museum of Science and Industry. Und ein Deutscher, der ehemalige Maschinenobergefreite Hans-Joachim Decker, der alle Fahrten des Bootes mitmachte und mit ihm in Gefangenschaft geriet, betreut es. Er führt die unzähligen Besucher an Bord dieses Bootes, dem ein seltsames Schicksal beschieden war.

Die Geschichte von U 505 beginnt in Hamburg; am 12. Juni 1940 wird es in der Deutschen Werft auf Kiel gelegt. Ein Jahr später ist das Boot fertig. Es macht seine Probefahrten. Am 26. August wird es feierlich in Dienst gestellt. Sein erster Kommandant ist Kapitänleutnant Axel-Olav Loewe.

Am Abend dieses Tages wird das Gästebuch von U 505 eingeweiht. »Wir fahren gegen Engelland«, steht in großen Buchstaben auf der ersten Seite. Dann folgen viele guten Wünsche für das Boot. Und spät am Abend schreiben die Offiziere von den anderen Schiffen, die zur Feier in die Offiziersmesse gekommen sind, einen Vers in das Buch, die Variation eines Kinderreimes:
»Zehn große Britenfrachter fahren im Konvoi, da kam 505 vorbei, da waren's nur noch neun.
Neun große Britenfrachter waren nicht auf der Wacht, U 505, das schnappt sich einen, da waren es nur noch acht.
Acht große Britendampfer waren noch geblieben – Der WO nur auf die Tube drückt, da waren's nur noch sieben!
Sieben große Britendampfer, voll bis an die Decks, erlebten einen Angriff mit, da waren es nur noch sechs.
Sechs stolze Britendampfer machten sich nunmehr auf die Strümpf', einen hat's aber doch geschnappt, da waren's nur noch fünf!
Fünf stolze Britendampfer, kurz vor der heimatlichen Pier, 505 löst schnell 'nen Aal, da waren's nur noch vier.
Vier stolze Britendampfer, die sichtete der WO, er geht auf Tiefe – Doppelschuß! – da waren es nur noch zwo!
Zwei stolze Britendampfer, ein großer und ein kleiner, der »Löwe« schoß den dicken 'raus, da war es nur noch einer!
Ein kleiner Britendampfer ließ sich in Portsmouth seh'n, und als die Reutermeldung kam, da waren's wieder zehn!«
Nach der Indienststellung geht U 505 in die Ostsee zu Erprobungs- und Ausbildungfahrten. Dann nimmt es zum erstenmal Kurs in den Atlantik; sein Heimathafen wird Lorient. Ein Jahr führt Kapitänleutnant Loewe das Boot, genau auf den Tag ein Jahr. Am 25. August 1942, nach seiner dritten Feindfahrt, macht U 505 in den Bunkern von Lorient fest.

Loewe hatte bis dahin mit seinem Boot vierzigtausend Tonnen versenkt, acht Schiffe, eines weniger, als man ihm ins Gästebuch geschrieben hatte. Noch am 25. fuhr Loewe nach Paris zum Befehlshaber der Unterseeboote zur Berichterstattung. Dönitz und sein Stab waren seit dem März 1942 wieder in Paris. Das Sardinenschlößchen in Kernével war zu unsicher geworden nach dem Landungsversuch der Engländer in Saint-Nazaire, wo ein Kommandotrupp mit einem alten Zerstörer die große Schleuse zu zerstören versuchte. In Paris erfuhr Loewe, daß er als Referent in die Operationsabteilung des Stabes

versetzt werden sollte. U 505 bekam einen neuen Kommandanten, Peter Zschech. Am 5. September war Loewe wieder in Lorient, um vor seinem Urlaub das Boot an Zschech zu übergeben.
Loewe kannte Zschech. Der junge Kapitänleutnant war bisher Erster Wachoffizier auf einem Boot gewesen, auf das man in Lorient im Jahre 1942 schwor: U 124, Kapitänleutnant Mohr. Sein Boot hatte damals an die hunderttausend Tonnen versenkt. Seitdem die drei großen Asse tot waren, erreichten nicht mehr viele Kommandanten solche Versenkungszahlen. Mohr war der Geleitzugspezialist, und wer ein Jahr lang als erster Wachoffizier mit ihm gefahren war, der mußte ein guter Mann sein. Auch die Besatzung von U 505 dachte das. Sie erwarteten Großes von ihrem neuen Kommandanten.
An dem Tag, an dem Loewe dem neuen Kommandanten von U 505 gegenübersaß, sah Zschech etwas müde und abgespannt aus; er war erst gerade von seiner letzten Fahrt mit U 124 zurückgekommen. Loewe wünschte ihm Glück für das eigene Boot. Er informierte ihn über die Besatzung, und nachher besuchten sie noch zusammen die Werft, auf der U 505 lag. Die meisten Männer waren in Urlaub. Sie gingen gemeinsam durch das Boot, und in der Kommandantenkoje schrieb Loewe noch etwas ins Gästebuch, das jetzt Zschechs Gästebuch war. Er merkte, daß es ihm schwerfiel, Abschied zu nehmen, und er schrieb, daß er ihm zu jeder Fahrt Erfolg und gutes Heimkommen wünschte. Er schrieb, daß U 505 ein so gutes Boot sei und daß ein guter Stern es bisher geführt habe und er es auch in Zukunft auf seinen Fahrten begleiten möge ...
Der Kapitänleutnant Loewe konnte damals nicht ahnen, was geschehen würde.

Der Auslauftermin für U 505 war auf den 5. Oktober 1942 festgesetzt. Die Nacht zuvor hatte Zschech nicht geschlafen. Er lag wach und dachte an die Schiffe, die er versenken würde. Es war das, was man ihn gelehrt hatte und was als Ideal vor ihm stand: Schiffe zu versenken, genügend Schiffe, so daß er von der Fahrt zurückkommen konnte, ohne sich vor den anderen verstecken zu müssen. Er war mit U 124 einmal an der amerikanischen Küste gewesen. Damals hatten sie in fünf Wochen neun Schiffe versenkt. Seit dem Kriegseintritt Amerikas fuhren entlang der Küste zahllose Schiffe, meist einzeln, völlig arglos und unerfahren in der Abwehr von U-Booten. Er hatte gehört, was die anderen Kommandanten erzählt hatten: von Einsätzen, in denen die brennenden Tanker die Nacht taghell erleuchteten.

Sechs Millionen Tonnen Schiffsraum hatten die U-Boote in diesem Jahr 1942 bisher versenkt, und er hörte zu, wenn sie davon sprachen, daß man den Gegner jetzt bald auf die Knie gezwungen habe.
U 505 lag im Halbdunkel des Bunkers. Ein paar Scheinwerfer strahlten es an, und die Männer trafen die letzten Vorbereitungen. Eine halbe Stunde vor dem Auslaufen kam Zschech zum Bunker. Am Turm sah er das frisch gemalte Zeichen, eine große Axt. Loewes Zeichen war ein springender Löwe gewesen, der eine Axt in der Pranke schwang. Er, Zschech, hatte die Axt beibehalten und vorn an den Turm noch zusätzlich fünf olympische Ringe aus dem Crew-Wappen seines Offiziers-Jahrganges 1936 malen lassen.
Die Männer waren schon an Bord. An der Pier, wo eine eiserne Leiter am Bug des Bootes ins Wasser führte, stand der Flottilleningenieur. Zschech ging zu ihm hin. Dann starrte er auf das ruhige, dunkle Wasser, aus dem ein paar Luftblasen aufstiegen. Er hoffte, daß nichts mehr geschah, was ihr Auslaufen verhindern könnte; aus Furcht vor Sabotage wurde jedes Boot vor dem Auslaufen von Tauchern nach Sprengladungen untersucht, die vielleicht am Bootskörper angebracht worden waren. Zschech sah jetzt eine Hand aus dem Wasser auftauchen, dann eine zweite, die nach den Sprossen der Leiter griff.
Der Mann mit dem nassen, ölglänzenden Tauchretter schwang sich auf die Pier und schüttelte den Kopf. »Alles in Ordnung«, sagte er keuchend.
An Bord nahm Zschech die Meldung des Ersten Wachoffiziers entgegen. Er begrüßte die Besatzung und stieg dann auf die Brücke. Das Schanzkleid war mit Blumen geschmückt. Er nahm das Megaphon und gab seine Befehle. Thilo Bode, sein »Erster«, stand neben ihm. Sie waren von der gleichen Crew und Duzfreunde.
»Sag mal, Peter, was machen wir mit all den Blumen?« fragte Bode plötzlich.
»Die nehmen wir an Bord«, antwortete Zschech.
»Blumen unter Deck? Das gibt Unglück . . .«, hörte er da jemand hinter sich. Er mußte sich beherrschen, nicht herumzufahren. In der Stimme hatte etwas mitgeklungen, was echt war, mehr als ein Aberglaube. Am liebsten hätte er zugestimmt, aber dann dachte er, daß er den Befehl nicht zurücknehmen konnte . . .
Die Sicherungsfahrzeuge begleiteten U 505 bis zur Hundert-Meter-Linie. Ein Winken, ein paar Grüße, dann waren sie allein. Die ersten vier bis fünf Tage waren für das Boot die gefährlichsten. Seit dem Sommer 1942 flogen englische Maschinen ständig Patrouillen über

der Biskaya. Sie hatten Radar an Bord, und sie fanden ihre Opfer mit für die Deutschen lange rätselhafter Sicherheit. Aber auch U 505 hatte ein neues Gerät an Bord, einen der ersten Metox-Empfänger. Das Peilgerät verzeichnete alle Radar-Impulse auf dem Dezimeter-Wellenbereich, die das Boot erfaßten, auf einer kleinen Skala im Horchraum. Ein paar Blasen begannen auf und ab zu tanzen und warnten sie so vor Flugzeugen, die von der Brückenwache oft erst gesehen worden waren, wenn es zu spät war.

Nachts lief U 505 aufgetaucht, tags schlich das Boot mit ein paar Seemeilen Fahrt getaucht voran. Während der dritten Nacht beobachtete der Funkmaat, daß die Skala des Metox-Empfängers Flugzeuge anzeigte. Die Wachen hatten die Maschinen weder gesehen noch gehört . . .

In fünf Tagen führte Zschech sein Boot sicher durch die gefährdete Biskaya. Am 9. Oktober bekamen sie die Order, die ihnen ihr Operationsgebiet vorschrieb: das Karibische Meer.

Vier Wochen brauchte U 505 für seinen Weg über den Ozean zu seinen Jagdgründen im Karibischen Meer, wo die kostbare Tankerflotte von Amerika nach den Erdölhäfen Venezuelas und Mexikos hin und her pendelte . . . Am 7. November stand U 505 hundertfünfzig Seemeilen östlich von Trinidad. Die Sonne schien erdrückend heiß, und die Männer trugen schon lange nur ihre Turnhosen. Mit nacktem, von Schweiß glänzendem Oberkörper standen die Ausgucks auf der Brücke. Im Boot nistete eine feuchte Treibhausschwüle. An Schlaf war kaum zu denken. Dennoch war jeder jetzt in ständiger Alarmbereitschaft. Auf Trinidad gab es einen Flugplatz der Royal Air Force. Sie waren davor besonders gewarnt worden.

Am Nachmittag des 7., gegen fünfzehn Uhr, meldete die Brückenwache eine Rauchfahne am Horizont. Es war wie eine Erlösung, als Zschech die Besatzung auf Gefechtsstationen befahl und tauchte. Zschech entdeckte durch das Periskop einen einzeln fahrenden Frachtdampfer. Als er das Boot näher heranführte, sah er, daß der andere nicht bewaffnet war. Er spürte Enttäuschung, daß alles so leicht sein sollte. »Rohr eins und zwei fertig«, befahl er. »Geschwindigkeit zwölf. Tiefe vier Meter.« Er hörte, wie der Erste Wachoffizier seine Befehle durch das Sprachrohr in den Bugraum weitergab, wie die Meldung zurückkam. Dann gab er den Befehl: Torpedos los! Als er die Erschütterung des Bootes spürte, drückte er auf seine Stoppuhr. Aber nichts geschah, und er sah den Zweimaster mit dem schwarzgesprenkelten Rumpf weiter in seinem Okular.

»Rohr drei und vier klarmachen«, sagte er, und dann kam wieder das Warten und das Atmen der Männer hinter ihm, ein leises Geräusch inmitten des Schweigens und der Hitze.
Zwei Minuten später trafen die Torpedos das Schiff. Beide trafen es vor den Aufbauten, und in diesem Augenblick wußte er, daß er die Fahrt des Frachters beim erstenmal überschätzt hatte und daß es seine Schuld war, wenn die ersten Torpedos fehlliefen. Er fühlte, wie ihm das Blut in den Kopf stieg, als er daran dachte, daß jeder dasselbe überlegen mußte. Das Bild im Okular schien vor seinen Augen zu tanzen. Der Bug sackte schnell weg, das Heck ragte steil in die Höhe . . .
Zschech trat einen Schritt zurück. Er las keinen Vorwurf in den Augen der Männer.
»Zwei Treffer«, sagte er. »Ich schätze das Schiff auf über fünftausend Tonnen!«
Als Zschech nach dem Auftauchen auf den Turm kam, ragte nur noch das Heck des Frachters über das Wasser. Drei Rettungsboote trieben auf dem Ozean. Durch das Glas beobachtete er, daß sie voll Menschen waren und daß sie schnell ruderten, um von dem Wrack wegzukommen.
Die nächsten drei Tage patrouillierte U505 vor Trinidad, ohne ein Schiff zu sichten. Die Sonne prallte auf das Boot. Das Schanzkleid des Turmes war so heiß, daß man es kaum berühren konnte. Die Männer der Freiwache lagen in ihren Kojen und dösten vor sich hin. Sie waren zu müde, um zu sprechen. Manchmal legte jemand eine der alten, abgespielten Schellackplatten auf. Und doch gab es keinen Augenblick der Entspannung; die helle, wolkenlose Bläue konnte sich jeden Augenblick in einen todbringenden Himmel verwandeln. In drei Tagen hatten sie achtmal Alarm. Dreimal hatten die Wachen auf der Brücke die Flugzeuge entdeckt, so daß sie rechtzeitig wegtauchen konnten. Sechsmal hatten die auf und ab tanzenden Blasen in der Skala des Metox-Gerätes sie gewarnt.
Aber dann schien das Schicksal die Nummer 505 aufgerufen zu haben. Es geschah am 10. November, am Vormittag, kurz nach zehn Uhr, ohne Warnung, denn das Metox-Gerät versagte. Stolzenburg, der Zweite Wachoffizier, hatte um diese Stunde mit den anderen Wache auf dem Turm und beobachtete den Voraussektor. Die Sonne stand über dem Meer in dem Sektorenausschnitt, den ein Obergefreiter zu beobachten hatte. Wenn die Piloten schlau waren, kamen sie aus der Sonne, das wußte er; er klammerte sich an den Gedanken, weil er

fürchtete, daß die Hitze ihn einschläfere. Wenn er die Sonne in sein Glas bekam, fühlte er sie stechend in den Augen.
Der Obergefreite sah die Maschine erst, als es zu spät war. Sie kam direkt aus der Sonne von Backbord achtern, und zuerst war es nichts als ein funkelndes Blitzen, das von einer der Tragflächen ausging wie eine lange, funkelnde Klinge, die seine Augen traf. Er konnte keinen Gedanken fassen, und er spürte nichts als eine dumpfe Hoffnung, es möge nicht wahr sein. Die Maschine war nicht mehr als fünfhundert Meter entfernt, als er sie wirklich sah. Er erkannte ihre zwei Motoren, und ihm wurde kalt vor Schrecken, als das Pfeifen ihrer Motoren sich in ein Heulen wandelte.
»Alarm! Flugzeuge!« schrie er.
Er sah, wie Stolzenburg sich erschreckt umdrehte und die anderen Ausgucks sich hinter die Turmverkleidung warfen. Er blieb stehen, als die Bomben sich in nur zehn Meter Höhe lösten und auf das Boot zutaumelten. Er stand dort, als könnte er das Unheil mit seinem Körper abwehren.
Zschech lag in seiner Koje, als die Bomben fielen; ein hartes, betäubendes Dröhnen, das ihn wach hämmerte. Die Explosion schleuderte ihn gegen die Wand. Als seine Hände an dem eisernen Gitter vor der Koje Halt fanden, warf ihn ein harter Schlag zu Boden. Der Metallkörper des Bootes schwang und dröhnte wie eine riesige Glocke, die aus ihrem Stuhl stürzt.
Als er aufstand, spürte er das Zittern in den Beinen. Er dachte an seine Angst, bis er merkte, daß es das Boot war, das unter seinen Füßen zu wanken begann. Sein Kopf war wie ein Gewölbe, in dem das Dröhnen nachhallte. Er hatte keinen klaren Gedanken, als er zur Brücke rannte. Er zog sich den Niedergang hoch. Er suchte im Turmluk den runden Ausschnitt des Himmels, aber er sah nur Rauch. Als er sich auf die Brücke zog, spürte er ihn beißend in den Lungen . . .
Ein Teil der Turmverkleidung war weggerissen, und die Männer der Brückenwache kauerten am Boden. Er schrie ihnen eine Frage zu, aber sie schienen seine Worte nicht zu verstehen. Er richtete sich auf. Er starrte in den Himmel, aber er entdeckte keine Flugzeuge. Über dem Boot hing die graue Rauchwolke der Explosion, und er sah, daß das Boot getroffen war.
Plötzlich hörte er das Stöhnen. Es war der Zweite Wachoffizier. Die Männer knieten um ihn. Sie machten Zschech Platz, als er sich zu Stolzenburg niederbeugte, der gegen das Schanzkleid des Turmes lehnte, den Kopf auf die Brust gesenkt. Das Hemd war auf dem Rük-

ken zerfetzt und voller Blut. Als Zschech versuchte, ihn aufzurichten, schrie Stolzenburg auf. Er starrte mit weiten Augen an Zschech vorbei, als sähe er etwas Schreckliches. »Alarm! Flugzeuge!« stammelte er dann. Er schüttelte den Kopf. »Wir haben es nicht gesehen . . .!!«
»Holt eine Spritze«, sagte Zschech. »Morphium.« Er versuchte, den Verwundeten zu stützen.
»Es geht schon.« Stolzenburg versuchte ein Lächeln. »Vier Bomben«, sagte er dann. »Die letzte . . . sie hat das Flugzeug erwischt . . . Die letzte. Die Explosion der letzten hat das Flugzeug selbst getroffen. Es flog zu tief.« Zschech löste seine Arme, und dann dachte er daran, daß sie viertausend Meilen von der Heimat entfernt waren. Als er sich aufrichtete und den Himmel absuchte, sah er das Flugzeug. Keine hundert Meter neben ihnen trieben die Wrackteile auf dem Wasser. Nur der Teil einer Tragfläche ragte noch aus dem Wasser. Er glaubte immer noch das Dröhnen in seinen Ohren zu hören, aber es war still. Es war unheimlich still, und dann merkte er, daß das Geräusch der Dieselmotoren fehlte.
Der Wind hatte den Rauch weggetrieben; das Achterdeck war ein wüster Trümmerhaufen, ineinandergeschobene Rohrleitungen und zerbombte Metallteile. Das Flakgeschütz war verschwunden. Die Deckplanken waren tief aufgerissen, und die beiden Reservetorpedos und die Oberdeckbehälter lagen frei. Es war wie ein Wunder, daß sie nicht explodiert waren. Ein Wunder, das sie nicht mehr rettete. Aus dem Backbordbunker sprudelte das Öl. Das Wasser spülte klatschend zwischen den Trümmern, und plötzlich glaubte er zu spüren, daß das Boot langsam absackte.
»Tauchretter anlegen!« schrie er. »Alle Mann aus dem Boot.« In diesem Augenblick sah er den englischen Flieger im Wasser treiben, aber das war es nicht, was ihn erstarren ließ. Der Körper trieb neben dem Rest der Tragfläche mit dem Gesicht nach unten. Die Schwimmweste bauschte sich über dem Rücken des Fliegers. Das Meer war glatt, und es wiegte den Toten ganz leicht. In seiner Nähe entdeckte er die Fischflossen, die durch das Wasser schnitten; an ihren glänzenden, fetten Leibern erkannte er die Haie. Er konnte sie nicht zählen, aber es waren viele, und ihre Schwänze peitschten das Wasser. Er wandte sich um. »Neue Brückenwache aufziehen«, befahl er. »Bericht an alle Stationen. Alle Mann, die nicht unten gebraucht werden, an Deck.« Er spürte mit Verwunderung, wie ruhig seine Stimme war. Er suchte den Himmel ab. Er war leergewischt, aber sobald der Feind das Flugzeug vermißte, würde er andere ausschicken, es zu suchen.

Zehn Stunden würde es noch hell bleiben! Er blickte noch einmal hinüber zu dem Toten, der im Wasser trieb. Er spürte den Wind wie einen dichten, glühenden Hauch. Die englische Maschine war in den Wellen verschwunden. Als er mit dem Glas die Stelle absuchte, glaubte er, im Wasser eine rote, blutige Spur zu erkennen. Er blickte schnell weg. Die Haie umkreisten nun das U-Boot; ihre Leiber schimmerten weiß in der grünen Färbung des Wassers. Es waren jetzt noch mehr, und eine Sekunde überlegte Zschech, wie beruhigend es sein müßte, eine Maschinenpistole in der Hüfte zu halten und besinnungslos auf ihre weißen Bäuche zu schießen.
Er suchte mit dem Glas noch einmal den Himmel ab. Der Himmel war blank und blau. Zschech ließ das Glas auf die Brust zurückfallen. Die Männer, die er an Deck befohlen hatte, kamen jetzt aus dem Turmluk. Für einen Augenblick schlossen sie vor dem grellen Licht geblendet die Augen. Dann starrten sie erschreckt auf das Trümmerfeld. Noch nie hatte Zschech so wie jetzt die Verantwortung für sie gefühlt. Er sah ihre müden Gesichter und die erschöpften Bewegungen, mit denen sie an Deck stolperten, aber er wußte, wie zäh und ausdauernd sie waren.
»Schmeißt die Trümmer einfach über Bord«, sagte er. Er wunderte sich, wie wenig seine Stimme von seinen wirklichen Gefühlen verriet. Er wartete, bis das Werkzeug an Deck war; dann befahl er, die Verwundeten nach unten zu schaffen. Stolzenburg, der Zweite Wachoffizier, schrie vor Schmerzen auf, als die Männer ihn durch das enge Turmluk ins Boot hinunterließen.
Der Kommandant blieb auf der Brücke. Die Männer an Deck arbeiteten fieberhaft. Mit nacktem Oberkörper standen sie auf dem zerrissenen Deck. Sie konnten nichts anderes tun, als alle Teile abzuschneiden und über Bord zu werfen. Sie schnitten sie weg, bis der Druckkörper frei lag wie eine große, offene Wunde. Von Zeit zu Zeit hörte Zschech aus dem Innern des Bootes die Stimme des Leitenden Ingenieurs. Hausers Meldungen kamen auf die Brücke, und mit jeder Meldung wurde Zschechs Gesicht ausdrucksloser.
Die Horchanlage war außer Betrieb. Der Sender war ausgefallen. Der Backbord-Diesel war schwer getroffen und voll Wasser gelaufen. Ob die Steuerbord-Maschine ging, mußte erst überprüft werden. Und dann meldete die Zentrale, daß das Boot nicht tauchklar sei.
»Nur Zeit lassen«, sagte Zschech ruhig bei jeder Meldung. »Versucht, das Boot tauchklar zu bekommen.« Er brauchte sie nicht anzutreiben. Jeder wußte, daß das Boot für alle Flugzeuge als unbewegliche Ziel-

scheibe auf dem Wasser trieb. Er hatte die Brückenwache doppelt besetzt. Er selbst suchte immer wieder den Himmel ab, und dann beschlich ihn ein lähmendes Angstgefühl, so, als sähe er vor sich, was im nächsten Augenblick geschehen würde; er war sicher, daß sie kommen würden. Der Kopf dröhnte ihm von der Sonne. Er blickte auf die Uhr. Eine Stunde war erst seit dem Angriff vergangen. Noch neun Stunden würde es hell sein.
Zschech schrak zusammen. Ein paar stotternde, heisere Stöße durchbrachen die Stille. Dann sprang der Steuerbord-Diesel an, und ein verschmiertes, glücklich lächelndes Gesicht erschien im Turmluk. »Steuerbord-Diesel klar, Herr Kaleu«; es war Fricke, der Obermaschinist.
Zschech merkte plötzlich, wie erschlagen er war. Er sehnte sich nach seiner Koje, auch wenn sie nur ein enger, heißer Käfig war. Er sehnte sich danach, allein zu sein, unbeobachtet. Er gab einen neuen Kurs. Das Boot drehte und gewann an Fahrt. Zschech blieb auf der Brücke, als müsse etwas geschehen. Und als sie dann das Flugzeug sichteten, war er ohne Panik und Verzweiflung. Die Maschine war noch weit weg, nicht größer als ein Insekt. Er schrie dem Rudergänger im Turm einen neuen Kurs zu, und die ganze Zeit behielt er mit unbewegtem Gesicht das Flugzeug im Auge.
Die Männer an Deck waren zur Brücke in Deckung gelaufen. Es dauerte unendlich lange, bis das Boot wendete. Zschech korrigierte den Kurs, bis U 505 dem Flugzeug den Bug zeigte. Das war das einzige, was er tun konnte; mit seiner spitzen, schlanken Silhouette war das U-Boot am leichtesten zu übersehen.
Er beobachtete, daß die Maschine ihren Kurs nicht änderte, und dann war sie weg. Sie zerschmolz in der Sonne. Zschech kniff die Augen zusammen, öffnete sie wieder. Er blickte auf die Uhr. Halb drei. Sie waren nicht entdeckt worden. Die Männer krochen aus ihrer Dekkung, starrten sich an und lagen sich dann in den Armen.
Er sagte nichts. Er wußte, daß noch viele Tage und Wochen vergehen würden, bis das Boot in Sicherheit war. Jeden Tag konnte man sie angreifen, und wenn das Boot nicht tauchen konnte, würde es das nächste Mal um sie geschehen sein. Und doch hatte er keine andere Wahl, als zu versuchen, mit dem beschädigten Boot zu tauchen.
Die Männer arbeiteten den ganzen Tag. Sie sichteten keine Flugzeuge mehr. Es war zwei Uhr nachts, als der Leitende Ingenieur meldete, daß er das Boot abgedichtet habe. Zschech kam in die Zentrale. Er wartete, bis Hauser die Besatzung im Boot verteilt hatte, so daß es

richtig hingetrimmt war. Zuletzt dichteten sie das Turmluk ab. Zschech stand vor dem Tiefenmesser. Er starrte auf die Skala und versuchte, nicht daran zu denken, was geschehen würde, wenn das Boot sich nicht auf zwanzig Meter Tiefe abfangen ließe. Es war totenstill im Boot, und eine Sekunde lang tanzten die Zahlen auf der Skala vor seinen Augen. Er wandte sich um und lächelte. Dann nickte er Hauser zu. Es gab ein leises, zischendes Geräusch, als der Leitende Ingenieur die Einlaßventile bediente. Die Trimmzellen füllten sich langsam mit Wasser.

Zschech starrte auf die Skala. Der Zeiger schlug aus. Er erreichte die Fünf-Meter-Marke, näherte sich zehn Metern. Die Männer hinter ihm standen wie erstarrt, als der Zeiger sich der Zwanzig-Meter-Marke näherte. Das zischende Geräusch hörte auf. Der Zeiger zuckte über die Zwanzig.

Er hielt sich zitternd, und als Zschech sich umwandte, sah er, wie sich die erstarrten Gesichter lösten. Er dachte, wie sonderbar es war, daß ein paar Streifen mehr an der Uniform ihn davon abhielten, den anderen in diesem Augenblick um den Hals zu fallen.

Zschech hielt das Boot nur kurze Zeit auf Tiefe; er befahl, für den Rest der Nacht aufgetaucht zu laufen. Er ging nach vorn zu dem Offiziersraum. Stolzenburg lag in seiner Koje. Fischer, der Zweite Funkmaat, der als Sanitäter ausgebildet war, saß bei ihm. Er hatte dem Zweiten Wachoffizier mit einer Pinzette Splitter aus den Wunden gezogen und ihn verbunden. »Mehr kann ich nicht tun«, sagte Fischer. »Ich gebe ihm wieder Morphium, aber wir haben nur noch ein paar Ampullen.«

Der Zweihundert-Watt-Sender war außer Betrieb, und auch bis zum andern Tag hatte ihn der Erste Funkmaat Callhoff nicht klarbekommen. Nur der Notsender war in Betrieb. Gegen Mittag befahl Zschech, einen Funkspruch an die Befehlsstelle des BdU abzugeben. Gegen dreizehn Uhr gab Callhoff ihn unverschlüsselt auf der 18-Meter-Kurzwelle durch. U 505 bat um Morphium.

Nach zehn Minuten hatten sie Antwort. Sie erhielten Anweisung, zu einem bestimmten Marinequadrat zu laufen und dort auf U 105 zu warten. Schon nach einer Stunde trafen sie das Boot. Nur ein paar Minuten lagen sie nebeneinander; denn jeden Augenblick konnten Flugzeuge kommen. Zschech war auf der Brücke, als man von U 505 eine Wurfleine zum anderen Boot hinüberschleuderte. In einem wasserdichten Beutel zogen sie vierzig Ampullen Morphium an Bord. Ein paar stumme Grüße von Brücke zu Brücke, dann tauchte das andere

Boot weg, während U505 über Wasser weiterschlich. Nach drei Tagen empfingen sie einen weiteren Funkspruch, der sie an ein zweites Boot heranführte, U68. Von diesem Boot, dessen Kommandant der Oberleutnant zur See Albert Lauzenis war, erhielten sie Ersatzteile, und auch diese Bewegung dauerte nur einige Minuten.
U505 hatte viel Öl verloren. Der Brennstoffvorrat würde auch nicht bis nach Hause reichen, aber wieder kam Hilfe. Sie bekamen Befehl, zu den Kapverdischen Inseln an der Westküste Afrikas zu laufen. Dort würden sie auf U462 treffen, einen U-Boot-Tanker, der Frontboote auf hoher See versorgte.
Vierzehn Tage nach der Bombardierung traf U505 die »Milchkuh«. Im Laufe des Nachmittags kamen noch fünf andere Boote, nahmen durch die Schläuche Öl in ihre Bunker und tauchten wieder weg. Der Kommandant hatte die Ausguckposten doppelt besetzt und blieb die ganze Zeit auf der Brücke, während sie Öl, Proviant und Ersatzteile für den Backbord-Diesel übernahmen.
U462 hatte einen Arzt an Bord. Er kam im Schlauchboot herüber und untersuchte und verband die Verwundeten. Den Zweiten Wachoffizier, Stolzenburg, nahm er im Boot mit hinüber auf den U-Tanker, da er dort bessere Pflege hatte. Zschech war froh, als sie wieder abliefen. U505 hatte jetzt die Hälfte der Heimfahrt hinter sich. Bisher hatte er nur an das Nächstliegende gedacht, die nächste Stunde, den nächsten Tag. Plötzlich fürchtete er das Heimkommen. Wenn man heimkam, zählten nur die Wimpel am Mast, aber er hatte nur ein Schiff versenkt. Ein Schiff. Plötzlich dachte er an die Blumen, die er bei der Ausfahrt unter Deck genommen hatte. Er hatte seiner Besatzung kein Glück gebracht. Und alles verzieh man einem Kommandanten, nur eines nicht – daß er kein Glück hatte.
Am 12. Dezember lief U505 in Lorient ein. Vier Wochen hatte das Boot für den Weg über den Atlantik gebraucht. Der Zweite Wachoffizier, Stolzenburg, wartete mit einem Blumenstrauß an der Pier. Er war viel früher mit dem U-Tanker zurückgekommen.

Wenige Tage darauf traf ein Mann in Lorient ein, dem in der Geschichte von U505 eine entscheidende Rolle zugedacht war, der Leutnant zur See Paul Meyer.
Meyer war kein U-Boot-Mann. Er fuhr als Maat auf einem Hilfskreuzer. Mit ein paar Mann hatte er ein gekapertes Schiff mit wertvoller Ladung über zehntausend Seemeilen in einen deutschen Heimathafen geführt; er war dafür als erster Unteroffizier der

Kapitänleutnant Joachim Mohr, Kommandant von U 124, war das große Vorbild vieler späterer Kommandanten. Peter Zschech, Werner Henke, U 515, und Heinz Eck, U 852, »lernten« auf Mohrs Boot. Die Nachricht, daß U 124 im April 1943 versenkt worden war und daß es dabei keine Überlebenden gab, traf Zschech hart. Schon auf seiner ersten Unternehmung wurde sein Boot, U 505, von Fliegerbomben schwerbeschädigt (Bild rechts oben). Die Flieger waren die Todfeinde der deutschen U-Boote geworden. Die Radargeräte, die sie an Bord hatten, führten sie sicher zu ihren Opfern. Die Verluste wurden immer höher und erreichten 1943 teilweise eine Zahl von vierzig Booten im Monat — und nur zwanzig kamen im gleichen Zeitraum von den Werften.

In der alten Marinekaserne von Lorient bezogen die Besatzungen der deutschen U-Boote Quartier, wenn sie von Feindfahrt zurückkehrten. Die Hafeneinfahrt war durch Minensperren und den alten Kreuzer »Straßburg« gesichert, der (im Bild oben rechts) als Fangschiff gegen Lufttorpedos in der Fahrrinne versenkt worden war. Das Bild unten zeigt Lorient vor der Zerstörung. In den Nächten vom 14. auf den 16. Januar 1943 griffen über zweihundert Bomber die kleine Hafenstadt an.

Pausenlos fliegen die Alliierten Bombenangriffe auf die U-Bootstützpunkte an der französischen Atlantikküste.

Die beiden Bilder oben wurden beim Tagesangriff auf die Stadt Bordeaux am 18. Mai 1943 gemacht.

Am Morgen nach dem Angriff auf Lorient marschiert eine U-Bootbesatzung durch die Trümmer zu ihrem Boot.

Vor der zerstörten Kulisse von Lorient läuft U 505 am 1. Juli 1943 wieder zur Feindfahrt aus.

Im Juni 1944 ereilt U 505 das Schicksal: Eine amerikanische U-Jagdgruppe stellt das Boot unter Obltn. z. S. Harald Lange. Einem Sonderkommando gelingt es, das halb gesunkene Boot zu entern.

An Deck des zur Jagdgruppe gehörenden Zerstörers USS Chatelain beobachten gerettete Besatzungsmitglieder von U 505, wie ihr Boot von dem Flugzeugträger in Schlepp genommen wird.

Ohne die Hilfe des Maschinengefreiten Ewald Felix wäre die Kaperung von U 505 mißlungen: Felix half das Boot wieder klarzumachen. Man schleppte es zu den Bermudas.

Nach dem Krieg wurde U 505 dreitausend Seemeilen über Wasser und Land nach Chicago geschleppt. Dort liegt es heute noch, Prunkstück des Museum of Science and Industry.

Kriegsmarine zum Leutnant befördert worden. Meyer ist vielleicht der wichtigste Zeuge für die letzte Fahrt von U 505.

»Ich kam am 20. Dezember 1942 nach Lorient, acht Tage also, nachdem U 505 zurückgekommen war«, berichtete Meyer. »Sie hatten in einem halben Jahr aus mir einen U-Boot-Mann gemacht und mich der 2. U-Flottille in Lorient zugeteilt. Ich kam auf U 505, als Zweiter Wachoffizier für den verwundeten Oberleutnant Stolzenburg. Das Boot lag in der Werft. Nur eine Bordwache war da und der Leitende Ingenieur Hauser, der die Arbeiten überwachte. Alle anderen waren in Urlaub. Auch der Kommandant. Ich hatte von den schweren Beschädigungen gehört. So etwas ist immer gleich Tagesgespräch in einem Stützpunkt. Viel war davon nicht mehr zu sehen, aber was für einen Knacks das Boot abbekommen hatte, nun, das sollten wir alle am eigenen Leib erfahren . . .

Mitte Januar sah ich den Kommandanten von U 505 zum erstenmal. Mir gefiel Zschech. Er war etwas still, sehr kameradschaftlich; ich habe nie erlebt, daß er den Vorgesetzten herauskehrte. Es war wirklich, als hätte sich alles gegen ihn verschworen. Das fing schon am ersten Tag an: An dem Tag, als er zurückkam, am 14. Januar 1943, war der schwere Bombenangriff auf Lorient. Ich fuhr an diesem Tag in Urlaub. Mein Zug kam gerade vor dem Alarm noch aus der Station. Ich erfuhr alles erst, als ich sechs Tage später durch ein Telegramm zurückgerufen wurde.

Es sah wüst aus. Die Bomben hatten in der Werft und in den Bunkern kaum Schaden angerichtet, aber die Stadt war ein Trümmerhaufen. Zwei Nächte nacheinander hatten die Engländer und Amerikaner ihren Angriff geflogen, jedesmal mit über hundert Maschinen.

Unsere Flottille kam in ein Barackenlager, eine halbe Stunde von Lorient, in das ›Lager Lemp‹. Dort warteten wir darauf, bis die Werft U 505 klarmelden würde.

Ende Februar traf sich die ganze Besatzung in Schliersee, der Patenstadt von U 505. So was gab es für jedes Boot. Von dort aus fuhren wir nach Bad Wiessee und blieben dort drei Wochen im U-Boot-Heim; Zschech war dabei. Als wir zurückkamen, war das Boot immer noch nicht fertig.

Wir warteten ein halbes Jahr. Ein halbes Jahr, in dem die Verluste von Monat zu Monat größer wurden; es waren erschreckende Zahlen. Jedesmal, wenn man nach Lorient kam, erfuhr man, wer alles nicht zurückgekommen war.

Im Mai gingen über vierzig Boote verloren. Im Juni waren es an die

zwanzig, und im Juli sollten es über fünfunddreißig werden. In drei Monaten fast neunzig Boote verloren, und ein großer Teil davon schon beim Auslaufen in der Biskaya.«
Ende Juni kam von der Werft die Nachricht, daß U 505 auslaufklar sei. Das war am Abend des 30. Juni 1943.
Innerhalb von vierundzwanzig Stunden war U 505 zurück in der Werft. Bei den Tauchversuchen an der Zweihundert-Meter-Linie hatten sich verschiedene Schäden herausgestellt. Am 3. Juli ging das Boot wieder in See. Im Schutz der Sicherungsfahrzeuge machte es seine Tauchversuche. Diesmal schien alles zu stimmen ...
U 505 brauchte fünf Tage und fünf Nächte, um durch die Biskaya zu kommen, die Selbstmord-Biskaya, wie die U-Boot-Leute sie unter sich nannten. In den ganzen fünf Tagen fuhr U 505 nur knapp vierundzwanzig Stunden aufgetaucht.
Am 9. Juli mittags hatte U 505 die spanische Westküste erreicht. Gegen Mittag tauchte Zschech mit seinem Boot auf. Die Sicht war schlecht, und er entschloß sich, mit äußerster Geschwindigkeit über Wasser zu laufen.
Gegen siebzehn Uhr klarte es auf, und U 505 tauchte weg. Sie waren auf der Höhe von Kap Finisterre. Die gefährlichste Strecke schien hinter ihnen zu liegen ... Zehn Minuten später fielen die Wasserbomben.
Zschech saß in der Zentrale, und sein Körper wurde steif, als der erste Schlag zu hören war. Schon die nächsten Bomben lagen näher. Das Boot erzitterte dröhnend, merkwürdig blechern, so, als träfe ein Hammer die Bordwand.
Der Kommandant blickte auf den Tiefenmesser. Er zeigte sechzig Meter. In dieser Tiefe konnten Flugzeuge sie nicht entdeckt haben.
Die Männer hielten den Blick nach oben gerichtet. Sie zählten sechs Detonationen. Dann war es plötzlich still. Sie warteten und unterhielten sich nur flüsternd, um dann jäh zu verstummen, als eine neue Serie Bomben fiel. Sie zählten vier Explosionen. Dumpf klatschten die Druckwellen gegen den Rumpf. Die Bomben lagen nicht so nahe wie die ersten, aber zu nahe, um zu hoffen, daß der Gegner das U-Boot verloren hatte ...
»An alle Stationen«, sagte Zschech leise. »Zustand melden.«
Es schien alles gutgegangen zu sein, bis die Meldungen aus dem Funkraum und Horchraum kamen. Der Metox-Empfänger, der sie vor Flugzeugen warnte, war ausgefallen, und der Horcher meldete, daß sein Gerät nicht mehr arbeite.

Mit unbewegtem Gesicht erhob sich Zschech. Der Maat Fischer saß vor dem Horchgerät, als der Kommandant den engen Raum betrat.
»Sie hören überhaupt nichts?« fragte Zschech.
»Nichts, Herr Kaleu. Gar nichts.« Fischer hatte die Kopfhörer abgenommen. Zschech stülpte sich die Muscheln über; sie blieben stumm, tot, wie abgeschnitten. Er schüttelte den Kopf, als die Männer in der Zentrale ihn ansahen. Ohne Horchgerät konnten sie der Gefahr nicht ausweichen. Sie wußten nicht, woher sie kam und ob sie dem Tod nicht direkt in die Arme liefen. Zschech war an das Sehrohr getreten.
»Auf Sehrohrtiefe«, befahl er. »Nur eine Minute, dann sofort wieder in den Keller.« Er fuhr das Periskop aus. Mit einer schnellen Bewegung fuhr er es herum. »Runter!« schrie er dann. Er wartete, bis sie auf Tiefe waren.
»Zerstörer«, sagte er dann. »Drei oder vier, eine Seemeile von hier. Ich glaube, wir . . .« Er brach ab. Er war nicht sicher, aber er meinte, hinter dem Heck des Bootes eine Ölspur erkannt zu haben. Er wandte sich an den Tiefenrudergänger. »Das Boot auf sechzig Meter halten. Wir gehen in Schleichfahrt bis zur Hundert-Meter-Linie. Äußerste Ruhe im Boot.« Dann wandte er sich an Meyer: »Sie gehen nach achtern und schießen ›Bolde‹ ab. Vier bis fünf. Abstand drei bis vier Minuten.
Aus einem kleinen Rohr im Heckraum konnte man diese »Bolde« abschießen. Sie stießen in einer eingestellten Entfernung eine chemische Flüssigkeit aus, die von den Unterwasser-Ortungsgeräten feindlicher Schiffe als Kontakte mit U-Booten aufgenommen wurden und sie so irreführen sollten. Fünfzehn Minuten, nachdem Meyer die »Bolde« abgefeuert hatte, hörten sie wieder Explosionen von Wasserbomben. Sie zählten neun. Sie lagen weiter weg, achteraus; die Zerstörer waren also auf den Trick hereingefallen. Weitere fünfzehn Minuten vergingen. Dann fielen wieder sechs Bomben; aber diesmal lagen sie näher. Die Zerstörer mußten ihre Spur wiederaufgenommen haben.
Sie kamen bis zur Hundert-Meter-Linie. Dort legte sich das Boot auf Grund. Zschech befahl, alle Maschinen abzuschalten und absolute Ruhe. Bis auf die Wachen krochen alle Mann in die Kojen.
Auch Zschech ging in seine Kammer. Er legte sich hin, aber er fand keine Ruhe. Hatte er wirklich eine Ölspur gesehen? Er fürchtete die Wahrheit, aber nicht allein, weil die Spur sie verraten mußte. Er schloß die Augen und spürte die leichte, schaukelnde Bewegung des Bootes. Seine Hand tastete die Wand ab. Er fühlte nur das Holz, und

doch wußte er, daß nur ein paar Zentimeter Außenhaut ihn von der dunklen Tiefe trennten. Einen Augenblick glaubte er, das Bild vor sich zu sehen: das graue Boot auf dem Grund zwischen Pflanzen und Fischen, die es umschwammen; er wunderte sich, daß es kein Gedanke war, der ihn erschreckte. Es war wie ein Bild in einem unwirklichen Traum. Er lag da und wartete und dachte, wo das Abenteuer des Krieges, das er gesucht hatte, geblieben war.
Er schlug dann sein Kriegstagebuch auf und schrieb die letzte Eintragung nach. Dann starrte er auf die Seiten. Dort war alles sinnvoll, logisch. Aber nichts stand da von ihrer Angst, ihrer Verzweiflung, von ihrem Mut und ihrem Ausharren. Es war doch einmal anders gewesen; Jubel und Zuversicht.
Von dem ganzen Abenteuer des Krieges war nichts geblieben als dieses quälende Warten. Er kam sich plötzlich sehr alt vor. Er wußte etwas vom Sterben, ohne daß er je erfahren hatte, was es wirklich hieß, jung zu sein und zu leben. Er war alt, und vielleicht lebten sie in der nächsten Minute nicht mehr. Vielleicht kam keiner von ihnen zurück. Er dachte an die Männer im Boot. Sie lagen in den Kojen. Jeder hatte seine Gedanken. Sie waren Söhne, gute Söhne. Sie waren Väter, gute Väter. Wenn man zurückkam, schloß man die Furcht ein und sprach nicht mehr davon. Er dachte an all die anderen, die nicht zurückgekommen waren. Keiner von ihnen konnte je sagen, wie es wirklich gewesen war.
Endlich war es acht Uhr. Er mußte versuchen, noch in der Dämmerung aufzutauchen, um Klarheit zu bekommen.
Langsam stieg das Boot auf Sehrohrtiefe. Dann brach es aus dem Wasser. Zschech wartete schon am Niedergang. Er war als erster auf dem Turm, und dann hörten sie ihn nach Hauser, dem Leitenden Ingenieur, rufen.
Zschech sagte nichts, als sie auf die Brücken kamen. Er zeigte nur auf das Wasser hinter dem Heck des Bootes. Die Ölspur war deutlich zu sehen. Wenige Meter hinter dem Heck hatte sie schon eine Breite von fünfzehn Metern, und dann verlor sie sich in der weiten, furchtbaren Leere des Meeres.
Hauser suchte in seiner Tasche nervös nach Zigaretten. Zschech hielt ihm sein Etui hin.
»Mit so einer Spur«, sagte er dann, »da konnten sie uns leicht finden.« Er sah Hauser an. »Gehen Sie 'runter. Sehen Sie nach, ob Sie etwas feststellen können.« Es wurde jetzt schon dunkel, und der Kommandant spähte angestrengt zu der schimmernden, verräterischen Spur.

»Ebensogut könnten wir dem Gegner gleich unsere Position funken«, sagte er.
Als Hauser zurückkam, zuckte er die Achseln. »Es muß einer der Ölbunker sein«, sagte er. »Vielleicht Nummer sieben.« Nummer sieben war der Bunker, der damals im Karibischen Meer beim Flugzeugangriff beschädigt worden war. »Aber ich kann im Boot nichts feststellen.« Dann sagte er, als beantworte er eine Frage: »In See läßt sich das nicht reparieren, Herr Kaleu.«
Zschechs schmächtiges Gesicht war von den Strapazen, dem wenigen Schlaf, der Verantwortung eingefallen. Warum sagt er nicht, daß wir zurück müssen, dachte er. Sang- und klanglos zurück. »Also gut«, meinte er. »Hinken wir nach Hause.« Er wartete, und dann sagte er: »Sagen Sie es auch den Leuten. Rückmarsch Lorient. Mit dem Boot kann ich keinen Einsatz fahren.« Er sah, wie sie nickten. Er fühlte sich elend und trotzdem erleichtert, weil er seinem Stolz nicht nachgegeben hatte.
Meyer kannte die Küste bei Kap Finisterre aus dem Spanien-Krieg. Er schlug vor, sich innerhalb der spanischen Hoheitsgewässer in eine Bucht zu schleichen. Sie rechneten den Kurs aus. Dann fuhr das Boot zur Küste. Sie warteten bis zur Dämmerung. An ein paar Fischerbooten vorbei liefen sie aufgetaucht in die Bucht. Sie erreichten sie, bevor es ganz hell war. In vierzig Meter Tiefe verbrachten sie den Tag. Aber gegen acht Uhr abends tauchten sie wieder auf. Sie liefen die ganze Nacht mit äußerster Fahrt aufgetaucht die Küste entlang, die verräterische Ölspur hinter sich.
Den folgenden Tag lagen sie auf Grund, in der Nacht fuhren sie wieder weiter. So schlichen sie nach Hause. Am 14. Juli meldete die Signalstelle Lorient Hafeneinfahrt auf der Zitadelle des Port Louis das einfahrende Boot dem Hafenkommandanten.
U 505 machte gegen drei Uhr an seinem Platz im Bunker fest, und bis zum Abend hatte sein Kommandant bei der Flottille und dem Ingenieur der Werft zu tun. Als Zschech mit allem fertig war, konnte er sich noch nicht entschließen, zum Lager zu gehen. Er ging durch die zerstörte Stadt. Schließlich fand er ein Kino. Nachher überlegte er, ob er noch einmal nach dem Boot sehen sollte. Er wußte, es gab keinen anderen Platz mehr, wo alles wieder in Ordnung kommen konnte, nur der Erfolg konnte alles wieder ins Gleichgewicht bringen. Er ließ sich von einem Flottillen-Fahrer zur Pier fahren. Als er ausstieg und sich bedankte, sah der Mann ihn an.
»Was ist denn?« fragte Zschech.

»Entschuldigen Sie, Herr Kaleu«, sagte der Mann. »Ich dachte, ich kenne Sie. Hab' ich Sie nicht schon früher gefahren? Mit Kapitänleutnant Mohr, mein' ich? Haben Sie schon gehört, daß U 124 ...«
Zschech schrie ihn an, ruhig zu sein. Er erschrak und ging schnell davon. An der Pier, von der die Busse zum »Lager Lemp« fuhren, warteten ein paar Männer in Uniform. Er erkannte Bode unter ihnen, seinen Ersten Wachoffizier. Sie begrüßten sich, und dann sagte Zschech: »Hast du schon gehört? Mohr ... Es ist schon Anfang April passiert, Wasserbomben von zwei Zerstörern. Man hat es erst jetzt erfahren.«
»Und ist jemand ...?«
»Nein«, sagte Zschech schnell. »Keine Überlebenden.«
Nach einer Weile meinte Bode: »Daß ich jetzt aussteige, Peter, ich hoffe, du glaubst nicht ...«
»Was soll ich glauben?«
»Na ja. Ich meinte ja nur so. Ich soll nach Memel zum Kommandanten-Lehrgang. Und nachher bekomme ich mein eigenes Boot.«
Zschech wandte sich um. Er suchte in der Dunkelheit das Gesicht des anderen. »Mal ganz ehrlich, Thilo«, sagte er. »Bist du froh, daß du aussteigst?«
»Wieso? Den Dusel – toi, toi, toi! –, den U 505 gehabt hat, und so 'ne Besatzung, das wünsche ich mir später mal auf meinem Boot.«
»Ganz ehrlich?« fragte Zschech.
Der Bus hielt vor ihnen, und Bode brauchte nicht zu antworten. Sie stiegen ein und setzten sich. Zschech hatte eine Münze aus der Tasche genommen. Er hielt sie in der flachen Hand.
»Weißt du schon, wann es wieder losgeht?« fragte Bode.
»In vierzehn Tagen soll das Boot klar sein.« Zschech wog die Münze in der Hand. Er warf sie hoch, fing sie auf und deckte sie schnell mit der anderen Hand zu.
»Wappen oder Zahl?« fragte er. – Wappen, dachte er, dann habe ich das nächste Mal Erfolg. Zahl, dann komme ich nicht mehr zurück. Er zog die Hand, die die Münze bedeckte, weg, und dann sah er, daß die Zahl oben lag.

Die Posten vor dem Eingang zum »Lager Lemp« rührten sich nicht aus dem schmalen Schatten ihrer Schilderhäuschen, als die Männer von U 505 durch das Lagertor zu den wartenden Bussen schritten. Die Männer trugen ihr frisch gereinigtes Tropenzeug, und an den Mützen stak das Zeichen ihres Bootes, die Axt.

Der Kommandant zählte sie beim Einsteigen. Er folgte als letzter nach und klappte den Notsitz neben der Tür herunter. Der Fahrer drehte das Radio an. Er wartete, bis der Sender klar kam, und startete dann. Er fuhr im Schritt, bis er auf der Straße war. Zschech blickte durch das Fenster auf die Straße, deren Asphalt von der grellen Sonne aufplatzte. Er sah das Spiegelbild seines Gesichtes in der staubigen Scheibe, blaß von der letzten schlaflosen Nacht, und er konnte den Gedanken nicht abschütteln, daß man auf der Werft und im Stützpunkt über ihn und sein Boot zu lächeln begann.
Aus dem Lautsprecher kam schmetternde Musik. Er schielte in den Rückspiegel zu den Männern hinter ihm. Die meisten waren sehr still. Ein paar hatten sich auf der hinteren Bank zusammengesetzt und spielten Karten. Zschech dachte, daß alles besser sein würde, wären sie erst einmal draußen. Er kurbelte das Fenster herunter, aber selbst der Fahrtwind war heiß und stickig. Das Hemd klebte ihm am Rücken. Er wischte sich den Schweiß von der Stirn und lehnte sich zurück. Er schloß die Augen und wartete, bis er hörte, wie die Kartenspieler ihre Gewinne ausrechneten und sich auszahlten.
Der Bus holperte inmitten einer Wolke von Staub über das Hafengelände. Zschech nahm seine Sachen auf. Wieder zählte er die Männer, als sie ausstiegen. Sie nahmen ihr Handgepäck. Ohne Kommando gingen sie los. Sie marschierten über den Kai. Sie wußten, wie schlecht ihre Chancen für eine Rückkehr standen, aber sie waren ganz sicher, daß sie es überleben würden.
Der Kommandant sah ihnen nach. Er ahnte, daß sie mit sich im klaren waren, und er spürte in diesem Augenblick fast etwas wie Eifersucht, daß er nicht einer von ihnen war. Das Boot lag an seinem alten Platz im Bunker. Hell, schlank und frisch gestrichen, und bei seinem Anblick entdeckte Zschech wieder das alte, stolze Gefühl, daß es sein Boot war.
Paul Meyer, nach Thilo Bodes Weggang jetzt Erster Wachoffizier, meldete ihm das Boot; eine Viertelstunde später legten sie ab. Die Männer an Deck salutierten, als das Boot hinausglitt. Ihr dreifaches »Hurra! Hurra! Hurra!« kam als Echo aus der Tiefe des Bunkers zurück.
»Das war am ersten August 1943. Und was dann alles kam, die ganzen vergeblichen Versuche – das war schwerer als alles andere«, sagt Paul Meyer heute.
»Wie immer machte U505 an der Zweihundert-Meter-Linie seine Tauchversuche. Bis fünfzig Meter Tiefe ging alles gut. Sobald wir aber

tiefer gingen, gab es im Boot ein Knacken und ein ganz eigenartiges Geräusch. Es hörte sich an, als dränge irgendwo Wasser ins Boot, aber wir konnten kein Leck finden. Sobald wir über fünfzig Meter gingen, hörten die Geräusche auf. Keiner hatte eine Erklärung dafür. Es war zum Haareausraufen, aber wir mußten zurück. Am anderen Morgen lag U 505 wieder in der Werft.
Vierzehn Tage vergingen, ehe sie uns wieder hinausschickten. Die Werft hatte das Boot noch einmal ganz überholt, aber eine Erklärung für das Knacken hatte das Werftpersonal nicht gefunden. Es stellte Schäden an den Ventilen fest. Und dann war da ein Loch in der Tauchzelle, nicht stärker als ein Bleistift. Wenn sie nicht drauf gekommen wären, hätten wir eine schöne Ölspur hinter uns hergezogen.
Am 15. August hing es wieder raus, ohne großes Hallo. Wir waren alle ein bißchen kribbelig, ob es diesmal wohl klappen würde. Es klappte nicht. Wir tauchten, und das Knacken war noch immer da, und als wir auf hundert Meter gingen, riß auch noch der Diesel-Zuluftmast und lief voll Wasser. Die machten Augen, als wir am 16. wieder in der Werft waren.
Sie reparierten den Zuluftmast. Sie wollten uns gleich wieder losschicken, aber Zschech bestand darauf, daß die Schweißnähte des Bootes untersucht wurden; er war überzeugt, daß daher das Knacken kam. Es war wirklich kein so erhebendes Gefühl, sich vorzustellen, wie das ist, wenn ein Boot auf Grund geht und man nicht mehr hochkommt und so ganz langsam zusammengedrückt wird . . . Zschech ließ der Werft nichts durch, jede einzelne Schweißnaht wurde geröntgt. Er hatte recht: Zwischen einzelnen Nähten stellte man Lufträume fest. Es wurde alles nachgeschweißt, und am 22. August liefen wir wieder aus. Aber wir waren wirklich das Pechboot, und am anderen Morgen grinsten uns die Arbeiter in der Werft an: Wir waren wieder da. Wir kamen uns wie verurteilt vor. Diesmal waren es die Dichtungen.
Das war die fünfte Rückkehr von U 505 nach Lorient. Nichts war gefährlicher als dieses ewige Rein und Raus. Die Engländer flogen jeden Tag ihre Angriffe in der Biskaya, und die größte Gefahr für die U-Boote war, beim Ein- und Auslaufen und bei den Tauchversuchen überrascht zu werden.
Am 30. August sollten wir wieder auslaufen. U 505 hatte ein neues Gerät an Bord, eine Verbesserung des alten Metox-Empfängers, das Naxos-Gerät, das uns vor feindlichen Flugzeugen warnen sollte. Draußen stellten die Ingenieure, die immer wieder zu den Versuchen

mit hinausfuhren, fest, daß das Gerät nicht arbeitete. Wieder gab es nur einen Entschluß: umkehren. Ich war immer, bis zuletzt, optimistisch gewesen, aber jetzt gab ich nichts mehr für das Boot. Seit dem schweren Bombenangriff hatte es einen Knacks weg. Ich glaubte nicht mehr an U 505, und ich gab Zschech recht: Man sollte die Kiste verschrotten. Auch die Besatzung dachte so. Das hält auf die Dauer keiner aus, immer nur Pech zu haben. Die Leute kriegten Nerven. Das ging jetzt über ein halbes Jahr. Sie kamen nicht zu den Lehrgängen, und das hieß, daß sie auch nicht befördert wurden. Ich glaube, wenn sie die Wahl gehabt hätten, sie wären nicht auf dem Boot geblieben. Und ich glaube, was kam, wäre nicht geschehen, wenn man Zschech ein anderes Boot gegeben hätte.

Am 18. September liefen wir wieder mal aus. Als wir dann an die Zweihundert-Meter-Linie kamen, fragten wir uns, was nun noch passieren würde. – Wir tauchten. Wir gingen bis hundert Meter. Alles war in Ordnung. Auch das Naxos-Gerät funktionierte. Als die Werftingenieure von Bord auf eines der Begleitboote gingen, um zurückzufahren, machten sie noch immer ungläubige Gesichter. Aber wir alle dachten in diesem Augenblick, diesmal brechen wir den Bann . . .

Zschech ging kein Risiko ein. Wir marschierten die ganze Zeit getaucht und kamen nur nach oben, um die Batterien aufzuladen. Wir kamen ohne Zwischenfall in viereinhalb Tagen durch die Biskaya, und die Stimmung an Bord wurde immer besser. Bis zum fünften Tag. Da war alles jäh zu Ende. Kurz nach Mitternacht tauchten wir auf. Aber als wir oben waren, gab es Alarm. Der Horchraum meldete ein Flugzeug, es saß uns direkt im Nacken . . .

Beim Alarmtauchen geschah es. Wir kamen runter, aber dabei fiel die Haupt-Lenzpumpe aus. Sie war für ein Boot lebenswichtig. Ohne sie war es unmöglich, mit dem Boot in größere Tiefen zu gehen. Und ohne große Tiefen gab es keine Sicherheit.

Zschech weigerte sich zu glauben, was geschehen war. Wir beratschlagten die ganze Nacht. Reparieren ließ sich das nicht in See. Wir überlegten, ob nicht ein anderes Boot uns Ersatzteile bringen konnte, damit wir nicht wieder zurück mußten. Aber bis das Boot kam, hätten wir einen sicheren Ort über Wasser gebraucht, um die Reparatur durchzuführen, und den hatten wir nicht. Aufgetaucht gab es keine sicheren Orte mehr für uns. Es wäre Selbstmord gewesen, so weiterzufahren.«

Bis zu dem Augenblick, als die Küste bei Lorient auftauchte, war Zschech seiner Sache sicher gewesen. Es war ein trüber Morgen, aber als die Küste hinter dem Horizont aufstieg, war es mit seiner Ruhe vorbei, und er mußte sich zwingen, auf der Brücke zu bleiben. Er sah die Küstenbewacher näher kommen. Sie nahmen das U-Boot in die Mitte und führten es durch die Minensperren durch.

Niemand würde ihm einen Vorwurf machen. Sie würden feststellen, daß er richtig gehandelt hatte. Sie würden seinen Entschluß vielleicht sogar loben. Sie würden ihn mit Samthandschuhen anfassen, und das wäre schlimmer als alles andere, weil es ihm zeigte, daß sie ihm nichts mehr zutrauten.

Die zerstörte Silhouette der Stadt hob sich aus dem Dunst. Vor ihm lagen die flachen, plumpen Bunker mit den kahlen, glatten Betonwänden. Er versuchte, nicht daran zu denken, daß sie nach einigen Tagen wieder hinaus mußten. Lorient lag unter einem Schleier von Regen, als das Boot in den Schatten des Bunkers glitt.

Der Kommandant verließ in den nächsten Tagen das »Lager Lemp« nur, um zur Werft zu fahren. Er machte mit der Besatzung den üblichen Dienst, und abends saß er meist in der Messe. Um zehn Uhr machte sie zu. Er wußte nicht, wie die anderen es machten; er fand keinen Schlaf. Er lag wach und dachte an die lange Reihe seiner Mißerfolge. Der einzige Stolz, der ihm blieb, war, daß keiner ihm anmerkte, wie ihm zumute war.

Die Nachricht, daß U 505 seeklar sei, kam am 12. Oktober. Sie sollten am nächsten Tag auslaufen, aber im letzten Augenblick wurde der Termin um einen Tag verschoben. Im Lager munkelte man, daß man Zschech nicht zumuten wolle, an einem Dreizehnten auszulaufen.

Am Abend vor dem Auslauftermin war Zschech bis zehn Uhr in der Messe des Lagers. Nachher ließ er sich in das Dorf Hennebont bei Lorient fahren.

Es gab dort wenigstens noch ein paar Lokale, in denen man etwas zu trinken bekam. Sie glichen sich alle. Er versuchte, die zu meiden, in denen U-Boot-Leute waren. In den meisten gab es nur ein oder zwei Gläser Wein; er trank sie und zog weiter, bis er merkte, daß er so nie betrunken werden würde. Er wußte nicht, wie lange er durch die Stadt geirrt war.

Er hatte jetzt zum erstenmal wirkliche Angst. Ein paar Betrunkene kamen die Straße herunter. Es waren U-Boot-Leute. Sie wichen ihm aus. Und als sie lachten, glaubte er einen Augenblick, es gelte ihm. Er ging langsam weiter, wie in Trance. Er dachte, daß er so nicht aus-

fahren dürfe. Er war fertig. Er war mit den Nerven fertig. Er konnte so nicht ausfahren. Er mußte es tun. Er mußte hingehen und sagen, daß er mit diesem Boot nicht mehr auslaufen konnte. Er ging zu Fuß durch den beginnenden Regen. Zweimal überholten ihn Motorradfahrer. Er winkte, aber sie hielten nicht an. Schließlich nahm ihn ein Wagen mit bis zum »Lager Lemp«.
In seinem Zimmer schloß er sich ein. Dann ließ er sich aufs Bett fallen. Er wußte plötzlich, daß nichts geschehen würde. Er würde nichts sagen. Er würde ausfahren. Er würde schweigen und gehorchen.

Als U 505 am 14. Oktober 1943 aus Lorient auslief, hatte Zschech das Boot über ein Jahr geführt, aber in dieser Zeit war es länger in der Werft gelegen, als es in See gewesen war.
Die Tauchversuche im Schutz der Sicherungsfahrzeuge verliefen gut. Alles war in Ordnung. U 505 nahm Kurs Biskaya. In fünf Tagen hatte das Boot den freien Atlantik erreicht. Zehn Tage nach dem Auslaufen bekamen sie einen Funkspruch des BdU, daß die Amerikaner auf den Azoren gelandet waren. Die Inselgruppe lag auf dem Weg zum Operationsgebiet des Bootes im Karibischen Meer. Das war am Morgen des 26. Oktober.
Den Tag über schlich das Boot in sechzig Meter Tiefe dahin. Die Freiwachen lagen in ihren Kojen. Die Männer spielten Karten oder lasen. Vor ihnen lag der lange Weg über den Atlantik. Um sechzehn Uhr wurde die Wache in der Zentrale abgelöst. Dann hatte Zschech im Kommandantenraum sein Kriegstagebuch nachzutragen. Dabei hatte er das Gästebuch entdeckt. Er hatte lange nicht mehr darin geblättert, und jetzt las er, was Kapitänleutnant Loewe ihm an dem Tag, an dem er das Boot von ihm übernahm, ins Buch geschrieben hatte. »Ich wünsche U 505 unter meinem Nachfolger weiterhin glückhafte Fahrt, Erfolg und stets gute Heimkehr! Möge der gute Stern, der das Boot bisher geleitet hat, auch in Zukunft über ihm stehen.«
Er las es mit Bitterkeit. Er schloß das Buch weg. Er sagte sich, daß diesmal alles gutgegangen war; aber gerade das machte ihn unruhig. Es war gegen halb acht, als er den Kommandantenraum verließ. Aus dem Unteroffiziersraum hörte er die Stimmen der Männer, die beim Abendbrot saßen. Er würde bald auftauchen müssen, um die Batterien aufzuladen. Er sehnte sich danach, für zwei Stunden aus diesem stählernen Sarg herauszukommen, zu sehen, daß die Erde einen Horizont und der Himmel Sterne hatte.
Er bückte sich und stieg durch das Luk in die Zentrale. Er fuhr zusam-

men, als die Tür zum Funkraum zurollte. Er sah den Funkgasten Kalbe aus dem Horchraum kommen und dann den Gang nach vorn gehen. Er war sicher, daß etwas geschehen war; das, was geschehen mußte.
Er sah Kalbe zurückkommen. Hein Callhoff, der Oberfunkmaat, war bei ihm. Beide verschwanden im Horchraum. Die Tür rollte hinter ihnen zu. Zschech trat schnell zu den Tiefenrudergängern. Er kontrollierte die Skalen. Was auch geschieht, dachte er, diesmal kehre ich nicht um. Er brauchte nicht lange zu warten. Callhoff kam in die Zentrale.
Zschech setzte sich auf den Sitz vor dem Periskop. »Sie haben uns gefunden?« fragte er ruhig.
Callhoff starrte in das undurchdringliche Gesicht seines Kommandanten. »Ja, Herr Kaleu. Schraubengeräusche Steuerbord voraus. Fünfundvierzig Grad, mittlere Entfernung.«
»Zerstörer?« fragte Zschech.
Wieder blickte der Oberfunkmaat in das maskenhafte Gesicht. »Es klingt so. Ein auslaufender Zerstörerverband . . .« Plötzlich hörten sie es in der Zentrale: zuerst leise und mahlend das ferne Geräusch der Schiffsschrauben, das in der Stille lauter wurde und sich näherte. Dann war es, als peitschten sie das Wasser.
»Gut, Callhoff«, sagte Zschech. Er wandte sich auf seinem schmalen Sitz halb um: »Weiter runter. Achtzig Meter.«
Der Obersteuermann wiederholte die Befehle. Man spürte, wie das Boot sich neigte und dann einpendelte.
Die ersten Wasserbomben fielen in großer Entfernung, und auch bei der nächsten Serie zersprangen in der Zentrale nur ein paar Gläser vor den Instrumenten. Dann wurde es ganz still. Der Zweite Wachoffizier Brey und der Leitende Ingenieur Hauser waren in die Zentrale gekommen. Als der Horcher meldete, daß das Schraubengeräusch wieder einsetzte, befahl Zschech: »Wir gehen auf hundert Meter!«
Er hörte den fremden Klang der eigenen Stimme. Wenn das schon bei den ersten Bomben geschah! Er hatte ihnen kein Glück gebracht, aber sie hatten immer noch Achtung vor ihm, und er hatte Angst, jetzt auch noch diese zu verlieren.
Keiner rührte sich; sie warteten auf die nächsten Bomben. Er hatte viele Angriffe erlebt, aber damals hatte er mehr Kraft gehabt. Er war jung und wollte nicht sterben. Aber dann stieg die Wahrheit plötzlich in ihm auf, dumpf, wie eine Welle, die ihn überrollte: die noch größere Angst, zu leben und zurückzukommen und ihren Spott zu füh-

len. Er stand von dem Sitz auf. »Gehen Sie in den Heckraum«, sagte er zu dem Zweiten Wachoffizier. »Stoßen Sie ›Bolde‹ aus; vielleicht fallen sie drauf herein.« Er stieg durch das Luk. Callhoff stand vor der Tür zum Funkraum, um die Nachrichten des Horchers, des Funkobergefreiten Fischer, weitergeben zu können.
Zschech trat hinter ihn. »Was macht der Zerstörer? Hört man ihn noch?«
»Er läuft wieder an . . .«, kam die Antwort aus dem Funkraum.
Ich wußte es, dachte er. Er wischte sich den brennenden Schweiß aus den Augen. Selbst wenn ich es überlebe, werden sie mir nie mehr ein Boot anvertrauen, dachte er. Er griff hinter sich. Er fühlte den schweren Stoff des Vorhangs vor dem Kommandantenraum. Er hörte ein Geräusch, und dann merkte er, daß es sein lauter Atem war.
»Ich höre nichts«, sagte er. »Ich höre nichts! Was ist los . . .« Er glaubte, er müsse ersticken vor Angst, als die Bomben fielen. Sie lagen sehr viel näher, und sie schüttelten das Boot mit kurzen, harten Stößen. Warum hatte er nicht den Mut gehabt, nein zu sagen! Er taumelte gegen die Wand, als die Bomben wieder fielen. Das Licht erlosch, und im Dunkeln schien die Explosion noch viel näher und lauter zu sein. Er starrte in die Dunkelheit; es war, als wolle man ihm eine Chance geben, sich wegzustehlen . . .
Als das Licht im Boot ausging, sprang Meyer, der im Zentralluk saß, auf. Er hatte sich kaum aufgerichtet, als etwas gegen seinen Körper fiel. Er breitete die Arme aus, aber es war schwerer, als er dachte, und dann spürte er mit Entsetzen, daß er einen Körper aufgefangen hatte.
»Callhoff«, sagte er, »Callhoff . . .«
»Was ist denn? Sind Sie es, Oberleutnant?«
»Der Kommandant«, sagte Meyer. »Komm, pack mit an!« Die Notbeleuchtung flammte auf.
Er stützte den Körper hoch, und Callhoff beugte sich hinab. Sie trugen Zschech in seine Koje. Dann erst hörten sie ihn röchelnd atmen.
»Und ich dachte schon . . .«, sagte Meyer. »Irgend etwas muß ihm auf den Kopf gefallen sein.«
Wieder erschütterte eine Explosion das Boot. »Ich muß in die Zentrale«, sagte Meyer. »Bleib du bei ihm.«
»Doktor«, schrie er. »Kommen Sie in den Kommandantenraum!«
Das war der Arzt, Dr. Rosenmeyer, den sie nach dem Rennfahrer nur Bernd nannten und der vor dieser Fahrt an Bord gekommen war.
»Mein Gott!« Callhoff packte Meyer hart an der Schulter und wies

auf das kleine Tischchen neben der Koje. Meyer starrte auf das lederne Futteral einer Pistolentasche und von dort zu der weißbezogenen Koje, in der Zschech lag. Er sah sein Gesicht undeutlich, schmal und jung, und er begriff noch nicht, was geschehen war. Er dachte, er müsse nur hingehen und ihn rufen, und er würde sich aufrichten und ihm zulächeln.

Callhoff hatte sich gebückt. Als er sich aufrichtete, hielt er eine Pistole in der Hand. Es war eine Walther-Pistole, 7,65 mm.

Meyer schüttelte den Kopf. Er wandte sich ab. Er stieg durch das Schott in die Zentrale. Er fühlte die Blicke der Männer auf sich gerichtet, verwirrt, fassungslos.

»Was ist denn, Herr Oberleutnant? Was ist mit dem Kommandanten?«

Meyer trat mit klopfendem Herzen an das Mikrophon der Bordsprechanlage. Er nahm es ab und umklammerte es mit der Hand. Er dachte, er würde die Worte nicht herausbringen. »An alle Stellen«, sagte er, »der Kommandant ist ausgefallen. Jeder bleibt an seinem Platz.« Dann wandte er sich an den Tiefenrudergänger: »Auf hundertfünfzig Meter.«

Das Boot ging tiefer. Es schien unendlich lange zu dauern. Er hielt sich mit der linken Hand am Ständer des Angriffsehrohres fest und beobachtete den Kommandantenraum.

»Gegenkurs!« sagte er dann. »Schleichfahrt. Absolute Ruhe im Boot!«

Die Zerstörer kreisten noch immer über ihnen, aber die Wasserbomben der nächsten Serie fielen weiter weg. Der Gedanke, was dort in der Kommandantenkoje geschah, erfüllte ihn mit Grauen, und er weigerte sich immer noch, zu glauben, was er gesehen hatte. Nach einer Viertelstunde kam der Arzt in die Zentrale. »Was ist los?« fragte Meyer.

Der Arzt sah ihn auch jetzt nicht an. »Was ist denn geschehen, Doktor?«

»Der Kommandant ist tot.«

Es schien eine Ewigkeit zu vergehen, bis er verstand. »Vorhin . . .«, begann Meyer, »als ich bei ihm war . . .«

Der Arzt blickte auf. »Er hat sich erschossen«, sagte er dann. Er wandte sein Gesicht ab und deutete hinter sein rechtes Ohr. »Hier rein. Ging ganz durch. Die Kugel blieb in der linken Schläfe stecken. Er lebte noch eine Viertelstunde . . .«

Meyer starrte zu der Koje. Warum? dachte er. Er sah das junge,

schmale Gesicht vor sich. Und dann dachte er, daß sie hier wegkommen mußten.
»Ich habe versucht, einen Verband anzulegen, aber die Blutungen waren zu stark. Er ist nicht mehr zu sich gekommen.«
Als Meyer sich umdrehte, sah er, wie die Männer ihn anstarrten. Er sah die Erschütterung in ihren Augen und die Mutlosigkeit. Er trat wieder an das Mikrophon. »Herhören!« sagte er. »Der Kommandant ist tot. Der Erste Wachoffizier übernimmt das Kommando.« Er suchte nach Worten. Er glaubte die Männer zu sehen, bestürzt und fassungslos. »Jeder macht weiter. Ich verspreche euch, ich werde das Boot zurückbringen. Bleibt ruhig. Wir haben den Rückmarsch angetreten.«
Er bekam kaum noch Luft. Sein Kopf war bleiern. Er wandte sich an den Leitenden Ingenieur: »Die Männer sollen ihre Tauchretter anlegen und durch die Kalipatronen atmen, sonst kippen sie uns um.«
Die Zerstörer waren nicht mehr zu hören, aber als er das Boot auf hundert führte, meldete der Horchraum sofort wieder Schraubengeräusche. Wir müssen hoch, dachte er, wir ersticken sonst. Wir müssen einfach hoch. Er schnallte sich den Tauchretter um, den der Leitende Ingenieur ihm reichte. Er nahm den Schlauch in den Mund. Er schluckte zuviel Sauerstoff, und er spürte ein leichtes, schwebendes Gefühl.
Dann ging er durch das Boot. Der grüne Vorhang hing vor dem Kommandantenraum. Er trat schnell vorbei. Die Männer lagen in ihren Kojen mit bleichen Gesichtern unter den grauen Bartstoppeln. Sie atmeten durch ihren Schlauch. Wenn er vorbeikam, richteten sie sich auf und blickten ihn an, mit steinernen Gesichtern. Sie schienen alle zu wissen, wie es geschehen war. Keiner sagte etwas. Meyer kehrte in die Zentrale zurück. Er dachte, daß das nicht das Ende sein durfte, ein grausames, schreckliches Ende. Er spuckte den Schlauch aus dem Mund. »Sechzig Meter«, sagte er. Er hörte wieder eine Serie Wasserbomben, aber sie waren sehr weit weg.
»Vierzig Meter.« Er wartete, aber der Horchraum meldete keine Geräusche. Er lächelte müde. »Wir gehen auf Sehrohrtiefe«, sagte er. Er starrte auf die ledernen Handschuhe, die Zschech getragen hatte. Er legte sie zur Seite, dann fuhr er das Periskop aus. Das Wasser war ruhig, und er sah nichts. Er wartete, bis er ganz sicher war, dann klappte er die Griffe hoch. »Wir tauchen auf«, sagte er. »Wir müssen es versuchen.« Er blickte auf die Uhr. Es ging auf vier zu.
Als das Boot auftauchte, schickte Meyer die drei besten Ausgucks des

Bootes mit dem Zweiten Wachoffizier auf die Brücke. Sie hatten nicht mehr als zehn Seemeilen hinter sich gebracht seit dem ersten Angriff. Sie mußten weg von hier. Er befahl beide Maschinen äußerste Kraft voraus. Er stand schon auf dem Niedergang, um den anderen auf die Brücke zu folgen. Dann wandte er sich noch einmal um. »Möller soll kommen.«

Sie riefen den Namen weiter, und als der Bootsmaat sich meldete, sagte er schnell: »Wir müssen den Kommandanten außenbords setzen, Möller.«

Der Bootsmaat schluckte.

»Nähen Sie ihn in eine Hängematte. Holen Sie sich noch jemand dazu. Aber einen, der schon lange auf dem Boot ist. Verstanden? Und vergessen Sie nicht ein paar Grundgewichte.«

Meyer kletterte den Niedergang hinauf. Er war froh, als er auf der Brücke stand.

»Warum hat er das nur getan?« fragte Brey plötzlich.

Meyer antwortete nicht. Er suchte den Horizont ab. Das Meer schien grenzenlos weit. Er wußte nicht, wie lange er so stand, als jemand ihn anstieß. Dann sah er Möllers Gesicht im Turmluk.

»Wir sind fertig«, sagte der Bootsmaat.

Meyer trat beiseite, als die beiden Männer den in Segeltuch eingenähten Körper durch das enge Turmluk auf die Brücke zerrten, hochhoben und aufs Deck hinunterließen. Meyer hörte den Tritt ihrer Schritte. Dann sah er sie auf dem dunkel glänzenden Deck stehen, zwischen sich den mit Segeltuch umhüllten Toten. Er sah, daß die Männer zu ihm aufblickten. Als er nickte, hoben sie das Bündel hoch und traten zur Reling. Eine Sekunde stand er schweigend da. Dann hob er die Hand an die Mütze. Und er sah, daß der Zweite Wachoffizier und die Ausgucks ihre Gläser sinken ließen und ebenfalls salutierten. Er fröstelte, als er das schwere Aufklatschen des Körpers hörte. Er konnte es nicht verstehen; immer noch sah er das schmale, schmächtige Gesicht vor sich. Ganz fern verklang das Echo einer Explosion. Er beugte sich zum Turmluk. »Callhoff soll einen Funkspruch aufgeben. An den BdU.« Er zögerte eine Sekunde. »Erster Mann der Besatzung tot. U 505.«

Der Befehlsübermittler wiederholte den Befehl und verschwand. Es war vier Uhr sieben am 27. Oktober 1943, als der Funkgast in der nach Paris zurückverlegten Befehlsstelle der U-Boote den Funkspruch aufnahm. Am anderen Morgen erhielt der Chef der 2. U-Boot-Flottille in Lorient, Fregattenkapitän Ernst Kals, die Nachricht. Er befahl, ihm jede weitere Meldung sofort vorzulegen. Aber U505 meldete sich in den nächsten Tagen nicht.

Meyer stand auf der Brücke von U505, als die Sicherungsfahrzeuge das Boot an der Hundert-Meter-Linie vor Lorient in Empfang nahmen. Das war am Spätnachmittag des 7. November 1943 Meyer wunderte sich, daß keiner nach Zschech fragte, als sie von Boot zu Boot Winksprüche austauschten.
Es schien unendlich lange her, daß sie den in Segeltuch eingenähten Körper ins Meer hatten gleiten lassen. Niemand an Bord hatte seither davon gesprochen, und seit jener Nacht hatte Meyer den Kommandantenraum nicht mehr betreten. Er hatte nur das Kriegstagebuch an sich genommen und die Sachen, die man bei dem Kommandanten gefunden hatte: eine Trillerpfeife in der Brusttasche, das EK1, das U-Boot-Abzeichen und seine Erkennungsmarke; keine Bilder, keine Briefe. Meyer dachte, daß er nie die Worte finden würde, um zu erklären, warum es geschehen war. Er war nicht eimal sicher, daß er es selber verstand.
Es wurde schon langsam dunkel, und die Schlepper machten sich bereit, wie jeden Abend die Hafeneinfahrt mit Stahlnetzen zu verschließen. Die Schiffe zeichneten sich in dem dunkel glänzenden Wasser ab. Im Hafen kam der Flottillen-Ingenieur an Bord. Auch er fragte nicht nach Zschech. Zwei Schlepper übernahmen das Boot und zogen es um das zum Abfangen feindlicher Torpedos vor der Bunkereinfahrt verankerte Wrack herum. Meyer hatte die Mannschaft an Deck antreten lassen. Schweigend, ohne sich zu rühren, standen sie nebeneinander. Vielleicht dachten sie erleichtert, daß jetzt alles anders werden würde und das Boot wieder unter einem guten Stern stehe.
U505 war das einzige Boot im Bunker. An der Pier warteten nur ein paar Offiziere. Unter ihnen erkannte Meyer den Chef ihrer Flottille, Fregattenkapitän Kals. Meyer ging von Bord. Das Geräusch seiner Schritte schien den ganzen Raum zu erfüllen. Das Gesicht des Flottillen-Chefs war ruhig, gesammelt, so wie immer.
»Melde gehorsamst«, sagte Meyer. »U505 von Feindfahrt zurück. Der Kommandant ist tot.« Meyer glaubte, seine Stimme müsse von den kahlen Betonwänden widerhallen. »Er hat sich erschossen . . .«
Kals winkte ab. »Morgen«, sagte er. »Machen Sie mir morgen Ihren Bericht.« Er zögerte. »Als ich Ihren Funkspruch erhielt, habe ich mir beinahe gedacht, daß es so gewesen sein muß.«
Meyer trat zurück. Er folgte dem Chef der 2. U-Flottille an Deck des

Bootes. Kals schritt die Reihe der Männer ab. Er gab jedem die Hand, als verpflichte er sie, alles zu vergessen. Dann wartete er eine Sekunde. Seine Stimme klang nicht schärfer, als er sagte: »Über die Geschichte wird nicht geredet. Das bleibt unter uns, verstanden? Nach außen hin kein Wort über den Fall, strengstes Stillschweigen.«

Am anderen Morgen erstattete Meyer dem Flottillen-Chef in dessen Baracke im »Lager Lemp« Bericht. Kals hörte es sich an, stellte ein paar Fragen. Er forderte Meyer auf, einen schriftlichen Bericht zu machen. Ebenso den Arzt Dr. Rosenmeyer, den Zweiten Wachoffizier Brey und jene Unteroffiziere, die Zeugen von Zschechs Tod geworden waren.

Meyer hatte die Berichte nach Angers zu bringen, zum Kapitän zur See Rösing, dem Führer der Unterseeboote West, seit Dönitz am 30. Januar 1943 zum Oberbefehlshaber der gesamten Kriegsmarine ernannt worden war.

Meyer fuhr noch am gleichen Tag zurück. Im »Lager Lemp« hörte er, daß er weiter als Erster Wachoffizier auf U 505 bleiben sollte. Am 17. November wurde er nach Gotenhafen geschickt, zu einem Torpedo-Lehrgang. Dort lernte er den neuen Kommandanten von U 505 kennen, den Oberleutnant zur See Harald Lange.

Lange war ein ruhiger, besonnener Kommandant; sie hatten ihn ausgewählt, damit er der Besatzung, die so vom Unglück verfolgt gewesen war, wieder Vertrauen zu sich selber geben sollte. Er und sie alle konnten nicht wissen, daß das Schicksal U 505 immer noch nicht genug geprüft hatte.

Als U 505 am ersten Weihnachtstag 1943 unter seinem neuen Kommandanten, Harald Lange, auslief, trug es ein neues Zeichen am Turm: eine Muschel. Auf der Back steckte ein kleiner Weihnachtsbaum. Ein halbes Jahr führte Lange das Boot, aber U 505 versenkte auch in dieser Zeit keine Schiffe mehr. Drei Tage nach dem Auslaufen wurde U 505 durch Funkspruch zur Rettung von Überlebenden eines Seegefechts zwischen britischen Zerstörern und deutschen Booten gerufen. Im eisigen Wasser fischte U 505 vierunddreißig Männer und den Kommandanten des Torpedobootes T 25 auf, nahm sie an Bord und brachte sie zum nächsten U-Boot-Stützpunkt, nach Brest. Beim Einlaufen in Brest passierte etwas, was die alte Besatzung von U 505 nur zu gut kannte: Die E-Maschine für die Unterwasserfahrt schmorte durch. Das Boot mußte in die Werft.

Erst Anfang März 1944 konnte es wieder auslaufen. Sein Operationsgebiet: Elfenbein- und Goldküste. Drei Monate blieb das Boot in See. Drei erfolglose Monate, in denen sie keine Ziele für ihre Torpedos fanden. Drei Monate – bis das Ende kam, am Vormittag des 4. Juni 1944.

Seit Stunden befand sich U 505 in sechzig Meter Tiefe auf Schleichfahrt. Um elf Uhr meldete der Horchraum Geräusche von Zerstörern. Lange befahl, langsam auf Sehrohrtiefe zu gehen; aber als das Rohr aus dem Wasser stippte, hämmerten Salven von Leuchtspurmunition auf die Stelle. Das MG-Feuer kam von zwei Flugzeugen in der Luft über dem Boot. Und dann entdeckte Lange die Zerstörer und den Flugzeugträger.

Die beiden Maschinen waren vom Deck der »Guadalcanal« gestartet, dem amerikanischen Flugzeugträger der U-Boot-Jagdgruppe des Kapitäns zur See Dan. V. Gallery. Gallery jagte die U-Boote seit 1941, der Zeit der großen Geleitzugschlachten auf der Route von England nach Kanada. Er war der Mann, der in der Geschichte der Schlacht auf dem Atlantik eine wichtige Rolle spielte; denn er hatte seine eigene Idee von der U-Boot-Jagd. Er hatte im Januar 1944 vier Zerstörer und ein zum Flugzeugträger umgebautes Handelsschiff, die elftausend Tonnen große »Guadalcanal«, zu einer Gruppe zusammengefaßt, die er selbst die »Hunter-Killer-Gask-Group« nannte.

Es war nicht die einzige Jagdgruppe im Atlantik. Alle Seegebiete, die von Flugzeugstützpunkten auf dem Festland nicht erreicht werden konnten, sollten so geschützt werden. Aber Dan V. Gallerys Jagdgruppe war die erfolgreichste von allen. Und der amerikanische Kapitän wollte mehr als nur U-Boote vernichten; er hatte seit langem den Ehrgeiz, eines zu erbeuten und heil nach Hause zu bringen. So hatte er seine Leute seit Monaten gedrillt. Er hatte vor allem eine kleine Gruppe von Männern ausgebildet, die die U-Boote entern sollten. Am 4. Juni kam Gallerys Chance, seinen Plan zu verwirklichen. Als einer der vier Zerstörer, die »Chatelain«, gegen elf Uhr den Kontakt mit einem U-Boot meldete, stiegen die beiden Maschinen von der »Guadalcanal« auf. Als die Piloten den Schatten des auftauchenden Bootes entdeckten, markierten sie die Stelle für die Zerstörer mit MG-Salven. Gallery beobachtete durch sein Glas, daß alles klappte. Um elf Uhr einundzwanzig ging der Wasserbombenhagel auf das Boot los.

Das Boot war hundert Meter tief, aber die Bomben lagen sehr genau, und schon bei der ersten Serie wurde das Boot leckgeschlagen. Das Wasser drang in die Zentrale und den Dieselraum. Das Licht war aus-

gefallen, ebenso die Notbeleuchtung. U505 hatte nur eine Chance: aufzutauchen. Und das war es, worauf Gallery lauerte.
Als das Boot die Wasseroberfläche durchbrach, war es von den Zerstörern eingekreist, und in der gleichen Sekunde hämmerten die Geschütze los; sie beschossen das Boot nur mit leichten Flackwaffen; es sollte nicht so schwer beschädigt werden, daß es hätte sinken können . . .
Lange kam als erster unter dem Feuerhagel auf den Turm. Über ihm flogen Flugzeuge. Sie schossen nicht, aber sie hielten sich bereit, lauernd und tödlich. Lange duckte sich hinter das Schanzkleid des Turmes.
»Alle Mann aus dem Boot! Boot versenken!« schrie er. Er hörte, wie der Befehl wiederholt wurde. Dann sah er Meyer, den Ersten Wachoffizier, nach oben kommen. Er machte zwei taumelnde Schritte und fiel dann hinter das Schanzkleid des Turmes. Und den nächsten, der kam und versuchte, über Bord zu springen, erfaßte eine MG-Garbe.
Lange spürte plötzlich die harten Schläge, die ihn von den Beinen rissen, und im gleichen Augenblick krepierte vor ihm auf dem Turm eine Granate. Als er zu sich kam, lag er im Wasser. Er spürte, wie ihn Männer in ein Schlauchboot zogen. Aber er konnte nichts erkennen.
Meyer hatte sich wieder aufgerafft; er wußte nicht, wie er aus dem Boot gekommen war. Als er im Wasser trieb, sah er die anderen um sich. Die starken Wellen hoben ihn hinauf und warfen ihn wieder hinunter; er fühlte im scharfen Salzwasser jetzt die Wunde am Kopf. Er beobachtete das Boot, und dann sah er, daß es nicht sank; er wußte nicht, daß Hauser, der Leitende Ingenieur, den Befehl des Kommandanten, das Boot zu sprengen, nicht ausgeführt hatte, sondern über Bord gesprungen war. Er ruderte auf ein Schlauchboot zu. Zwei Minuten – eine Stunde? Er hatte kein Gefühl für die Zeit. Dann wurde es plötzlich still. Die Zerstörer stellten ihr Feuer ein, nur die Flugzeuge flogen noch über dem Boot hin und her. Das Gedröhn ihrer Motoren, anschwellend und abebbend, war plötzlich leise gegenüber dem mörderischen Gehämmer der Geschütze. Das Boot lag tief im Wasser, aber Turm und Bug ragten heraus.
Plötzlich sah Meyer ein Motorboot von dem Flugzeugträger ablegen und in weitem Bogen auf das U-Boot zulaufen. Er wußte nicht, daß in dem Kutter die neun Männer saßen, die Kapitän Gallery für ihre Aufgabe gedrillt hatte: das Boot zu kapern, an Bord zu gehen, in den Turm einzudringen und die Flutventile zu schließen.

Eine Welle hob Meyer hinauf, und dann sah er, daß die Männer an Bord des U-Bootes kletterten. Er meinte für Augenblicke, das Bewußtsein verloren zu haben; dann, als er die Augen aufschlug, sah er die hohe, graue Wand eines Zerstörers vor sich auftauchen, auf und nieder schwankend. Sie schien sich über ihm zu türmen, steil wie eine Wand, die er nie erklimmen konnte.

Er fühlte seine Beine nicht mehr. Ein Schmerz in seinem Kopf lähmte ihn. Dann waren sie in einem kleinen Raum, und jemand verband ihn. Der Mann lächelte Meyer breit an. Er sprach Englisch, aber er gab sich Mühe, langsam zu reden, und Meyer verstand, daß sie ihn morgen auf den Flugzeugträger bringen würden.
»Dort ist ein Arzt«, sagte der Amerikaner, »er wird Sie richtig verbinden. Ein Kopfstreifschuß. Nicht gefährlich, wenn man ihn richtig behandelt.«
Sie führten ihn nachher unter Deck und ließen ihn allein. Er schleppte sich zu einer Koje; durch ein Oberlicht konnte er den Himmel sehen. Er spürte das Schlingern des Schiffes. Er hörte Schritte und die fremden Stimmen. Er wußte nicht, wieviel Zeit vergangen war. Er lag da und starrte zu dem Oberlicht, als ihn jemand am Arm berührte. Er zog sich einen Stuhl heran; als er zu sprechen begann, stützte Meyer sich auf; der andere sprach Deutsch, fast ohne Akzent.
Der Offizier musterte ihn abschätzend. »Wollen wir uns ein bißchen unterhalten?« fragte er. »Mein gutes Deutsch? Oh, ich habe in Deutschland studiert. Tübingen. Sie kennen Tübingen?«
Er wartete, und als Meyer nicht antwortete, sagte er: »Ich habe ein paar Fragen. Wollen Sie antworten?«
»Was für Fragen?«
Der Offizier beugte sich vor. »Sie können uns zeigen, daß Sie guten Willen haben. Für Sie ist der Krieg vorbei. – Also, wie ist das mit dem Boot? Wir haben es gekapert. Es hält sich über Wasser. Habt ihr da noch etwas angebracht, damit es später in die Luft fliegt?«
Meyer drehte sich zur Seite und starrte zu dem schmalen Fenster hinaus.
»Na schön. Ich habe gehört, Sie waren an Bord der Erste Wachoffizier. Ich glaube, Sie sind für die Torpedos verantwortlich. Wir haben . . .«
Meyer wandte sich schnell um. »Solche Sachen sollten Sie mich nicht fragen«, sagte er.
Er war zu fertig, um zu antworten. Er wollte nicht den Helden spielen. Er wollte nur, daß sie verstanden, daß er solche Fragen nicht beant-

worten konnte. Er drehte sich einfach wieder der Wand zu. Er wunderte sich, als er die Schritte hörte und das Geräusch der zufallenden Tür. Er wartete den ganzen Tag, daß sie ihn weiter verhören würden, aber der Offizier kam nicht wieder. Man brachte ihm trockene Kleider. Er fragte nach den Überlebenden, aber er erhielt keine Antwort. Er wollte sich rasieren, aber sie sagten ihm, sie würden ihm lieber kein Messer in die Hand geben. Sie schickten jemand, der ihm den drei Monate alten Bart scherte.

Am nächsten Morgen führten ihn zwei Posten an Deck. Mit zwei anderen Verwundeten der Besatzung mußten sie in den Kutter steigen, der sie hinüber zu der »Guadalcanal«, dem Flugzeugträger, bringen würde. Sein Verband um den Kopf war hart von verkrustetem Blut, aber er fühlte sich besser.

Es war ein heißer, drückender Tag. – Als der Kutter ablegte und in einem weiten Bogen ausschwang, sah er plötzlich das U-Boot; es gab ihm einen Schock. Der Flugzeugträger hatte es im Schlepp. Zuerst sah er nur die weiße Schaumspur und einen Teil des Turmes, der aus dem Wasser ragte. An dem ausgefahrenen Periskop flatterte das Sternenbanner. Er sah ein paar Amerikaner auf der Brücke des Bootes; aber er glaubte nicht, daß es ihnen gelingen würde, das Boot über Wasser zu halten; den ganzen langen Weg über den Atlantik.

Vor ihm tauchte jetzt der mit Tarnfarbe gestrichene Leib des Flugzeugträgers auf. Die Männer auf dem Fallreep warfen die Leinen und zogen das Boot heran.

Oben drängten sich die Matrosen; sie hatten Fotoapparate in den Händen, über ihm, ein Deck höher, standen Wachtposten mit schußbereiten Maschinenpistolen und warteten, bis er an Deck kletterte. Er hörte das Klicken der Kameras. Er schloß die Augen. Plötzlich spürte er wieder den Schmerz der Kopfwunde. »Hospital«, sagte er und deutete auf den Verband.

Auf dem Deck sah er plötzlich seine Kameraden stehen. Er erkannte sie erst an den Bärten und hageren Gesichtern. Es waren fast zwanzig Männer. Sie waren nackt, und ein Amerikaner spritzte sie mit einem Schlauch ab.

Er stolperte durch die Niedergänge. Dann saß er in einem Verbandsraum einem Sanitäter gegenüber. Er legte umständlich eine Karteikarte vor sich hin und begann sie auszufüllen. Name, Dienstgrad, Verletzung. Es dauerte eine Viertelstunde, bis der Bogen ausgefüllt war. Er beantwortete keine Fragen. Er saß stumm da, bis ein Offizier in den Raum kam. Es mußte der Arzt sein. Der Sanitäter reichte ihm

das Blatt, aber er schob es weg. Er machte eine Bewegung, und der Mann verließ den Raum.
Als sie allein waren, trat der Arzt auf ihn zu. Er betrachtete den Verband. »Stehen Sie auf!« sagte er in gebrochenem Deutsch.
Meyer erhob sich.
Der Arzt griff plötzlich nach dem Verband und riß ihn herunter.
Meyer spürte hinter der Stirn einen dumpfen Schmerz. Einen Augenblick war das Gesicht vor ihm wie in einen Nebel gehüllt. Die Wunde fing wieder an zu bluten.
Das Gesicht kam aus dem Nebel. Er sah, wie der Mann den Verband wegwarf.
»Ganz schönes Loch«, sagte er spöttisch. »Aber ihr seid ja zäh. Ihr haltet was aus . . .«
Meyer starrte noch immer in das Gesicht. Er sah darin nur Haß, einen gequälten Haß, den er nicht verstand. In dem Gesicht war etwas von einem Krieg, den er nicht kannte, und erst nach Jahren sollte er diesen Mann verstehen, als er hörte, daß dessen polnische Eltern zu dieser Zeit in einem Konzentrationslager saßen.
Der Arzt drehte sich abrupt um und verließ den Raum. Meyer starrte auf die Tür, durch die der Sanitäter wieder hereinkam.
»Komm mit«, sagte er und hielt die Tür offen.
Meyer folgte dem Mann. Sie schritten durch halbdunkle Gänge. Es war erstickend heiß; er kam sich vor wie in einem Irrgarten. Vor einer Zelle blieb der Amerikaner stehen. Ein Posten kam heran, schloß die Zelle auf und schob die Gittertür beiseite. Er machte ihm ein Zeichen.
Als Meyer in den engen Raum trat, sah er, daß dort jemand saß. Im schwachen Licht des Ganges erhob sich ein Mann. Dann erkannte er Rosenmeyer, den Bordarzt.
Hinter ihm fiel das Gitter zu, und das Schloß schnappte ein. Dann entfernten sich die Schritte. »Bernd«, sagte er. »Erkennen Sie mich nicht?«
Der Arzt kam zögernd näher. »Meyer?« sagte er ungläubig. »Mensch, du lebst? Ich hatte dich nicht erkannt . . . Du lebst also!« Er lachte plötzlich. Er wollte ihn umarmen, aber dann hatte er die Wunde entdeckt. »Was denn?«
»Nur ein Kratzer«, sagte Meyer. »Unkraut vergeht nicht.«
Aber Dr. Rosenmeyer war plötzlich ruhig und sicher. Er zog ihn zu der Koje und untersuchte die Wunde vorsichtig. »Hast du ein Taschentuch?« Meyer gab ihm das Tuch. Irgendwo klangen die Schritte eines Wachtpostens auf . . .

Rosenmeyer verband die Wunde mit einem Taschentuch. Am Abend kam dann ein Sanitäter und verband ihn richtig. Sie ließen sie die nächsten Tage in Ruhe. Erst nach und nach erfuhren sie, was geschehen war . . .

Bis auf einen waren alle von U 505 gerettet worden, bis auf den Funkobergefreiten Fischer, der nach Meyer aus dem Turm gekommen war und direkt in eine MG-Garbe lief. Auch den Kommandanten Lange hatten die Amerikaner aufgefischt und später auf die »Guadalcanal« hinübergebracht. Lange lag im Lazarett. Tagelang konnte er nicht sehen. Später, auf den Bermudas, mußte man ihm ein Bein amputieren. Das Boot, U 505, hatte auch ihm kein Glück gebracht . . .

Die Amerikaner hatten das U-Boot im Schlepp; die Besatzung sah, wie es immer mehr absackte, bis nur noch der Turm herausragte. Bis zu den Bermudas waren es zweitausendfünfhundert Seemeilen, und sie waren alle ganz sicher, daß das Boot absaufen würde.

Aber Gallery gab nicht auf.

Er brauchte einen Mann, der sich auskannte. Und Gallery fand ihn. Er fand ihn unter der Besatzung. Es war ein Maschinengefreiter, ein Mann, der erst nach Zschechs Tod an Bord gekommen war, ein Oberschlesier: Ewald Felix.

Er saß mit den anderen Besatzungsmitgliedern zusammengepfercht in dem Raum unter Deck. Er hatte sich mit einem der Posten auf polnisch unterhalten. Am zweiten Tag holten sie ihn plötzlich ab. Und am Tag darauf hieß es dann, Felix sei im Lazarett gestorben, »an einer Magenkrankheit«. Das Seltsame war, daß seitdem U 505 schwamm und die Diesel arbeiteten. Der Bordpfarrer kam und sagte, Felix sei tot und sie hätten ihn schon in See beigesetzt, in allen Ehren . . .

Keiner von der Besatzung sah Felix je wieder. Auf den Bermudas nicht und auch nicht in den vielen Lagern in den USA, in die man sie brachte. Sie wurden die ganze Zeit von den anderen getrennt gehalten. Gallery wollte wohl, daß keine Nachricht nach Deutschland drang, damit er sein Kunststück wiederholen konnte. Sie durften nicht schreiben. Dem Roten Kreuz in Genf wurde nicht mitgeteilt, daß sie lebten, und ihre Angehörigen mußten glauben, sie seien tot.

Sie kamen alle zurück. Von Felix erzählte man, er sei bei einer Schlägerei in einem POW-Lager getötet worden. Aber er lebt. Er hat sich vor ein paar Jahren bei einem von der Besatzung gemeldet. Sie alle hörten lange nichts von unserem Boot. Aber U 505 sollte auch noch nach dem Krieg ein ganz besonderes Schicksal haben, das so merkwürdig war wie alles in der Geschichte des Bootes.

Gallery hatte Geld gesammelt, um sein Triumphstück über Wasser und Land nach Chicago schleppen zu lassen. Und dort liegt U 505 heute noch, die Attraktion des Museums of Science and Industry . . .
Das war Juli neunzehnhundertvierundfünfzig.
Und heute kann jeder für fünfundzwanzig Cent U 505 im alten Glanz besichtigen.
Die Kojen sind bezogen. In der Küche stehen Töpfe. Ein Ritterkreuz hängt in der Kommandantenkoje, in der Zschech sich erschoß, obwohl keiner der Kommandanten von U 505 je diese Auszeichnung trug.
Aber von alldem ahnte der Oberleutnant Meyer nichts, damals, an jenem ersten Abend in der Zelle auf dem Flugzeugträger »Guadalcanal«, zusammen mit Rosenmeyer. In der Zelle, in der Rosenmeyer am Abend die Zeichen an der Metallwand entdeckte . . . Er sagte nichts. Er zeigte nur stumm darauf, denn er wußte nicht, ob man ihre Gespräche nicht mithören konnte. Zuerst erkannte Meyer nichts.
»Du«, flüsterte Rosenmeyer. »Hier haben vor uns schon andere gesessen . . .«
Dann sah Meyer die Zeichen. Punkte und Striche. Es waren Morsezeichen. Mit Bleistift an die Metallwand geschrieben und gut zu entziffern. Als er es damals entzifferte, ahnte er nicht, was für ein Schicksal sich hinter diesen wenigen Worten verbarg. Er las es nur und flüsterte Rosenmeyer zu:
»Henke hat hier gesessen. Werner Henke, U 515.«

Die Gejagten

U 515 – Kapitänleutnant Werner Henke

Der Oberleutnant Meyer las die Morsezeichen an der Wand der Zelle des Flugzeugträgers »Guadalcanal« am 6. Juni 1944. An diesem Tag lebte der Kapitänleutnant Werner Henke noch. Neun Tage später war er tot. Sein Grab liegt in der Nähe des Gefangenenlagers Fort George G. Meade, Maryland, USA – Block D, Reihe J, Einzelgrab 8. – Das amerikanische War Department gab den Tod des fünfunddreißigjährigen Werner Henke am 30. Juli 1944 bekannt. Es hieß lakonisch: »Auf der Flucht erschossen.«

Henke war groß, rotblond, ein Draufgänger, aber sehr besonnen, wenn es um die Sicherheit seines Bootes und seiner Besatzung ging; kaum ein anderes Boot war so mit Flakwaffen bestückt wie U515.

Schon mit fünfzehn Jahren war Henke zur See gefahren. Auf einem Segelschulschiff, der »Großherzogin Elisabeth«, fuhr er als Kadett. Er machte sein Steuermannspatent und sein Patent als Kapitän auf großer Fahrt. Er fuhr vier Jahre auf Schiffen der Hansa-Linie und der Hapag.

Dann war er ohne Schiff und Arbeit. 1934 meldete Henke sich zur Kriegsmarine. Bei Ausbruch des Krieges war er Oberleutnant auf dem Linienschiff »Schleswig-Holstein«. Erst im Frühjahr 1940 kam er zur U-Boot-Waffe. Henke fuhr ein Jahr als Erster Wachoffizier auf einem der damals erfolgreichsten Boote: U124, Kapitänleutnant Joachim Mohr. Als Henke dann im Februar 1942 sein eigenes Boot, U515, bekam, war sein Nachfolger als Erster Wachoffizier auf dem Boot Mohrs der junge Oberleutnant Peter Zschech.

Aber bis Zschech dann sein eigenes Boot erhielt, da war U515 mit Henke schon von seiner ersten Feindfahrt nach Lorient zurückgekommen. Henke hatte bei diesem ersten Einsatz zehn Schiffe mit über 58000 Tonnen versenkt. Schon nach der zweiten Unternehmung mit U515 erhielt er das Ritterkreuz. In dem Jahr, in dem Zschech das Pech verfolgte, war Henke der erfolgreichste Kommandant aller Flottillen, und er erhielt das Eichenlaub zum Ritterkreuz. Als Captain Dan V.

Gallery mit seiner U-Boot-Jagdgruppe U515 versenkte, da hatte Henke mit seinem Boot 160000 Tonnen auf den Grund des Meeres geschickt.

Die Geschichte von U515 und seinem Kommandanten Werner Henke begann in der Nacht vom 6. auf den 7. Dezember 1942. In dieser Nacht hatte Henke ein Schiff versenkt, die 18700 Tonnen große »SS Ceramic« der Reederei Shaw, Savill, Albin und Co. In dieser Nacht starben über dreihundert Menschen, und in dieser Nacht begannen die Lügen, die Henke in den Tod trieben.
Die deutsche Propaganda sprach von einem Truppentransporter mit zweitausend Soldaten für Afrika. Es war eine Lüge. Engländer und Amerikaner sprachen davon, daß die »Ceramic« ein unbewaffnetes Passagierschiff gewesen sei und daß Henke mit Maschinengewehren auf die Überlebenden, Frauen und Kinder, geschossen habe. Auch das war Unwahrheit . . .
Das Original des Kriegstagebuches von U515 ist mit dem Boot gesunken. Das Duplikat des BdU wurde 1945 erbeutet und liegt verschlossen in den Archiven der britischen Admiralität. Ob Henke ahnte, was einmal geschehen würde? Er entschloß sich zu einem ungewöhnlichen Schritt. Er machte eine an sich unerlaubte Kopie seines Kriegstagebuches, von der nicht einmal seine Vorgesetzten etwas wußten. Er zeichnete jede Seite mehrmals ab. Er hinterlegte die Kopien bei seinen Angehörigen. Es gibt aber noch ein Dokument: Bei dem Unglück der »SS Ceramic« gab es einen Überlebenden, den Engländer Eric Alfred Munday. Er wurde nach jener Nacht als einziger von U515 gerettet und an Bord genommen. Am Tage nach der Versenkung begann er, mit Erlaubnis des Kommandanten, an Bord von U515 ein Tagebuch zu führen. Später, als POW in Deutschland, wurde ihm das Tagebuch abgenommen. Mit einem Zensurstempel versehen, gab man es ihm zurück. Eric Alfred Munday lebt noch, und seine Tagebuchaufzeichnungen sind erhalten.

Als der Oberleutnant zur See Werner Henke die zwei Rauchfahnen am Horizont entdeckte, ahnte er nicht, daß eines der beiden Schiffe die »Ceramic« war. Das war, laut Kriegstagebuch von U515, am 6. Dezember 1942 um 18 Uhr 32.
Dieser vierte Winter der »Schlacht um den Atlantik« sollte der schlimmste Winter werden, mit Stürmen und schwerer See. Aber an diesem 6. Dezember war die Sicht unter den grauen, treibenden Wol-

ken gut; der Kommandant von U515 machte die Rauchfahnen der beiden Schiffe schon auf siebentausend Meter Entfernung aus.
In seinem Glas erkannte Henke vier nadeldünne Spitzen, und er behielt sie so lange im Auge, bis er ganz sicher war. Er nahm das Glas nicht ab, als er sagte: »Vier Masten. Das muß ein großer Kasten sein. Da müssen wir ran!« Es war das erste Schiff, das U515 seit zwei Wochen entdeckte.
Am 7. November war das Boot von Lorient ausgelaufen. Zwei Tage später kam ein Funkspruch des BdU, daß die Amerikaner in Algier und Marokko gelandet seien. U515 hatte mit fünfzehn anderen Booten den Befehl erhalten, sich westlich Gibraltar und vor der marokkanischen Küste aufzustellen. Auf dem Weg zu einem Operationsgebiet hatte U515 einen großen britischen Kreuzer- und Zerstörerverband gesichtet. Henke hatte sofort angegriffen. Er versenkte einen Zerstörer, und einen traf er schwer. Seither lauerte U515 in den ihm zugewiesenen Marinequadraten auf Truppentransporter und Nachschubschiffe für Afrika.
Am Morgen des 6. Dezember stand U515 im Marinequadrat CD 2576, westlich der Azoren. Mit Henke operierte dort ein zweites Boot, U155 unter Kapitänleutnant Piening. Kurz nachdem U515 die beiden Rauchfahnen gesichtet hatte, meldete der Funkraum, daß Piening den zweiten Dampfer verfolge.
Als U515 den Viermaster ausgemacht hatte und der Kommandant seine Männer auf Gefechtsstation befahl, waren sie zu sechst auf dem Turm: der Kommandant; der Erste Wachoffizier, Oberleutnant Berthold Hashagen; der Zweite Wachoffizier, Leutnant Sauerberg; der Obersteuermann Paul Wilde; die beiden Bootsmaate Wilhelm Klein und Hein Lamprecht. Später kam noch der Fähnrich zur See Dohrmann hinzu, der diese Fahrt als »Schüler« mitmachte.
Bis zur Dämmerung war U515 so nah an den Viermaster herangekommen, daß die Ausgucks durch ihre Nachtgläser die Aufbauten des Schiffes und das Geschütz am Heck erkennen konnten.
»Haben Sie ihn, Sauerberg?« fragte Henke. »Die Silhouette? Sehen Sie mal im Register nach.«
Als Sauerberg auf den Turm zurückkam, schüttelte er den Kopf. Er hatte im Funkraum das Lloyd-Register durchgeblättert. »Schwer festzustellen«, sagte er.
»Was schätzen Sie?« fragte Henke. »Wie groß wird er sein?«
»Zehn- bis zwölftausend Tonnen«, sagte Sauerberg.
Henke stützte sich auf das Schanzkleid. Der Bootsmaat Wilde hatte

den Kurs des Viermasters errechnet; er hielt hundertzehn Grad, aber der Kapitän des Schiffes führte ihn auf Zickzackkurs. Das Schiff war sehr schnell. Henke schätzte mindestens fünfzehn Seemeilen. Sie hatten nur eine Chance, dem Viermaster den Weg abzuschneiden und sich vor ihn zu setzen, dann, wenn sie ihn aufgetaucht verfolgten.
U 515 stampfte jetzt mit äußerster Kraft durch die schwere See. Es war eine dunkle Nacht, aber Henke führte sein Boot backbord des Viermasters, so daß sie das Schiff gegen den hellen westlichen Nachthimmel im Auge behalten konnten. Stunde um Stunde verging, und nur langsam wanderte die dunkle, flache Silhouette des Schiffes in diesem tödlichen Rennen zurück. Die Männer standen fünf Stunden auf dem Turm, aber keine Müdigkeit war ihnen anzumerken. Als sie die Detonation hörten, glaubten sie im ersten Augenblick, daß ihnen jemand zuvorgekommen war.
Henke starrte in die Dunkelheit und suchte nach einer leuchtenden Stichflamme, aber er konnte nichts entdecken. Er schob den Ärmel zurück und blickte auf die Leuchtziffern seiner Uhr. »Halb zwölf. Das wird Piening sein«, sagte er. Er suchte noch einmal das Meer ab. »Klang, als steckte der Kasten bis unter die Decks voll Munition. Jetzt wird es Zeit für uns . . . .« In diesem Augenblick befand sich U 515 viertausend Meter von dem feindlichen Schiff entfernt. Henke sah den Schatten schnell näher kommen.
»Rohr eins bis sechs klarmachen zum Überwasserschuß«, befahl er. Sie riefen sich leise die Worte zu, nachdem das Ziel eingepeilt war. Sie gaben neue Zahlen durch, rechneten. Sonst war es still auf der Brücke; bis auf das harte, monotone Brummen der Diesel, das Rauschen der Bugwelle und das Knistern des Papiers, wenn einer der Männer auf der Brücke ein Stückchen von einer Schoka-Kola-Tafel abbiß.
Hashagen stand vor der Überwasser-Zieloptik. Im Fadenkreuz verfolgte er das mitwandernde Schiff. Wenn er die Optik drehte, so übertrug sie die Werte auf ein Gerät in der Zentrale. Dort stand der Bootsmaat Hermann Kaspers. Er hatte den Torpedokurs zu errechnen und die Befehle zum Torpedoraum weiterzugeben. Töten war eine komplizierte Rechenaufgabe.
Nur für den Funkmaat Heinemann, der mit den beiden Funkgasten in diesem Augenblick vor dem Gerät saß, war es einfach: Er hatte nur auf das Notsignal SOS zu warten.
Zehn Minuten vor zwölf wurden die Mündungsklappen von Rohr eins bis vier geöffnet. Eine Minute vor zwölf war das feindliche Schiff

Ein U-Boot nimmt Torpedos unter Deck. Zwei bis drei Monate bleiben die Boote in See.

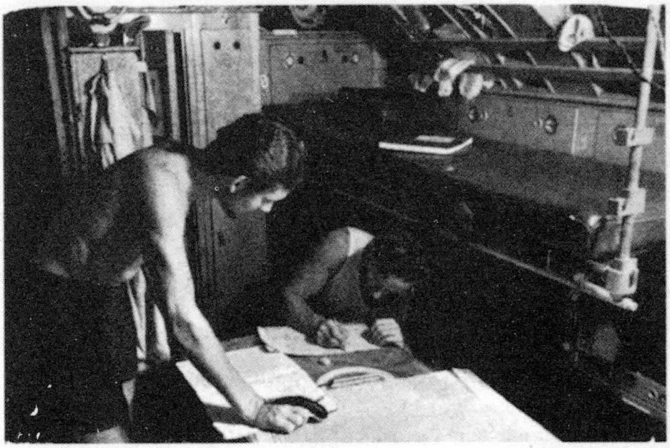

Für das »Privatleben« ist in einem U-Boot wenig Platz. Rechts der Offiziersraum, unten der Unteroffiziersraum.

In der Zentrale (Bild oben) nach einem Angriff: am Tiefenruder die beiden Rudergänger, die das Boot auf Tiefe halten. Unten links ein Blick in den Heck-Torpedoraum mit den Kojen für das Maschinenpersonal. Unter den Flutplatten in der Mitte lagern Reservetorpedos. Beim Angriff werden die Kojen zur Wand zurückgeklappt.

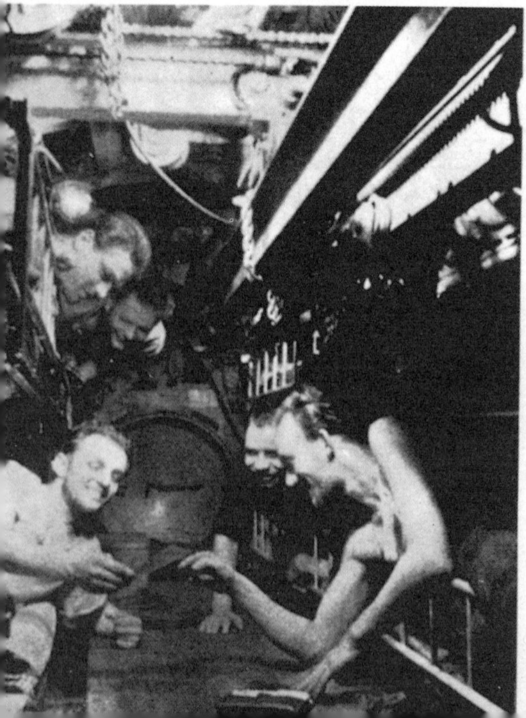

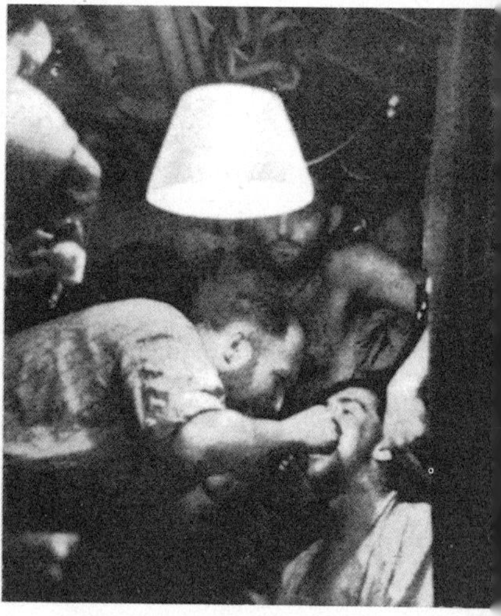

Auf U 178 – Kommandant Spahr, d(
als Obersteuermann bei Prien fuhr – ziel
der Bordarzt einen Zahn. Ab 1943 hatte
die meisten Boote Ärzte an Bord.

Die Torpedos laufen. Mit der Stoppuhr in der Hand wird ihr Weg verfolgt. Dann kommt die Angst vor den Verfolgern.

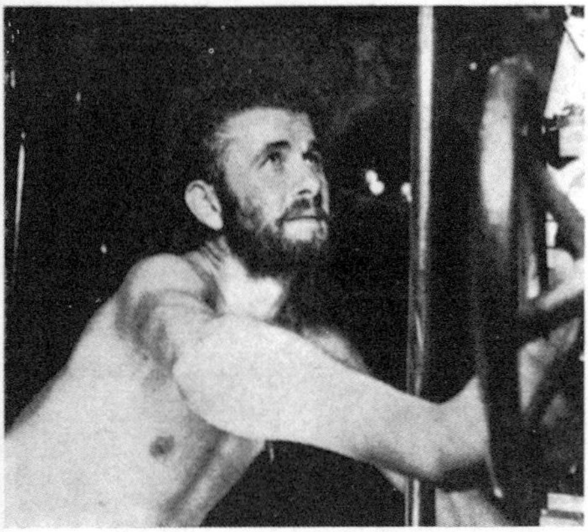

Der Feind greift an. Wasserbomben fallen. Das Boot ist von Zerstörern geortet worden. Für die Besatzung beginnt jetzt das Warten und Hoffen.

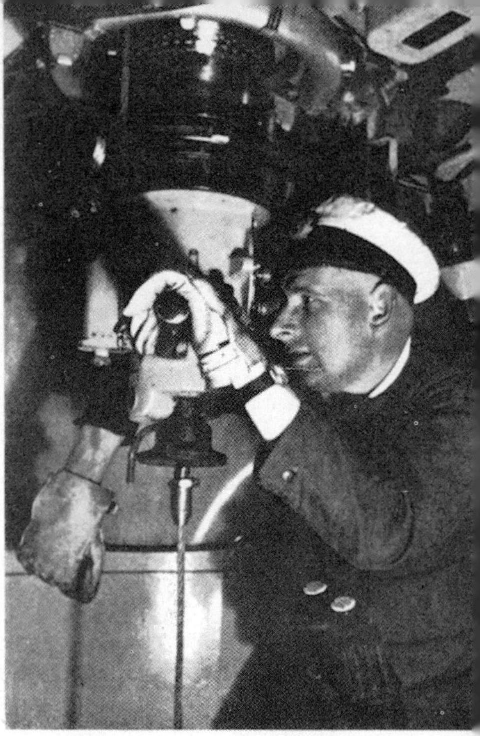

Korvettenkapitän Dommes am ausgefahrenen Sehrohr seines Bootes, U 431, vor der afrikanischen Küste. Dommes war später Chef der Boote, die von dem Stützpunkt Penang aus im Indischen Ozean operierten. Penang war das Ziel von Kapitänleutnant Eck, U 852.

Zerstörer umkreisen den Geleitzug wie Wachhunde. Doch einem deutschen U-Boot ist es gelungen, ein Schiff aus dem Konvoi herauszuschießen.

Die Besatzung eines U-Bootes, das eine von der Werft garantierte Tauchtiefe von neunzig Metern hat, erwartet in zweihundert Meter Tiefe die nächste Wasserbombenserie. Der L. I. sucht Schäden im Maschinenraum (Bild rechts).

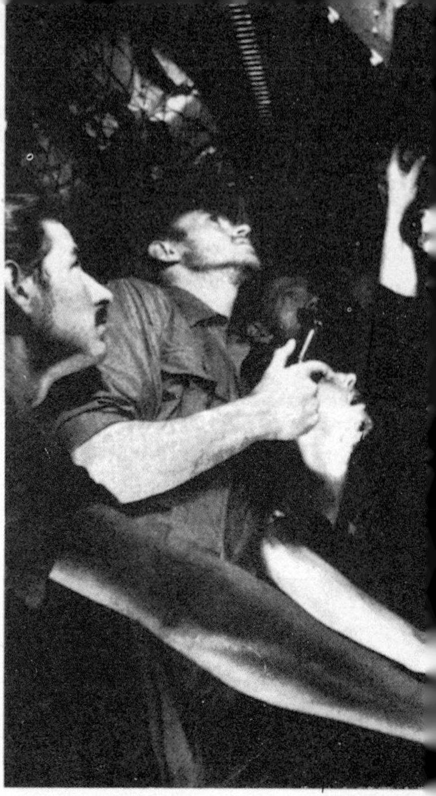

Die Antenne riß bei starker Vereisung. Ein Mann von U 566 wird angeseilt und montiert freihängend bei schwerem Seegang eine neue Antenne.

Flieger lauern in der Luft, als das von den Wasserbomben schwerbeschädigte Boot auftauchen muß. Die ersten springen im Feuerhagel über Bord, während der Leitende Ingenieur das Boot zur Sprengung vorbereitet.

auf tausendzweihundertzwanzig Meter heran, und als Henke seinen Befehl gab, brauchte Hashagen nur noch mit zwei Fingern den kleinen Hebel an der Zieloptik zu sich herzuziehen.
Henke hatte das Schiff in seinem Glas. Jemand hinter ihm zählte die Sekunden, und bei dreißig sah er die leuchtende Flammensäule. Sie züngelte auf und erlosch sofort. Er spürte fast körperlich die Erschütterung der Detonation, und dann war alles vorbei, und für die Ohren waren die Geräusche auf der Brücke wie in Watte gepackt. Er hörte den blechernen Aufschlag des zweiten Torpedos; er durchschlug die Bordwand, ohne zu detonieren.
»Der Kasten läuft langsamer«, hörte er hinter sich die Stimme des Bootsmanns Klein. »Der macht höchstens noch fünf Seemeilen. Der erste saß mitten im Maschinenraum.«
Henke blickte noch eine Sekunde auf den dunklen, langen Umriß. Ein Mann tauchte im Turmluk auf. »Funkraum an Brücke«, sagte er.
Henke nahm das Glas herunter.
»Dampfer funkt SOS ›Ceramic‹ und gibt Position.«
»Ceramic«, wiederholte Henke. »Los, Sauerberg, sehen Sie nach.«
Aber der Zweite Wachoffizier kam nicht mehr dazu. Sie hörten bis auf die Brücke das Jubeln der Männer unter Deck, und dann kam die Meldung: »Funkraum an Brücke: Schiff hat achtzehntausendachthundert Tonnen.«
Was in dieser Nacht auf dem Atlantik westlich der Azoren geschah und was die »Ceramic« für ein Schiff war, darüber hat es später unendlich viele Darstellungen gegeben. Aber außer den Männern, die in dieser Nacht auf dem Turm von U515 standen und noch leben, kann nur einer authentisch bezeugen, wie es wirklich war – Eric Alfred Munday, der einzige Überlebende jener Nacht. Und Munday berichtet:
»Als der erste Torpedo die ›Ceramic‹ traf, lief nur eine leichte Erschütterung durch das Schiff, und mein erster Gedanke war, daß wir aufgelaufen waren. Ich saß um diese Zeit achtern im großen Rauchsalon und spielte Karten. Wir waren zu viert, Andy, Harry, Jack und ich; alle Pioniere des ›Royal Engineer Corps‹.
Die Einheit bestand aus insgesamt fünfzig Soldaten, und wir waren in einem verschlossenen Eisenbahnwaggon zum Einschiffungshafen gebracht worden. Ich hatte damals den Namen ›Ceramic‹ noch nie gehört, und ich wußte nichts über das Schiff. Ich kannte auch den genauen Bestimmungsort meiner Truppeneinheit nicht. Uns allen war nur bekannt, daß es nach Südafrika ging; der Marschbefehl lautete

auf einen uns nicht bekannten Ort an der Küste Ostafrikas. Die ›Ceramic‹ sollte in Kapstadt und in Durban anlegen und dann ihren Weg nach Australien fortsetzen . . .

Wir fünfzig Männer waren die einzigen Truppen an Bord. Außer uns machten die Fahrt mit: die Besatzung des Schiffes unter Captain Elford, Krankenschwestern des ›Queen Alexandra Corps‹ und Passagiere, darunter Frauen und Kinder.

Die ›Ceramic‹ verließ England am 25. November 1942 mit dem Konvoi ON 149, der nach Kanada fuhr. Dann trennte sich die ›Ceramic‹ von dem Konvoi, um ohne Eskorte nach Australien via Südafrika weiterzufahren. Die ›Ceramic‹ hatte außer einem 4-inch-Geschütz noch einige Flakgeschütze an Bord, aber vor allem verließ das Schiff sich auf seine hohe Geschwindigkeit. Da es vollkommen verdunkelt fuhr, konnte es ein U-Boot zweifellos für einen Truppentransporter halten.

Aber wir dachten nicht an eine Gefahr. Es gab an Bord zu rauchen, zu trinken und sogar Mädchen; wir waren alle jung und hatten viel Spaß. Wir hatten nur vier Stunden Dienst am Tag, in denen wir nach U-Booten Ausschau halten mußten.

Die Nacht vom 6. auf den 7. Dezember war stockdunkel. Als die Erschütterung durch das Schiff lief, ahnte wohl niemand etwas von der großen Gefahr. Ich hatte beim Whist-Spiel gewonnen, und als dann über den Lautsprecher die Alarmglocken schrillten, habe ich von den anderen erst noch meinen Gewinn, ein paar Shillings, kassiert.

Nach dem Alarmsignal gab der Kapitän seinen Befehl über den Lautsprecher. Er forderte die Leute ganz ruhig auf, an die Rettungsstationen zu gehen. Nach englischer Zeit war es an Bord erst acht Uhr.

Wir hatten die Rettungsmanöver auf der Überfahrt oft geübt. Und als ich an Deck kam, ging alles sehr ruhig und ohne jede Panik vor sich, und jeder war besorgt, daß Frauen und Kinder zuerst in die Boote kamen. Es war jetzt klar, daß ein Torpedo das Schiff getroffen hatte, und über Lautsprecher kam die Aufforderung ›Abandon ship‹. Es war also keine Hoffnung mehr. Da die ›Ceramic‹ an der Steuerbordseite getroffen worden war, wurden die Boote backbord heruntergelassen. Die See war jetzt rauher, und ein starker Wind kam auf, aber alle Boote kamen gut zu Wasser. Zwanzig Minuten später traf ein weiterer Torpedo die ›Ceramic‹. Da war ich noch an Bord. Die vollkommene Verdunkelung erschwerte die Rettungsarbeiten, und Captain Elford gab jetzt den Befehl, alle Lichter aufleuchten zu lassen.

Kurz danach verließ ich das Schiff. In einem der Boote sah ich meine Kameraden. Es war schon zu Wasser gelassen. Ich erreichte es nur noch, weil ich mich an einem Seil hinunterließ. Das Seil schnitt mir in die Handflächen, aber ich war im Boot, und wir mußten rudern, um von der ›Ceramic‹ wegzukommen. Wir waren etwa fünfzig Menschen, darunter zwei Frauen . . .«

Seit dem ersten Angriff waren neunzehn Minuten vergangen. Um null Uhr achtzehn schoß U515 aus dem Heckrohr einen weiteren Torpedo. Wieder züngelte für Sekunden die Stichflamme hoch, und die Männer auf der Brücke sahen, wie das Schiff stoppte und Boote zu Wasser gelassen wurden.

Sie waren etwa tausend Meter entfernt, als plötzlich die Lichter auf dem Schiff angingen. Aber die ›Ceramic‹ sank nicht.

Sie warteten zwanzig Minuten, ehe sie einen vierten Torpedo abschossen. Aber immer noch lag das Schiff ruhig auf dem Wasser, die dünnen Masten hochgereckt. Der Funkraum meldete, daß das Schiff funkte, es sei von einem deutschen U-Boot torpediert worden. Durch ihre Gläser konnten die Männer auf dem Turm des U-Bootes erkennen, daß auch Flöße zu Wasser gelassen wurden. Die Rettungsboote und die Flöße waren wie tanzende Lichter auf den Wellen. Und das unheimlichste war die Lautlosigkeit, mit der alles geschah.

Das U-Boot zog eine Schleife über das Wasser, und zwischen den erleuchteten Booten sahen sie jetzt noch kleinere Lichtpunkte; Schiffbrüchige mit erleuchteten Schwimmwesten. Henke führte das Boot bis auf achthundert Meter an das Schiff heran. Es war genau ein Uhr, als der fünfte Torpedo das Schiff traf und allem ein Ende machte . . .

Als die Detonation ertönte, gingen die Lichter aus, als hätte jemand ein schwarzes Tuch über das Schiff geworfen. Aber in der Optik seines Glases sah Henke das Ende: Bug und Heck mit den Masten stiegen auf, bis beide in der Luft fast zusammenzustoßen schienen. Eine Sekunde verharrten sie dort, gewaltig und steil aufgerichtet – dann war das Schiff verschwunden. Alles hatte nicht länger als zehn Sekunden gedauert.

»Endlich«, sagte Henke. Er spürte jetzt die vielen zermürbenden Stunden. »Jetzt aber weg von hier. Große Fahrt! Sofort Rohre nachladen!« Er blickte noch einmal zurück. Weit hinten sah er die tanzenden Lichter, und erst in diesem Augenblick dachte er daran, daß es Menschen waren. Er wußte, daß er nichts für sie tun konnte. Sein Befehl war klar: Jeglicher Rettungsversuch hatte zu unterbleiben. Auch er

hatte einmal das oberste Gebot aller Seefahrer gelernt: zu retten. Es war ihm in Fleisch und Blut übergegangen, aber der Krieg hatte alles umgekehrt.
Um ein Uhr lief U515 mit großer Fahrt von der Versenkungsstelle ab. Um zwei Uhr wurden die Gefechtsposten eingezogen, und die normale Brückenwache zog auf. Der Wind wurde stärker, und die See war rauh, und Regenschauer ergossen sich über den Turm. Henke blieb bis drei Uhr oben. Dann ging er unter Deck. Um vier Uhr wechselten die Wachen. Sie sichteten in der ganzen Nacht weder Boote noch Schiffbrüchige. Um sieben Uhr fünfzehn tauchte das Boot und blieb bis elf in hundert Meter Tiefe.

Eric Munday erzählt von dieser Nacht: »Die See war schwer, und alles, was wir in unserem Rettungsboot tun konnten, war, das Boot im Wind zu halten und das Wasser auszuschöpfen.
Da ein großer Teil meiner Kameraden seekrank war, mußte ich die ganze Nacht hindurch rudern, aber es hielt mich warm und hinderte mich daran, mich einfach niederzulegen und darüber nachzugrübeln, was uns wohl erwartete.
Die Nacht schien endlos. Als es schließlich dämmerte, entdeckten wir noch ein paar andere Boote in der Nähe, und wir konnten ein paar Worte austauschen. Gegen acht Uhr frischte der Wind auf und wurde zum Sturm. Es wurde nun schwierig, einen Zusammenstoß mit anderen Booten zu vermeiden. Es war unmöglich, das Boot im Wind zu halten. Wir ließen es treiben und beschränkten uns darauf, es leerzuschöpfen.
Es drang immer mehr Wasser herein, und ich hatte das Gefühl, daß wir es nicht mehr sehr lange schaffen würden und daß wir an diesem Tag wohl nicht auf Hilfe rechnen konnten. Der Gedanke, nochmals eine Nacht in diesem Wetter durchstehen zu müssen, war nicht sehr angenehm. Ich war von dem Regen bis auf die Haut naß. Aber im großen und ganzen war ich zuversichtlich. Ich glaubte, daß wir durchhalten konnten, wenn die Lage sich nicht verschlechterte.
Ich kann meine Gedanken nicht beschreiben. Ich betete, daß Mum und Dad sich nicht um mich sorgen sollten, und ich dankte ihnen in Gedanken für alles, was sie für mich getan hatten. Ich sagte mir, daß es wohl keinen gab, der bessere Eltern gehabt hatte. Ich hoffte, daß Norman (Mundays Bruder, damals vierzehn Jahre alt) dieser Krieg erspart bleiben möge und Ron und Doug (seine Brüder, die wie er eingezogen waren) bald wieder nach Hause zurückkehren würden.

Ich dachte auch viel an Pam (heute ist Munday mit ihr verheiratet) und wie schade es war, daß ich sie erst so kurz kannte.
Ich saß in Vorwärtsrichtung auf der Steuerbordseite, als das Boot kenterte, und fiel als erster ins Wasser. Die anderen fielen auf mich, und ich mußte kämpfen, um wieder nach oben zu kommen. Da bekam ich wirklich Angst. Aber schließlich fand ich doch ein Loch und kam hoch. Die anderen klammerten sich an das gekenterte Boot, aber es hingen zu viele auf einer Seite und es kenterte nochmals.
Ich versuchte gar nicht erst, anzukommen, denn ich glaubte nicht, daß das Boot noch seetüchtig war. Ich suchte nach einem anderen Boot, aber alles, was ich fand, waren ein paar Holzplanken. Nun war ich ganz allein auf mich gestellt, und der Sturm tobte immer schlimmer.
In einiger Entfernung konnte ich das gekenterte Boot erkennen und versuchte, in seine Nähe zu kommen. Zwei Männer erkannte ich, Jack und Rownsbottom, und ich hängte mich neben ihnen an.
Das nächste, was ich sah, war ein großer Umriß im Wasser, etwa neunzig Meter vor mir, aber die Wellen waren so hoch, daß wir ihn nur ein paar Sekunden sehen konnten. Ich schwamm sofort in dieser Richtung los, und nach ein paar Minuten sah ich den Umriß wieder; diesmal konnte ich erkennen, daß es ein U-Boot war. Ich war so glücklich. Ich hätte am liebsten geschrien und gelacht, aber es war zu schwierig, an das Boot heranzukommen.
Einmal war ich so nahe, daß ich die Gesichter der Männer auf dem Turm sehen konnte, aber in der nächsten Minute wurde ich weggeschwemmt, und zuerst dachte ich, das Boot sei getaucht. Aber ein paar Minuten später sah ich es wieder und nahm nochmals alle Kraft zusammen, um heranzukommen . . .«

Um elf hatte Henke den Befehl gegeben aufzutauchen. Als er das Turmluk aufstemmte, schlug ihm der Regen ins Gesicht; es mußte Regen sein, denn er spürte keinen salzigen Geschmack auf den Lippen.
Die Wachen zogen auf und begannen ihre Sektoren zu beobachten. Die See lag dunkel unter einem Himmel mit grauem Licht, schmutzig und schwer, als wäre das Wasser aus Lehm geknetet. Nur auf den Kämmen der hohen Dünung waren Streifen weißen Gischtes.
Es war gegen halb zwölf, als der Funkoffizier auf die Brücke kam und dem Kommandanten einen Funkspruch vom BdU meldete; der Funkspruch, der Munday das Leben retten sollte.
U 515 hatte in der vergangenen Nacht die Versenkung der »Ceramic«

gemeldet; jetzt kam ein Befehl, nach Möglichkeit das genaue Fahrtziel des Schiffes festzustellen.
Henke nahm das Glas von den Augen. »Wir gehen noch einmal an die Versenkungsstelle zurück«, sagte er. »Wir müssen versuchen, den Kapitän an Bord zu nehmen.« Er spürte das Schanzkleid des Turmes gegen seine Brust, als das Boot Fahrt gewann und schwankend in die anrollenden Seen stieß, die am Bug in weißen Gischtfahnen hochstoben.
Der Kommandant blieb bis halb eins auf der Brücke. Dann ging er hinunter zum Essen in die Offiziersmesse. Als er nachher wieder auf den Turm kam, war der Sturm noch stärker geworden. Henke tastete sich hinüber zum Sehrohrblock. Dort oben, mit der besten Aussicht, saß der Mechanikerobergefreite Willi Klack, eingeklemmt in einen engen eisernen Ring, der ihn davor schützen sollte, über Bord gespült zu werden. »Wenn wir soweit sind«, sagte Henke, »achtet auf eine weiße Kapitänsmütze.«
Die Wellen schlugen bis zum Turm hinauf, und immer wieder überschütteten Regen- und Hagelschauer die Männer. Das Heulen des Windes verschluckte alle Geräusche; er blies jetzt mit Windstärke zehn.
Es war genau sechzehn Uhr, als sie den ersten Toten entdeckten. Der Bootsmaat Klein sah ihn zuerst. Henke blickte der ausgestreckten Hand des Maates nach; der Tote trieb in einem der Wellentäler auf dem Rücken, das Gesicht nach oben. Die Wellen trugen ihn so nahe am Boot vorbei, daß Henke die Armbanduhr am Handgelenk des Mannes erkannte.
Um das Boot trieben die ersten Trümmer; Balken, Lukendeckel und leere Schwimmwesten. Sie trieben vorbei, grausige Flaschenposten, die vom Sterben eines Schiffes erzählten. Das Boot fuhr immer weiter in das riesige Trümmerfeld, und dann sah Henke das erste Rettungsboot und die Menschen, die verzweifelt ruderten. Einige hoben die Hände und winkten.
Er wußte nicht, warum, aber er mußte plötzlich an Biazza denken. Er klammerte sich an den Gedanken, als helfe er ihm, hart zu bleiben. Er dachte an Biazza, dem die 2-cm-Granate das Herz herausgeschossen hatte. Es war auf der ersten Unternehmung gewesen. U 515 hatte einen Dampfer angegriffen, aufgetaucht. Der Brite hatte überraschend das Feuer eröffnet, und sie hatten versuchen müssen, seine Geschützbedienung niederzuhalten.
Biazza war Schütze I am 2-cm-Geschütz. Er hatte ein paar Schuß ge-

feuert, aber dann verklemmte sich das Rohr. Er, Henke, hatte ihm zugeschrien zu schießen, und Biazza war um die Kanone herumgerannt und hatte mit der Brust das verklemmte Rohr zurückstoßen wollen, um es auszuwechseln, und dabei war das Geschoß losgegangen und hatte ihm das Herz herausgerissen.
Er war sofort tot, und sie konnten ihn nicht mehr mit ins Boot nehmen, weil sie tauchen mußten. Sie hatten ihn in einer Hängematte auf dem Turm festgezurrt – und so waren sie getaucht. Den ganzen Tag waren sie in hundert Meter Tiefe unter Wasser gelegen, den Toten auf der Brücke, und er hatte zum erstenmal in seinem Leben vor anderen Männern geweint . . . Bei Sonnenaufgang waren sie aufgetaucht und hatten Biazza eingenäht und in der See beigesetzt.
»Verdammter Krieg«, sagte er. Dann merkte er, daß er es laut gesagt hatte. Er starrte auf das Schlauchboot, das an Steuerbord herantrieb. Es verschwand und schwappte über den steilen Grat einer Welle. In einer hohen, dunklen Wand kam es heran, als wolle die See es den Männern auf der Brücke in aller Deutlichkeit zeigen, damit sie es nie in ihrem Leben vergessen würden . . .
Henke griff nach der Reling, als er in dem Boot zwischen den Männern die Frau und das Kind sah. Er erkannte ihr Gesicht nicht; die Haare hingen wirr über die Augen, aber er sah unter der aufgerissenen Bluse ihre Brüste – und so saß sie da zwischen den Männern, ein Kind in den Armen.
Er drehte sich um. Er starrte in ein Gesicht mit vor Entsetzen geweiteten Augen, so, als starrte er in einen Spiegel. Einige seiner Männer hatten sich abgewandt, weil sie es nicht sehen konnten . . .
Das Schlauchboot war jetzt in einem Tal verschwunden. Eine Weile sprach niemand. Nur der Orkan tobte.
»Es hat keinen Wert«, schrie Henke plötzlich dem Ersten Wachoffizier zu. »Wir können bei diesem Seegang nie an die Boote heran. Wir verzichten auf den Kapitän und nehmen den nächsten, der in der Nähe des Bootes treibt, an Bord.« Eine Sekunde lang dachte er, wie wahnsinnig es war, Schicksal zu spielen und einen herauszufischen und die anderen ihrem Schicksal zu überlassen.
Taue wurden auf die Brücke hinausgereicht, und Hashagen und der Bootsmaat Lamprecht seilten sich an. Henke spürte auf den Lippen das Brennen des salzigen Wassers. Plötzlich sah er backbord einen Mann. »Aufpassen!« schrie er. »Backbord! Da treibt jemand genau auf uns zu.«
Hashagen hangelte sich als erster den Niedergang zum Deck hinun-

ter. Lamprecht folgte ihm. Beide trugen Ölkleidung und Südwester. Die Männer auf der Brücke hielten die Taue, bis die beiden auf dem Deck waren, dann zurrten sie die Seile am Turm fest. Henke hatte Befehl gegeben, das Boot zu stoppen. Der Mann, den er entdeckt hatte, trieb heran; die Männer an der Reling warfen ihm zwei Taue zu, aber die Enden schlugen leer ins Wasser. Der Mann hob die Hände. Eine Sekunde war er ganz nahe am Boot, dann trieb er wieder ab. Dann kam eine Welle und warf ihn direkt ans Boot.

Alle drei verschwanden in einer Woge Gischt, und als das Wasser über das Deck ablief, sah Henke, daß sie den Mann an Bord gezogen hatten.

Die anderen halfen, ihn auf den Turm zu schleppen. Im ersten Augenblick sah es aus, als hätten sie einen Toten aufgefischt.

Sie lehnten ihn gegen das Schanzkleid. Er trug unter der Schwimmweste eine Uniform. Hashagen kniete sich zu ihm nieder. Er schüttelte ihn an den Schultern und fragte ihn auf englisch nach dem Schiff und der Besatzung. Der Engländer hob den Kopf. Sein Hals war brennend rot und aufgescheuert von der Schwimmweste. Hashagen redete immer noch auf ihn ein. Der Engländer blickte nur vor sich hin. Seine Augen brannten in den Höhlen. Dann hob er die Hände mit den blutigen, aufgerissenen Handflächen in einer hilflosen Geste, die Abwehr oder Dank bedeuten konnte.

»Hören Sie auf!« sagte Henke jetzt. »Bringt ihn unter Deck und gebt ihm trockene Kleider und was zu essen.«

Henke blieb auf dem Turm. Er gab seine Befehle. Er starrte zurück auf die Trümmer und die Boote mit den Menschen, die zurückblieben. Er dachte an die Frau im Schlauchboot, an Biazza, an die Bombenangriffe auf Städte und daran, daß er fast hunderttausend Tonnen versenkt hatte und jetzt wohl das Ritterkreuz bekommen würde. Er wußte nicht, wieviel Zeit vergangen war, bis der Erste Wachoffizier auf die Brücke zurückkam.

»Wir haben ihn im Bugraum untergebracht«, meldete Hashagen. »Heinemann hat ihn verarztet.« Heinemann war der Funkmaat, der den Sanitätskurs mitgemacht hatte.

»Was habt ihr rausgekriegt?« fragte Henke.

»Herzlich wenig. Er ist noch ziemlich groggy. Angeblich weiß er den Bestimmungshafen des Schiffes nicht. Er hat sein Soldbuch dabei; Royal Engineers. Er sagt, seine Einheit bestehe nur aus fünfzig Mann.«

Henke blickte Hashagen kopfschüttelnd an. »Glauben Sie das?« Er

dachte wieder an die Frau und wie verflucht ihn fror. Truppen und Frauen und Kinder auf einem Schiff? Er wandte sich um. »Brückenwachen einsteigen«, befahl er dann. »Wir tauchen.«
Es war siebzehn Uhr fünfunddreißig, am 7. Dezember 1942.

Was in den nächsten vier Wochen an Bord von U 515 geschah, darüber gibt es außer den Aussagen der heute noch lebenden Besatzungsmitglieder ein wichtiges Dokument: der Pionier Eric Alfred Munday führte, mit Erlaubnis des Kommandanten, an Bord ein Tagebuch:
»8. Dezember. – Als ich aufwachte, taten mir alle Glieder weh. Ich konnte mich kaum bewegen . . . Alles war mir sehr fremd, und abgesehen davon, daß es mir nicht allzu gut ging, war ich auch sehr deprimiert. Am Abend befragten mich der Kommandant und, wie ich annehme, der Erste Offizier über die Bewegungen der ›Ceramic‹.
9. Dezember. – Ich kann mich nicht von den Depressionen befreien. Was würde ich darum geben, wenn ich auch nur einen Menschen hätte, mit dem ich sprechen könnte. Sie haben Radio, und gelegentlich kann ich so ein paar englische Worte hören. Es ist fast Ironie, auf einem deutschen U-Boot englische Jazzmusik zu hören.
10. Dezember. – Heute gaben sie mir eine Zahnbürste, Zahnpasta und einen Kamm, und das war auch nötig. Sie ließen mich zum erstenmal frische Luft schnappen – mir kam es vor wie der Himmel auf Erden. Ich durfte auch eine Zigarette rauchen.
12. Dezember. – Mein 21. Geburtstag. Ich hatte ihn mir anders vorgestellt. Wenn ich einmal wieder in England bin, werde ich ihn nachholen. Ich durfte an die frische Luft und zwei Zigaretten rauchen.
14. Dezember. – Heute bin ich genau eine Woche an Bord. Sie fischten etwa 50 Kisten neuseeländischer Butter heraus, die im Wasser herumtrieben. Keine frische Luft und keine Zigarette.
17. Dezember. – Fühle mich etwas besser. Durfte an die frische Luft und eine Zigarette rauchen. Die Sonne schien herrlich, aber ich durfte nicht lange oben bleiben.
18. Dezember. – Keine frische Luft und keine Zigarette. Ich halte es für möglich, daß wir nicht mehr weit von Land sind. Ich werde an Mum und Dad schreiben, in der nicht sehr großen Hoffnung, daß ich den Brief befördern lassen kann, wenn wir an Land sind.
19. Dezember. – Da meine Hände nun wieder viel besser sind – ich bekam ein paar Schnittwunden, als ich die ›Ceramic‹ verließ –, sagte mir der Kommandant, ich müßte jetzt beim allgemeinen Schiffsdienst mithelfen. Keine frische Luft und keine Zigarette. Eben habe ich mich

zum erstenmal rasiert, seitdem ich gefangengenommen wurde. Ich dachte schon, ich müßte mir einen Bart wachsen lassen.
20. Dezember. – Nichts von Interesse. Durfte an die frische Luft und zwei Zigaretten rauchen.
23. Dezember. – Sie sind schon dabei, das Essen für Weihnachten vorzubereiten. Da sie so viel Butter haben, machen sie Unmengen von Creme für Torten.
24. Dezember. – Anscheinend ist es in Deutschland Sitte, die Geschenke schon am Weihnachtsabend zu verteilen. Daß in einem U-Boot nicht viel Platz ist, ist ja bekannt, aber die Männer haben es wirklich so gemütlich wie möglich gemacht. Abends, gegen sechs Uhr, wurden alle Lichter ausgemacht. Dann zündeten sie einen kleinen Christbaum an; das war sehr wirkungsvoll. Sie sangen Lieder, die wohl unseren Christmas-Carols entsprechen, denn unter anderen erkannte ich die Melodie unseres ›Silent Night‹. Wir tranken heißen Punsch und aßen Schokolade und Kekse und ein Stück Torte mit Buttercreme. Sie machten mir ein Geschenk mit etwas Schokolade. Keine frische Luft und keine Zigarette.
25. Dezember. – Christfest. Als ich aufwachte, fühlte ich mich nicht sehr gut. Um die Abendessenszeit ging es mir besser, nachdem ich mich rasiert und mir die Zähne geputzt hatte. Das war meine zweite Rasur in drei Wochen. Zum Dinner bekam ich Kartoffeln und Büchsenhuhn und vier halbe Pfirsiche aus Büchsen zum Nachtisch.
Ich bin froh, wenn alles vorbei ist, auch Neujahr; es bedrängen einen zu viele Erinnerungen. In einer Woche werden wir wohl wieder an Land sein. Wie ich mich darauf freue, kann ich keinem sagen. Vor allem sehne ich mich danach, wieder mit einem Engländer zu sprechen. In den letzten Tagen habe ich den Morsecode geübt. Es geht schon ganz gut. Rauchte zwei Zigaretten. Ich rauchte auf einer Plattform unter dem Turm.
29. Dezember. – Seit ich an Bord bin, habe ich mich kaum bewegt und so gut wie keine frische Luft gehabt. Das hat mich sehr geschwächt; im Augenblick hätte ich wohl nicht einmal gegen Norman eine Chance. Wenn ich noch lange hier bleibe, dann müssen sie mich mit einer Tragbahre abtransportieren. Übrigens habe ich einen Spitznamen; der einzige Name, den sie kannten, war ›John Bull‹, und so wurde ich ›Johnny‹ getauft. Sie weckten mich um 22 Uhr 30 zum Kartoffelschälen. 00.30. Nicht geraucht.
31. Dezember. – Hoffe, daß morgen für alle ein besseres Jahr beginnt. Ging gegen sechs Uhr zu Bett. Fühlte mich sehr schwach. Bekam zwei

Berliner zum Tee. Um zwölf weckten sie mich und wünschten mir ein glückliches neues Jahr mit heißem Punsch. Nicht geraucht.
1. Januar. – Fühle mich etwas besser. Rasiert. Nicht geraucht. Dreimal Alarm.
2. Januar. – Fühle mich immer gleich, und zu allem Unglück habe ich auch noch eine dicke Beule im Nacken, so groß wie ein Fußball. Der Arzt oder wer immer es sein mag (es war der Funkmaat Wilhelm Heinemann), der sich um mich kümmert, sagt, es sei die größte Beule, die er je gesehen habe. Gegen 23.30 fiel mir im Schlaf eine Kanne Trinkwasser auf den Kopf. Liest sich komisch, wenn ich es niederschreibe, aber es war kein Spaß, als sie herunterkam. Nicht geraucht.
3. Januar. – Sonntag. Gegen elf Uhr Alarm. Viel Aufregung. Noch mal Alarm um Mitternacht. Nicht geraucht.
5. Januar. – Dienstag. Morgen kommen wir an Land. Ich bin genauso aufgeregt wie die anderen; frage mich allerdings, was auf mich wartet. Habe mich rasiert, aber nicht geraucht.«

Die Besatzung stand an Deck angetreten, als U 515 am Nachmittag des 6. Januar 1943 in Lorient festmachte. Der Flottillenchef und der Befehlshaber der Unterseeboote, Dönitz, waren erschienen. Am 20. Dezember, noch auf See, hatte U 515 einen Funkspruch des BdU aufgenommen: Der Oberleutnant zur See Werner Henke war mit dem Ritterkreuz zum Eisernen Kreuz ausgezeichnet worden.
Kaum einer beachtete bei dem Empfang die zwei Marinesoldaten mit umgeschnallten Pistolen. Sie hielten sich im Hintergrund, bis die Begrüßungsreden vorüber waren und Henke das Boot verlassen hatte. Dann gingen die beiden Soldaten an Bord. Nach zehn Minuten kamen sie wieder, den Gefangenen in ihrer Mitte. Munday trug seine gesäuberte Pionier-Uniform.
Eine Viertelstunde später stand einer der beiden Posten mit den Sachen, die der Engländer bei sich gehabt hatte, vor dem Verhöroffizier in der Marinekaserne am Hafen. Der Offizier fand englisches Geld, ein Feuerzeug. Er blätterte in dem Soldbuch, machte sich ein paar Notizen und las dann aufmerksam, Seite um Seite, die Tagebuchaufzeichnungen. Zuletzt untersuchte er den Seesack. Er zog Büchsen heraus, Zigaretten und mehrere Pakete Butter. Er blickte erstaunt auf.
»Das haben ihm die Männer vom Boot zum Abschied geschenkt«, sagte der Posten.

Der Offizier schloß alles in einen der Panzerschränke. Er schickte den Posten mit der Butter in die Kantine. Dann verließ er den Raum, schritt über den Hof zu dem Flügel, in dem die U-Boot-Flottille ihre Gefangenen unterbrachten. Er verhörte Munday über eine Stunde. Nachher ließ er den Engländer ein Bad nehmen. Dann sperrte er ihn mit anderen Engländern zusammen in einen Raum. Er hörte ihre Gespräche ab, aber sie bestätigten nur die Aussage, die Munday ihm gemacht hatte. Noch am gleichen Tag erhielt der Reporter von »Germany calling«, dem deutschen Nachrichtendienst in englischer Sprache, die Erlaubnis, eine Tonbandaufnahme zu machen.

Zwei Tage später fand in Paris beim Befehlshaber der Unterseeboote eine Kommandantenbesprechung mit Henke statt. An dieser Besprechung in der Dienststelle am Boulevard Suchet 18 nahmen Dönitz, der Chef der Operationsabteilung, Godt, sein IA und Referent Hessler und Henke teil. Es war die übliche, routinemäßige Besprechung, und Hessler sagt darüber heute:

»Henke hatte sein Kriegstagebuch und ich das beim BdU geführte Duplikat. Wir gingen die ganze Unternehmung an Hand der Eintragungen durch. Unter anderem schilderte Henke auch die Versenkung der ›Ceramic‹. Die Versenkung dieses Schiffes war nach internationalem Kriegsrecht ohne jeden Zweifel gerechtfertigt. Das Schiff fuhr abgeblendet, es war als bewaffnet erkannt worden, es befand sich im Operationsgebiet.«

Munday blieb nur einen Tag in Lorient. Er berichtet: »Schon am nächsten Tag wurden wir aus Lorient fortgebracht, zusammen mit den anderen in einem Fronturlauberzug. Vier Abteile waren für uns Engländer reserviert. Auf dem Gang patrouillierte nur ein Posten, und auf den Bahnsteigen konnten wir einkaufen; mein Geld und meine Sachen hatte ich zurückbekommen.

Wir waren sechsunddreißig Stunden unterwegs. Am 8. Januar, kurz vor Mitternacht, kamen wir in Wilhelmshaven an. In Autos wurden wir in die sogenannte Tausend-Mann-Kaserne in der Ostfriesenstraße gebracht. Dort wurden wir getrennt. Ich kam in ein Zimmer im obersten Stock. Ich blieb ganz allein in einem Raum mit zwölf doppelstöckigen Feldbetten. Ich blieb etwa acht Tage in diesem Zimmer. Es gab Ratten dort; sie waren so zahm, daß sie selbst am Tage durch den Raum flitzten. Ich wurde täglich verhört.

Ich blieb ungefähr einen Monat in Wilhelmshaven. Ein Marinesoldat

brachte mich dann mit dem Zug in das Stammlager VIII B in Wallamsdorf bei Breslau. Später kam ich in ein anderes Lager im Sudetenland. Ich konnte jetzt schreiben, und ich bekam auch Post von meinen Eltern und über das Rote Kreuz Pakete.
1945 wurde ich von den Russen befreit. Mit einer kleinen Gruppe schlug ich mich nach Prag durch. Dort wurde ich von den Amerikanern nach Paris geflogen und dann mit der Royal Air Force nach London gebracht. Ich meldete mich sofort bei der Reederei der ›Ceramic‹. Man gab mir Hunderte von Briefen von Angehörigen, die dort seit Jahren lagen. Ich habe sie alle beantwortet. Ich war der einzige, der überlebte.«
Damals, am 7. Januar 1943, als Munday von Lorient nach Wilhelmshaven gebracht wurde, ahnte er nicht, daß sein guter Stern ihm noch ein zweites Mal das Leben rettete. Genau sieben Tage später wurde Lorient in zwei schweren Nachtangriffen durch Flugzeuge der Royal Air Force fast vollkommen zerstört. Der Flügel der Marinekaserne, in dem Munday und die anderen Engländer gesessen hatten, war nur noch ein Trümmerhaufen. Das Tonband, das Munday in Lorient besprochen hatte, um seine Angehörigen zu unterrichten, daß er lebte, wurde am Abend des 17. Februar über Radio Calais innerhalb der Sendung »Schlacht der sieben Meere« ausgestrahlt.

An diesem Tage waren die Werftarbeiten im Keromanbunker in Lorient am U 515 beendet. Am 21. Februar, um sechzehn Uhr, lief das Boot mit dem Sicherungsgeleit aus. Um ein Uhr dreizehn in der Nacht tauchte es zum erstenmal vor einem feindlichen Flugzeug. In der Nacht vom 30. April auf den 1. Mai fand das U-Boot einen Geleitzug, der von Trinidad nach Afrika lief: achtzehn Dampfer, die durch Zerstörer stark gesichert waren. U 515 war allein, aber Henke gelang es, sich mitten in das Geleit zu schleichen. Im Morgengrauen hatte er sieben Schiffe mit über fünfundvierzigtausend Tonnen versenkt und zwei weitere schwer beschädigt. Ende Juni traf U 515 wieder in Lorient ein. Am Periskop flatterten elf Wimpel; elf Schiffe mit 64 387 Tonnen hatte U 515 versenkt. Es war die erfolgreichste Unternehmung des Jahres, und Henke wurde das Eichenlaub zum Ritterkreuz verliehen.
Kurz nach zwei Uhr am 26. Juni 1943 hatte U 515 in seinem Bunker festgemacht. Die erste Nacht blieb Henke mit der Besatzung im Wohnbunker am Hafen. Am anderen Morgen fuhr er zur Besprechung zum Führer der Unterseeboote West nach Angers. Es war nach

dieser Besprechung, daß ein Adjutant ihn beiseite nahm und ihm ein verschlossenes Kuvert überreichte.

Henke steckte es ein, ohne einen Blick darauf zu werfen, als der Adjutant bat, den Empfang zu quittieren. Henke holte das Kuvert noch einmal aus der Tasche. Jetzt erst bemerkte er den roten Geheimstempel. Er quittierte und ging dann zu einem der Tische und riß den Umschlag auf. Er zog den Bogen heraus. Am oberen Rand war wieder der rote Geheimstempel. Er nahm den Begleitbrief. Es war ein Brief der Seekriegsleitung, und er las, daß es sich um die Abschrift einer Sendung des Britischen Rundfunks über die Vorgänge bei der Versenkung der »Ceramic« handelte. Die Abhörstellen in Berlin hatten den Bericht mitgeschrieben.

Er setzte sich und breitete den maschinengeschriebenen Bogen vor sich aus. Er hielt die Augen starr auf den Tisch gerichtet, auf den durch das Fenster das helle Sonnenlicht fiel.

»Daventry GRX, 31. 3. 9.00 Uhr«, las er. »Deutsch. Hier spricht die Stimme aus Amerika. Fregattenkapitän Robert Norton.« Hinter dem Namen stand ein Fragezeichen.

Die nächste Zeile war unterstrichen.

»Ich klage an, ich klage den Kapitänleutnant Werner Henke des Mordes an!« Er blickte suchend auf, aber er war allein. Er hörte Stimmen durch die angelehnte Tür, dann ein Lachen. Er las noch einmal den Begleitbrief, dann nahm er wieder die Abschrift auf:

»Der Kapitänleutnant Henke hat 264 hilflose Schiffbrüchige kalten Blutes ermordet . . . Aber zwischen Krieg und Mord ist ein gewaltiger Unterschied. Wir Amerikaner wissen sehr wohl, daß der größte Teil des deutschen Volkes diesen Krieg nicht gewollt hat, aber einzelne unter euch, die sich besonderer Grausamkeiten schuldig gemacht haben, die werden der Verantwortung nicht entgehen. Wir kennen diese Kriegsverbrecher! Nichts wird ihnen vergessen, und eines Tages, wenn Frieden ist, wird ein deutsches Gericht – nicht etwa ein Nazigericht – diese Verbrecher verurteilen. Unter den Männern, die . . . werden, wird auch Kapitänleutnant Henke sein.«

Er rätselte an den Punkten, aber dann dachte er, daß sie es wohl nicht verstanden hatten und daß es »gehenkt« heißen müßte. Er hörte, wie jemand in den Raum kam. Es war der Adjutant. Er winkte ihn heran, und als er an den Tisch trat, deutete er auf das Schreiben.

»Wissen Sie was davon?« fragte er.

»Nein. Wieso?« Der Offizier beugte sich über den Tisch. Er las die Überschrift.

»Wegen der ›Ceramic‹?« Er wandte die Augen ab. »Ach so, das«, sagte er betont gleichgültig. »Die müssen Sie hassen wie die Pest. Wenn Sie denen mal in die Hände fallen . . .«
Henke hatte sich erhoben. Er steckte das Schreiben und das Kuvert ein und verließ schnell den Raum. Draußen wartete ein Wagen. Er schickte den Fahrer fort, setzte sich in den Rücksitz und nahm das Schreiben wieder heraus. Er suchte die Stelle, wo er aufgehört hatte, und las weiter.
»Ihr kennt den Namen. Ihr kennt ihn aus einer Unterhaltung am Rundfunk vom 20. 2., in der er beschrieb, wie er den britischen Passagierdampfer ›Ceramic‹ versenkte. Ihr erfuhrt, daß von der Besatzung von 330 Männern, Frauen und Kindern ein einziger gerettet werden konnte. Glücklicherweise hat sich diese Botschaft des Grauens als übertrieben herausgestellt. Es sind jetzt alles in allem sechsundachtzig Menschenleben gerettet worden. Einer ist in deutsche Kriegsgefangenschaft geraten, fünfundachtzig sind nach England entkommen. Die fünfundachtzig haben eine andere Geschichte zu erzählen als Kapitänleutnant Werner Henke.
Sie berichten, wie er mit seinen Scheinwerfern das Wasser absuchte, und wo immer er . . . einen Schiffbrüchigen fand oder Frauen und Kinder, die (notdürftig bekleidet?) mit den Wellen rangen, da ließ er auf sie schießen! Jawohl! Er ließ die Schiffbrüchigen mit MGs abschlachten. Er spornte seine Mannschaft zum äußersten Eifer an, um möglichst viele der Schiffbrüchigen umzubringen . . .«
Henke ließ das Blatt sinken. Er wollte nicht weiterlesen. Dann erinnerte er sich daran, was der Adjutant gesagt hatte. Er überlegte, was geschehen würde, wenn seine Besatzung davon hörte. Sie würde es bestimmt erfahren. Er würde mit ihnen auslaufen müssen, und sie würden vielleicht Angst haben, daß er sie und sich lieber opferte, als in Gefangenschaft zu geraten. Er nahm das Blatt auf und las zu Ende.
»Werner Henke weiß sehr wohl, was er getan hat. Deswegen hat er sich auch einen der Überlebenden an Bord seines U-Bootes geholt und ihn gezwungen, im deutschen Rundfunk davon zu erzählen, wie ihn der Kapitänleutnant persönlich rettete. Das war eine rührende Szene am Rundfunk, aber auch dieses . . . wird dem Kapitänleutnant nicht helfen. Denn dieser unter Zwang erfolgten Aussage stehen fünfundachtzig Aussagen der nach England Zurückgekehrten gegenüber.
Ich klage an den Kapitänleutnant Werner Henke des Mordes! Des Mordes an zweihundertvierundsechzig Schiffbrüchigen! Wie sehr

auch die deutschen Propagandisten ihn feiern mögen, diese Anklage wird in seinen Ohren hallen. Alle Triumphfanfaren des deutschen Rundfunks können sie nicht übertönen, bis zu dem Tag, an dem er vor seinen Richtern steht.«
Er saß eine Weile stumm da und blickte aus dem Fenster. Für einen Augenblick flackerte in ihm der Haß auf, Haß über die Ungerechtigkeit und die Lügen. Er starrte auf seine Hände. Sie waren ruhig. Er wunderte sich, daß sie nicht zitterten. Er war plötzlich sicher, daß es eines Tages geschehen würde.

Henke kam von Lorient, wo an diesem Vormittag U515 die letzte Probefahrt vor dem Auslaufen gemacht hatte. Er war mit dem Zug nach Vannes zurückgefahren; dort lag das Offizierserholungsheim für U-Boot-Fahrer, eine Villa am Stadtrand, vierzig Kilometer von Lorient.
Die Fenster der Villa standen weit offen, und Henke hörte die Tanzmusik, als er mit seiner Frau, die ihn begleitet hatte, über die Terrasse auf das Haus zuschritt. Es war ein englischer Soldatensender. Als sie die Villa betraten, brach die Musik ab, und sie hörten den Sprecher. Henke starrte auf den Apparat, aus dem die Stimme des Sprechers kam.
»Morgen läuft U515 aus Lorient aus«, sagte die Stimme. »Ihr werdet dem Boot zuwinken. Aber Kapitänleutnant Henke soll nicht glauben, daß man vergessen hat, was geschehen ist. Er soll daran denken. Diesmal werden wir ihn erwischen.«
Er stand noch da, als die Musik wieder einsetzte.
»Woher«, sagte sie tonlos, »woher können sie das wissen? Das ist doch unmöglich, daß sie wissen, wann dein Boot ausläuft . . .«
Er sah sie an. Er schien sich jetzt erst zu erinnern, daß sie neben ihm stand. Sie folgte ihm nach draußen. Sie gingen über den Rasen des Parks. Er zog einen der weißen Stühle heran und setzte sich. Er griff nach ihren beiden Händen und sah sie an. »Vergiß es«, sagte er.
»Aber woher«, sagte sie, »woher . . .«
»Woher schon? Die Besatzung feiert Abschied, zum Abschiedfeiern brauchen sie ein Mädchen; sie sind selig und posaunen alles aus . . .« Er brach ab. »Laß uns nicht mehr davon sprechen.«
Wieder dachte sie, wie wenig sie ihn kannte. Sie setzte sich neben ihn. Sie hörten vom Tennisplatz die Spieler, ihre Stimmen und den Aufschlag der Bälle, ein unwirklich friedliches Geräusch.

»Am besten, du fährst morgen schon«, sagte er. »Es ist besser so. Ich werde dir einen Mann mitgeben, der dich nach Hause bringt.«
Sie dachte daran, daß sie wieder die Nächte in der Bahn sitzen würde, so viele Nächte wie zuvor mit ihm. Sie hatten sich vor acht Wochen kennengelernt. Er war nach der letzten Untersuchung nach St. Anton in Urlaub gegangen. Skilaufen. Vier Wochen – sie waren zu seiner Mutter und ihren Eltern gefahren. Dann hatten sie geheiratet. Das war vor vierzehn Tagen gewesen, am 14. März 1944. In Hamburg im »Atlantik« hatten sie gefeiert. Schon in der nächsten Nacht waren sie nach Berlin gefahren. Henke mußte sich dort von der Befehlsstelle seine letzten Instruktionen für die neue Unternehmung abholen. Sie blieben einen Tag in Berlin. Es war Henke gelungen, für seine Frau über die Organisation Todt Einreisepapiere nach Frankreich zu bekommen. Wieder hatten sie eine ganze Nacht im Zug gesessen, nach Paris. Wenn sie an ihn denken würde, würde sie sich erinnern, wie sie beide im Abteil saßen, in einer Ecke, frierend, während der Zug auf freier Strecke stand und sie aus der Ferne den Fliegerangriff auf die Stadt sahen.
Das war sehr wenig, um es gegen die Einsamkeit, die auf sie wartete, in die Waagschale zu legen. Ein Urlaub. Ein paar Nächte in kalten, überfüllten Zügen. Und die Tage in Paris. Vier Tage. Und die letzten Tage hier in Vannes.
Er war aufgestanden. Sie gingen hinüber zu dem Platz und sahen den Spielern zu. Plötzlich wandte sie sich um. Sie mußte zu ihm aufsehen, so viel größer war er als sie. »Willst du mir etwas versprechen?« fragte sie.
»Ja«, sagte er. »Ich passe schon auf. Du weißt doch, das ist meine letzte Fahrt.« Er deutete auf die goldenen Ärmelstreifen. »Noch ein breiter dazu. Nach diesem Einsatz ist es aus mit dem U-Boot-Fahren.«
»Bitte«, sagte sie, »hör mir zu . . . Du hast mir die Abschrift gezeigt, diese Sendung von den Engländern. Werner! Du wirst nichts Unvorsichtiges tun, nur um nicht in Gefangenschaft zu geraten . . .!«
»Aber nein«, sagte er.
»Gib mir die Hand!«
Er sah sie einen Augenblick an. Er nickte ihr zu und nahm ihre ausgestreckte Hand . . .

U515 lag an der Pier. Jeder war auf seinem Platz, man wartete nur noch auf den Kommandanten. Das hohe Betongewölbe des Bunkers war voller Stimmen.

Auf dem Oberdeck türmten sich Blumen, als Henke an Bord kam. Er achtete nicht darauf. Er nahm die Meldung entgegen und stieg auf den Turm. Er wartete genau zehn Minuten über die festgesetzte Auslaufzeit hinaus auf den Schlepper, der das Boot aus dem Bunker und an dem vor der Einfahrt liegenden Wrack vorbeiziehen sollte.
Als der Schlepper endlich vor dem Bunker auftauchte und der Kapitän durch das Megaphon hinüberschrie, sie sollten die Leinen klarmachen, stieg Henke auf die oberste Fußraste unterhalb des Schanzkleids. »Jetzt brauchen wir euch auch nicht mehr«, schrie er hinüber. Die Zuschauer im Bunker rannten auf die Pier, um das Boot auslaufen zu sehen.
Sie waren einen Augenblick ganz still, als das hellgrau gestrichene Boot um das Wrack herummanövrierte. Dann erst winkten sie wieder und schrien ihre Hurras hinüber. Sie sahen den Kommandanten das Megaphon an den Mund heben. Sie hörten seine laute Stimme bis ans Ufer, als er rief: »Lamprecht, die Blumen von Deck! Wir sind kein schwimmender Sarg.«
Die am Ufer sahen den Mann an Deck die Blumen über die Reling ins Wasser werfen. Die Blumen trieben auf dem schmutzigen Wasser, fingen sich an den Netzsperren, als das Boot langsam hinausglitt. Das war am Nachmittag des 29. März 1944. Es war die sechste Unternehmung des Bootes, und U 515 hatte sechzig Offiziere und Mannschaften an Bord.
Das Boot brauchte fast eine Woche durch die Biskaya. Am 6. April erreichte U 515 das Operationsgebiet westlich Gibraltar. Am Abend des 8. April stand das Boot nordwestlich der portugiesischen Insel Madeira. Um zehn Uhr tauchte das Boot auf, um im Schutz der Dunkelheit seine Batterien aufzuladen. Bis Mitternacht blieb alles ruhig.

Henke lag angezogen in seiner Koje, und im Halbschlaf registrierte er die Unruhe in der Zentrale. Er war sofort hellwach, als er eine Stimme die Meldung an den Kommandanten weiterrufen hörte.
Er sprang mit steifen Gliedern aus der Koje. Er nahm die weiße Mütze, hing das Nachtglas um, zog den Vorhang zur Seite.
»Meldung von Brücke«, sagte der Mann vor dem Zentraleluk. »Flieger, Herr Kaleu . . .«
»Ich komme schon.« Er kletterte über den Niedergang auf den Turm. Er blieb eine Sekunde auf den letzten Sprossen stehen. Er stützte sich auf, schloß die Lider und wartete, bis sich seine Augen an die Dunkelheit gewöhnt hatten. Er sah die Männer nur als Schatten. Es war kurz

nach zwei, als er auf die Uhr blickte. Er richtete sich auf und trat neben den Zweiten Wachoffizier, den Oberleutnant Hans Schultz, der die zweite Fahrt auf U 515 machte. Schultz machte seine Meldung.
»Eine Landmaschine?« fragte Henke. Er spürte, wie Schultz einen Augenblick mit der Antwort zögerte.
»Nein, Herr Kaleu. Ein einmotoriges Trägerflugzeug. Es flog uns von backbord an ...«
Henke nahm sein Glas an die Augen. Es war eine ruhige Nacht, nur ein paar Kumuluswolken standen am Himmel.
»Sie kam bis auf etwa tausend Meter heran«, sagte der Oberleutnant, »und drehte dann ab.«
Henke ließ das Glas sinken. Wenn er recht hat, dachte er, dann konnte auch der Flugzeugträger nicht weit sein, denn der Aktionsradius der einmotorigen Maschinen war nicht sehr groß. Er wunderte sich, daß sie jetzt auch nachts Patrouillen flogen. »Ich glaube nicht, daß man uns gesehen hat, aber wenn sie wiederkommen, werden wir sie gebührend empfangen.« Er gab seine Befehle. Das Boot fiel nach steuerbord ab, um freies Schußfeld für die Flakwaffen zu haben.
Die Männer der Geschützbedienungen stellten sich hinter die Rohre. Fünf Fahrten war alles gutgegangen. Das war sehr viel und ganz gegen die Statistik; eigentlich hätte U 515 schon längst auf der Verlustliste stehen müssen ...
Das Blatt hatte sich gewendet im letzten Jahr. Sie hatten über dreihundert Boote verloren, mehr, als die Werften bauen konnten, und mehr, als die U-Boot-Schulen an Mannschaften ausbilden konnten. Aus den jagenden Wölfen waren die gejagten geworden, von vielen Feinden gehetzt: Radar, bessere Wasserbomben, unzählige Stützpunkte für die Flieger auf dem Land. Und jetzt die U-Boot-Jagdgruppen, bewegliche Luftstützpunkte, die das tödliche Netz noch enger über die Meere knüpften.
Henke suchte das Gesicht der Männer hinter den Geschützen, aber im kalten, grauen Licht sah er nur die hellen Schwimmwesten. Er dachte an die anderen unter Deck. An die, die ein bißchen Schlaf zu finden suchten, und an jene, die ihre schmutzige Arbeit taten ...
Plötzlich übertönte ein helles Geräusch das dumpfe Brummen der Diesel.
»Siebzehn Minuten«, sagte Schultz. »Es scheint die gleiche Maschine zu sein.«
Sie kam querab von steuerbord. Der Pilot flog genau auf die Mündungen der Geschütze zu.

»Warten«, sagte Henke, »warten, bis sie auf dreihundert Meter heran ist . . .«
Plötzlich wendete die Maschine, und Schultz, der ihr mit dem Glas folgte, sah, wie sie in die Wolken hochzog. Henke richtete sich auf. »Wir gehen besser in den Keller«, sagte er.

Eine halbe Stunde später flog die Maschine das im Nachtlicht silbrig glänzende Deck der »U.S.S. Guadacanal an«. Es war die letzte der vier Maschinen der Nachtpatrouille der U-Jagdgruppe unter Führung des Captain Dan V. Gallery.
Schon bei dem ersten Einsatz seiner Jagdgruppe im Januar 1944 hatte Gallery Erfolg gehabt. Am 16. Januar hatten seine Flugzeuge einige hundert Meilen westlich der Azoren drei deutsche U-Boote überrascht, eine halbe Stunde vor Sonnenuntergang. Ein U-Tanker lag Seite an Seite mit einem zweiten Boot, das die Beölungsschläuche angeschlossen hatte, um Treibstoff zu übernehmen. Das dritte wartete in der Nähe, bis es an der Reihe war. Acht Maschinen kamen aus den Wolken und warfen ihre Bomben, und nur das eine Boot, das gewartet hatte, konnte noch rechtzeitig wegtauchen . . . Einen Monat später hatte Gallery vom Geheimdienst erfahren, daß seine Flugzeuge den U-Tanker 544 versenkt und das Boot neben ihm, U 129, schwer beschädigt hatten. Nur das dritte, U 516, war entkommen. Am 1. März war die Jagdgruppe zu ihrem zweiten Einsatz ausgelaufen. Ihr Einsatzgebiet lag zwischen Gibraltar und den Azoren.
Einen Monat lang hatten die »Guadalcanal« und ihre vier Zerstörer keine deutschen Boote gesichtet. Es war das Schicksal von U 515, daß die Nacht vom 8. auf den 9. April mondhell war und schon eine der Maschinen der ersten Nachtpatrouille das deutsche U-Boot entdeckte. Nachher starteten vier Maschinen vom Deck der »Guadalcanal«. Nach zweieinhalb Stunden sichtete eine Maschine das aufgetauchte U-Boot. Sechzehn Seemeilen von der ersten Stelle entfernt. Aber Gallery hatte jetzt mit Sicherheit den genauen Standort des Bootes. Er gab Funksprüche an die Kommandanten seiner vier Zerstörer, der »Pope«, »Flaherty«, »Pillsbury« und »Chatelain«. Noch in der Nacht liefen sie auf ihre Positionen. Bis zum Morgengrauen hatten sie das Boot eingekreist. Sie waren bereit. Einmal mußte U 515 auftauchen. Und dann würden sie bereit sein . . .

Henke hatte in dieser Nacht zum Ostersonntag noch einmal versucht aufzutauchen. Das war gegen fünf Uhr, und die Luft schien rein zu sein, aber schon nach zehn Minuten waren sie entdeckt worden. Die Maschine hatte diesmal angegriffen und eine Bombe geworfen, aber U 515 hatte noch rechtzeitig wegtauchen können. Das Boot fuhr seither in hundert Meter Tiefe. Der Horchraum meldete keine Geräusche.

Es war zehn Uhr, als der Kommandant den Befehl gab aufzutauchen. Die See war ruhig, als Henke auf den Turm kam. Im Osten war der Himmel voller Sonne, und er beobachtete sie, weil er wußte, daß von dorther die größte Gefahr kam. Plötzlich sagte einer der Ausgucks unsicher: »Herr Kaleu! Herr Kaleu! Backbord, ich glaube . . .«

Henke richtete sein Glas nach Westen. Fast hinter dem Horizont glaubte er undeutlich Schatten von Schiffen zu erkennen. Er starrte eine Weile durch sein Glas, aber die feindlichen Schatten zerflossen.

»Wanzke soll auf die Brücke kommen«, sagte er dann. Als der Matrosengefreite Josef Wanzke sich auf der Brückte meldete, reichte Henke ihm sein Glas und zeigte die Richtung an. »Versuchen Sie Ihr Glück.«

Wanzke war der Mann mit den besten Augen an Bord. Er kniff die Lider zusammen und lächelte stolz, ehe er das Glas ansetzte. Henke blickte auf die Hände, die das Glas hielten, harte, von Öl und Seewasser gezeichnete Hände. Einmal setzte Wanzke das Glas ab. Sein Lächeln war jetzt etwas krampfhaft. Wieder nahm der Matrosengefreite das Glas an die Augen; als er es dann zurückreichte, war sein Gesicht ausdruckslos.

»Das sind Kriegsschiffmasten, Herr Kaleu«, sagte er.

»Zerstörer?« fragte Henke.

Wanzke zuckte die Achseln. »Ich bin nicht ganz sicher. Aber Kriegsschiffe . . .« Seine Worte wurden von einem Schrei übertönt. Henke warf sich herum. Er sah die Maschine aus der Sonne auf das Boot zustoßen. Er schrie einen Befehl, und die Männer stürzten zu den Flakwaffen auf dem Turm. Es schien eine Unendlichkeit zu dauern, bis sie sich drehten und ihr Feuer gegen den Himmel spuckten.

Die Männer auf der Brücke duckten sich unwillkürlich, als die Bombe fiel. Das Boot erschauerte unter dem Schlag der anbrechenden Welle, aber Henke sah, daß die Maschine im Feuer abdrehte . . .

»Alarmtauchen!« schrie Henke. Er wartete, bis der letzte im Turmluk verschwunden war. Er warf noch einen Blick zur Sonne hinauf, ehe er ihnen folgte. Er drehte den Lukdeckel zu. Er konnte hören, wie die Wellen über dem Deck zusammenschlugen. Eine Sekunde dachte er, ob er vielleicht das letzte Mal die Sonne gesehen hatte . . .

In der nächsten halben Stunde geschah nichts. Henke stand in der Zentrale, als das Boot zum erstenmal vom Ortungsstrahl eines Zerstörers erfaßt wurde. Er richtete sich auf und blickte in die erschreckten Gesichter. Zuerst war es nur ein heller, greller Ton, der durch das Boot schwang. Der grelle Ton schwoll an, ebbte ab. Es war, als schwinge das Boot wie eine gewaltige Stimmgabel an ihren Ohren. Dann war es eine Weile still, aber der Strahl erfaßte das Boot wieder, durchdringend wie eine Säge, die das Boot auseinanderschnitt. Die Männer standen wie gelähmt von dem grellen Geräusch, das wie die Drohung von etwas Schrecklichem war; vor einer Folter, die kein menschliches Wesen sich hatte ausdenken können.

Es war wie eine Erlösung, als die erste Serie Wasserbomben fiel. »Wir gehen runter«, befahl Henke. »Zweihundert Meter.« Die Bomben lagen sehr gut, und das Boot schüttelte sich, als spränge ein rasender Zug aus den Schienen. Henke spürte, wie die Flurplatten unter seinen Füßen wegsackten. Er suchte nach einem Halt. In dem flackernden Licht sah er die anderen taumeln . . .

Er raffte sich benommen auf. »Alle Stationen Schäden melden«, befahl er ruhig. Er nickte dem Zweiten Wachoffizier zu. »Schultz, Sie gehen achtern und schießen Bolde . . .« Die Skala des Tiefenmessers zeigte zweihundertzwanzig Meter.

Die Meldungen, die die Zentrale erreichten, waren schlimm; überall drang Wasser ins Boot. Henke nickte Altenburger, dem Leitenden Ingenieur, zu. Er brauchte jetzt nicht zu befehlen. Sie wußten alle, was sie zu tun hatten. Das Hämmern hallte bald durch das ganze Boot. Altenburger kam einen Augenblick in die Zentrale. Er schüttelte nur den Kopf. Sie bekamen den Wassereinbruch nicht unter Kontrolle, und das schlimmste war, daß einer der Außenbunker schwer beschädigt worden war; sie verloren Öl, das an der Oberfläche trieb und sie verraten mußte.

Überall war das Hämmern, und es mußte ein leichtes für den Zerstörer sein, das U-Boot zu hören, aber sie hatten keine andere Wahl, als zu reparieren oder wie die Ratten zu ersaufen.

Henke hatte kein Gefühl für die Zeit mehr. Zweimal meldete der Horchraum anlaufende Zerstörer; und dann blieben ein paar Sekunden, dem Tod mit ein paar Tricks zu begegnen. Das war die Spanne, die zwischen Leben und Tod entschied.

Plötzlich taumelte einer der Männer in die Zentrale. Er hielt die Hände vor die Augen, und dann kam hinter ihm ein anderer. Er schrie nach dem Arzt. Dr. Jensen kam, und dann stürzte Altenburger heran:

»Tauchbunker zwei«, sagte er keuchend. »Wir versuchten, ihn abzudichten. Wir schaffen es nicht . . .« Er deutete auf die Männer, die der Arzt nach vorn führte. »Wir haben Treibstoff in dem Bunker. Gasöl ist ihnen in die Augen gespritzt.«
»Bruhs nach achtern«, hörte Henke in diesem Augenblick einen Ruf aus dem Heckraum. Altenburger schwang sich durch das Schott. Henke beobachtete, wie Bruhs durch die Zentrale nach achtern ging. Der Obermaschinenmaat Bruhs war einer der ältesten und erfahrensten Leute an Bord. Henke sah ihn durch das Schott klettern und bis zum Dieselraum gehen. Dort blieb Bruhs eine Weile stehen. Dann wich er zurück, langsam, Schritt für Schritt.
Er stieß mit dem Rücken gegen das Schott. Dann wandte er sich langsam um. Henke erschrak, als er das Gesicht sah. Bruhs schien ihn nicht zu erkennen. Er stierte vor sich hin zu dem Niedergang.
Henke wollte ihn anschreien, aber er konnte es plötzlich nicht. – Wenn Bruhs schon durchdreht, dachte er. »Bruhs«, sagte er, so wie man zu einem Träumenden spricht. »Bruhs! Wir kommen schon hier raus.« Aber der Maat schien nicht zu hören. Wie hypnotisiert blieben seine Augen auf den Ausstieg gerichtet . . .

Im Heckraum standen die Mechanikermaate knietief in dem Gemisch aus Wasser und Treibstoff. Sie versuchten, das Wasser in den Bugraum zu pumpen, aber dann mußten sie den Heckraum aufgeben. Der Mechanikermaat Rolf Taubert war der letzte, der das eiserne Schott zuwuchtete und verschraubte.
Das Boot sackte zuerst mit dem Heck in die Tiefe. Altenburger schickte alle Mann nach vorn, um auszutrimmen. Zu zweit und zu dritt schleppten sich die Männer durch das Boot.
Henke preßte die Lippen zusammen. Er blickte die Männer in der Zentrale an. Sie waren wie Fremde, mit eingesunkenen Augen, am Rande ihrer Kraft und doch unbewegt. Er nickte nur noch stumm, wenn die Meldungen kamen.
Oberleutnant Schultz war mit den anderen Männern nach vorn gegangen. Er hatte keine Aufgabe mehr, er kauerte sich in der Offiziersmesse vor die Anrichte, resigniert und abwartend. Das Boot senkte sich immer mehr kopfüber; es war ein unheimlicher Anblick. Wenn er sich vorbeugte, sah er die Männer, die sich wie in einem Schacht im Bugraum zusammendrängten. Über den Gang liefen Wasser und Treibstoff nach vorn, und die Kisten mit Lebensmitteln und alles, was nicht festgezurrt war, fielen in den Gang und schoben sich nach vorn.

Schultz stützte den Kopf in die Hände. Er wunderte sich, daß er keine Furcht spürte. Er hatte einfach ein Gefühl der Sinnlosigkeit. Er starrte auf die Anrichte. Das Geschirr drohte jeden Augenblick, aus den Haltern zu kippen, als das Boot sich immer mehr neigte. Die Platte, auf der das Geschirr stand, hatte ein Scharnier; er hob die Platte an, bis das Geschirr wieder waagerecht stand. Er hätte am liebsten gelacht, und er wußte nicht, warum er es nicht konnte.

Im Horchraum saßen der Oberfunkmaat Wilhelm Heinemann und der Funkmaat Virnau an den Geräten. In ihren Kopfhörern dröhnten die Explosionen der Wasserbomben, als explodierten sie direkt in ihrer engen Kabine. Heinemann beobachtete Virnau schon die ganze Zeit. Es war der erste Wasserbombenangriff, den Virnau mitmachte; das schmale, junge Gesicht des Funkmaaten wurde immer verzerrter.

Als die Zerstörer eine neue Serie warfen, beugte sich Heinemann zu Virnau herunter. Er griff nach seinem Arm. Er schrie ihm zu, er soll den Hörer abnehmen, aber Virnau schüttelte den Kopf. Er hielt die geballten Fäuste an die Ohren, als könne er es nicht mehr ertragen, aber er drückte dabei die Hörer nur noch fester an die Ohren. Heinemann blickte auf die Hände, die sich um den Hörer krampften, und dachte daran, daß Virnau ihm an diesem Morgen das Bild von der Frau gezeigt hatte, die er nach dieser Fahrt heiraten wollte.

Einen Augenblick war es still in den Hörern, dann vernahm Heinemann Schraubengeräusche. Er gab die Meldung weiter.

Virnau war plötzlich aufgesprungen. Die Hörer schlugen auf den Boden. Er schrie: »Ich kann nicht mehr! Ich kann nicht mehr!« Seine Ohren waren wie eine mächtige dröhnende Trommel, die pausenlos geschlagen wurde.

Heinemann verstand seine Worte kaum, er hörte nur den qualvollen Schrei. Er redete auf Virnau ein; und diesmal wurde er ruhig, als fasse er nicht, daß er es war, der geschrien hatte. Sein Kopf sank herab; er bückte sich nach den Kopfhörern. Aber dann stürzte er aus dem Funkraum.

Virnau tastete sich vor in den Unteroffiziersraum. Er klammerte sich an eine der hochgeklappten Kojen. Durch den beißenden Qualm, der jetzt im Boot lag, sah er die Männer, die sich dicht im Bugraum zusammendrängten. Er schlug die Hände vors Gesicht. Dann schrie er, als sei etwas in ihm zerbrochen.

»Ich will hier heraus! Will heraus! Heraus . . .!« Er schrie es immer wieder und hämmerte mit den Fäusten gegen die Schottwand.

Einige hielten sich die Ohren zu. Bruno Deussen, ein Mechanikermaat, stand Virnau am nächsten. Er ging zu ihm: »Hör auf!« sagte er. »Hör auf!« Deussen hatte plötzlich selber Angst. Er hatte Angst, daß er auch anfing zu schreien; er holte aus und schlug zu. Er hörte, wie Virnau auf den Boden fiel. Er blickte auf seine Faust. Jetzt erst konnte er wieder klar denken. Er wandte sich ab.
Andere hoben Virnau auf und legten den halb Bewußtlosen in eine Koje im Unteroffiziersraum; dort starb der dreiundzwanzigjährige Günther Virnau eine Viertelstunde später, als eine Granate in die Unteroffiziersmesse einschlug und explodierte.

Oberleutnant Schultz hielt immer noch wie sinnlos den Anrichtedekkel mit dem Geschirr. Das Boot machte jetzt keine Fahrt mehr und schien in die Tiefe zu schießen.
»Was macht das Boot?« fragte Schultz zur Zentrale hin. Er wunderte sich, daß er eine Antwort bekam.
»Das Boot steigt vorderlastig!« sagte der Mann.
Steigt? dachte Schultz. Und diesmal lachte er wirklich. Er ließ die Hand herabsinken. Die Klappe schlug herunter, und das Geschirr fiel klirrend auf den Boden. Er starrte apathisch hinterher. Dann erhob er sich und zog sich zur Zentrale vor.
Das Boot pendelte auf achtzig Meter Tiefe. Der Horchraum meldete Schraubengeräusche.
»Sie warten auf uns!« sagte Henke. Seine Stimme klang ihm selber fremd. »Sie warten!« wiederholte er. Er starrte von einem zum andern. In dem schwachen Licht der Lampen sah er ihre bleichen Gesichter, und es war ein unfaßbarer Gedanke, daß sie aufhören konnten, ihn anzusehen und zu atmen. Plötzlich wußte er, was im Hintergrund ihrer Gedanken war; sicher dachten sie, er würde das Boot opfern und sie mit dem Boot, weil er sich immer noch davor fürchtete, daß sie ihn fangen könnten. Plötzlich fühlte er sich wehrlos und ausgeliefert . . . »Nur noch ein Drittel Druck«, sagte Kaspers, der vor dem Manometer stand, dem einzigen Meßgerät, das noch intakt war.
»Es ist unsere letzte Luft«, sagte Altenburger.
Plötzlich mußte Henke lächeln. »Noch nicht!« sagte er. Er atmete die stickige, beißende Luft. Er sog sie tief in die Lungen, als wüßte er zum erstenmal in seinem Leben, was es bedeutete, atmen zu können.
Altenburger schluckte. »Rauf oder runter?« fragte er.
Henke legte ihm die Hand auf die Schulter. Nur für eine Sekunde lag

sie dort, als ruhe sie sich aus. Dann hob Henke die Hand und stieß den Daumen nach oben.

»Rauf!« sagte er. Er wandte sich ab und zog sich als erster an den eisernen Holmen der Leiter, die zum Turmluk führte, hoch. Das Boot stieg, und jetzt erst spürte Henke, daß er nicht mehr daran geglaubt hatte, daß das schwer beschädigte Boot wirklich noch auftauchen konnte.

Er blickte noch einmal zurück. Schweigend, ohne sich zu rühren, standen dort die Männer. Er sah, wie sie sich gegenseitig die Schwimmwesten oder Tauchretter anlegten. Er überlegte, wie groß ihre Chance war, daß die Zerstörer nicht auf sie warteten. Sie war gleich Null.

Die Männer klammerten sich an die Hebel, während das Boot immer schneller nach oben stieg. Sie atmeten keuchend die verbrauchte Luft. Sie waren wie Menschen, die verschüttet worden waren und auf das erlösende Klopfzeichen warteten, das anzeigte, daß man sie gefunden hatte. In ihren Gesichtern war plötzlich ein Funke Hoffnung, aber auch grausame Angst, daß die Hoffnung trügen könnte.

Henke blickte von einem zum andern, und er fragte sich, wer von ihnen wohl sterben würde. Er suchte in ihren Gesichtern, als müsse er dort ein Zeichen finden. Dann riß der Gedanke ab, und er spürte, wie sein Körper mit dem ganzen Gewicht an den Armen hing. Das Boot hatte die Oberfläche durchbrochen; es schoß mit dem Heck und den Schrauben aus dem Wasser. Henke taumelte gegen die Leiter, und dann spürte er an den ruhigen, schaukelnden Bewegungen, daß das Boot auf der Wasseroberfläche lag. Ein paar schrien triumphierend auf, aber ihr Schrei erstickte, als die Explosionen hallend und dröhnend durch die Zentrale klangen.

Henke zog die Schwimmweste zurecht. Er nickte dem Leitenden Ingenieur, Altenburger, noch einmal zu, dann kletterte er weiter hinauf. Er stand unter dem Turmluk. Die Geschosse trommelten gegen die Panzerung des Turmes. Die Wände dröhnten, und es war, als hinge er in einem Glockenstuhl. Die Männer drängten sich jetzt in dem engen Turm. Sie schwankten mit den trägen, schlingernden Bewegungen des Bootes, und eine Sekunde sah Henke ein grausames Bild: Das Boot, das wie ein großer stählerner Leichnam an der Oberfläche trieb . . .

Seine Finger tasteten nach dem eisernen Handrad über seinem Kopf. Die Finger waren wie abgestorben und kraftlos. Das Rad drehte sich nicht. Er nahm seine letzte Kraft zusammen. Er hörte den pfeifenden

Ton, mit dem die Luft ausströmte. Er drehte weiter, bis der gewaltige Druck das Turmluk hochschleuderte.
Das Getöse der einschlagenden Geschosse überfiel ihn; ein mörderisches, aus grellen und dumpfen Einschlägen gespanntes Netz von Explosionen. Und doch war es wie eine Erlösung, Luft zu atmen und das Licht zu sehen, und er dachte, daß – wenn er sterben müßte – eine Kugel schneller und gnädiger tötete.
Als er sich aufrichtete und sich im Hagel der Geschosse in der Dekkung des Schanzkleides umblickte, sah er, daß er das Boot aufgeben mußte. Sie waren mitten unter ihren Verfolgern aufgetaucht. Keine hundert Meter vor ihnen lagen die grauen Leiber der Zerstörer. Er zählte vier, und dann hörte er auch die Flugzeuge in der Luft. Er sprang zum Turmluk zurück. »Alle Mann aus dem Boot!« Er sagte es leise und tonlos.
Es war keine Zeit zu verlieren; sechzig Männer mußten durch das enge Turmluk nach oben kommen. Vier oder fünf waren dem Kommandanten auf die Brücke gefolgt. Die Geschütze der Zerstörer hielten ihr Feuer in Höhe des Schanzkleides. Weiter weg detonierte in der See eine Serie Wasserbomben.
Henke sah, wie die Männer zögerten, freiwillig in diese Hölle zu springen. Er war selber wie taub von den peitschenden Garben. Er wartete auf einen Augenblick, in dem das Feuer aussetzte, aber die Gegner schossen pausenlos. Der einzige Weg zur Rettung führte durch diesen tödlichen Feuervorhang. Er blickte über die Schulter. Er sah Benz, den Ersten Wachoffizier, verkrampft lächeln. Und doch war es ein so warmes, lebendiges Lächeln, daß er wieder dachte, wie unvorstellbar es war, daß das Leben in diesem Gesicht vielleicht schlagartig auslöschen könnte.
Er glaubte, daß sie aufhören würden, das Boot zu beschießen, sobald die Männer auf den Zerstörern sahen, daß sie sich nicht wehrten. Er schloß für eine Sekunde die Augen. Dann schwang er sich als erster auf die Reling. Er stieß sich ab und warf die Arme hoch, als er sprang. Er spürte, wie er hart auf dem Wasser aufschlug, und dann war es eine Sekunde still, als sein Gesicht untertauchte. Er bewegte sich nicht. Er hatte nur den unklaren Gedanken, daß jetzt alles überstanden sei. Dann spürte er, wie die Schwimmweste ihn trug, und er begann, mit den Armen das Wasser zu schlagen, um vom Boot wegzukommen . . .
Zur gleichen Stunde stand ein anderes deutsches U-Boot nur wenige Seemeilen entfernt: U 68, das Boot des Oberleutnants zur See Albert

Lauzemis. Seit dem Morgen des 9. April wartete U68 an diesem Treffpunkt auf ein anderes Boot, um es mit Treibstoff für die Heimfahrt zu versorgen.
Am frühen Nachmittag, kurz nach zwei Uhr, meldete der Funker von U68, daß er in seinem Horchgerät Detonationen von Wasserbomben höre, nicht mehr als sieben Seemeilen entfernt. Die Männer von U68 wußten, daß U515 ganz in ihrer Nähe operierte. Eine halbe Stunde lang hallte der Ozean von den Detonationen wider. Sie warteten vergeblich auf einen Funkspruch von Henkes Boot . . .
Im Horchraum von U515 saß der Oberfunkmaat Wilhelm Heinemann. Der Befehl »Alle Mann aus dem Boot!« hatte ihn nicht erreicht. Er achtete auf nichts, was um ihn vorging. Er saß, die Kopfhörer übergestülpt, an seinen Geräten. Der Strom war beim Auftauchen ausgefallen, und er versuchte den Notsender in Betrieb zu bringen . . .
Es war ein Zufall, daß Lobach, der Funkobergefreite, noch einmal in den Horchraum kam. Als Heinemann aufblickte, sah er vor sich das fassunglose, entsetzte Gesicht des Gefreiten. Lobach schrie ihm etwas zu, aber Heinemann verstand ihn nicht. Plötzlich sah er, daß Lobach den Tauchretter trug, und jetzt erst erfaßte er, was los war. Er riß den Kopfhörer herunter. Mit zitternden Händen half ihm Lobach beim Anschnallen des Tauchretters. Dann stürzten sie auf den Gang und hasteten vor zur Zentrale. Hinter sich hörte Heinemann jemanden seinen Namen rufen. Er blieb stehen und erkannte den Obermaschinenmaat Stabwasser.
»Kommen Sie doch!« sagte Lobach flehend, aber dann lief er weiter; er starb ein paar Minuten später, als er versuchte, über Bord zu springen.
»Nur langsam«, sagte Stabwasser. »Hier! Guck mal, was ich gefunden habe.« Er schwenkte eine Flasche in der Hand.
Heinemann suchte im Halbdunkel das Gesicht des anderen. Er hörte ein hartes, trockenes Lachen.
»Komm, Wilhelm, diesen saufen wir noch, ehe wir absaufen!« sagte Stabwasser. Seine Stimme klang unverändert. Er hob die Flasche an den Mund und trank bedächtig, als hätte er Angst, etwas zu verschütten. Dann hielt er Heinemann die Flasche hin.
»Du bist verrückt«, begann Heinemann, aber er nahm doch die Flasche. Er trank hastig, und er spürte den Rum brennend im Magen. Er glaubte brechen zu müssen, aber dann fand er es plötzlich selbstverständlich, daß sie hier standen und in aller Ruhe die Flasche leer-

ten. Stabwasser nahm die Flasche an sich. Er hielt sie prüfend hoch. Er trank den Rest und schleuderte sie dann hinter sich . . .

Über zwanzig Mann drängten sich in der Zentrale, als Heinemann mit Stabwasser vorlief. Schultz stand am Niedergang und schob einen nach dem anderen nach oben. Seine Worte gingen im Hagel der Geschosse unter, die immer noch auf das Boot einhämmerten.

Als der Volltreffer im Unteroffiziersraum einschlug, schüttelte sich das Boot; aber die Männer kannten nur einen Gedanken: hier herauszukommen.

Die stickige Luft nahm Schultz den Atem, aber schlimmer noch war der Geruch nach Schweiß und Angst und das an den Nerven zerrende Explodieren der Geschosse.

Plötzlich klammerte sich ein junger Obergefreiter auf der Leiter an die Holme und rührte sich nicht. »Los! Aufwärts!« schrie ihn Schultz an.

Der Junge wandte das Gesicht. Es war Dymini. In einer sinnlosen Bewegung schüttelte er immer wieder den Kopf, und dann versteinerte sich sein Gesicht.

Schultz schrie ihn wieder an, aber nichts rührte sich in dem hageren jungen Gesicht. Schultz wußte sich nicht zu helfen; als er in das Gesicht schlug, schloß sich der halbgeöffnete Mund. Dann nickte Dymini wie erlöst und zog sich die Leiter hinauf.

In der Zentrale warteten bald nur noch wenige, aber einer irrte immer noch durch das Boot: der Maschinenobergefreite Helmuth Kaspers. Er hatte seine Schwimmweste nicht gefunden, und jetzt rannte er durch die Gänge. Es waren nur Minuten vergangen, aber ihm schien es wie ein langer, quälender Alptraum. Endlich entdeckte er in einer Ecke den gelben Stoff einer vergessenen Schwimmweste. Er stürzte in die Zentrale vor. Im Laufen zog er die Weste über. Er sah ein paar weiße, angespannte Gesichter. Irgend jemand half ihm, die Weste umzubinden.

Dann war er im Turm, und er kletterte weiter, der Rundung Licht entgegen, die Rettung bedeutete. Endlich spürte er das kalte, nasse Metall unter den Händen. Er zog sich ganz auf die Brücke. Vor ihm kauerte jemand zusammengesunken. Kaspers stieß ihn an, dann sah er, daß es Brandl war und daß er nicht mehr lebte.

Ein paar Leute waren auf der Brücke und duckten sich hinter das Schanzkleid. Kaspers richtete sich langsam auf. Er sah für eine Sekunde die dunklen Umrisse der Zerstörer, die das Boot beschossen, und dabei sah er Bruhs fallen.

Der Obermaschinenmaat Bruhs war auf den unteren Wintergarten, den tiefer liegenden Anbau achtern am Turm, gesprungen. Er lief bis zu dem Geschütz, aber anstatt zu springen, hob er beide Arme, als wolle er jemand herbeiwinken. Kaspers sah ihn umsinken. Im Sterben schlug Bruhs die Arme vors Gesicht, als wolle er den Tod nicht sehen. Kaspers spürte seine Beine wie Gummi. Als er sich umwandte, sah er Racksch am Schanzkleid lehnen. Er kroch zu ihm hin. »Komm, Racksch! Komm, komm, raus hier!« schrie er ihm zu. Racksch schüttelte nur den Kopf, und dabei fing die Wunde an seinem Kopf wieder an zu bluten. Seine Augen starrten auf einen Punkt in der Ferne. Er schüttelte wieder den Kopf und stieß Kaspers mit einer müden Handbewegung zurück.

Kaspers schloß die Augen, am liebsten wäre er liegengeblieben und hätte alles vergessen. Aber dann raffte er sich auf, zog sich an der Brücke hoch und warf sich über die Reling . . . Er tauchte unter. Als er hochkam, drehte er instinktiv die Preßluftflasche seiner Schwimmweste auf. Er spürte einen brennenden Schmerz in den Augen. Er sah alles durch einen schweren, dicken, öligen Schleier. Die Zerstörer waren nur noch verschwommene Umrisse, die Flugzeuge in der Luft schnelle fliehende Schatten. Um sich hörte er die Geschosse auf dem Wasser aufschlagen und zischend wieder hochspritzen. Er ließ den Kopf sinken und schluckte öliges Wasser. Er brach es wieder aus. Jetzt erst wurde ihm bewußt, daß er in einer riesigen Lache schweren Dieselöls schwamm.

Durch den Film aus Öl vor seinen Augen erkannte er in der See um sich kleine ölverschmierte Klumpen. Er schwamm auf sie zu – es waren die Köpfe schwimmender Kameraden.

Er hörte jemand seinen Namen rufen. Er verstand immer noch nicht, daß er lebte und nicht verwundet worden war. Er trat das schwere Wasser mit den Beinen, bis er das Boot sah; es brannte an Steuerbord wie eine lodernde Fackel.

Im gleichen Augenblick, als der dreiundzwanzigjährige Helmuth Kaspers über Bord sprang, schlug ein Volltreffer in den unteren Wintergarten. Die Granate traf die dort zum Aufblasen der Ortungsballons lagernden Sauerstoffflaschen. Sofort brannte das Deck lichterloh, und in der Hitze fing die Aluminiumverkleidung des Turmaufbaues Feuer. Das Feuer fraß sich weiter zu dem Behälter, in dem die Munition für die 3,7 Flak lagerte. Vier Mann waren auf der Brücke, als die Munition explodierte.

Dem Mechanikermaat Rolf Taubert platzten beide Trommelfelle, und der Druck der Explosion schleuderte ihn zu Boden. Schwatlo war in dieser Sekunde im Turmluk aufgetaucht, ein zwanzigjähriger Mechanikerobergefreiter. Er war schon fast auf der Brücke, als er die Augen schloß und sie dann groß und verwundert wieder aufriß. Es war, als wolle er sich umdrehen und sehen, wer ihm den Schlag in den Rücken gegeben hatte. Er machte eine leichte Wendung, und der erstaunte Ausdruck blieb auf seinem Gesicht, als er starb.
Der Maschinenobergefreite Eckert beugte sich zu ihm hinunter, um ihm aufzuhelfen. »Komm«, sagte er. »Halt dich fest.« Er faßte Schwatlo bei den Armen, und dann sah er die schweigenden, leeren Augen vor seinem Gesicht.
»Hör doch!« schrie Eckert. Aber der andere würde ihn nie mehr hören; für ihn waren alle Stimmen auf immer verstummt.
Unten im Boot schrie jemand auf; man hörte den Schrei bis auf die Brücke. Schwatlo war im Luk zusammengefallen und versperrte den anderen im Boot den Weg nach oben. Eckert starrte auf die Gestalt. Dann zerrte er den schweren Körper aus dem Luk. Er sah die klaffende Wunde im Rücken des Toten und die zerfetzten Beine. Er schloß die Augen vor Grauen und Schreck und schleifte ihn weg, bis der Weg für die anderen frei war; dann sprang er mit letzter Kraft über Bord. Taubert, der sich aufgerafft hatte, warf sich hinterher.
Auf dem Niedergang im Turm stand der Funkgefreite Schneider, als Schwatlo auf der Brücke starb. Die runde Öffnung Licht über ihm verdunkelte sich, und die Explosionen klangen gedämpfter. Jemand in der Zentrale schrie auf, und dann war der graue Fleck über ihm wieder frei. Schneider griff nach den Holmen des Niederganges. Dann zog er die Hände weg. Er starrte darauf. Sie waren voller Blut. Er hob den Kopf und sah das Blut über die Sprossen der Leiter heruntertropfen. Jemand stieß ihn an. Er blickte starr zu dem Licht hinauf, als er sich hochzog.
»Wanzke«, sagte Lemprecht. »Jetzt du!« Aber Wanzke wich von der Leiter zurück und ließ die anderen nach oben klettern. Der Matrosengefreite Wanzke war der Mann mit den besten Augen an Bord, der Mann, der am Morgen die Kriegsschiffe erkannt hatte, als Henke ihn auf die Brücke rief . . .
Aber das war eine Unendlichkeit her. Es war ihm jetzt, als sei das in einem anderen früheren Leben geschehen; und seither war er viele Tode gestorben. Er stand schon lange hier oben im Turm, aber er hatte immer wieder die anderen vorgelassen. Er wußte selber nicht,

warum; vielleicht, weil er Angst hatte, dort oben vor den Augen der anderen zu sterben.
Auch jetzt stolperte er wie blind zur Seite. Mit grauem, maskenhaftem Gesicht blickte er auf die blutverschmierten Holme, nach denen die Hände griffen. Er stand da, bewegungslos, und dachte nur, warum nicht alles zu Ende war und warum nicht einer kam und ihn erlöste.
Er war unten im Boot gewesen. Er hatte Virnau, den Funker, aus dem Horchraum stürzen sehen. Er hatte sein Schreien gehört, und seither hatte er Angst, daß die anderen auch ihn so sehen könnten. Hundertmal in den vergangenen langen Stunden, als das Boot in der Tiefe sich unter dem Wasserbombenhagel schüttelte, war der Tod wie eine Drohung gekommen, hatte ihn gestreift und immer ohnmächtig überleben lassen.
Teilnahmslos verfolgte er jetzt, wie die letzten nach oben stiegen. Niemand beachtete ihn. Und dann war er allein in dem engen, dröhnenden Turm, gegen den Geschosse schlugen. Auch sein Kopf war ein dröhnender Turm, und darin war eine Stimme, die schrie:
Mach ein Ende! Mach ein Ende! Bitte! Bitte! Mach ein Ende! Aber niemand war da, ihn zu erlösen. Er war neunzehn Jahre alt und allein mit dem, was man ihm vom Sterben erzählt hatte. Es war alles eine Lüge und ganz anders. Er war neunzehn, aber er wußte jetzt so viel vom Tod wie ein Greis; er war hundertmal bei vollem Bewußtsein gestorben. Jede Kugel, die gegen den Turm schlug, hatte ihn getroffen. Jeder Schrei war tödlich. Jede Sekunde war eine grausame Ewigkeit, in der man tausend Tode sterben konnte.
Er hörte plötzlich ein Geräusch. Es kam von unten aus der Zentrale, und er dachte, daß er nicht länger warten durfte. Er ging langsam auf die Leiter zu. Als er die Hände nach den blutigen Holmen ausstreckte, konnte er sie nicht berühren. Die Arme rutschten herab. Sein Blick irrte weiter. Dann wurden seine Augen weit. In der Halterung an der Innenwand des Turmes hing die schwere Signalpistole. Er starrte darauf. Was er wirklich sah, war etwas anderes; er stand auf der Brücke in einer Nacht, und er sah die leuchtendweißen, roten und grünen Kugeln in ihrem glühenden Magnesiumlicht aufsteigen. Immer weiter steigen und steigen . . .
Er riß die großkalibrige Pistole aus der Halterung. Er wunderte sich, wie schwer sie war, als er sie hob und gegen seinen Kopf richtete. Aber er sah nur die Kugeln in der Dunkelheit zerplatzen und sich teilen und dann langsam und schwebend ins Meer sinken.

Als Oberleutnant Schultz aus der Zentrale in den Turm hinaufkletterte, stutzte er eine Sekunde. Er atmete den beißenden, unverkennbaren Geruch von Magnesium ein und dann noch einen anderen Geruch. Es würgte ihn im Hals, als ihm klar wurde, daß es der Geruch verbrannten Fleisches war. Er wußte in diesem Augenblick noch nicht, daß hier ein Neunzehnjähriger seiner Qual ein Ende gemacht hatte.

Schultz war unter den letzten, die über Bord sprangen. Die Zerstörer hielten das Boot immer noch unter Feuer, und er bekam einen Schuß in den linken Oberarm. Er sah noch einige Männer von der Brücke springen. Plötzlich richtete sich der Bug des Schiffes steil auf. Er hatte das Boot um fünfzehn Uhr verlassen, und zehn Minuten mochten vielleicht vergangen sein, als das Heck des Bootes unter Wasser schnitt, fast eine Stunde, nachdem es aufgetaucht war.

U 515 ging unter, wie hundert andere Boote untergegangen waren. Virnau lag in einer Koje in der Unteroffiziersmesse, aber er war tot, genauso wie der Matrosenobergefreite Josef Wanzke. Und von dem Maschinenobergefreiten Kloth wußte man erst später, wie er gestorben war: Er stand schon auf der Brücke, aber dann zwängte er sich wieder zurück ins Boot, und er mußte noch gelebt haben, als über dem Boot die Wellen zusammenschlugen. Drei Menschen nahm U 515 mit in die Tiefe, aber hundert andere Boote waren ganzen Besatzungen zu Särgen geworden. Von keinem hat man je etwas erfahren; aber die Menschen starben gewiß nicht weniger grausam als die von U 515. Von ihnen können die Überlebenden berichten. Aber niemand wird je wissen, wie viele so starben – so wie Virnau und Wanzke und Kloth.

Die Überlebenden von U 515 trieben noch im Wasser; die See war ruhig, und sie glaubten, daß ihnen nun nicht mehr viel geschehen konnte. Viele von ihnen gerieten in die zähe Lache Öl, die um das Boot trieb. Sie versuchten, sich die mit Öl schwer durchtränkten Uniformstücke vom Leib zu reißen. Einige schwammen mit wilden, verzweifelten Bewegungen. Andere trieben ganz ruhig auf dem Rücken, um Kräfte zu sparen. Sie versuchten, sich in einem Pulk zusammenzuhalten. Einige, die ohne Schwimmwesten über Bord gesprungen waren, klammerten sich an den anderen fest.

Die Zerstörer hatten ihr Feuer eingestellt.

In der Ferne sahen die Männer jetzt den graugefleckten Flugzeugträger. Über ihnen flogen immer noch zwei Maschinen, aber sie fürchteten sie nicht mehr. Für sie war alles zu Ende, und sie blickten nicht auf, als die beiden Maschinen in den Sturzflug übergingen und auf das Wasser herunterstießen. Unter ihren kurzen, gedrungenen Körpern lösten sich zwei Bomben. Sekunden später riß die Wasseroberfläche auf.

Der gewaltige Druck der Wellen stürzte über die Schwimmenden her, und er preßte zweien die Luft aus den Lungen und tötete sie. Der Oberfunkmaat Heinemann sah, wie eine Welle den Ersten Wachoffizier des Bootes, Oberleutnant Benz, unter Wasser drückte. Und Taubert sah den zwanzigjährigen Oberfähnrich zur See Paul Dohrmann, der wenige Meter neben ihm schwamm, sterben.

Die Männer schwammen auf die Zerstörer zu. Sie warteten, daß man die Boote aussetzen würde, aber nichts geschah. Sie umschwammen die Zerstörer, bis man Kletternetze und Jakobsleiter herabließ. Den meisten fehlte es an Kraft, sich daran emporzuziehen. Sie klammerten sich einfach an die Taue und warteten, bis man sie hochzog.

An Deck standen Posten mit Maschinenpistolen im Anschlag. Sie wurden unter Deck gebracht. Man hatte ein Mannschaftslogis für sie geräumt. Sie mußten sich ausziehen, und ein Arzt untersuchte sie. Er schrieb ihnen seinen Befund mit einem Stück roter Kreide auf die Brust. Die Verwundeten kamen sofort in die Lazarette der Zerstörer. Die meisten brauchten nur etwas Salbe gegen das brennende Dieselöl in ihren Augen. Sie bekamen zu trinken und zu essen, und jeder erhielt trockene Hosen und ein Schiffsbrüchigen-Päckchen des Roten Kreuzes mit einem dünnen weißen Pulli, Segeltuchschuhen, Zahnbürste und Rasierzeug.

Zwei Stunden, nachdem U515 untergegangen war, trafen die Meldungen der vier Zerstörer auf der »Guadalcanal«, dem Flaggschiff der U-Boot-Jagdgruppe, ein. Vierundvierzig Mann der sechzigköpfigen Besatzung waren gerettet worden. Unter den Überlebenden war auch der Kommandant Werner Henke. Einer der Zerstörer hatte ihn aufgefischt. Henke war nicht verwundet.

Der gleiche Zerstörer hatte einen zweiten Offizier aus dem Wasser gezogen, der am linken Arm eine Verwundung hatte; es war Schultz. Der Oberleutnant sah seinen Kommandanten an Bord des Zerstörers nicht.

Keiner von den vierundvierzig Deutschen, die gerettet worden waren, ahnte etwas davon, daß einen Tag später, am Morgen des 19. April, die Flugzeuge der »Guadalcanal« ein weiteres deutsches U-Boot versenkt hatten. Es war das Boot des Oberleutnants Lauzemis, U68, das noch am Tage zuvor in seinen Horchgeräten die Wasserbombenverfolgung von U 515 gehört hatte. Nur ein Mann von U 68 überlebte den Angriff der acht Maschinen: der Matrosengefreite und Reserveoffiziersanwärter Hans Kastrup.

Mit schweren Verletzungen lag Kastrup in einem abgesonderten Raum des Schiffslazaretts auf dem Flugzeugträger. Gallery hatte angeordnet, daß er mit der Besatzung von U 515 nicht zusammenkommen durfte.

Kastrup war schon an Bord der »Guadalcanal«, als Henke und Schultz auf den Flugzeugträger übergesetzt wurden. Auf der »Guadalcanal« wurden die beiden Offiziere sofort wieder getrennt. Schultz kam ins Lazarett, Henke wurde unter Deck ins Schiffsgefängnis geführt. In der Zelle sah Henke den Leitenden Ingenieur, Altenburger, wieder. Die Posten sperrten die beiden zusammen in eine Zelle. In der zweiten Zelle saß Dr. Jensen. Nach zwei Tagen kam Schultz aus dem Lazarett zu ihm.

Die beiden Zellen mit den hohen Eisengittern lagen nebeneinander im Vorschiff hinter dem Kettenkasten der »Guadalcanal«. Wenn das Schiff in der See schlingerte, hörten die Offiziere durch die dünnen Metallwände die scheppernden Ankerketten. In dem engen Gang vor den Zellen saß ein Posten mit der MP auf den Knien. Einmal am Tage wurden die Gefangenen aus ihren Zellen an die frische Luft geführt. Vier schwerbewaffnete Posten begleiteten sie zu dem großen Lastenaufzug, der sonst die Flugzeuge auf das Startdeck hob. Mit ihm fuhren sie nach oben; aber der Aufzug hielt auf halber Höhe, so daß die Gefangenen über sich den Himmel sahen, aber nicht die See. Sie konnten auf der fünfzehn mal fünfzehn Meter großen Fläche auf und ab gehen. Sie durften sich nicht unterhalten. Keiner der Offiziere hatte den Kommandanten der U-Boot-Jagdgruppe bisher zu Gesicht bekommen. Keiner von ihnen war verhört worden.

Auch die anderen Männer der Besatzung von U 515 waren inzwischen von den Zerstörern auf den Flugzeugträger gebracht worden. Keiner von ihnen wußte bis dahin, was aus Henke geworden war. Erst am dritten Tag auf der »Guadalcanal« erfuhren sie, daß ihr Kommandant lebte. Und noch etwas erfuhren sie. Der Kommandant der U-Jagdgruppe Gallery wußte, daß U 515 das Boot war, das die »Ceramic« versenkt hatte, und daß die Engländer den Kommandanten des Mordes beschuldigt hatten . . .

An diesem Morgen waren sie in den Waschraum geführt worden, dann zurück in ihr Gefängnis. Der Raum war kaum drei Meter breit.

Auf beiden Seiten waren Klappbetten an den Wänden; wenn sie heruntergeklappt waren, blieb zwischen ihnen nur ein schmaler Gang.
Der Raum lag unter dem Landedeck und neben dem Schornstein des Schiffes. Die Wände strahlten eine unerträgliche Hitze in den Raum, und die meisten Männer lagen, ohne sich zu rühren, auf den Kojen. Jede Bewegung machte sie müde und schlapp. Sie lagen auf dem Rükken, die Hände unter dem Kopf, und starrten zur Decke hinauf. Manchmal hörten sie über sich das Motorengeräusch, wenn die Flugzeuge starteten.
Es war kurz vor zwölf, als eine der Wachen den Raum betrat und nach dem »Spokesman« verlangte. Lamprecht erhob sich von seiner Koje. Der Oberbootsmaat hatte alle sechs Fahrten unter Henke auf U515 mitgemacht. Er konnte etwas Englisch, und die Männer hatten ihn zu ihrem Sprecher gewählt.
Er blieb an diesem Morgen über eine halbe Stunde weg. Kaum einer erhob sich von der Koje, als er zurückkam. Lamprecht wartete an der Tür, bis sie von außen verriegelt war und er die Schritte des Postens hörte.
»Kommt mal alle her!« sagte er dann. Er ging den schmalen Gang zwischen den Klappbetten entlang. Er lehnte sich gegen die Seitenwand unter die hochgelegene Öffnung, die mit Maschendraht verschlossen war.
Die Männer klappten ihre Betten hoch und drängten sich um den Oberbootsmann.
»Ich mußte zum Kommandeur des Verbandes . . .«, begann Lamprecht. Er wartete einen Augenblick, als eine Maschine über ihren Köpfen startete. Dann war es wieder still. Durch die Öffnung kam der Seewind und trug einen leichten Salzgeruch in den Raum. Lamprecht blickte von einem zum andern. »Die Alten von uns«, sagte er dann, »wissen ja Bescheid. Es ist die alte ›Ceramic‹-Geschichte; wir sollen auf Schiffbrüchige geschossen haben . . .« Lamprecht wischte sich den Schweiß von der Stirn. »Der Kapitän sagte mir, er habe einen Funkspruch bekommen. Die britische Admiralität fordere ihn auf, den Kommandanten und uns alle an die Engländer auszuliefern. Der Verband soll Gibraltar anlaufen, und da wollen sie uns kassieren . . .«
»Was denn?« meinte dann jemand unsicher. »Das können sie uns doch nicht anhängen wollen . . .«
»Ich hab' den Funkspruch gesehen«, sagte Lamprecht. Er sah auf.

»Moment, ich bin noch nicht zu Ende. Ich soll euch sagen, daß es eine Möglichkeit gibt, nicht den Engländern ausgeliefert zu werden. Wenn wir bereit sind, alles auszusagen, was man von uns wissen will, kommen wir nach Amerika.«
Er wartete, ob jemand etwas sagte, aber niemand sprach jetzt.
»Wir haben Bedenkzeit«, sagte Lamprecht dann. »Vierundzwanzig Stunden.«

Ein heftiger, heißer Wind strich über das Landedeck. Mit bloßen Oberkörpern standen dort die Männer der »U.S.S. Guadalcanal« und winkten die Maschinen ein. Von der Brücke des Flugzeugträgers beobachtete Gallery die landenden Maschinen. Dann wandte er sich an den Offizier, der neben ihm stand. »Die Leute wollen also nicht reden?«
»Sieht nicht so aus«, sagte Johnson, der Verhöroffizier. »Sie haben nicht einmal die vierundzwanzig Stunden Bedenkzeit abgewartet.«
Gallery beobachtete die Maschine, die aus der Sonne auf das Deck herabschwebte. Das Licht von ihren Tragflächen war grell und schneidend wie eine Sichel. Gallery blickte mit undurchdringlichem Gesicht vor sich hin.
Die beiden Offiziere verließen die Brücke und stiegen zu der Kammer des Kommandanten hinunter. Der Posten, der den »Spokesman« der Besatzung von U 515, den Oberbootsmaat Heinrich Lamprecht, hergebracht hatte, nahm Haltung an. Er blieb mit gespreizten Beinen dicht hinter dem Gefangenen stehen, die MP in beiden Händen.
Gallery hatte sich hinter seinen Schreibtisch gesetzt. Er sah den Deutschen, der immer noch wartete, nicht an, als er sagte: »Na schön. In zehn Tagen laufen wir Gibraltar an. Es wird mir ein Vernügen sein, euch den Engländern zu übergeben.«
»Wir werden nichts aussagen«, sagte der Oberbootsmaat nur.
Gallery rührte sich nicht. Sein Gesicht war ruhig, hart und kalt.
»Ihr müßt es wissen, was die Engländer euch angedroht haben.« Er wartete, aber er schien nicht wirklich mit einer Antwort zu rechnen.
»Bringen Sie ihn wieder runter«, befahl er dann. Er erhob sich ruhig hinter seinem Schreibtisch und folgte dem Posten, der die Tür aufstieß.
»Noch eins«, sagte er. »Für wen wollt ihr euer Leben noch einmal aufs Spiel setzen? Für euren Kommandanten?« Und dann, als sei ihm der Einfall erst in dieser Sekunde gekommen: »Er wird nicht so dumm sein. Er wird reden . . .«

Wie das Verhör des Kommandanten von U 515, Werner Henke, auf der »U.S.S. Guadalcanal« verlief, darüber gibt es nur eine Version, die des Captains Gallery. Und Gallery sagt darüber:
»Ich hatte bald herausbekommen, daß Henke von dem Gedanken, an die Engländer ausgeliefert zu werden, nicht sehr begeistert war. Ich überlegte mir, wie weit ich mit der Drohung, ihn auszuliefern, gehen konnte. Ich wog die Chancen ab und entschloß mich dann, es mit einem Trick zu versuchen.
Auf einem unserer offiziellen Meldeformulare ließ ich eine Nachricht an die ›Guadalcanal‹ schreiben, und zwar so, daß es aussah, als käme der Befehl vom Kommandierenden Admiral der Atlantik-Flotte:

BRITISCHE ADMIRALITÄT FORDERT SIE AUF BESATZUNG VON U 515 AUSZULIEFERN, WENN SIE GIBRALTAR BRENNSTOFFÜBERNAHME ANLAUFEN. ANBETRACHT SCHIFFSÜBERBELEGUNG STELLE ICH DURCHFÜHRUNG IN IHR ERMESSEN.

Ich bereitete auf dem offiziellen Briefbogen des Schiffes weiter eine Erklärung vor, die von Henke nur unterschrieben zu werden brauchte. Sie lautete:
›Ich, Kapitänleutnant Werner Henke, verspreche bei meiner Ehre als deutscher Offizier, daß ich bei den Verhören durch Offiziere der Seeabwehr alle Fragen der Wahrheit gemäß beantworten werde, sofern ich und meine Mannschaft in amerikanische statt in britische Gefangenschaft kommen. gez. Kpt.Ltn.
Zeugen: D. V. Gallery, Capt, USN.
J. S. Johnson, Cdr. USN.‹

Wenn ich es mir recht überlegte, sah mein Trick eigentlich nicht sehr erfolgversprechend aus. Aber es war eine der Situationen, wo man nichts zu verlieren hatte und viel gewinnen konnte, wenn er darauf reinfiel. Ich weihte Commander Johnson in das Komplott ein und bat ihn als Zeugen zu dem Verhör.
Ich befahl, Henke aus dem Schiffsgefängnis heraufzuführen. Ich händigte ihm den gefälschten Funkspruch aus. Sein Gesicht verfärbte sich, als er ihn las. Seine Augen bekamen den Blick eines in die Enge getriebenen Tieres, als er sagte: ›Was wollen die von mir?‹
Ich zuckte die Achseln und sagte: ›Das weiß ich nicht.‹
›Die Genfer Konvention . . .‹, begann er.
›Augenblick mal‹, sagte ich. ›Die USA und England sind Verbündete,

also ist es vor dem Gesetz gleich, in welchem Land Sie gefangengehalten werden.‹

Nach einer langen Pause des Schweigens blickte er mich ziemlich kleinlaut an. ›Na schön, Captain, dann können Sie ja wohl nicht viel machen‹, sagte er.

›Ich kann schon‹, sagte ich. ›Der Funkspruch stellt die Auslieferung in mein Ermessen. Wenn es sich für mich bezahlt macht, behalte ich Sie an Bord und bringe Sie nach den USA.‹

›Was verlangen Sie dafür?‹

›Unterschreiben Sie das‹, sagte ich und schob ihm die vorbereitete Erklärung über den Tisch zu.

Henke las die Erklärung zweimal aufmerksam durch. Er dachte eine Weile nach und sagte dann: ›Sie wissen, daß ich das nicht unterschreiben kann, Captain.‹

›Das liegt ganz bei Ihnen‹, sagte ich. ›Unterschreiben Sie, und Sie kommen nach Amerika. Wenn Sie nicht unterschreiben, liefere ich Sie und Ihre Mannschaft den Engländern aus.‹ Ich hatte ihn in der Zange. Schließlich blickte er mich an, und ich spürte, daß hier ein Soldat dem anderen, den er, obwohl er sein Feind war, respektierte, seine Seele entblößte.

›Und was würden Sie tun, wenn Sie in meiner Lage wären?‹ sagte er.

Ich antwortete ihm ehrlich und sagte: ›Wenn ich überzeugt wäre, daß mein Land den Krieg verloren hat und daß ich meiner Mannschaft damit helfen kann, dann würde ich unterschreiben.‹

Henke und ich standen uns ein paar Minuten schweigend gegenüber. Ich kannte damals noch nicht die Hintergründe der Versenkung der ›Ceramic‹. Er wußte, daß kein unvoreingenommenes Gericht ihn für das, was er getan hatte, bestrafen würde. Aber er war davon überzeugt, daß ein britisches Kriegsgericht ihn hängen würde. Endlich nahm er die Feder, unterschrieb die Erklärung, blickte mich trotzig an und wurde ins Schiffsgefängnis zurückgeführt.

Ich ließ eine Fotokopie der von Henke unterschriebenen Erklärung machen und legte sie der Besatzung vor. Ich fügte eine ähnliche Erklärung für sie bei: Unterschreibt, und ihr kommt nach den USA. – Weigert ihr euch, dann geht es nach England. Die Erklärung für die Mannschaft von U 515 enthielt mehr Einzelheiten über das, was sie auszusagen hätten, als die Henkes. Aber sie alle kannten die Unterschrift ihres Kommandanten, und so konnten sie nicht mehr daran zweifeln, daß er wirklich bereit war zu reden. Jeder einzelne von U 515 unterschrieb und versprach, alles auszusagen, was er wußte.

Nach der Ankunft in den USA distanzierte sich Henke, wie vorauszusehen war, von der Erklärung mit der durchaus korrekten Begründung, daß er seine Unterschrift nur unter Druck und falschen Vorspiegelungen gegeben habe. Aber seine Mannschaft, die von ihm getrennt war, erfuhr das nie. Als unsere Anti-U-Boot-Experten sie verhörten, sangen sie wie die Kanarienvögel, und unsere Leute von der Abwehr machten einen großen Fang.«
Das ist Gallerys Version in seinem Buch »Twenty Million Tons Under the Sea«.
Der Posten hatte Henke nach dem Verhör wieder ins Schiffsgefängnis geführt. Henke saß mit dem Leitenden Ingenieur von U 515, Günther Altenburger, in einer Zelle. Neben ihnen saßen der Zweite Wachoffizier, Hans Schultz, und der Bordarzt, Dr. Jörg Jensen, hinter Gittern. Alle drei Offiziere leben heute noch. Alle drei sagen übereinstimmend aus, daß Henke zu ihnen nie von der Erklärung, die er unterschrieben haben soll, gesprochen hat. Er machte ein paar Andeutungen, daß man ihn wegen der »Ceramic« verhört habe, mehr nicht.
Es gibt noch einen gewichtigeren Grund, an Gallerys Aussagen zu zweifeln. Er sagt, er habe mit Henkes Erklärung die Besatzung von U 515 zu Aussagen gezwungen. Tatsache ist, daß keiner der Offiziere und keiner von der Besatzung von U 515 je die Erklärung Henkes gesehen hat. Und keiner von ihnen hat je selber eine Erklärung unterschrieben.

Am Morgen des 11. April erwachte in einem streng bewachten Nebenraum des Lazaretts der »Guadalcanal« der Überlebende von U 68, des Bootes, das Gallery einen Tag nach U 515 versenkt hatte, der Matrosengefreite Hans Kastrup. Der Schiffsarzt der »Guadalcanal«, der die Bluttransfusion überwachte, beugte sich über den immer noch Bewußtlosen, als er die Lippen bewegte.
Kastrup schüttelte den Kopf, um den Nebel vor seinen Augen abzuwehren. Er sah hinter den verschleierten Augen einen Schatten, und er wunderte sich, daß Stahn wieder neben ihm schwamm. Doch er mußte es sein, denn er hörte, wie die Preßluft zischend aus einer zerschossenen Schwimmweste entwich . . . Aber dann schien Stahn nicht mehr neben ihm zu sein. Eine Welle trieb sie auseinander. Er sah kein Schiff, nur die Flugzeuge waren noch in der Luft. Er trieb auf dem Rücken und versuchte, den Blick auf die Maschine zu konzentrieren, doch er sah immer nur ihren Schatten. Aber dann wuchs aus dem Schatten das Gesicht des Piloten. Es war ganz nahe über ihm.

Er hatte das Gefühl, als treibe er aus einer schwarzen Tiefe herauf an die Oberfläche, und als er über Wasser kam und atmen konnte, hörte er eine Stimme. Dann sah er, daß der Pilot über seiner Uniform einen weißen Kittel trug.
Er roch den Gestank versengter Haare. Er hob die Hände und starrte ungläubig auf die in weiße Mullbinden gehüllten Klumpen. Eine Sekunde glaubte er, wieder im brennenden Meer zu schwimmen. Das flimmernde Bild vor seinen Augen wurde klar.
Und dann wußte er, daß er gerettet war und daß ein Arzt an seinem Bett stand.
Kastrup dämmerte den Tag über dahin. Er bekam noch zwei Bluttransfusionen. Die Verletzungen waren nicht sehr schlimm, aber er hatte sehr viel Blut verloren. Er erfuhr, daß er vierundzwanzig Stunden ohne Bewußtsein gewesen war; niemand sagte ihm, was aus den anderen geworden war.
Er blieb fünf Tage allein. Im Schlaf quälten ihn wieder die Erinnerungen an das, was geschehen war. Am fünften Tag nahm man die Verbände ab, er kam in eine Zelle, zusammen mit einem Posten zur Bewachung. Am sechsten Tag ließ Gallery den Matrosengefreiten Kastrup zum Verhör kommen.
Am Nachmittag kamen zwei Soldaten mit einer Tragbahre. Sie trugen ihn ein paar steile Treppen hinauf und dann einen langen Gang unter Deck entlang. Als Kastrup den Kopf hob, sah er die Flugzeuge mit den zurückgeklappten Tragflächen. Er richtete sich auf, um die Maschinen besser zu sehen; er glaubte zu erkennen, daß einige von ihnen beschädigt waren.
»Das war eure Flak«, hörte er die Stimme des Postens, der neben der Bahre herging.
Kastrup fiel schlaff auf die Bahre zurück. Er fühlte sich schwindlig und müde. Und plötzlich glaubte er wieder, den verzweifelten Blick seines Kommandanten zu sehen. Und alles geschah noch einmal . . .
Es war acht Uhr morgens. Ein Montag, Ostermontag – und wenige Minuten nach dem Auftauchen hatte die erste Maschine angegriffen.
U68 war eines der alten Boote, eines, das länger als die meisten anderen seinem Schicksal im Atlantik entgangen war. U68 hatte noch die »glücklichen Zeiten« Priens, Kretschmers und Schepkes erlebt; und es hatte seither unter zwei Kommandanten fast eine Viertelmillion Tonnen Schiffsraum versenkt. Aber an diesem Ostermontag 1944 hatte das Schicksal auch seine Nummer aufgerufen . . .

Die feindliche Maschine kam aus einem strahlendblauen Himmel. Lauzemis, der Kommandant, stand auf der Brücke und sah sie zuerst. Er schrie: »Flieger!«, und die Ausgucks stürzten zu den Flakwaffen auf dem Wintergarten. Kastrup war Geschützführer an der automatischen 3,7-cm-Flak. Zusammen mit fünf anderen war er hinter das Schutzschild aus Stahl gerannt.

Die Maschine flog von achtern an. Wie ein gedrungenes, plumpes Geschoß stieß sie herab, und das helle Gedröhn des Motors wanderte ihr wie eine Warnung voraus. Die Leuchtspurmunition stieg dem plumpen Schatten entgegen, und die Männer an den Geschützen beobachteten die Einschläge am Rumpf und an den Tragflächen.

Die Maschine zog hoch, wurde zu einem schmalen, scharfen Messer in der Sonne, als sie drehte. Dann war es, als zersplitterte sie in drei Teile: Plötzlich waren drei Maschinen in der Luft.

Ihre Bomben fielen zu früh, aber ihre Bordwaffen und Raketengeschosse hämmerten über das Deck des Bootes.

Die Männer an den Geschützen schossen zurück; als sie sich aufrichteten, sahen sie eine Maschine wie eine brennende Fackel ins Meer stürzen; dort, wo sie aufschlug, stand eine hohe Flammensäule über dem Wasser.

Die anderen Maschinen mußten über Funk Verstärkung herbeigerufen haben, denn beim nächsten Mal kamen sie mit acht Maschinen. Drei griffen an. Die anderen lauerten kreisend in zweitausend Meter Höhe.

Diesmal schlug eine Bombe neben dem Boot ein. Es hob sich aus dem Wasser, und die Explosion schleuderte die Männer an den Geschützen gegeneinander. Maschinengewehrgarben hatten die Wasserstoffflaschen getroffen, und das Deck brannte. An der 3,7-cm-Flak war niemand verwundet worden, und Kastrup hörte, wie Lauzemis den Männern an der 2-cm-Flak zuschrie, sie sollten einsteigen. Das bedeutete, daß sie an ihrem Geschütz zu bleiben hatten, bis die anderen im Boot waren.

Plötzlich hörte Kastrup in seinem Rücken Motorengeräusch. Er warf sich herum und sah noch die Maschine, die sich von den anderen getrennt hatte und das Boot von backbord anflog. Ganz niedrig kam sie über das Wasser; wie eine Sichel mähten ihre Geschoßgarben zwischen die Männer an den Geschützen.

Kastrup wurde gegen das Geschütz geschleudert. Er spürte einen flammenden Schmerz hinter seiner Stirn. Unendlich mühsam zog er sich hoch. Er hob seine Hand und fuhr über die Schläfe und starrte

dann auf das Blut, stumpf und benommen und noch unfähig zu begreifen, was geschehen war. Neben sich hörte er jemand aufschreien. Es war Stahn, der Mechanikergefreite.
Durch den stechenden Qualm, der über dem Deck hing, sah Kastrup Männer Verwundete zur Brücke hinauftragen. Er hörte Lauzemis' Stimme, die ihm von der Brücke zuschrie: »Einsteigen! Schnell, alles einsteigen! Alarmtauchen!«
Plötzlich sah er alles verschwommen. Er wischte sich mit dem Ärmel das Blut aus den Augen, packte Stahn an der Schwimmweste und zerrte ihn hinter sich her. Er hörte Lauzemis wieder rufen. Er verstand ihn nicht. Er schleppte sich weiter. Als er sich umwandte und zum Himmel emporblickte, sah er die Flugzeuge anfliegen. Und er dachte eine Sekunde daran, aufzugeben. Er zog sich den Niedergang auf den Turm hinauf, und Stahn folgte ihm mit letzter Kraft. Auf der Brücke war niemand mehr. Lauzemis stand schon im Turmluk. Nur sein Kopf ragte noch heraus. Kastrup sah die Augen, die ihn verzweifelt und jammervoll anstarrten, so, als bäten sie ihn um Verstehen.
Mein Gott, dachte Kastrup, das kann er doch nicht tun. Er wollte schreien, aber er konnte nur schaudernd zum Luk hinstarren. Er sah die weiße Kommandantenmütze und unter der Mütze diese Augen, Augen, die ins Unendliche vergrößert schienen, so verzweifelt blickten sie. Ein paar schmale, weiße Hände griffen nach dem Handrad, aber auch das war für Kastrup nur eine verschwommene Bewegung im Hintergrund dieser Augen.
Das Turmluk schlug vor Kastrup zu, als er noch drei Schritte entfernt war. Es war ein hartes, endgültiges Geräusch, und es traf ihn wie ein Todesurteil. Kastrup taumelte noch einen Schritt weiter. Er hielt immer noch die Schwimmweste Stahns umklammert. Mein Gott, er taucht ohne uns, dachte er, und dann griff der Sog des Wassers nach ihm, als das Boot unterschnitt.
Das Wasser schlug gurgelnd über dem Turm zusammen, und im gleichen Augenblick hörte er die Explosion der Fliegerbomben. Seine verkrampften Finger lösten sich von der Schwimmweste. Die Wucht der Druckwellen schleuderte ihn vom Turm gegen das Geschütz. Er spürte, daß er nicht loskam und mit dem Boot unter Wasser gezogen wurde. Mit weit aufgerissenen Augen starrte er um sich, voller Verwunderung, wie hell das Wasser war. Detonationen erschütterten das Meer, und eine Sekunde war ihm, als taumele er durch eine Halle und höre tausend Stimmen um Hilfe schreien.

Da fiel die Lähmung von ihm ab. Er schlug um sich und war frei. Als er an die Oberfläche schoß, trieb er in einer brennenden Lache Öl. Er versuchte, die Flammen mit den Händen wegzustoßen und sich so eine kleine Insel in der flammenden Hölle zu schaffen, aber immer wieder griffen sie nach seinen Kleidern. Der beißende Rauch drang in seine Lungen. Er kämpfte gegen das Feuer, und sein Herz schlug voller Panik vor dem qualvollen Ende, das ihn erwartete. Er hörte die Flugzeuge in der Luft, und durch den Qualm sah er, wie sie herunterstießen und ihre Bomben auf das brennende Meer warfen.

Er wußte später nicht, wie er aus dem Flammenmeer herausgekommen war. Vielleicht waren es die Hilfeschreie gewesen, die ihm die Kraft gegeben hatten weiterzuschwimmen. Er erkannte Stahn. Der Mechanikergefreite hatte, als die Flugzeuge sie angriffen, einen Bauchschuß bekommen, und die MG-Garbe hatte dabei seine Schwimmweste durchlöchert. Sie wußten nicht, was mit dem Boot geschehen war. Einmal entdeckten sie ein paar Kisten, die vorbeitrieben. Vielleicht war es getroffen worden und unter Wasser explodiert, aber Kastrup klammerte sich an die Hoffnung, daß sie wiederkommen und sie holen würden. Aber dann fühlte er nichts mehr, er starrte in das Wasser, das sich um ihn blutig färbte . . .

Kastrup spürte die wippenden Bewegungen der Tragbahre. Es fiel ihm schwer, die Erinnerung zurückzudrängen und daran zu denken, daß man ihn auf einer Bahre zum Verhör in die Kammer des Kommandanten trug. Der Mann am vorderen Ende der Bahre blieb stehen, und der Posten öffnete eine Tür. Kastrup hörte Stimmen, und dann gingen sie mit ihm in den Raum.

Sie stellten die Bahre auf zwei Stühlen ab. Als Kastrup den Kopf hob, sah er die Offiziere auf den graugrünen Stahlrohrsesseln im Halbkreis hinter dem Schreibtisch sitzen, die Beine übereinandergeschlagen. Der Offizier hinter dem Schreibtisch mußte Gallery sein. Er stützte die Ellbogen auf den Tisch und blickte ihn lächelnd an.

So viel Theater, dachte Kastrup, und plötzlich glaubte er zu wissen, daß er der einzige war, den sie gerettet hatten. Erst als Gallery die erste Frage stellte, sah Kastrup den Dolmetscher. Es war ein Matrose, und Kastrup bemerkte seine vor Anstrengung gefurchte Stirn, als er die Fragen stockend übersetzte. Kastrup verstand sehr gut, was der Mann hinter dem Schreibtisch ihn fragte, aber er ließ den Dolmetscher übersetzen, um Zeit für seine Antworten zu gewinnen. Die ersten Fragen hatte er erwartet. Die Nummer des Bootes? Das Datum, wann es ausgelaufen war? Aus welchem Stützpunkt? Welche Befehle

sie hatten? Und sollten sie sich mit anderen Booten zur Brennstoffübernahme treffen? Das interessierte sie besonders. Kastrup antwortete nicht.
Gallery saß reglos hinter seinem Schreibtisch. Das Lächeln wich nicht aus seinem Gesicht, es war nur um einige Grade spöttischer geworden. »Na schön. Dann ein paar Fragen, die Sie beantworten können. Sie tun niemand mehr weh damit. – Was war mit Ihrem Boot?«
Der Dolmetscher übersetzte. Kastrup stützte sich auf, aber er schüttelte nur wieder den Kopf. »Sag ihm, daß wir Kopf und Kragen riskiert haben, um ihn und den anderen aus dem Wasser zu fischen«, verstand Kastrup.
Dann lebte Stahn? Dann hatten sie auch ihn gefunden . . .? Er richtete sich noch mehr auf und fragte auf englisch: »Sie haben noch jemand gerettet?«
Die Offiziere schlugen mit einer überraschten Bewegung die gekreuzten Beine auseinander. Sie setzten sich vor, und der Dolmetscher hatte plötzlich ein entspanntes Gesicht, als Gallery ihm bedeutete, daß er nicht mehr zu übersetzen brauche.
»Nein«, sagte Gallery. »Sie sind der einzige. Wir haben nur einen Toten vorbeitreiben sehen.«
Kastrup nickte und ließ sich zurücksinken. Er wußte noch nicht, was ein Posten ihm einige Tage später erzählen würde – Sie hatten Stahn zuerst gefunden, noch vor ihm. Sie hatten ihn in ein Schlauchboot gezogen, aber er war schon tot. Sie nahmen ihm seine Papiere ab und warfen ihn ins Wasser zurück. Vorher, so erzählte der Posten, hatten sie die Lederjacke des Toten ausgezogen, und ein Mann trug sie als Trophäe jetzt an Bord –
Gallery hatte seinen Stuhl zurückgestoßen. Die Hände in den Taschen, blieb er neben dem Tisch stehen. »Nun reden Sie schon«, sagte er. »Was war mit dem Boot? Wir haben es vernichtet, nicht wahr? Es ist unter Wasser explodiert?«
»Es ist ganz normal getaucht«, antwortete Kastrup schnell. Wieder glaubte er die Verzweiflung in den Augen unter der weißen Kommandantenmütze zu sehen.
»Sie standen an der Flak?« fragte Gallery. Er nahm vom Tisch eine Fotografie auf und betrachtete das Bild durch eine Lupe. »Sie haben gut geschossen!« Er beugte sich vor, und seine Stimme wurde zum erstenmal etwas schärfer: »Sie haben bis zuletzt Ihre Pflicht getan – und dann ist das Boot getaucht – ohne Sie. Seltsam . . .«
Kastrup suchte in dem Gesicht des Kommandanten eine Regung.

»Der Kommandant hat Sie also einfach geopfert«, fuhr Gallery fort. »Aber es ist ihm schlecht bekommen! Das Boot ist explodiert, unter Wasser auseinandergerissen!« Er wies auf einen Offizier hinter sich und beobachtete dann seinen Gefangenen. »Wir haben ein rotes Kissen aufgefischt. Es kann nur aus dem Boot stammen.«
Ein rotes Kissen, dachte Kastrup. Er wußte, was das bedeutete. Das Kissen hatte dem Leitenden Ingenieur des Bootes, Oberleutnant Volmari, gehört. Er saß in der Zentrale immer darauf. Wenn sie das Kissen gefunden hatten, dann war keine Hoffnung mehr, und die Bomben mußten das Boot getroffen haben, kurz nachdem es getaucht war. Er versuchte, nicht daran zu denken. Er versuchte, offen in das Gesicht vor ihm zu blicken, als er sagte: »Das Kissen lag auf der Brücke, als das Boot tauchte. Es gehörte dem Kommandanten. Er nahm es immer mit auf die Brücke . . . Das sagt also nichts.«
Gallery stemmte sich vom Tisch ab. Er schritt einige Male auf und ab; dann blieb er abrupt vor der Bahre stehen. »Er ist also weggetaucht«, sagte er dann, »ohne Sie und die anderen. Als es brenzlig wurde, hat Ihr Kommandant Sie geopfert.«
Kastrup mußte sich beherrschen, nicht einfach die Hände vors Gesicht zu schlagen. Er wollte endlich die Augen, die ihn über den Rand des Turmluks hinweg anstarrten, vergessen. Er wußte nicht, warum er plötzlich zu sprechen begann. Er berichtete, wie er mit Stahn auf die Brücke gekommen war. Er sagte, daß der Kommandant keine andere Wahl gehabt hatte, weil die Maschinen wieder angriffen. Er mußte zwei seiner Leute opfern, um die anderen zu retten.
Gallerys Stimme klang schneidend: »Also doch! – Und Sie wollen immer noch schweigen? Wir haben Sie schließlich aufgefischt.«
Kastrup richtete sich auf, aber ehe er noch etwas sagen konnte, schien Gallery die Antwort aus seinen Augen abgelesen zu haben. Er wandte sich ab und ging zu den Offizieren. Er unterhielt sich leise mit ihnen, und Kastrup dachte, es sei überstanden, als die Offiziere sich erhoben. Aber dann kam Gallery noch einmal zur Bahre zurück. Gelassen und so, als sei es nebensächlich, fragte er: »Haben Sie schon einmal von der Versenkung der ›Ceramic‹ gehört?« Er zog die Hand aus der Tasche und bot Kastrup eine Zigarette an. »Es war ein großes Schiff, fast zwanzigtausend Tonnen. Es wurde Ende neunzehnhundertzweiundvierzig versenkt, bei den Azoren. Sie haben sicher davon gehört . . .«
Kastrup grübelte, was hinter der Frage steckte. Er war sicher, daß sich dahinter eine Falle verbarg. »Ceramic«? fragte er, um Zeit zu gewinnen. Er glaubte sich an den Namen des Schiffes zu erinnern.

»U 515 hat die ›Ceramic‹ versenkt«, sagte Gallery. »Kapitänleutnant Werner Henke.«

U 515? dachte Kastrup, und jetzt erinnerte er sich. Es war an dem Tag, bevor die Flugzeuge sie selbst überrascht hatten. Da hatte der Funker in den Horchgeräten einen Wasserbombenangriff auf ein anderes U-Boot in sieben Meilen Entfernung aufgenommen. Sie hatten gewußt, daß U 515 ganz in ihrer Nähe stand. »Ich habe nie gehört, daß Henke die ›Ceramic‹ versenkt hat«, sagte er.

Gallery nickte den Offizieren zu, und einer nach dem anderen verließ die Kajüte. Er wartete, bis sie gegangen waren, und dann wandte er sich noch einmal an Kastrup. »Wir sind noch vierzehn Tage auf See«, sagte er. »Wenn Sie noch etwas auszusagen haben – ich bin immer zu sprechen . . .«

Ob es wirklich Henkes Boot war? überlegte Kastrup später, als die Soldaten ihn mit der Bahre aufhoben und ihn in seine Zelle zurücktrugen.

Durch das vergitterte Bullauge seiner Zelle sah Kastrup das Meer und darüber den wolkenlosen Himmel. Die Weite brachte ihm die Enge seiner Zelle noch mehr zum Bewußtsein, aber es war noch besser, als stundenlang auf der Koje zu liegen und gegen die Decke zu starren.

Es war zwei Tage nach dem Verhör, am Morgen, als der Posten die eiserne Tür aufschloß und ihm das Handtuch zuwarf. Kastrup folgte dem Sergeanten. Als er vor ihm den schmalen Gang zum Waschraum hinunterschritt, glaubte er noch immer, der einzige deutsche Gefangene an Bord der »U.S.S. Guadalcanal« zu sein.

Der Posten stieß die Tür zum Waschraum auf und nickte ihm zu. Er nahm die Maschinenpistole in die linke Hand und suchte mit der anderen nach dem Päckchen Zigaretten in der Brusttasche. Kastrup ließ die Tür hinter sich offen. Die Luft im Waschraum war feucht und stickig. Nur mattes Licht sickerte in den Raum. Plötzlich blieb er wie erstarrt stehen, als er sah, daß er nicht allein war.

Er warf schnell einen Blick zurück zur Tür. Der Posten war ihm nicht gefolgt. Unter den Duschen sah er ein paar Gestalten. Er hörte den Lärm von deutschen Stimmen, der gegen die nackten Wände hallte. Der Amerikaner, der sie bewachte, achtete nicht auf ihn. Er sah ein paar andere mit bloßen Oberkörpern an den Waschbecken stehen. Er ging betont langsam auf sie zu, bis er die Reihe von erstaunten Gesichtern vor sich sah. Er erinnerte sich an Gallerys Fragen nach dem Boot des Kapitänleutnants Henke. Er war jetzt sicher, daß dies Leute von U 515 waren. Er starrte sie unverwandt an, und obwohl er wußte,

daß er nicht viel Zeit haben würde, brachte er kein Wort hervor, so unwirklich war diese Begegnung.
»Wo kommst du denn her?« fragte einer.
Kastrup wischte sich den Schweiß von der Stirn, und dann sah er den Posten plötzlich unter der Tür stehen. »Ich bin von U68«, sagte er schnell. »Sie haben uns nach euch erwischt. Ich bin der einzige . . .« Weiter kam er nicht.
»Don't talk«, schrie der Posten dazwischen. Er winkte Kastrup mit seiner MP beiseite. Und dann stand auch der Sergeant, der ihn hergeführt hatte, neben ihm. Der Rauch aus seiner Zigarette stieg ihm in die Augen. »Come on!« sagte er nur.
Eine halbe Stunde später wußte jeder von U515, daß es an Bord des Flugzeugträgers einen Überlebenden von U68 gab, aber sie sahen den Mann auf der »Guadalcanal« nicht mehr. Kastrup war in seine Einzelzelle neben der Munitionskammer zurückgebracht worden, und für ihn und die vierzig Männer der Besatzung von U515 begann wieder das schreckliche Warten.

Seit der Oberbootsmaat Lamprecht, der »Spokesman« von U515, dem Kommandeur der U-Boot-Jagdgruppe Gallery auf sein Ultimatum geantwortet hatte, daß sie nicht aussagen würden, hatte man sie in Ruhe gelassen. Keiner von ihnen wußte, wo das Schiff sich befand, aber sie hielten die Drohung des Captains, sie den Engländern auszuliefern, für einen Bluff.
Sie lagen in ihren Kojen und warteten, bis die Maschinen vom Flugdeck über ihren Köpfen starteten. Sie versuchten, sie beim Starten und Landen zu zählen. Sie kamen meist auf die gleiche Zahl. Die Jagdgruppe schien bisher keine U-Boote mehr gesichtet zu haben. Am fünften Tag nach der Begegnung im Waschraum warteten die Männer vergeblich auf den Start der Maschinen. Es blieb den ganzen Nachmittag ruhig, und seither standen immer ein paar Mann vor dem vergitterten Oberlicht und beobachteten das Meer.
Die Dunkelheit kam, und nichts geschah. Aber keiner schlief. Es mußte gegen neun Uhr sein, als einer der Männer plötzlich etwas in den Raum rief. Jeder drängte sich vor, bis sie es alle gesehen hatten: Aus der Dunkelheit hob sich die Küste, und überall waren Lichter, die ihren hellen Schein auf das Wasser warfen . . .«
In den Zellen des Schiffsgefängnisses, in denen die Offiziere saßen, wurde es unheimlich still, als das Stampfen der Maschinen unvermittelt aufhörte. Altenburger, der Leitende Ingenieur von U515, war

aufgesprungen. Auch Henke erhob sich und trat neben ihn. Er umklammerte die eisernen Stäbe des Gitters.
Der Gang lag im düsteren Licht einer schwachen Lampe. Der Stuhl, auf dem sonst der Posten saß, war leer, und weiter hinten hörten sie Stimmen. Henke beugte sich lauschend vor. »Ich glaube, es ist soweit«, sagte er endlich. Sie hatten sich angewöhnt, nur zu flüstern. Aus der Tiefe des Schiffes kamen Stimmen und Geräusche, aber Henke gab es auf, sie zu deuten. Und als nichts geschah und niemand kam, setzte er sich auf seine Koje zurück.
Er versuchte sich klarzuwerden, wieviel Tage sie jetzt an Bord waren. Anfangs, als man ihn jeden Tag zum Verhör geholt hatte, zählte er sie noch. Dann hatte er es aufgegeben, und er registrierte das Gestern, Heute und Morgen nur noch nach dem Wechsel von Licht und Dunkel in ihrer Zelle. Er zählte die Stunden nach den Wärtern; nach den Posten, die alle zwei Stunden abgelöst wurden; nach dem baumlangen Neger, der ihnen dreimal am Tag das Essen brachte; nach dem Mann, der mit ihnen in dem Lastenfahrstuhl auf halbe Höhe des Flugdecks gefahren war ...
Er wälzte sich herum. Er sah Altenburger auf seiner Koje hocken. Er setzte sich auf und stützte die Arme auf die Knie, bis er das Gesicht des anderen vor sich sah; selbst in dem fahlen Licht bemerkte er den Bart auf Kinn und Wangen. Sie waren die letzten Tage nicht mehr aus ihrer Zelle herausgeführt worden. Man hatte ihnen gesagt, daß kein Frischwasser mehr an Bord sei, und sie hatten sich fünf Tage lang nicht mehr waschen und rasieren dürfen.
»Wir haben einen amerikanischen Hafen angelaufen«, sagte Henke leise. »Wollen wir wetten? Wenn sie schon ein paar Gefangene mit nach Hause bringen – dann aber auch stilgerecht. Wir müssen wild aussehen.«
Altenburger blickte in das Gesicht vor ihm. Immer, wenn er Henke ansah, entsetzte ihn die Veränderung, die mit ihm vorgegangen war, seit man ihn zu den Verhören geholt hatte. Er hätte nicht genau sagen können, was es war, aber nach jedem Mal war Henke schweigsamer und geschlagener zurückgekommen. Er hatte mit ihm nur einmal über die Verhöre gesprochen; er erinnerte sich an jedes seiner Worte: »Sie kennen die ganze ›Ceramic‹-Geschichte«, hatte er gesagt. »Sie wissen, daß die Engländer mich des Mordes angeklagt haben. Sie drohen, mich auszuliefern, wenn ich nicht aussage ... Passen Sie auf, sie werden mir einen Strick daraus drehen ...«
Das Schiff bewegte sich nur noch mit trägen, schwankenden Bewe-

gungen. Es war jetzt still. Einmal hörten sie einen Laut, der wie eine Schiffssirene klang. Eine Stunde verging und eine weitere. Es war, als hätte man sie vergessen.

Henke war auf seine Koje zurückgesunken. Er dachte, wohin man sie auch bringen würde – nach dieser engen Zelle würde jeder Ort eine Erlösung sein. Man würde sie in ein Lager bringen, mit einem Hof, in dem man sich bewegen konnte. Die Tage würden wieder richtig hell werden und die Nächte dunkel. Und er dachte daran, daß er sicher schreiben dürfte, so daß seine Mutter und seine Frau erfuhren, was mit ihm geschehen war. Es war kaum einen Monat her, daß sie aus Lorient ausgelaufen waren, und in den nächsten zwei Monaten würden sie sich auch noch keine Sorgen machen.

Und dann kam aus dem Dunkel heraus plötzlich ein anderes Bild, das ihn nie verlassen hatte. Er stand wieder auf der Brücke von U 515 und starrte auf das Schlauchboot, das über den steilen Grat einer Welle schwappte und in einer hohen, dunklen Wand herankam . . . Er sah wieder die Frau zwischen den Männern, und auch jetzt erkannte er ihr Gesicht nicht, nur das wirre Haar, das ihr über die Augen hing – so saß sie da, ein Kind in den Armen . . .

Sie hatten ihn angeklagt, auf Schiffbrüchige geschossen zu haben; sie hatten ihm angedroht, sie würden ihn hängen. Aber von der Frau hatten sie nicht gesprochen. Sie wollten ihn nicht für die Schuld, die er spürte, richten. Sie suchten einen Schuldigen, um für die Sinnlosigkeit des Krieges ein Alibi zu haben.

Er hörte Schritte den Gang herunterkommen. Die Gitter des Gefängnisses öffneten sich. Sie rührten sich nicht von den Kojen. Sie hörten, wie die Posten auch die Zelle neben ihnen aufschlossen.

Sie sprachen nicht, als sie zu viert den Posten folgten. Der Weg durch die engen Gänge erschien Henke wie der Weg durch einen Irrgarten. Dann waren sie plötzlich im Freien an Deck. Die »Guadalcanal« lag an einer Pier, und er sah die Menschen, die dort unten warteten.

Plötzlich hörte er hinter sich einige Männer Deutsch sprechen. Es war die Besatzung seines Bootes, aber Posten mit Maschinenpistolen drängten sie zurück. Ein paar winkten; er erkannte niemand. Er war plötzlich froh, daß sie da waren, aber dann dachte er daran, daß er immer noch nicht wußte, wer von ihnen nicht mehr lebte. Er fühlte, daß ihn jemand an der Schulter packte. Es war Schultz, der Zweite Wachoffizier. Er zeigte zum Ufer hinüber, links hinter der Pier.

Es war für ihn ein so unwirklicher Anblick, daß er nicht sofort erfaßte, daß es ein Freilichtkino war. Auf einem weiten Platz sah er die Stuhl-

reihen und dahinter parkende Autos in schmalen Boxen. Der Lichtkegel der Filmapparatur schnitt durch die Dunkelheit, und sogar die Bilder auf der hohen Leinwand waren zu erkennen.
Jemand stieß ihn in den Rücken. Ihm war schwindlig von der weichen, warmen Luft. Er stolperte über die schmale Stelling von Bord. Soldaten hatten an der Pier ein Spalier gebildet. Hinter den Uniformen drängten sich Neugierige, und immer wieder schloß Henke die Augen, wenn die Blitzlichter der Kameras aufzuckten. Es war wie ein Gang durchs Fegefeuer, als er durch die Gasse schritt. Er verstand nicht, was sie schrien, und er war froh, als er bei dem wartenden Auto war. Die Motoren liefen, und er sprang auf die Plattform hinauf. Eine Plane klatschte herab, und dann erst spürte er eine Schulter neben der seinen.
Es war der 27. April 1944, als die »U.S.S. Guadalcanal« und ihre vier Zerstörer im Hafen von Norfolk, Virginia, festmachten und Gallery seine Gefangenen übergab.

Das Camp Allen in Norfolk war ein Marinestraflager für Deserteure der U.S. Navy und für französische Marinesoldaten. In dieses Lager kam Henke mit seiner Besatzung und Kastrup, der einzige Überlebende von U68.
Sie wurden neu eingekleidet, fotografiert, und dann mußten sie ihre zehn Finger auf Karteikarten drücken. Verhört wurde in Camp Allen niemand. Ihr Gefängnis war ein zweistöckiges, alleinstehendes Gebäude, um das Tag und Nacht Posten patrouillierten. Die Offiziere waren im Erdgeschoß untergebracht, die Mannschaft in Sälen zu je fünfzehn Mann im ersten Stock. Kastrup wurde getrennt in eine Einzelzelle gesperrt. Nach drei Tagen führte man die Gefangenen in den Hof zu dem Konvoi, der vorgefahren war. Je acht Mann kamen in einen verschlossenen Wagen, und dazwischen stand jeweils ein Jeep mit aufmontiertem MG. Die vier Offiziere von U515, Henke, Altenburger, Schultz und der Bordarzt Dr. Jensen, fuhren im letzten Wagen der Kolonne. Das Ziel, so sagte man ihnen, sei ein Lager in der Nähe Washingtons.
Die Fahrt verlief ohne Halt. Bis kurz vor der Stadt blieb der Konvoi zusammen. Es war schon dunkel, als die vier Offiziere merkten, daß ihr Wagen sich von den anderen getrennt hatte.
Der Wagen überquerte eine Brücke, und dann hielt ihr Fahrzeug in einem von Mauern umgebenen Hof. Sie mußten aussteigen und wur-

den zu einem anderen Wagen geführt. Es war ein großer, grüngestrichener Kastenwagen ohne Fenster; oben und an den Wänden waren ein paar Luftlöcher.
Fast zwei Stunden fuhren die Gefangenen; keiner hätte zu sagen vermocht, wohin man sie brachte. Der Wagen hielt, stieß dann zurück und fuhr hart gegen eine Rampe. Erst viel später sollten sie erfahren, warum man sich solche Mühe gegeben hatte, sie irrezuführen. Das von dem Durchgangslager für Kriegsgefangene Fort George getrennte Verhörlager G. Meade, in das sie gebracht worden waren, war dem Roten Kreuz nicht gemeldet.
In dieser ersten Nacht kamen die Offiziere getrennt in einzelne Zellen. Am zweiten Tag wurde Henke mit dem Zweiten Wachoffizier von U515, Hans Schultz, zusammen in einen Raum gesperrt.
Hans Schultz saß etwas über eine Woche mit Henke zusammen. Er war der letzte von U515, der seinen Kommandanten lebend sah.
»Verglichen mit der Zelle auf der ›Guadalcanal‹ war es ein großer Raum, in dem wir saßen«, berichtet Schultz darüber. »Er war leer und kahl, bis auf zwei Betten, zwei Stühle und einen Tisch. Er hatte Fenster, aber sie waren außen mit schwerem Maschendraht vergittert. Sie ließen sich nicht öffnen, und man sah nur auf eine Mauer.
Vom ersten Tag an wurden wir jeden Tag zwei- bis dreimal zum Verhör geholt, und zwar immer getrennt. Ich kann nicht sagen, wie es Henke bei diesen Verhören ergangen ist. Manchmal, wenn er zurückkam, sah er mich an, als wolle er sich mir anvertrauen, aber dann sprach er doch nicht.
Vielleicht war das von allem das schwerste: Wir aßen zusammen, Tag für Tag, die ganzen endlosen Stunden, und doch getraute sich keiner zu sprechen. Wir waren ganz sicher, daß jedes unserer Worte mitgehört wurde, und deshalb schwiegen wir über alles, was auch nur im entferntesten mit U-Booten zusammenhing. Jedes Wort zuviel konnte andere vielleicht das Leben kosten . . .
Dann wurde ich von Henke getrennt. Es muß Mitte Mai gewesen sein. Mein linker Oberarm eiterte wieder. Sie brachten mich in ein Lazarett, und dort war es auch, wo man mir vier Wochen später erzählte, Henke sei auf der Flucht erschossen worden.«
Zwei Tage, nachdem Schultz ins Lazarett gekommen war, sprach Henke noch ein paar Minuten mit dem Überlebenden von U68, Hans Kastrup. Das war am 13. Mai, Henkes fünfunddreißigster Geburtstag.
»Ich kam von einem Verhör«, sagte Kastrup heute. »Die Türen zu den

Zellen sahen alle gleich aus, und als der Mann am Fenster sich umwandte, sah ich, daß der Posten mich in eine falsche Zelle geschlossen hatte. Der Mann am Fenster war Henke.
Ich glaubte an einen Irrtum, aber dann mußte ich an den Mann denken, der eines Nachts, als ich von einem langen Verhör zurückkam, in meiner Zelle schlief. Der Mann hatte mir eine lange Geschichte von seinem Boot erzählt, und dann fing er an, seine Fragen zu stellen; ob wir auch die neuen Geräuschtorpedos an Bord gehabt hätten? – Er machte es so plump, daß keiner darauf hereinfallen konnte. Und dann verriet er sich, als er meinen Namen nannte, den niemand kennen konnte, da ich immer in Einzelhaft gesessen hatte.
Vielleicht hatten sie mich deshalb zu Henke eingeschlossen. Ich kannte seinen Namen aus Lorient, und an Bord der ›Guadalcanal‹ hatte Gallery die ›Ceramic‹ erwähnt. Auch Henke sprach an diesem Tag in seiner Zelle davon. Er sagte, daß sie ihn nach England ausliefern wollten. – Ich war nur eine Minute in seiner Zelle, dann hatte mein Posten seinen ›Irrtum‹ bemerkt. Er holte mich wieder heraus.«
Es gibt außer diesen Aussagen noch eine von Bedeutung: die des Leitenden Ingenieurs von U515, Altenburger. Er saß sechs Wochen, nachdem man ihn in das Verhörlager eingeliefert hatte, noch immer in einer Einzelzelle. Altenburger sagt:
»Es war am 16. Juni. An diesem Tag wurde ich wieder zum Verhör geführt. Wie stets, so fragte ich auch an diesem Tag meinen Verhöroffizier nach Henke. Es war immer meine erste Frage, und ich bekam immer die gleiche Antwort: Henke geht es gut. Aber an diesem Tag zögerte der Offizier hinter dem Schreibtisch mit seiner Antwort. Er sah mich einen Augenblick an, und dann sagte er: ›Er hat versucht zu fliehen. Dabei ist er erschossen worden.‹
Mein erster Gedanke war, daß er log. Man ließ uns keinen Augenblick allein. Wohin wir auch gingen oder was wir taten, immer stand ein bewaffneter Posten dabei.
Ich sagte ihm, daß ich das nicht glaube. Ich fragte, wie es passiert sei. – Aber er winkte ab. ›Dazu kann ich nichts sagen.‹ Es war die einzige Antwort, die einzige, die ich je erhielt.«

Die erste Nachricht vom Schicksal von U515 kam am 23. Juni 1944 nach Deutschland, fast drei Monate, nachdem das Boot aus Lorient ausgelaufen war.
Anita Henke saß an diesem Tag mit ihrem Vater und ihrer Tochter im Wohnzimmer, und von ihrem Platz aus sah sie den Garten und

den Weg, der von St. Anton zum Haus heraufführte. Sie schob ihre Tasse zurück, als der Mann in der dunklen Marineuniform den Weg heraufkam; die Szene glich gespenstisch einer anderen, die sie vergessen zu haben glaubte. Sie beobachtete Monica, ihre Tochter aus erster Ehe; aber die spielte mit ihren Geburtstagsgeschenken. Sie war gestern sieben Jahre alt geworden; damals war sie fünf gewesen, als die Nachricht kam, daß ihr Vater in Rußland gefallen war.
Anita Henke sah ihren Vater an; auch er mußte den Mann entdeckt haben, denn er stand auf und nahm die Enkelin bei der Hand. Der Offizier stand jetzt vor der Tür zum Garten. Er hatte sich zu dem Namensschild heruntergebeugt. Dann richtete er sich auf und blickte zum Haus hinüber.
»Wir gehen ihm entgegen«, sagte ihr Vater.
Die Frau zögerte einen Augenblick, als sie gegangen waren. Ihr Blick fiel auf die Fotografie in dem Lederrahmen. Es war ein Bild aus seinem letzten Urlaub. Sie erhob sich, und als sie durch den Raum schritt, zitterte das Bild leicht in seinem Rahmen. Er trug auf dem Amateurfoto einen Skianzug. Er lächelte, und sie glaubte sein braungebranntes Gesicht zu sehen und die Haare, die von der starken Sonne und dem Schnee heller als sonst waren.
Aber dann empfand sie wieder, daß sich das alles schon einmal ereignet hatte, und das Zimmer war plötzlich von einer seltsamen Leere. Sie nahm ein neues Gedeck und legte es auf. Auch das hatte sie damals getan. Sie sah ihren Vater und Monica jetzt draußen auf dem gekiesten Weg bei dem Offizier stehen. Sie setzte sich, wartete und konnte keinen zusammenhängenden Gedanken fassen.
Draußen war ein heller, strahlender Tag voller Sonne. Gleich würde sie die Schritte hören und die Stimme, und an den Schritten und der Stimme würde sie erkennen, was für Nachrichten er brachte. Als sie es nicht mehr ertrug, stand sie auf und ging ihnen entgegen.
Er trug die Uniform eines Kapitäns zur See und war älter, als sie gedacht hatte. Er begrüßte sie ruhig, aber als sie ihn hereinbat und ihm gegenüberstand, sah sie es an seinem Gesicht; er hatte diesen schuldbewußten Blick, den sie kannte.
»Gnädige Frau . . .«, begann er. Sie forderte ihn auf, sich zu setzen. Sie beobachtete, wie der Offizier die Fotografie anstarrte und dann, wie ertappt, noch eine Verbeugung machte. Er blickte ihren Vater an, als er leise sagte: »Ich habe Ihnen eine schlechte Nachricht zu überbringen . . .«
Die Stille war so drückend, daß sie das Schweigen nicht mehr ertrug:

»Ist Werner tot?« Sie sah ihn offen an, damit er ihr nicht ausweichen konnte.
»Nein, nein«, antwortete er schnell. »Ihr Mann ist – vermißt.«
»Vermißt?« Sie sah ihren Vater überrascht an. Monica stand vor ihm, und er hatte seine Hände wie beschützend auf die Schultern des Kindes gelegt.
»Vermißt, was heißt – vermißt?«
In dem Gesicht des Offiziers spiegelte sich die Anstrengung, mit der er überlegte, welche Worte er gebrauchen sollte. »U515 ist vor drei Monaten ausgelaufen«, sagte er, »und wir haben fast ebenso lange keine Nachricht mehr von diesem Boot aufgenommen. Aber es ist noch Hoffnung, bestimmt. Wir haben keine Gewißheit darüber, verstehen Sie, aber wir haben ein Gefühl für Boote und was mit ihnen geschehen sein könnte, und in diesem Fall . . .«
Sie hörte ihm zu, ohne seine Worte noch wirklich zu verstehen. Sie war froh, daß der Offizier sich schon bald verabschiedete.
Sie blickte ihm lange nach, als er wegging, zuerst langsam, dann mit immer schnelleren Schritten den leicht abschüssigen Weg am Grundstück vorbei und unter der Seilbahn hindurch.
Ihr Vater machte einen Schritt auf sie zu. »Wenn er in Gefangenschaft geraten ist«, sagte er, »dann ist der Krieg für ihn aus. Daran mußt du immer denken. Vielleicht ist es gut so.«
Das Kind spielte wieder mit seinen Sachen, als sei nichts geschehen. Die Frau begann den Tisch abzuräumen, und sie wunderte sich, wie ruhig sie war. Plötzlich fiel ihr das Notizbuch ein. Sie suchte es hastig aus ihrer Tasche, schlug es auf und reichte es ihrem Vater. »Er hat mir eine Nummer aufgeschrieben«, sagte sie, »vorsichtshalber, falls einmal etwas passieren sollte und ich Hilfe brauche. Dort soll ich anrufen.«
Er ging ohne Zögern zu dem Apparat. Er wählte und lächelte ihr zu. Als sich das Fräulein vom Amt meldete, las er die Nummer aus dem Notizbuch vor, die Werner Henke mit feinen Blockbuchstaben notiert hatte.
Im Lager »Koralle« bei Bernau, östlich von Berlin, befanden sich die Seekriegsleitung und die Operationsabteilung des Befehlshabers der Unterseeboote. Auch nach seiner Ernennung zum Oberbefehlshaber der Kriegsmarine im Jahre 1943 war Dönitz Befehlshaber der U-Boote geblieben. In den ganzen Jahren der Schlacht um den Atlantik war er mit seinem Stab den Booten gefolgt. Von Sengwarden bei Wilhelmshaven war er im September 1940 mit der Operationsabteilung nach

Paris übergesiedelt. Einen Monat später in das »Sardinenschlößchen« Kernével bei Lorient. Aber dann hatte der Weg zurück begonnen; 1942 nach Paris, Anfang 1943 nach Berlin-Charlottenburg, Ende 1943 in das Lager »Koralle«, versteckte Baracken in einem Waldstück. Es sollte nicht die Endstation sein . . .

In der Operationsabteilung des BdU wußte man an dem Tag, als der Anruf aus St. Anton kam, noch nicht mehr über das Schicksal Werner Henkes und der Besatzung von U 515 als der Kapitän zur See, der Anita Henke die Vermißtenmeldung überbracht hatte.

Ein paar Tage später fuhr Anita Henke mit ihrem Vater nach Berlin und von dort nach Bernau in das Lager »Koralle« hinaus. Sie sprachen mit Fregattenkapitän Hessler, dem Ersten Admiralstabsoffizier. Er konnte ihnen auch nicht mehr sagen, aber er glaubte, daß es Überlebende gegeben habe. Er versprach, sie sofort zu benachrichtigen, sobald irgend etwas über das Schicksal von U 515 bekannt würde. Zwei Tage später rief man aus dem Lager »Koralle« an, daß der größte Teil der Besatzung von U 515 lebe und auf dem Weg in die Gefangenschaft sei; auch der Kommandant Werner Henke. Es war keine offizielle Nachricht; ein englischer Sender hatte sie verbreitet. Sie war von den Abhörstellen mitgeschrieben worden. Das war am 1. Juli, und damals wußte noch niemand, daß Werner Henke in Wahrheit schon zwei Wochen tot war.

Auch die Mutter Werner Henkes hatte man benachrichtigt, daß ihr Sohn vermißt sei. Genau fünf Tage blieb sie in dem Glauben, daß ihr Sohn lebe. Dann erfuhr sie die Wahrheit: Beim Befehlshaber der Unterseeboote war eine Mitteilung vom Internationalen Roten Kreuz aus Genf eingegangen; nur ein paar Zeilen:

Der Kriegsgefangene Kapitänleutnant Werner Henke sei bei einem Fluchtversuch aus dem POW Camp Fort George G. Meade, Maryland, erschossen worden.

Aber sie glaubte es nicht. Sie hatte nur für ihren Sohn gelebt, seitdem ihr Mann 1930 gestorben war. Sie hatten oft davon gesprochen, wie alles werden würde, wenn der Krieg erst einmal zu Ende sei. Es schien ihr so ganz und gar unverständlich, daß er zu flüchten versucht hatte. Er mußte wissen, wie sie auf ihn wartete. Und dann kamen plötzlich die zensierten Briefe, die er vor seinem Tode geschrieben hatte, Monate später. Sie waren alle in New York abgestempelt, im Juli. Es waren nur wenige Briefe, und in fast jedem schrieb er, daß der Krieg bald zu Ende – und daß er dann wieder bei ihr sein werde.

Alle seine Briefe klangen sehr optimistisch; bis auf den letzten: ›Nun sind über zwei Monate vergangen. Es kommt mir oft so vor, als wären es schon Jahre, die dazwischenliegen. Ob alles wohl Bestimmung ist, daß ich nur schwere, mühevolle Wege gehen muß?‹

Diesen Brief schrieb Werner Henke am 5. Juni, zehn Tage vor seinem Tod. Es war sein letzter.

Die kurze Nachricht vom Roten Kreuz und die Briefe, die er vor seinem Tode geschrieben hatte, waren bis heute alles, was sie weiß. Wie er wirklich gestorben war, sollte sie nie erfahren.

Der diensthabende Arzt des Lazaretts des Lagers Fort George G. Meade war am späten Nachmittag des 15. Juni 1944 der Captain MC, William R. Morgan.

Der Sanitätsfeldwebel in der »Aufnahme« trat ans Fenster, als die Ambulanz vor dem Hauptportal scharf stoppte. Er stieß die Fensterflügel ganz auf und beobachtete Captain Morgan, der neben den Fahrer auf den Sitz kletterte.

Der Sanitätsfeldwebel setzte sich auf das Sims, zog die Knie bis ans Kinn und blickte der Ambulanz nach. Der Wagen fuhr sehr schnell. Staub wirbelte hoch, als er in den ungepflasterten Weg zu dem Verhörlager einbog. Die Alarm-Sirenen heulten noch immer.

Er wartete eine halbe Stunde und rauchte. Er hatte die Augen geschlossen. Es war ein heißer Tag, und er döste vor sich hin, bis er den Wagen wieder zurückkommen hörte . . .

Er ließ sich von dem Sims herunter. Die Ambulanz fuhr diesmal nicht am Haupteingang vor, sondern hielt vor einem Eingang fast direkt unter seinem Fenster. Zuerst stiegen der Fahrer und ein Militärpolizist aus und dann ein Offizier, der vorher nicht im Wagen gewesen war. Der Fahrer ging um die Ambulanz herum und öffnete die Rücktür. Der Sanitätsfeldwebel sah von seinem Fenster aus Captain Morgan vom Sitz neben der Bahre auf den Boden springen.

Der Offizier schien etwas zu fragen. Der Arzt schüttelte den Kopf. Sie sprachen eine Weile miteinander, aber er verstand nicht, was sie redeten. Der Offizier reichte dem Arzt ein schmales Kuvert. Dann zogen die Soldaten die Bahre aus dem Wagen.

Er beugte sich weit aus dem Fenster, aber er sah nur, daß sie dem Mann, den sie ins Haus trugen, die Decke über den Kopf gezogen hatten. Er wandte sich in dem hellen, gekalkten Raum um. Er stieß die Zigarette in die Kiste mit Sand. Er suchte eine der weißen Karteikarten und spannte sie schon in die alte, olivgrün gestrichene Schreibmaschine. Er tippte, was er jetzt schon ausfüllen konnte: die laufende Nummer der Kartei, die Aufnahmeabteilung und das Datum. Er

blickte auf die Uhr und tippte dann mit zwei Fingern: 19.30, 15. Juni 1944. Dann setzte er sich, schlug die Beine übereinander und wartete.
Er stand nicht auf, als der Fahrer und der Militärpolizist die Bahre hereintrugen, und er wunderte sich, daß sie sie nicht absetzten, sondern gleich in den Nebenraum brachten. Captain Morgan war vorangegangen. Dann kamen die beiden Träger zurück.
»Was ist mit ihm?« Der Feldwebel deutete zur Tür.
Einer der Männer legte das Kuvert neben ihn auf das Tischchen. »Er ist tot«, sagte er nur.
Der Feldwebel nahm das Kuvert. Er zog die Papiere heraus. Er rückte mit dem Stuhl näher an die Maschine und begann sein Karteiblatt auszufüllen.
Zuerst den Namen. HENKE, Werner – ein deutscher Name, der ihm nichts sagte.
Er tippte die Kennummer. Hinter Dienstgrad stand in den Papieren Capt. Zur See, und so schrieb er es hin. Er füllte das Alter aus, Heimatadresse, Adressen der nächsten Angehörigen. Hinter Rassenzugehörigkeit schrieb er »Weißer«, obwohl in den Papieren nichts eingetragen stand und er den Toten nicht gesehen hatte. In der vorletzten Zeile stand: Gesundheitszustand. Er zögerte einen Augenblick, dann schrieb er: Tot.
Bei der letzten Frage überlegte er eine Weile. Er richtete sich auf, schob den Stuhl zurück und stand auf. Die Tür zu dem anderen Raum war nur angelehnt. Er stieß sie leicht auf. »Captain Morgan«, sagte er. Er sah die Decke auf dem Boden liegen. Der Arzt wandte sich um; der Feldwebel sah für einen Augenblick die hellen, rotblonden Haare des Toten, und dann sah er das schmutzige Rot an der rechten Schläfe . . . Er blickte auf die Wunde, bis der Arzt ihn am Arm nahm und aus dem Raum führte.
Der Sanitätsfeldwebel setzte sich wieder an die Maschine. Durch das offene Fenster klang plötzlich Radiomusik, und einen Augenblick dachte er daran, aufzustehen und das Fenster zu schließen. Er drückte mit dem Zeigefinger auf die Leertaste, gedankenlos, und der Wagen rückte nach links, bis die Klingel anschlug. Er blickte fragend auf: »Endgültige Diagnose?«
»Schußwunde«, antwortete der Arzt. »Rechte Schläfe.« Er trat nach einem kurzen Zögern zur Tür. Dort wandte er sich noch einmal um. »Schreiben Sie: Wo, wann und wie konnte bisher nicht festgestellt werden.«

Am nächsten Tag wurde von Captain Morgan ein »Certificate of Death« für den Kriegsgefangenen 56450 – N. A., Werner Henke ausgestellt. Auch in diesem Dokument sind alle vorgedruckten Fragen, die Ort und Umstände des Todes betreffen, unbeantwortet.
Außer diesen beiden Dokumenten gibt es noch einen Brief, den der Colonel Francis E. Howard am 29. November 1944 an das State Department, Special War Problems/Division nach Washington schrieb. Howard, der damals Leiter der Abteilung Kriegsgefangene war, gibt darin die einzige amtliche Darstellung von Werner Henkes Tod. Der Brief lautet:
»Die (Schweizer) Botschaft hat einen Bericht über den Vorfall (den Tod Henkes) angefordert, der bereits ausgearbeitet worden ist. Nach diesem Bericht hat ein Wachtposten am 15. Juni gegen 18.55 Uhr den Gefangenen Henke beobachtet, wie er versuchte, den Drahtzaun um das Arbeitslager Fort Meade, Maryland, zu überklettern. Der Posten rief zweimal ›Halt‹. Henke kletterte weiter, und der Posten rief noch einmal ›Halt‹, kurz bevor der Gefangene oben am Zaun angelangt war. Als Henke den Zaun überstieg, schoß der Posten und traf den Gefangenen, der daraufhin bewegungslos im Zaun hing.
Der Wachoffizier eilte sofort, nachdem er den Schuß gehört hatte, hinzu und rief den Lagerarzt, als er Henke sah. Der Verletzte wurde mit einer Ambulanz zum Fort Meade Hospital gefahren, während der Arzt ihm unterwegs Erste Hilfe leistete. Bei Ankunft im Hospital konnte nur noch der Tod des Gefangenen Henke festgestellt werden. Eine gründliche Untersuchung ergab, daß der Posten sich korrekt verhalten und der Gefangene seinen Tod selbst verschuldet hatte.«

Sie hatten Henke damals in das vom übrigen Lager Fort George G. Meade abgetrennte und streng geheimgehaltene Verhörlager überführt. Mit der Drohung, ihn an die Engländer auszuliefern, hofften die Verhöroffiziere immer noch, Henke zum Reden zu bringen. Und Gallery, der Mann, der den Kommandanten von U515 gefangen hatte, sagt, Henke sei einen Tag, bevor sie ihn nach Kanada bringen wollten, erschossen worden.
Aber auch für diese Zeit gibt es noch einen Zeugen, den ehemaligen Bootsmaat Fritz Kuert. Als der deutsche Hilfskreuzer »Doggerbank« im März 1943 von dem deutschen U-Boot U43 versehentlich versenkt wurde, war Kuert der einzige Überlebende. Er – den ein spanisches Schiff aufgefischt und dann den Amerikanern übergeben hatte – saß mit Henke zusammen in der Verhörbaracke, in der Zelle ihm gegen-

über im zweiten Stock. Und Kuert war, als Henke starb, in dem anderen der zwei von einer hohen Bretterwand und Drahtzäunen umgebenen Käfige, in die die Gefangenen einmal am Tag getrennt zum Spazierengehen geführt wurden. Aber auch Kuert wußte nicht, was Henke wirklich fürchtete; der Kommandant von U 515 hatte zu ihm nie von Flucht gesprochen.

Was muß geschehen, wenn der Gedanke, auf einem Drahtzaun erschossen zu werden, für einen Mann nichts Schreckliches mehr hat?

Henke wird nicht geglaubt haben, daß er wirklich fliehen könne, als er auf den ersten Zaun hinaufsprang. Von den Käfigen aus sah man die Posten auf der Umrandung der Wachttürme mit den Karabinern in den Händen; sie waren nur wenige Meter entfernt.

Es war ein heller Tag voller Sonne, und Henke muß den Wald gesehen haben, fünf Meter vor dem äußeren Zaun, den Wald, von dem er in einem seiner Briefe schrieb, er sei wie der Wald zu Hause bei seiner Mutter.

Er hatte lange mit keinem Menschen gesprochen, außer mit denen, die ihn verhörten. Er muß sehr allein gewesen sein. Er war die ganze Zeit in seinem engen Geviert auf und ab gegangen. Es waren noch fünf Minuten, bevor man sie wieder in ihre Zellen zurückbringen würde, als er den ersten Zaun hinaufsprang, die wenigen Meter bis zum äußeren Zaun lief und begann an ihm hochzuklettern.

Vielleicht dachte er in diesen Augenblicken wieder an die Frau in dem Schlauchboot mit dem Kind in den Armen. Vielleicht dachte er daran, wie vor dem Auslaufen zu dieser Fahrt einer seiner Männer zu ihm gekommen war und ihm das Telegramm zeigte, in dem stand, daß seine Frau und seine Eltern bei einem Bombenangriff ums Leben gekommen seien. Vielleicht dachte er auch daran, wie die Männer gestorben waren, als das Boot unter den Zerstörern aufgetaucht war; wie Virnau gestorben war und Wanzke, der sich mit einer Signalpistole erschossen hatte.

Und doch muß er sehr ruhig gewesen sein, wenn er angesichts zweier von Wachtposten besetzten Türme einen Drahtzaun hinaufklettert und nicht darauf achtet, wenn der Posten ihn anruft.

Er muß eine Freiheit gesucht haben, die zu erreichen auch eine Kugel ihn nicht hindern konnte.

Das Schlußkapitel

Kapitän zur See Wolfgang Lüth

Kapitänleutnant Werner Henke, Kommandant von U515, starb am 15. Juni 1944. Neun Tage zuvor, am 6. Juni, hatte die Invasion begonnen: Die alliierten Streitkräfte waren in der Normandie gelandet. Am Invasionstag liefen alle einsatzfähigen deutschen U-Boote aus den Stützpunkten an der französischen Küste aus, und alle, die sich in See befanden, wurden durch Funkspruch an die Nachschubstraßen der Konvois beordert. Es waren zusammen siebzig U-Boote, die die Landungsflotten der Alliierten angriffen. Aber die Flugzeuge der Küstengeschwader schirmten die Flotte ab, und in den flachen, verminten Küstengewässern des Kanals waren die deutschen Boote hilflos; sie brauchten die Weite des Ozeans und die Tiefe, die noch ihr einziger Schutz war. Ende Juni hatten U-Boote elf feindliche Schiffe versenkt, aber in der gleichen Zeit waren zweiundzwanzig Boote verlorengegangen.

Einmal, in den Zeiten der großen Geleitzugschlachten zwischen Kanada und England, waren auf ein versenktes Boot bis zu zwanzig versenkte Schiffe gekommen. Für die Besatzungen, die jetzt ausliefen, war das die Saga von einer großen »glücklichen Zeit«, von der nur noch wenige berichten konnten. Jetzt stand die Todesquote eins zu zwei gegen sie.

Ein Jahr sollte die »Schlacht um den Atlantik« noch dauern, zwölf gnadenlose Monate, in denen die Boote keine Chance mehr hatten und in denen noch fast dreihundert Boote vernichtet wurden; nicht viel mehr waren in den ganzen vergangenen dreieinhalb Kriegsjahren verlorengegangen. Es war kein Kampf mehr. Es war nur noch ein Aufopfern, das man von ihnen verlangte.

Im August begann vor den anrückenden alliierten Truppen der Rückzug der U-Boote aus ihren großen Stützpunkten an der französischen Küste; in diesem Monat wurden Lorient, Brest und St-Nazaire geräumt. Im gleichen Monat verließ der Führer der Unterseeboote-West, der Kapitän zur See Rösing, mit seinem Stab sein Quartier in

Angers und siedelte nach Bergen in Norwegen über. Einige Boote lagen noch in den Biskaya-Häfen, in La Pallice und Bordeaux. Im September wurden die letzten Boote auch aus diesen Häfen zurückgezogen.

Es war ein langer, bitterer Weg zurück zu den alten Stützpunkten aus dem Jahre 1940, entlang der norwegischen Küste nach Bergen, Drontheim, Stavanger, Kristiansand, Horten und zu den Häfen an der Nord- und Ostseeküste. Es war ein Weg von über tausend Meilen, und die Boote brauchten für ihn zwei bis drei Wochen, und viele wurden dabei ein Opfer alliierter Flieger.

Bis auf sechs Boote, die im Indischen Ozean stationiert waren, operierten die Boote jetzt wieder von den Stützpunkten aus, in denen sie den Krieg begonnen hatten. Es war ein ungleicher Kampf, und in den letzten Monaten des Krieges wurde er immer erbarmungsloser.

In den Nächten flogen die Bomber pausenlos ihre Angriffe auf die Hafenanlagen. Jede Nacht stiegen von den Flugplätzen in Frankreich und England die »Liberators« auf und warfen Tausende von Minen vor den Stützpunkten, in das Skagerrak, das Kattegat und die Buchten der Ostsee. Die Minen zwangen die Boote zum Auftauchen, und dann waren schon die Tiefflieger mit ihren Raketenwaffen da und griffen die aufgetauchten Boote an. Es gab keinen Ort mehr, wo sie sicher waren.

Der April 1945 war der schlimmste Monat. In diesen vier Wochen wurden 57 deutsche Boote vernichtet, mehr als je in einem Monat des ganzen Krieges.

Schon Anfang Februar 1945 hatte der Stab des Befehlshabers der Unterseeboote das Lager »Koralle« bei Berlin verlassen. Er war nach Sengwarden bei Wilhelmshaven gezogen, dort, wo man einst den Kapitänleutnant Günther Prien und sein Boot, U 47, nach seinem Einsatz in der Bucht von Scapa Flow so triumphal empfangen hatte. Bald wich auch der Stab vor den anrückenden Truppen; im April zog man weiter nach Plön in Schleswig-Holstein. Anfang Mai ging es zur letzten Station: der Marine-Kriegsschule in Flensburg-Mürwik.

Am Morgen des 2. Mai hatte Dönitz seinen Chef des Stabes, Konteradmiral Godt, und seinen Ersten Admiralstabsoffizier, Fregattenkapitän Hessler, mit einem Sonderauftrag betraut. Am gleichen Vormittag wurden die Kommandanten aller noch in den Ostseebuchten liegenden U-Boote nach Flensburg zusammengerufen. Es waren insgesamt achtzig Offiziere, und sie erhielten den Befehl, ihre Boote sofort aus den durch Tief- und Jagdflieger schwer gefährdeten Küsten-

U 566, Wohlfahrt, bei schwerer See im Nordatlantik.

Werner Henke, U 515, trägt im Kommandantenraum mit dem Ersten Offizier das Kriegstagebuch nach.

Ein von U 515 getroffener Frachter versinkt in den Fluten. — Im Bild rechts ist es ein in der Nacht torpedierter Tanker. — Werner Henke (unten) versenkte über 160 000 t Schiffsraum in einer Zeit, in der die U-Boote, die gefürchteten grauen Wölfe, längst selbst die Gejagten waren.

Im Dezember 1942 versenkte U 515 die »SS Ceramic« (unten). Während der Heimfahrt erreichte Werner Henke die Nachricht von der Verleihung des Ritterkreuzes; ein Maschinenmaat hämmerte seinem Kommandanten einen Riesen-Orden aus Blech.

Um die Operationsdauer der U-Boote zu verlängern, versorgten U-Tanker, sogenannte »Milchkühe«, die Boote in See mit Treibstoff. Ausgucks beobachteten während der Übernahme angestrengt den Himmel; einige Boote gingen verloren, weil es ihnen mit angeschlossenen Ölschläuchen unmöglich war, rechtzeitig vor feindlichen Fliegern zu tauchen.

Jedes alliierte Flugzeug hatte Kameras an Bord, um seinen Erfolg beweisen zu können. — Am 9. April 1944 kam für U 515, Henke (unten), das Ende.

Ein schwerbeschädigtes Boot sinkt über das Heck ab, der Sprung über Bord ist die einzige Rettung. Das Wasser ist getränkt von ausgelaufenem Öl; in der zähen Lache hält die Besatzung sich in einem Pulk zusammen. — Von der sechzigköpfigen Besatzung von U 515 wurden vierundvierzig gerettet und kamen in Gefangenschaft.

Captain Dan V. Gallery, heute Admiral der US Navy, war der große Gegenspieler der deutschen U-Boote im Atlantik. Das Bild links stammt aus seinem Besitz; es zeigt den Kommandanten von U 515, Henke, im weißen Rotkreuz-Pullover in dem Augenblick als er auf das Flaggschiff der U-Jagdgruppe gebracht wird.

gebieten der westlichen Ostsee in die Stützpunkte nach Norwegen zu führen.
Dönitz glaubte immer noch, daß er mit dem Rest seiner Boote von den Stützpunkten Norwegens aus den U-Boot-Krieg weiterführen könnte – und wenn auch nur wenige Wochen. Er hoffte, damit ein kleines Faustpfand zu haben, das ihm die Kapitulationsverhandlungen mit den Alliierten erleichtern würde. Sein Entschluß sollte nur ein letztes, grausames Opfer zur Folge haben.
Noch am 2. Mai startete vom Flugplatz Flensburg-Weiche eine Maschine mit den Marine-Offizieren Godt und Hessler. Die Ju 88 brachte sie im Tiefflug, fünf Meter über dem Wasser, nach Stavanger. Ein dort wartendes U-Boot fuhr die beiden Offiziere nach Bergen ins Quartier des Führers der Unterseeboote-West, Rösing.
Währenddessen waren die Kommandanten von der Besprechung zu ihren Booten zurückgekehrt. Durch Morse- und Signalsprüche ging der Befehl von Bord zu Bord der in den Buchten liegenden Boote. Der Befehl betraf nur die tauchklaren Boote, aber auch die Kommandanten anderer Boote entschlossen sich zum Marsch nach Norwegen.
Die feindlichen Flugzeuge, die seit Anfang April ungehindert über der Ostsee jagten, hatten die auslaufenden Boote sehr bald gesichtet. Sobald sie ihre Meldungen zurückfunkten, setzten die Alliierten alle nur verfügbaren Maschinen ein. Es waren die neuesten Jagdbomber und alte Maschinen, die man sonst nicht gegen U-Boote einsetzte, die in den nächsten Tagen die nach Norwegen flüchtenden Boote verfolgten. Viele der tauchfähigen Boote entkamen ihren Bordwaffen und Bomben, aber die anderen, die fast wehrlose Ziele auf dem Wasser waren, wurden ihre Beute. Es war nichts als ein sinnloses Abschlachten. Alles geschah in vier Tagen.
Als es zu Ende war, hatten die alliierten Flieger vom 2. bis zum 5. Mai insgesamt einundzwanzig Boote vernichtet.
Doch die Boote in Norwegen kamen nicht mehr zum Einsatz. Das Ende der Geschichte des U-Boot-Krieges wurde an Land entschieden; auf den paar Quadratkilometern Land der Marine-Kriegsschule Flensburg-Mürwik, wo die letzte Reichsregierung Dönitz residierte und wohin die Reste des Oberkommandos der Wehrmacht geflohen waren.
Die Geschichte dieses Endes ist zugleich die Geschichte des Mannes, der Standortkommandant von Flensburg und der letzte Kommandant der Marine-Kriegsschule Mürwik war: Kapitän zur See Wolfgang Lüth.

Wolfgang Lüth war der Kommandant von vier U-Booten gewesen: U9, U138, U43 und U181. Drei dieser Boote, die andere Kommandanten nach ihm geführt haben, waren vernichtet worden; nur U181 operierte bei Kriegsende noch im Indischen Ozean.
Unter Lüths Kommando hatten die vier Boote zwei schwere Schlachtschiffe torpediert und beschädigt, ein feindliches U-Boot, einen Zerstörer und sechsundvierzig Handelsschiffe mit einer Tonnage von über einer Viertelmillion Tonnen versenkt. Lüth hatte fünfzehn Feindfahrten hinter sich gebracht, und die mit ihm an Bord waren, sagen von ihm, er sei ein Mann ohne Nerven. Vielleicht war er dieser Mann. Und vielleicht mußte er darum sterben.
Wolfgang Lüth war im Jahre 1936 zur U-Boot-Waffe gekommen. Ende 1940 bekam er das Ritterkreuz. Am 9. August 1943 hatte er als erster Offizier der Marine das Eichenlaub mit Schwertern und Brillanten erhalten, eine Auszeichnung, die während des ganzen Krieges außer ihm nur noch einem Offizier der Kriegs-Marine verliehen worden war, dem Korvettenkapitän Brandi.
Seitdem kommandierte Lüth keine Boote mehr. Im Januar 1944 wurde er Chef der 22. U-Boot-Flottille in Gotenhafen. Im Juli Kommandeur der Ersten Abteilung der Marine-Kriegsschule in Mürwik. Am 14. September 1944 wurde er ihr letzter Kommandeur. Lüth war damals gerade einunddreißig Jahre alt geworden; der jüngste und der erste Offizier dieser traditionellen Ausbildungsschule der Marine, der nicht Admiralsstreifen trug.
Lüth gehörte zum gleichen Offiziersjahrgang wie Werner Henke. Sie hatten als Fähnriche zusammen in der Aula ihr Abschlußzeugnis entgegengenommen. Ihr Tod hatte eine grausame Parallele: Auch Wolfgang Lüth wurde von einem Wachtposten erschossen.
Er wurde erschossen, als der Krieg schon eine Woche zu Ende war.
Das geschah in der Nacht vom 13. auf den 14. Mai. Drei Tage später stand ein Sarg in der Aula der Marine-Kriegsschule.

Die Trauerfeier in der holzgetäfelten Aula hatte um zehn Uhr begonnen. Es war das letzte offizielle Staatsbegräbnis, das Dönitz in seiner Eigenschaft als Regierungschef befohlen hatte, zehn Tage nachdem in Reims die bedingungslose Kapitulation unterzeichnet worden war.
Als nach der Rede von Dönitz der Offizier am Klavier das Lied anstimmte, benachrichtigte einer der Posten am Eingang zur Aula die vor dem Hauptportal wartende Ehrenkompanie. Etwas abseits, auf

dem Südhof der Schule, war die Abteilung aufmarschiert, die – in Feldgrau und mit Stahlhelm – den Ehrensalut schießen sollte. Es waren dies Männer aus dem »Wachbataillon Dönitz«, die der Ritterkreuzträger Korvettenkapitän Ali Cremer führte; sie hatten ihre Gewehre durchgeladen und richteten sie jetzt gegen den Himmel.

In der ersten Reihe stand ein untersetzter, breitschultriger Mann. Er blickte starr den Lauf seines Karabiners entlang, mit den wachsamen Augen eines Boxers. Er war achtzehn Jahre alt; mit siebzehn hatte er sich zur Marine gemeldet. Er war noch als U-Boot-Fahrer ausgebildet worden, aber den Atlantik hatte er nicht mehr gesehen. Nur eine Fahrt hatte er gemacht: die letzte, kurze von Hamburg nach Kiel mit U 2519, dessen Kommandant Ali Cremer war. Cremer hatte sich den achtzehnjährigen Matrosen auf sein Boot geholt; solche Leute suchte er für seine Besatzung: Sportler. Und Matthias Gottlob war Boxer. Ungeschlagen und im Jahre 1944 deutscher Jugendmeister im Halbschwergewicht. Jetzt stand er in der ersten Reihe und wartete auf das nächste Kommando. Das scharrende Geräusch von Stiefeln kam näher; sie brachten jetzt den Sarg. Gottlob blickte den Lauf seines Karabiners entlang, bis die Helle des Himmels für seine Augen unerträglich zu werden schien.

Das Kommando »Gebt Feuer« kam, und ganz mechanisch zog er den Zeigefinger durch. Das Echo der Schüsse sprang von den Wänden der roten Backsteingebäude zurück. Gottlob lud durch und hob wieder das Gewehr und wartete auf das neue Kommando.

Er schoß mit den anderen dreimal den Ehrensalut für den Toten. Er war der Posten, der vor drei Tagen, eine halbe Stunde nach Mitternacht, den Kapitän zur See Wolfgang Lüth erschossen hatte.

Immer noch trugen die Männer von U 2519 Kisten und Säcke von Bord des U-Bootes und stellten sie auf die Mole, wo schon die ausgebauten Waffen lagen. Dann verließen die letzten das Boot, und nur das Sprengkommando unter dem Ersten Wachoffizier blieb an Bord. Auf dem Oberdeck lag das Schlauchboot, mit dem sie das Boot verlassen wollten, nachdem sie es versenkt hatten.

Gottlob hatte sich auf eine der Kisten gesetzt. Er ließ das Tuch, in das er seine Sachen geknotet hatte, nicht aus den Händen. Wie betäubt saß er da und starrte auf die straff gespannten Leinen, die das Boot noch an der Mole hielten. Zum erstenmal streifte den achtzehnjährigen Matrosen eine Ahnung, daß dies das Ende war.

In der Ferne, aus den Häusern hinter der Förde, heulte plötzlich langgezogen und klagend eine Sirene auf, und dann fielen die anderen ein. Einen Augenblick dachte Gottlob daran, sich ein Fahrrad zu organisieren, in irgendein kleines Nest zu einem Bauern zu fahren und dort das Ende abzuwarten.
Eine Sekunde spürte er Angst, als er die anderen beobachtete, wie sie die Kisten aufbrachen und die Sektflaschen weiterreichten.
Plötzlich sprangen die Diesel des Bootes an. Zwei Mann an Deck lösten die Leinen. Sie schlugen klatschend ins Wasser, als der graue, schlanke Leib sich von der Mole löste. Er sah die anderen ihre Flaschen gegen das Boot werfen. Sie lachten, und er beneidete sie in diesem Augenblick um alles, was sie erlebt hatten.
Er hatte nie einen richtigen Einsatz gefahren. Vor einem Jahr hatte er sich als Berufssoldat für achtzehn Jahre verpflichtet, ein Freiwilliger in letzter Minute.
Er rannte zu der Kiste. Er riß eine der Sektflaschen aus der Strohumhüllung. Er holte weit aus und schleuderte die Flasche mit aller Kraft. Er sah sie schäumend am Turm zerschellen, dort, wo das Wahrzeichen des Schiffes aufgemalt war: drei kleine Fische.
Die anderen schmissen noch ein paar Flaschen, aber das Boot war jetzt schon zu weit weg. Es wurde plötzlich ganz still an der Mole, als das Boot nach ein paar hundert Metern stoppte. Auch die Sirenen über der Stadt heulten nicht mehr. Die Männer zwischen den Kisten und den ausgebauten Flakwaffen starrten zu dem Boot hinüber. Sie stellten sich jetzt näher zusammen, als suchten sie Schutz beieinander. Gottlob sah, wie die Männer auf U 2519 das Schlauchboot zu Wasser ließen, hineinkletterten und dann schnell wegpullten.
Er hörte die Explosion nicht, mit der die Sprengladungen, die an den Ventilen angebracht worden waren, hochgingen. Alles geschah lautlos. Das Boot neigte sich zur Seite und richtete sich dann noch einmal auf, ehe es langsam wegsackte ...
Niemand sagte etwas, und die Männer begannen wie auf Kommando, die Kisten und Waffen zu dem an der Mole parkenden Lastwagen zu schleppen.
Es war nur ein Teil der Besatzung von U 2519, der an diesem 3. Mai 1945 in einem requirierten Lastwagen mit Anhänger Kiel verließ. Die anderen warteten mit dem Kommandanten ihres Bootes, dem Korvettenkapitän Ali Cremer, schon in Plön. Cremer war mit dem Rest der Besatzung seines Bootes, mit den Männern von anderen Booten und einem Trupp Fallschirmjägern unter seinem Kommando, die im

Raum Hamburg als Panzervernichtungstrupp eingesetzt worden waren, von Dönitz nach Plön befohlen worden. Dönitz und sein Stab hatten Plön bereits verlassen, als die Männer in ihrem Lastwagen ankamen; aber ihr Kommandant Ali Cremer und sein »Bataillon« waren da, um den »Rückzug« der Regierung zu decken. In der Stadt wurde geschossen. Noch am gleichen Tag fuhr die Besatzung von U 2519 den Weg über die von flüchtenden Kolonnen verstopften Straßen nach Flensburg-Mürwik. Dort, auf dem Gelände der Marine-Kriegsschule, war jetzt die Befehlsstelle des BdU.
In Flensburg-Mürwik bildete die Besatzung von U 2519 den Kern des »Wachbataillons Dönitz«. Baracken im Heinz-Krey-Lager wurden für das Wachbataillon geräumt. Es bekam feldgraue Uniformen und Gewehre, und ein Infanterie-Hauptmann drillte die Männer ein paar Tage lang. Kommandeur war Korvettenkapitän Ali Cremer. Sein Wachbataillon war vierhundert Mann stark. Es hatte die Aufgabe, der letzten Reichsregierung Dönitz Schutz zu geben, die verschiedenen »Regierungsgebäude« zu bewachen und den Wachdienst auf dem Gelände der Marine-Kriegsschule auszuüben.
Das »Wachbataillon Dönitz« sollte die Truppe sein, die von allen Einheiten am längsten Waffen trug: bis zu jenem 23. Mai, vierzehn Tage nach der endgültigen Kapitulation, als britische Panzer das mit Stacheldraht eingezäunte Gelände der Marine-Kriegsschule umstellten und vierhundertzwanzig hohe Offiziere und Beamte, die sich von überallher in die Enklave geflüchtet hatten, verhafteten.
Dönitz' schwere, gepanzerte Mercedes-Limousine, die der Obermaat Prior steuerte, hatte Plön am Abend des 2. Mai verlassen. Der Kommandeur der Marine-Kriegsschule Flensburg-Mürwik, der Kapitän zur See Wolfgang Lüth, erwartete den Wagen im Kriegsschulhafen. Es war drei Uhr früh, als Wolfgang Lüth die drei Männer über die Pier zu dem an der Württemberg-Brücke liegenden Wohnschiff, der 16595 BRT großen »Patria«, führte: Dönitz, seit dem Selbstmord Hitlers dessen Nachfolger, den Reichsfinanzminister Graf Schwerin-Krosigk und Korvettenkapitän Lüdde-Neurath, den Adjutanten von Dönitz. Diese drei waren es auch, die einen Tag später in das Kommandeurshaus der Marine-Kriegsschule übersiedelten, in der Wolfgang Lüth mit seiner Familie wohnte.
Gleich in den ersten Morgenstunden besichtigte Lüth mit Lüdde-Neurath das Gelände der Marine-Kriegsschule. Lüth räumte sein eigenes Standortgebäude, die Sportschule, für die »Reichsregierung«. In der benachbarten Marine-Nachrichtenschule erhielt der Befehls-

haber der Unterseeboote sein letztes Standquartier: ein großes Lagezimmer und einen kleinen Raum, wo die Funker mit ihren Schlüsselmaschinen saßen.

Zur gleichen Stunde, als man in Flensburg einzog, wurde ein deutscher Offizier in das Hauptquartier der Engländer in Lüneburg geführt, um dort mit Montgomery über die Bedingungen einer Teilkapitulation im norddeutschen Raum zu verhandeln. Der Offizier, der als Beauftragter von Dönitz die Verhandlungen führte, war der Generaladmiral Hans-Georg von Friedeburg, kommandierender Admiral der U-Boote und seit Dönitz' Ernennung zum Nachfolger Hitlers auch Oberbefehlshaber der Kriegsmarine.

Auf der Fahrt von Plön nach Flensburg hatte Dönitz sich mit von Friedeburg, dessen Hauptquartier bis dahin Sengwarden bei Wilhelmshaven gewesen war, an der Levensauer Hochbrücke über dem Kaiser-Wilhelm-Kanal getroffen und ihm Weisungen für die Verhandlungen erteilt.

Es war gegen Mitternacht des 3. Mai, als von Friedeburg nach Flensburg-Mürwik zurückkam und Dönitz berichtete; die Bedingungen Montgomerys gingen weit über das hinaus, was Dönitz bereit gewesen war anzubieten. Montgomery verlangte nicht nur die bedingungslose Kapitulation aller Truppen im norddeutschen Raum, wie Dönitz selbst vorgeschlagen hatte. Der Sieger forderte: Alle Streitkräfte in Holland und Dänemark hatten sich ebenfalls zu ergeben. Und vor allem: die Kapitulation betraf auch die U-Boote und Flotteneinheiten im gesamten Kapitulationsbereich.

Das bedeutete die unversehrte Auslieferung aller Schiffe. Und es bedeutete den Widerruf eines Befehls, der seit der Übergabe der deutschen Flotte in Scapa Flow am Ende des Ersten Weltkrieges den Kommandanten aller Schiffe als der höchste aller Befehle gelehrt worden war: der Befehl, ein Schiff unter keinen Umständen in Feindeshand fallen zu lassen.

Die Teilkapitulation sollte um acht Uhr am Morgen des 5. Mai in Kraft treten.

Die entscheidende Sitzung über Montgomerys Bedingungen fand am Morgen des 4. Mai um neun Uhr in Flensburg statt. Man redete den ganzen Vormittag, aber man hatte keine Wahl. Als von Friedeburg und einige andere Offiziere gegen Mittag vom Flugplatz Flensburg-Weiche nach Lüneburg starteten, hatten sie die Vollmacht, die Bedingungen Montgomerys anzunehmen. Um neunzehn Uhr vierzig traf in Flensburg der Funkspruch aus dem Hauptquartier ein, daß von

Friedeburg die Kapitulationsurkunde unterzeichnet habe. In dieser Nacht, der Nacht vom 4. auf den 5. Mai, kamen die Funker in der Nachrichtenschule nicht von ihren Geräten. Über den kleinen Sender der Schule und die noch nicht besetzten größeren Marine-Sender gingen die Funksprüche zu den Schiffen und Befehlsstellen. Es gab zu diesem Zeitpunkt noch etwa 350 U-Boote, aber nur ein geringer Teil davon lag nicht in den Stützpunkten.

Fast alle Boote in See erreichte in dieser Nacht das Angriffsverbot, so daß die Kommandanten ihre Feindfahrten abbrachen und versuchten, die Heimathäfen zu erreichen. Nur zwei Boote sollten diesen Befehl nicht aufnehmen: U853, das am 5. Mai vor der Küste der USA den Dampfer »Blackpoint« versenkte und am Tag darauf selbst mit der ganzen Besatzung durch Wasserbomben vernichtet wurde, und U2336, das noch am 7. Mai im Firth of Forth zwei Schiffe versenkte und nach Kiel zurückkehren konnte.

Auch der zweite Befehl dieser Nacht, keines der Schiffe zu versenken oder zu zerstören, wurde von allen Booten aufgenommen.

»Ab 5. Mai 08.00 Uhr deutscher Sommerzeit Waffenruhe. Keinerlei Zerstörungen, Schiffsversenkungen oder sonstige Kundgebungen vornehmen«, lautete der Funkspruch, der alle halbe Stunde durchgegeben wurde.

Jedes U-Boot hatte eine Dienstanweisung an Bord, die schon in Friedenszeiten galt; einer der wichtigsten Punkte dieser Anweisung war der Befehl, daß kein deutsches Kriegsschiff unzerstört in Feindeshand fallen dürfe. Am 30. April 1945 war diese Anweisung durch einen Geheimbefehl des Oberkommandos der Marine ergänzt worden. Die Kommandanten aller Kriegsschiffe waren unterrichtet worden, daß auf das Stichwort »Regenbogen« hin sofort alle Schiffe vernichtet werden sollten; die Ausnahme: Fahrzeuge, die für Fischerei, Transport und Minenräumdienst benutzt werden konnten.

Noch am 3. Mai, als von Friedeburg schon in Montgomerys Hauptquartier verhandelte, war ein Funkspruch der Seekriegsleitung über die Marine-Sender und Fernschreiber gegangen:

»Grundsätzlicher Befehl bleibt bestehen, daß Linienschiffe, Kreuzer, Zerstörer, Torpedoboote, Schnellboote, U-Boote und Kleinkampfmittel nicht in Feindeshand fallen dürfen, sondern auf Stichwort ›Regenbogen‹ zu versenken bzw. zu vernichten sind.«

Als am Abend des 4. Mai dieser Regenbogen-Befehl durch die neuen Anweisungen der Seekriegsleitung aufgehoben wurde, kamen bald die ersten Bestätigungen.

Aber es waren nur wenige von U-Booten darunter. In dieser Nacht sollten fast zweihundert U-Boot-Kommandanten zum erstenmal ihrem höchsten Vorgesetzten den Gehorsam verweigern – ganz einfach, weil sie nicht glauben konnten, daß Dönitz von ihnen plötzlich das Gegenteil forderte, was er sechs Jahre hindurch als höchste Tugend gelobt hatte.

Immer wieder während der Nacht kamen Rückfragen von Booten, die an diesem Befehl zweifelten. Die Funker in Flensburg-Mürwik bekamen Anweisung, ihre Funksprüche mit dem Zusatz »Unter gar keinen Umständen Regenbogen« herauszugeben.

An diesem Abend erschienen gegen halb zehn Uhr im Kommandeurshaus des Kapitäns zur See Lüth zwei U-Boot-Offiziere, die dem Stab des BdU angehörten. Es waren dies der Fregattenkapitän Liebe, Eichenlaubträger und ehemaliger Kommandant von U 38, und der Oberleutnant zur See Duppel, Kommandant eines Bootes, das die Besatzung zwei Tage zuvor selbst in Hamburg versenkt hatte. Beide verlangten Dönitz zu sprechen.

Dönitz' Zimmer lag im ersten Stock des Kommandeurshauses, und wer zu ihm wollte, mußte durch das Vorzimmer seines Adjutanten Lüdde-Neurath. Er war es, dem die beiden aufgebrachten U-Boot-Offiziere die für sie unverständlichen Weisungen der Seekriegsleitung vorlegten. Dönitz könne das nie befohlen haben, meinten sie. Lüdde-Neurath ließ die beiden Offiziere nicht vor. Als sie sich nicht abweisen lassen wollten, sagte er ihnen schließlich: »Wenn ich U-Boot-Kommandant wäre, ich wüßte, was ich zu tun hätte.«

Als die beiden Offiziere das Kommandeurshaus verließen, blieb ihnen nur wenig Zeit. Der Sender des BdU-Stabes in der Nachrichtenschule war für sie tabu, und es gab nur noch wenige intakte Telefonverbindungen zu den verschiedenen Stützpunkten. Und doch erreichte ihre Alarmnachricht die in den Buchten der westlichen Ostsee und an der Nordseeküste liegenden U-Boote.

Regenbogen! Regenbogen! Regenbogen! – Der Befehl ging in dieser Nacht von Bord zu Bord. In den Buchten fuhren Verkehrsboote von einem U-Boot zum andern. Die weiter draußen liegenden Boote wurden mit Morselampen angeblinkt.

Bald waren die Besatzungen dabei, alles, was sich an Vorräten und Wertvollem noch auf den Booten befand, auszuladen. Sie trugen die Säcke und Kisten selber an Land oder luden sie in die Schlauchboote.

Es waren nur noch ein paar Mann an Bord, wenn die Diesel zum letztenmal ansprangen und die Boote wie lange Schatten in der fahlen

Dämmerung des Morgens hinausglitten. Die meisten Boote fuhren nur ein paar hundert Meter weit, bis die Sprengladungen an den Flutventilen angebracht und das Wasser tief genug war. Draußen stiegen die Männer in die Boote und ruderten zum Land zurück, wo die anderen auf sie warteten.
So geschah es die ganze Nacht, lautlos und unheimlich. So geschah es in der Flensburger Förde, vor Lübeck, Travemünde, Kiel, in allen Buchten und vor den Ostsee-Inseln. So geschah es in den Mündungen der Elbe und der Weser, vor Cuxhaven und den anderen Nordseehäfen.
Aber es waren nicht alle, die in dieser Nacht nur ihre Boote versenkten und dann zurückkehrten, um bei den Bauern in den Dörfern entlang der Küste unterzukriechen. Manche schlugen die Sprengpatronen an und blieben in den Booten, die ihre Särge wurden. Ein paar Jungen, die alt geworden waren in hundert ähnlichen, endlosen Nächten. Ein paar Jungen, denen man die Welt versprochen hatte und denen man nur ein Versprechen hielt – daß sie sterben durften.
Das Meer schloß sich über ihnen, wie es sich über so vielen von ihnen geschlossen hatte. Ein großes, schweigendes Grab für die Schuldigen und Unschuldigen. Es nahm sie alle unter seinen weiten Mantel des Schweigens.
Als am Morgen des 5. Mai um acht Uhr die Teilkapitulation in Kraft trat, war etwas geschehen, was es bis dahin in der Seekriegsgeschichte noch nicht gegeben hatte: Mit den wenigen Booten, die in den letzten beiden Tagen von ihren Kommandanten oder Besatzungen versenkt worden waren, lagen bis zum Morgengrauen des 5. Mai 215 Boote auf dem Grund des Meeres.
Drei Tage später war der Krieg zu Ende. Nach Punkt 2 der bedingungslosen Kapitulation hatten »alle deutschen Land-, See- und Luftstreitkräfte die Kampfhandlungen um 23.01 Uhr mitteleuropäischer Sommerzeit am 8. Mai einzustellen und in den Stellungen zu verbleiben, die sie zu diesem Zeitpunkt innehatten, und sich vollständig zu entwaffnen.« – Nur für das Gebiet der Marine-Kriegsschule Flensburg-Mürwik.
Am 5. Mai waren die englischen Panzer mit den weißen, aufgemalten Sternen in den Straßen Flensburgs erschienen. Am 10. Mai bezog eine »Alliierte Kontrollkommission« das Wohnschiff »Patria« im Schulhafen an der Württemberg-Brücke; die Regierung Dönitz und das Oberkommando der Wehrmacht in der eingezäunten Enklave Mürwik blieben weiterhin unangetastet.

Es gab nie einen schriftlichen Vertrag über dieses fast achtzehn Quadratkilometer große Hoheitsgebiet, das unter der Befehlsgewalt des Standortkommandanten Lüth stand und an dessen Zäunen Tafeln hingen: »Warnung! Wer diesen Raum betritt, ohne durch das Haupttor zu gehen, auf den wird *ohne* Anruf geschossen! – Der Kommandant.«
Nur zwei Konzessionen hatte Dönitz gemacht: die Wiedereinführung der alten militärischen Ehrenbezeigung statt des Hitler-Grußes und die Entfernung von Führer- und anderen Parteibildern aus denjenigen Räumen, in denen der dienstliche Verkehr mit den Alliierten stattfand. Sonst trugen die Offiziere weiter ihre Orden und Waffen. Und das aus U-Boot-Männern unter Korvettenkapitän Ali Cremer gebildete »Wachbataillon Dönitz« marschierte jeden Tag singend zum Dienst.

Unter den zwölf Posten, die mit ihrem Wachhabenden am 13. Mai um achtzehn Uhr in ihren grauen Uniformen vor dem »Regierungsgebäude« durch den Offizier vom Dienst vergattert wurden, war auch der Matrose Matthias Gottlob von U 2519.
Sechs Mann von der Wache hatten alle zwei Stunden wachfrei. Die anderen stellten nachts drei Doppelposten: die »Kommandeurshaus-Wache«, die »Sportplatz-Wache« und die »Straßen-Wache«. Wachhabender war der Maschinenmaat von U 2519, Karl Franz. Die Parole in dieser Nacht lautete – »Tannenberg«.
Seine erste Wache hatte der Matrose Gottlob von zwanzig bis zweiundzwanzig Uhr, die »Sportplatz-Wache«. Es war ein warmer Maiabend, und nur langsam und zögernd wurde die Nacht schwärzer. In den zwei Stunden ereignete sich nichts. Um zweiundzwanzig Uhr kehrte Gottlob von seiner Wache zurück. Der Wachraum für die Posten lag im Ostflügel des langgestreckten roten Ziegelbaues, dem Haupteingang des »Regierungsgebäudes«. Obwohl das schwarze, steife Papier der Verdunklung an den Rändern zerrissen war und keiner mehr die Flugzeuge zu fürchten hatte, waren aus Gewohnheit die Rollos vor die Fenster gezogen.
Drei Männer lagen auf den Feldbetten. Gottlob setzte sich zu den anderen an den rohen Holztisch; sie nahmen ihr begonnenes Kartenspiel auf. Eine schwache, nackte Birne brannte über dem Tisch, und das Kartenspiel in den Händen der Männer war schmutzig und abgegriffen.

Gottlob gewann an diesem Abend, und die stickige Wärme, der Rauch und die Stimmen der anderen gaben ihm das Gefühl, daß alles gut war. Er legte seine Zigarette an den Rand der Tischplatte, die schon viele braune, eingebrannte Streifen von den dort vergessenen Zigaretten hatte. Manchmal dachte er daran, was werden würde, wenn er nicht mehr mit diesen Männern zusammen war, wenn er keine Befehle mehr bekam, die seine Welt in den Angeln hielten; aber er schob solche Gedanken von sich.

Eine Viertelstunde vor Mitternacht kam der Maschinenmaat Franz in den Wachraum, und die Männer brachen ihr Spiel ab. Sie rechneten nicht zusammen, und einer riß das Blatt vom Block und schob es für später in die Brusttasche.

Gottlob fröstelte, als er mit dem zweiten Posten, der mit ihm zusammen bis zwei Uhr morgens die nächste Wache hatte, ins Freie trat. Ein kalter, feuchter Wind kam von der See; Gottlob spürte die Kälte wie feinen, wäßrigen Nebel auf dem Gesicht. Die Nacht war stockdunkel, und als sie sich wieder auf den Weg zu den Sportplätzen machten, war der andere neben ihm nur ein dunkler, plumper Schatten.

Sie gingen die Baumreihe zwischen den beiden Sportplätzen entlang, und dort lösten die beiden die anderen Posten ab. Sie warteten, bis sie das Geräusch ihrer Schritte nicht mehr hörten; dann nahm Gottlob seinen Rundgang um die Plätze auf.

Er stolperte durch die Nacht und starrte vor sich hin. Er kam zweimal um das Oval des Platzes, als er das Schießen und die dumpfen Detonationen im Bootshafen hörte, und eine Sekunde lang sah er einen Feuerschein. Das Schießen dauerte nicht lange, und er kümmerte sich nicht weiter darum, denn er wußte, daß es irgendwelche Marinesoldaten waren, die mit Handgranaten und Panzerfäusten ein Feuerwerk inszenierten. Das geschah fast jede Nacht, seitdem bekanntgeworden war, daß am 15. Mai alle Waffen und Munition abgeben werden sollten.

Gottlob nahm seinen Weg wieder auf, mit steifen und schweren Gliedern. Er fror in dem kalten Wind, und er spürte den Druck des Gewehrriemens über die Schulter.

Die Dunkelheit schien ihm dick und zäh wie Teer, und er lief jetzt einfach stumpf weiter, den Kopf auf den Boden gerichtet und nur mit gespannt lauschenden Ohren.

Nach dem vierten Rundgang näherte er sich wieder der Baumreihe, dort, wo der Weg zum Kommandeurshaus entlangführte. Er blieb stehen, als er ein Geräusch zu hören glaubte. Er spähte angestrengt in die Finsternis, in der die Bäume dunkle, unwirkliche Kulissen waren. Er stand eine Weile wie gelähmt. Er suchte mit seinen Augen etwas, was er nicht finden konnte. Er erwartete, das Geräusch wieder zu hören, und gleichzeitig hoffte er dumpf, daß er sich getäuscht habe.

Er dachte an seine Befehle. Er hatte die Parole zu verlangen, und wenn sie nicht genannt wurde, nach einmaligem Anruf sofort zu schießen. Das war klar, aber nie hatte er daran gedacht, daß dies wirklich einmal geschehen könnte.

Nach einmaligem Anruf sofort schießen! – Er hatte plötzlich Angst, kalte, fröstelnde Angst, sich lächerlich zu machen, und die noch größere, daß jemand auf seinen Anruf nicht reagierte.

Er hörte das Geräusch aus der Dunkelheit heraus, und diesmal war er sicher, Schritte zu vernehmen. Dann erkannte er den Schatten der Gestalt auf dem Weg, nur wenige Schritte von ihm entfernt. Er versuchte, Herr über das Zittern seiner Hände zu werden, als die Gestalt weiterging. Du mußt ihn jetzt anrufen, dachte er . . .

Gegen null Uhr dreißig hatte der Wachhabende, der Maschinenmaat Karl Franz, das »Regierungsgebäude« verlassen, um seinen Kontrollgang zu machen. Er stand bei den Posten der »Straßen-Wache« vorm »Regierungsgebäude«, als aus der Dunkelheit ein Soldat auftauchte. Franz hörte seine Stimme, ehe er ihn sah. »Lüth kommt jetzt vorbei«, meldete der Soldat. »Er kommt vom Regierungsgebäude.«

Franz nickte in die Dunkelheit hinein, in der der andere schon wieder verschwand. »Ihr wißt Bescheid«, sagte Franz zu den beiden Posten hin. Er blickte zurück zum »Regierungsgebäude«; er glaubte, zwei Männer vor dem Haupteingang stehen zu sehen. Alle Wachen waren vor Lüth auf der Hut, wenn der Standortkommandeur nachts durch das Gelände ging und dabei meist die Posten kontrollierte. Eine Zeitlang, so hatte man ihnen erzählt, war er nachts hinter Büschen mit einem Spankörbchen auf der Lauer gelegen und hatte den Posten, die sich in dem unwegsamen Gelände mit Taschenlampen ihren Weg suchten, die Lampen abgenommen und sie zum Rapport befohlen.

Franz sah jetzt, wie die beiden Männer vor dem Hauptportal sich verabschiedeten, und dann kam der eine den Weg herunter. Es war Lüth, der auf sie zuschritt. Er hatte die Mütze tief ins Gesicht gezogen und den Mantelkragen hochgeschlagen.

»Keine besonderen Vorkommnisse, Herr Kapitän«, meldete Franz, als der Kommandeur, der von seiner Besprechung kam, vorüberging. Lüth blickte nicht auf. Er legte nur abwesend die Hand an die Mütze und ging schweigend weiter. Franz sah ihn den Weg zur Baumreihe einschlagen.

Er wartete eine Weile. Dann trat er zu den Posten, und in diesem Augenblick hörte er das erste »Halt«. Aber der Schuß fiel nicht sofort. Er hörte es einmal rufen und dann noch ein zweites und ein drittes Mal, laut und so, als hätte der, der es rief, Angst, und dann kam der Schuß.

Das Schweigen, das folgte, war drückend, und Franz lauschte immer noch in die Nacht hinein, aber er hörte nur den starken Wind. »Was ist denn los?« fragte er fassungslos. Er suchte in der Dunkelheit die Gesichter der anderen. Plötzlich rannte er los, die Baumreihe entlang, bis er den Posten auf dem Weg stehen sah, das Gewehr immer noch in den Händen.

Gottlob stand da und rührte sich nicht. Als Franz ihn ansprach, hob er sein Gesicht, das in der Dunkelheit nur ein leerer, ängstlicher weißer Fleck war. »Ich habe geschossen«, sagte er dann tonlos. Er machte ein paar stolpernde Schritte, als seien seine Beine so gefühllos, daß sie ihn nicht mehr tragen konnten. Er hob die Hand und deutete auf den Weg vor ihm.

Franz war ihm gefolgt, und jetzt sah er etwas am Boden. Er hörte sein Herz nicht mehr schlagen, als er sich neben der Gestalt niederkniete und immer nur daran dachte, daß das nicht wahr sein dürfe. Plötzlich entdeckte er die Mütze. Sie war zur Seite gerollt, und als er sie aufhob, erkannte er am Rand des Schirmes die breite goldene Paspelierung.

Hinter sich hörte er jetzt ein leises Geräusch, das in der Stille lauter klang, und als er sich aufrichtete und umsah, wurde er sich bewußt, daß es Gottlob war, dessen Lippen sich zitternd bewegten, ohne daß er etwas sagte.

Franz beugte sich wieder über die Gestalt, die mit dem Gesicht nach unten auf dem Boden lag. Er fühlte das kalte Leder des Mantels. Er drehte den Mann um, und als er dann zwischen den Revers das Ritterkreuz schimmern sah, ließ er ihn wieder auf die Erde zurücksinken.

Eine Weile kniete er neben der reglos auf dem Weg hingestreckten Gestalt. Mit steifen Fingern versuchte er, den ledernen Mantel aufzuknöpfen, aber plötzlich hatte er Angst vor der Wahrheit, daß er sich über einen Toten beugte.

Als er aufblickte, sah er nur die verschwommenen Schatten der Posten, die um ihn herumstanden. Jetzt erst kam ihm zum Bewußtsein,

daß er etwas unternehmen mußte. »Worauf wartet ihr?« schrie er. »Los, einer zum Regierungsgebäude und Meldung machen! Es ist der Kommandeur Lüth. Sie sollen mit einer Bahre kommen! Schnell!«
Eine der Gestalten verschwand in der Dunkelheit. Gottlob rührte sich nicht. Er hatte sein Gewehr wieder umgehängt. Der Wind war noch stärker geworden.
Sie warteten fast zehn Minuten. Sie sprachen die ganze Zeit nicht. Dann sahen sie in der Ferne einen schwachen Lichtschein. Er erlosch gleich wieder, aber bald hörten sie stolpernde Schritte und die Stimme eines Mannes, der vor sich hin fluchte.
»Hier!« rief Franz. »Hierher!« Er erhob sich jetzt und trat neben den Matrosen. Als ihre Schultern sich berührten, spürte Franz, daß der Achtzehnjährige noch immer zitterte.
Es waren zwei Sanitäter, die zwischen sich eine Bahre trugen. Sie setzten sie neben der Gestalt am Boden ab.
Gottlob beobachtete, wie sie den Mann in dem Ledermantel ganz behutsam aufhoben; es schien ihm zu bestätigen, daß er nur verwundet sein konnte. »Ich habe überhaupt nicht gezielt«, sagte er unvermittelt, aber dann wurden seine Worte zu einem undeutlichen, bebenden Flüstern.
Der Lichtschein einer Taschenlampe blitzte kurz auf. Der Matrose sah den Schein über die Schirmmütze huschen, die am Boden lag und die niemand beachtete. Er bückte sich danach und hob sie auf. Er folgte den anderen als letzter. Der kleine Lichtschein vor ihm tastete von Zeit zu Zeit den Weg ab. Von Schritt zu Schritt zog der lederne Riemen des Karabiners seine Schultern mehr herunter.
Die schmalen, hohen Fenster des Reviers im »Regierungsgebäude« waren erleuchtet, und ein Mann in einem weißen Kittel hielt eine der hohen Flügeltüren mit dem aufgemalten Roten Kreuz auf. Die Sanitäter stiegen mit der Bahre die Steinstufen hinauf. Gottlob folgte ihnen nur zögernd, und plötzlich war das harte Geräusch eisenbeschlagener Stiefel und eine blendende Helle um ihn. Dann stand er mit den anderen Posten in dem Raum, in dem die Sanitäter die Bahre abgestellt hatten.
Aus seinem Gesicht war jeder Ausdruck weggewischt, als er den Oberstabsarzt sich über den Mann in dem Ledermantel beugen sah. Er nahm alles wie durch einen Nebel wahr. Er hatte kein Gefühl mehr für die Zeit; er klammerte sich an den Gedanken, daß er doch eben noch seinen Rundgang gemacht hatte. Er war durch die Dunkelheit gegangen und hatte daran gedacht, daß er nachher im Wachraum mit

den anderen das unterbrochene Skatspiel fortsetzen würde. Er hatte gewonnen. Es war alles gut gewesen ... Er sah jetzt, wie der Arzt an der Bahre sich halb aufrichtete.
Gottlob verstand nicht, was er sagte, aber als er die weiße Binde über dem linken Auge des Mannes auf der Bahre bemerkte, glaubte er zu wissen, daß Lüth tot war.
»Nein«, sagte er plötzlich. Seine Stimme klang wie ein laut gewordener Gedanke. Er warf einen bittenden Blick auf den Maschinenmaat Franz, der neben ihm stand.
»Tragen Sie den Kommandeur hinüber in die Leichenhalle«, sagte der Arzt.
Gottlob schüttelte wie in Abwehr den Kopf. »Nein ...«, begann er wieder. Er fühlte, wie jetzt alle den Blick zu ihm wandten und ihn schweigend anstarrten. Obwohl sich niemand rührte, glaubte er, sie rückten von ihm ab. Er wunderte sich, daß er noch immer das Gewehr trug und niemand daran dachte, ihn abzuführen.
»Ich habe überhaupt nicht gezielt«, sagte er wieder. »Ich wollte ihn nicht treffen. Ich hatte das Gewehr in der Hüfte und gar nicht gezielt ...« Er starrte auf die Mütze, die er immer noch in den Händen hielt. Er war froh, als einer der Sanitäter sie ihm abnahm und an das Fußende der Bahre legte. Dann griffen sie die Holme und trugen den Toten aus dem Raum.
Gottlob stand da, bis ihre Schritte verklungen und sie verschwunden waren. Der Gedanke, daß er vor dreißig Minuten einen Menschen erschossen hatte, war zu ungeheuerlich; er konnte es nicht fassen. Er war achtzehn Jahre alt, und er hatte das Abenteuer des Krieges erwartet. Aber alles, was ihm zugedacht war, war diese eine Kugel, die einen Menschen getötet hatte. »Was soll ich machen, ich habe nur ...« Er brach ab, als er den Offizier vom Dienst unter der Tür auftauchen sah. Er glaubte, jetzt würden sie ihn holen, aber der Offizier winkte den Wachhabenden heran. Sie sprachen eine Weile miteinander, und dann kam Franz zurück. »Alle vor dem Regierungsgebäude antreten!« sagte er im Befehlston.

Das Telefon stand auf einem kleinen Tisch am Fenster. Lüdde-Neurath hatte schon geschlafen, aber der Adjutant war es gewohnt, daß es nachts im Kommandeurshaus schellte; er fand den Apparat im Dunkeln. Es gab ihm einen Stich, als er die aufgeregte Stimme aus der Muschel hörte; und sein erster abwehrender Gedanke war: Das ist doch unmöglich ...

»Aus Versehen erschossen?« sagte er dann. »Aber wie kann denn so was passieren!« Er hörte den Bericht zu Ende an, aber die Unwirklichkeit wich nicht, als er den Hörer auflegte. Er zog sich hastig an. Es war kurz nach eins, als er auf die Uhr blickte und sein Zimmer verließ.

In der großen Halle tastete er sich zu dem Schalter. Als das Licht aufflammte, zögerte er bei dem Gedanken, wie er es der Frau sagen sollte. Das Haus wirkte plötzlich merkwürdig leer. In einem der Zimmer hier schlief die Frau des Toten und ahnte nichts von dem, was geschehen war. Und irgendwo war das Zimmer, in dem die vier Kinder in ihren Betten lagen; das älteste war fünf Jahre.

Er stand dort eine Weile und lauschte. Dann wandte er sich um und stieg die Treppe hinunter. Er schritt auf eine der Türen zu, die von der Halle abgingen. Es war Wolfgang Lüths Arbeitszimmer; nachts schlief sein Bruder dort, der Feldwebel Joachim Lüth. Lüdde-Neurath klopfte. Er brauchte nicht lange zu warten, bis er jemand hörte; dann öffnete sich die Tür. Er berichtete dem Bruder, was er soeben durch den Anruf erfahren hatte, und dann sagte er: »Bitte, benachrichtigen Sie seine Frau!« Er wartete in der Halle, bis der andere sich angezogen hatte. Joachim Lüth kam in Uniform aus dem Zimmer. Er starrte Lüdde-Neurath fassungslos an.

»Ich kann auch nicht mehr sagen«, kam Lüdde-Neurath seinen Fragen zuvor. »Sie haben ihn in die Leichenhalle gebracht.« Er machte eine Bewegung zur Treppe. »Wenn Sie wollen, führe ich Sie nachher hin . . . Ich warte hier.« Er sah dem Feldwebel nach, wie er die Treppe, die in den ersten Stock führte, langsam hinaufstieg. Dann verstummten die Schritte, und er hörte das Klopfen.

Er wartete in der Halle, und die ganze Zeit, während er wartete, dachte er daran, was dort oben geschah. Plötzlich hörte er ein Geräusch, und dann sah er die Frau und den Bruder die Treppe herunterkommen. Der Mann stützte die Frau, aber es war nur eine Geste, denn sie schien sehr ruhig und gefaßt.

Sie hatte ein dunkles Kleid angezogen, aber als er ihr entgegenging und ihr Gesicht sah, zweifelte er, ob sie die Wahrheit wirklich erfaßt hatte. Er dachte, daß sie etwas fragen würde, aber sie sagte nichts. Sie blickte vor sich hin, als sähe sie niemanden. Er spürte Mitleid, aber noch stärker war das Gefühl, daß der Tod ihres Mannes etwas anderes war als die vielen anderen, die er erlebt hatte. Er reichte ihr wortlos die Hand.

»Wollen Sie wirklich mitgehen?« fragte er.

Sie nickte fest, und wieder hatte er das Gefühl, daß sie nicht verstand . . .
Sie verließen zu dritt das Haus. Sie sprachen den ganzen Weg nichts. Ein Posten hatte draußen gewartet; er führte sie bis zu der abseits im Park des Krankenblocks gelegenen Leichenhalle.
Er riß vor ihnen die Tür auf, und als sie eintraten, flammte das Licht auf. In dem kahlen Raum waren nur ein paar hölzerne Pritschen, und auf einem dieser Gestelle stand die Bahre. Der Tote trug noch immer den ledernen Mantel. Die beiden Männer hatten die Frau in ihre Mitte genommen. Hinter ihnen fiel die Tür laut zu.
Die Frau trat langsam näher, als müsse sie sich erst mit dem Gedanken vertraut machen, daß dieser Tote ihr Mann war. Lange Zeit stand sie am Fußende der Bahre. Sie wunderte sich, wie wenig Schreckliches es hatte, in das Gesicht mit dem Verband über dem Auge zu blicken, das ganz ruhig war, wie schlafend und nur mit einem leise erstaunten Ausdruck. Sie dachte an alle die Jahre, in denen sie gewartet hatte und in denen sie jeden Tag damit rechnen mußte, daß die Nachricht von seinem Tod kam. Sie hatten im September 1939 geheiratet, vier Tage nachdem der Krieg begonnen hatte, und seither hatte sie diese Stunde schon oft erlebt. Sie hatte die ganzen Kriegsjahre in Neustadt in einer U-Boot-Siedlung gewohnt. Ein Haus neben dem anderen mit Frauen, die warteten. Frauen, die nichts anderes kannten und von nichts anderem sprachen und nur von Worten lebten, von Gerüchten, von einem Urlaub, der wieder nur mit Warten endete.
Dort, in den Häusern, hatten sie den Krieg erlebt. Er war immer um sie, mit seinem langen, grausamen Arm. Dort kam er leiser, aber nicht weniger tödlich. Manchmal war es nur das Geräusch der Klappe, durch die der Brief hereinfiel; jedesmal konnte sich so der Tod ankündigen . . .
Sie mußte jetzt wieder daran denken. Damals hatte sie nicht geglaubt, daß er den Krieg überleben würde. Sie hatte zuviel Frauen die schwarzen Kleider anziehen sehen. Dann war er doch zurückgekommen. Er fuhr nicht mehr aus. Sie sah ihn jeden Tag. Und langsam wich die Furcht – und deshalb weigerte sie sich zu glauben, daß es jetzt geschehen sein sollte, wo alles überstanden und der Krieg zu Ende war . . .
Die beiden Männer wichen zur Seite, als die Frau neben die Bahre trat. Sie hob ihre Hand und strich über den Handrücken des Toten. Dann wandte sie sich plötzlich um. »Ich möchte gehen«, sagte sie nur.
Als sie die Halle verließen, trat ein Soldat an ihnen vorbei; er trat mit einem schwarzen Tuch an die Bahre und breitete es über den Toten.

Auch für die letzten U-Boote kam das Ende mit einem schwarzen Tuch: mit schwarzen Fahnen oder einem Stück dunkelgestrichenem Segeltuch zum Zeichen der Übergabe am Turm liefen sie in diesen Tagen die Häfen der Alliierten an.

Als in der Nacht vor der Teilkapitulation, am 5. Mai, gegen den Befehl von Dönitz über 200 Kommandanten ihre U-Boote selbst versenkt hatten, gab es noch 150 kampffähige Boote. Am Tag der bedingungslosen Kapitulation waren 43 davon noch in See. Am Abend des 8. Mai – nach der Unterzeichnung der Kapitulations-Urkunde in Reims im Hauptquartier Eisenhowers – gaben die Funker der Marine-Nachrichtenschule Flensburg-Mürwik den Übergabebefehl des Befehlshabers der Unterseeboote weiter.

»Alle Wellen, Hubertus, Nordmeer.

Alle zwei Stunden wiederholen.

An alle Boote. Folgende Anweisung der Vertreter der Alliierten sind unverzüglich zu befolgen:

Ab sofort nur noch aufgetaucht marschieren.

Bootsnummer und Standort nach Länge und Breite offen der nächsten britischen, nordamerikanischen, kanadischen oder sowjetrussischen Küstenfunkstelle auf 600 m (500 kHz) oder auf Kurzwelle 16845 und 12685 oder 5870 kHz mit Rufzeichen GZZ 110 (Gustav Zet Zet eins eins null) geben.

Bei Tage große schwarze oder blaue Flagge setzen.

Nachts Laternen setzen.

Gesamte Munition außenbords werfen, Verschlüsse von Geschützen und Zündvorrichtungen von Torpedos entfernen, Minen sichern.

FT und Signalverkehr nur noch offen.

Alle in einem unmittelbar hieraus folgenden Funkspruch gegebenen Anweisungen für Kurs und Fahrt nach alliierten Häfen genauestens befolgen.

Dem von den Alliierten erteilten Verbot einer Versenkung oder Beschädigung eines Bootes ist nachzukommen. Diese Anweisungen werden bis auf weiteres zu allen Appellzeiten gem. Distelschaltung bzw. zweistündlich wiederholt.«

Das erste Boot, welches diesen neu herausgegebenen Befehlen Folge leistete, war U 249, das am 9. Mai vor Kap Lizard an der Südwestküste Englands auftauchte.

Einen Tag darauf ergab sich ein Boot in der Nähe der Färöer-Inseln, U 532, das mit einer Ladung von Zinn, Kautschuk, Wolfram und Chinin an Bord aus Japan kam.

Am 14. Mai lief eine Gruppe von sieben Booten in einen nordirischen Hafen ein.
Am 16. Mai war es ein Konvoi von fünfzehn Booten, die von kanadischen Zerstörern aufgebracht und nach Loch Eribol, Nordschottland, geleitet wurden.
Zwei Kommandanten waren dem Übergabebefehl nicht gefolgt; sie versenkten ihre Boote vor der portugiesischen Küste; das eine am 10. Mai, das andere am 3. Juni. Ein anderes Boot lief am 16. Mai in der Elbmündung auf eine Mine, und nur vier Mann überlebten.
Sieben Boote, die im Indischen Ozean stationiert waren, darunter U181, das frühere Boot des Kapitäns zur See Wolfgang Lüth, übernahmen die Japaner, nachdem sie Deutschland wegen der Kapitulation für vertragsbrüchig erklärt und alle Deutschen in ihrem Gebiet gefangengenommen hatten.
Auf einem der deutschen Boote, die sich am 8. Mai noch in See befanden, U234, kam es zu einer Tragödie: Das Boot des Kapitänleutnants Fehler hatten den norwegischen Stützpunkt Kristiansand noch am 15. April zu einer letzten Fahrt verlassen. U234 war für diese Fahrt zum Transporter umgebaut worden. Das Ziel war Japan; die Ladung: Turbojäger, Raketen, die neuesten Nahkampfwaffen und 360 Kilogramm Uran. U234 hatte Gäste an Bord: den General der Flieger Kessler mit seinem Stab, zwei Offiziere des Oberkommandos der Marine, drei Ingenieure von Messerschmitt und zwei japanische Diplomaten, die Offiziere Tomonaga und Shosi. Am Tage der Kapitulation stand das Boot südlich der Azoren, die Tanks noch voller Brennstoff. Die beiden Japaner beschworen den Kommandanten, die Fahrt nach Japan fortzusetzen; der Kommandant lehnte ab. Am Abend befahl er, die beiden Japaner unter Deck gefangenzuhalten. Tomonaga war U-Boot-Spezialist, und der Kommandant befürchtete, daß die Japaner versuchen könnten, das Boot zu versenken.
Drei Tage hielt U234 mit großer Fahrt nach Süden. Die Luftwaffenoffiziere schlugen vor, Agentinien anzulaufen. Andere wollten nach Südafrika. Es gab endlose Diskussionen, aber am 13. Mai entschloß sich der Kommandant zu kapitulieren. Der Funker nahm Verbindung mit Halifax auf. U234 erhielt Order, Kanada anzulaufen. Das Boot änderte den Kurs. Sie hatten die schwarze Fahne nicht gesetzt und alle Waffen gefechtsklar gelassen.
Am Nachmittag des 14. sichteten die Ausgucks einen Zerstörer. Es war die »U.S.S. Sutton«, und am Montag des 15. Mai schickte der Kommandant des Zerstörers ein Prisenkommando herüber.

Als die Amerikaner an Bord kamen, lebten die beiden Japaner nicht mehr. Sie hatten einen Tag zuvor, als der Zerstörer das Boot anlief, Selbstmord verübt. In der Nacht hatte man sie in Leinwand eingenäht, mit ihren Samurai-Schwertern; und unbemerkt waren sie mit ihrem ganzen Gepäck in der See versenkt worden, so, wie es die beiden Offiziere in ihrem Brief, den sie hinterließen, gewünscht hatten.
Als U 234 vier Tage später in Portsmouth einlief, lagen an der Pier schon drei andere deutsche Boote . . .
Bis Ende Mai 1945 hatten sich 43 U-Boote in See ergeben; in England, Kanada, Gibraltar, Frankreich und den USA.
Die letzten beiden Boote tauchten vor der argentinischen Küste auf; im Juli U 530 und am 17. August, nach einer Unterwasserfahrt von sechsundsechzig Tagen, U 977.
In den deutschen und norwegischen Stützpunkten hatten die Alliierten inzwischen weitere 107 Boote erbeutet. Aus Wilhelmshaven, Kiel, Horten, Kristiansand, Stavanger, Bergen und Drontheim überführten die Kommandanten ihre Boote nach England. Ein paar der neuen Typen wurden unter den Siegern aufgeteilt. Der Rest wurde im November und Dezember 1945 von den Alliierten im Nordatlantik versenkt, vor dem nordirischen Küstenstrich, der den Namen Bloody Foreland trägt.
Die Mitternachtswache war vor dem Hauptportal des »Regierungsgebäudes« in Flensburg-Mürwik angetreten. Der Maschinenmaat Karl Franz ging von einem zum andern. Er sammelte die Munition ein, um zu kontrollieren, wieviel Schüsse abgegeben worden waren. Aber nur in einem Gewehr fehlte eine Kugel. Gottlob stand reglos da, als Franz zu den beiden Offizieren trat, die auf den Stufen vor dem Haupteingang warteten.
Gottlob erkannte jetzt Cremer, den Kommandeur des »Wachbataillons Dönitz« und den Offizier vom Dienst.
Dann kam Cremer auf ihn zu. In der Dunkelheit fühlte Gottlob seinen Blick forschend auf sich ruhen. »Jetzt erzählen Sie mal«, sagte Cremer. Er stellte die Fragen ruhig.
»Ich kann es noch nicht glauben«, begann Gottlob. Er spürte, daß es ihm nie gelingen würde, zu sagen, was in ihm vorging.
»Berichten Sie von Anfang an. Sie hatten die Wache von Mitternacht bis zwei Uhr morgens . . .«
»Ja. Die Sportplatz-Wache . . . Ich hatte das Schießen am Bootshafen gehört. Gleich danach geschah es, nach dem zweiten oder dritten Rundgang. Ich habe nur einen Schatten gesehen. Zuerst war ich nicht

sicher. Aber dann habe ich die Parole verlangt, und als er nicht reagierte, habe ich ihn angerufen . . .« Er konnte nicht in das Gesicht vor ihm sehen. Er starrte auf das Ritterkreuz zwischen den Revers des Mantels. Eine Erinnerung an den Tag stieg in ihm auf, als er nach der Ausbildung zum erstenmal auf dem Deck des U-Bootes vor seinem Kommandanten gestanden hatte. – Wann war das nur? Wo war der Krieg, in dem man solche Orden verdiente? Er hatte den Feind nie zu Gesicht bekommen. Er hatte nur die Niederlage gesehen: Bombenangriffe, ein Boot, das versenkt wurde, ein Lastwagen, der von Tieffliegern angegriffen wurde; überall war er auf die Niederlage gestoßen, und alles war zu Ende, ehe es begonnen hatte.

»Ich habe ihn sogar dreimal angerufen«, sagte er. »Aber der Mann schwenkte vom Weg ab in das Wäldchen . . .«

»Wie weit standen Sie entfernt, als Sie schossen?«

»Dreißig Meter«, sagte er verstört. Er muß mich gehört haben. Ich hatte den Befehl, schon nach dem ersten Anruf zu schießen. Als er weiterging, gab ich einen Warnschuß ab. Ich habe das Gewehr in der Hüfte gehalten . . .« Seine Stimme verlor sich. Er hatte auf einen Schatten geschossen – und dann war es ein Mensch.

»Sie haben ihn nicht erkannt?« fragte Cremer.

»Nein. Erst nachher. Als ich auf ihn zuging, sah ich etwas am Boden liegen, aber selbst da dachte ich nicht, daß er tot sein könnte . . .«

»Schon gut«, hörte er die Stimme vor sich, und dann spürte er einen Augenblick eine Hand auf seinem Arm. »Gehen Sie wieder ins Wachlokal, verstanden? Wir werden morgen alles genau untersuchen . . .«

Er blickte verwundert auf, als Cremer sich umdrehte. Undeutlich hörte er den Befehl wegzutreten. Er folgte den anderen in den Wachraum. Er stellte sein Gewehr weg und legte sich auf eines der Feldbetten.

Er lag wach und starrte zu dem Gewehrständer an der Wand gegenüber. Aber dann mußte er doch eingeschlafen sein. Es war kurz vor sechs Uhr morgens, als der Wachhabende ihn weckte.

»Du hast die nächste Wache«, hörte er ihn sagen. Gottlob nickte wortlos. Er nahm die Munition entgegen und holte sein Gewehr. Ein paar Minuten später trat er hinaus in den grauen, nebligen Morgen. Der Matrose Matthias Gottlob, achtzehn Jahre alt, hatte seine Wache wieder bei den Sportplätzen.

Um acht Uhr, nach der vorzeitigen Ablösung der Mitternachtswache, marschierten die Posten geschlossen ins Heinz-Krey-Lager zu ihrer

Baracke, um sich zum Rapport bereit zu machen: Dönitz hatte sie für halb zehn zur Meldung ins »Regierungsgebäude« befohlen. Im Vorzimmer Lüdde-Neuraths warteten vier Offiziere und der Marine-Richter des Standortes, als die Posten mit dem Offizier vom Dienst und Ali Cremer ins »Regierungsgebäude« kamen.
Dönitz empfing zuerst die Wachen allein. Er ließ sich von dem Matrosen Matthias Gottlob berichten. Danach wurden die Offiziere und der Marine-Richter aus dem Vorzimmer gerufen. Auch ihnen hatte Gottlob noch einmal alle Fragen zu beantworten. Es dauerte eine halbe Stunde, und als alles vorbei war, sagten sie ihm, er habe den Standortbefehl richtig befolgt und als Soldat nur seine Pflicht getan.
Niemand sagte ihm, wie er mit dem Gefühl der Schuld, das er spürte, fertig werden sollte. Die, die den Krieg sechs Jahre befohlen hatten, fühlten sich frei von jeder Schuld.

Noch am gleichen Morgen ordnete Dönitz für den Toten ein Staatsbegräbnis mit allen militärischen Ehren an. Der Hafenkommandant von Flensburg, der Korvettenkapitän von Ramm, erhielt den Befehl, die Erlaubnis dazu von den Engländern einzuholen.
Als von Ramm am 14. Mai mit seinem Dolmetscher im Rathaus von Flensburg dem Commander Russel Roberts die Bitte vortrug, paradierten durch die Straßen der Stadt englische Truppen vor ihrem kommandierenden General.
Roberts verlangte das Protokoll der kriegsgerichtlichen Untersuchung gegen den Wachtposten. Es wurde ihm überbracht. Wenige Stunden später kam aus dem Rathaus die Erlaubnis des englischen Stadtkommandanten, Brigadier Churcher, für das Staatsbegräbnis.
Die Trauerfeier in der Aula der Marine-Kriegsschule begann am 16. Mai um zehn Uhr. Das Licht glitt durch die hohen, gotischen Fenster in den Raum, aber die dunklen, holzgetäfelten Wände schluckten es auf. Es fiel schwer, an die Wirklichkeit dessen, was hier vorging, zu glauben.
Sechs U-Boot-Offiziere mit Ritterkreuz hielten die Ehrenwache. Sie standen mit Schärpe und gezogenem Degen neben dem Sarg und ihnen zur Seite die jungen Fähnriche dieses Jahrgangs.
Dönitz selbst hielt die Ansprache.
Vor dem Rednerpult, hinter dem noch das Bild Hitlers hing, stand der Sarg des Toten zwischen den Buchsbäumen. Er war nur ein Toter. Die anderen waren ohne Särge gestorben. Und sie waren ohne Grabkreuze beerdigt worden, weil das Meer keine Grabkreuze kennt.

Hinter den Stuhlreihen, in denen die Überlebenden saßen, in ihren Uniformen mit allen Auszeichnungen, an der Rückwand der Aula, hingen die Ehrentafeln mit den Namen der Toten des Ersten Weltkrieges.
Die Tafeln würden nicht ausreichen, um die Namen all jener aufzunehmen, die in diesem Krieg gefallen waren.
In achtundsechzig Monaten Seekrieg hatte man neununddreißigtausend U-Boot-Offiziere und -Besatzungen mit den Booten aufs Meer geschickt. Zweiunddreißigtausend von den neununddreißigtausend waren nicht wiedergekommen.
Zweiunddreißigtausend . . . Und jetzt stand der Mann, den sie ihren Großadmiral nannten, am Rednerpult und sagte, was man immer in solchen Stunden sagt: daß sie in Ehren gekämpft hätten und ihr Opfer nicht umsonst gewesen sei . . .
Nachher trugen junge Fähnriche den Sarg aus der Aula. Es war ein heller, sonniger Tag, und sie schritten mit dem Sarg den Weg hinunter, voran der Offizier, der das Ordenskissen trug.
In der Zufahrt parkte der Wehrmachtslastwagen, den man mit Grün geschmückt und mit schwarzem Verdunkelungsstoff ausgeschlagen hatte. Der Zug bewegte sich langsam auf den Wagen zu. Nur das Geräusch von Stiefeln auf dem gepflasterten Weg war zu hören.
Der Matrose Gottlob war auch unter den Männern, die mit der Wagenkolonne und dem Sarg des Toten zu dem Friedhof in der kleinen Gemeinde Adelby, am Stadtrand von Flensburg, fuhren. Er war mit den anderen am Grab, als die Erde auf den Sarg geworfen wurde. Wenige Schritte vor ihm stand die Frau des Toten mit zweien ihrer vier Kinder.
Sie wußte noch nicht, daß sie bald mit ihren Kindern in die U-Boot-Siedlung nach Neustadt zurückkehren würde, dorthin, wo sie die ganzen Jahre des Krieges gewartet hatte. Diesmal würde Frieden sein. Die Sirenen würden nicht mehr heulen. Der Alptraum der sinkenden Boote würde weichen. Sie würde nichts mehr zu fürchten haben – nur die Einsamkeit.
Der Matrose Gottlob trug die Waffe, mit der er vor drei Tagen auf einem Postengang Lüth erschossen hatte, noch sieben Tage. Er bekam weiter seine Parolen. Er machte weiter seine Postengänge. Er war auch auf Wache, als das Ende kam.
Es war kurz vor zehn Uhr am 23. Mai, als Dönitz das Fallreep zum Wohnschiff »Patria« im Hafen der Kriegsschule hinaufstieg. Diesmal präsentierten keine Posten das Gewehr, und als der letzte Chef der

Reichsregierung eine Viertelstunde später das Schiff verließ, war er, wie die anderen Mitglieder der Regierung und die Offiziere und Beamten des Oberkommandos der Wehrmacht, ein Gefangener. Um elf Uhr erschienen die Panzer. Sie fuhren an den Zäunen der Enklave vor. In Lastwagen begann der Abtransport der Gefangenen.

Der Matrose Gottlob stand vor dem »Regierungsgebäude« Posten, als ein Engländer mit Stahlhelm und mit Maschinenpistole ihm das Gewehr von der Schulter riß. Gottlob hatte wie die anderen mit erhobenen Armen an die Mauer zu treten, das Gesicht gegen die roten Backsteinwände. Später schickte man die Leute hinüber in ihre Baracken im Heinz-Krey-Lager. Den ganzen Tag kümmerte sich niemand um sie.

Während Gottlob seine Sachen zusammensuchte, hörte er draußen immer wieder die Lastwagen vorfahren. Als er ans Fenster trat, sah er, wie Gewehre abgeladen wurden. Er stand dort, blickte hinaus auf die Lagerstraßen, die wie Knüppeldämme aus Gewehren waren. Sein Gesicht berührte die Scheibe, als er die Panzer vorfahren sah.

Er blickte regungslos auf die Ketten, die knirschend über die Karabiner rollten. Die Panzer fuhren an und stießen zurück, und er hörte das Geräusch der zersplitternden Gewehrschäfte.

Zur gleichen Stunde startete vom Flugplatz Flensburg-Weiche eine amerikanische Militärmaschine. Sie brachte Dönitz und andere Gefangene nach Luxemburg. Fünf Monate später, im Oktober 1945, bekam Dönitz von seinen Nürnberger Richtern die Anklageschrift zugestellt. Der Mann, der Dönitz in Nürnberg verteidigen sollte, der Flottenrichter Dr. Otto Kranzbühler, saß in diesen Tagen unter den Zuschauern auf der Galerie des Weißen Saales im Curio-Haus in Hamburg; dort hatte am Mittwoch, dem 17. Oktober 1945, der Prozeß gegen U852 begonnen.

Der Prozeß

U 852 – Kapitänleutnant Heinz Eck

Die Fassade des Curio-Hauses in der Rothenbaumchaussee in Hamburg war grau vom Nebel, und das Mauerwerk trug die Narben von Bombensplittern.
Schon eine Stunde vor Beginn der Verhandlung standen die Menschen fröstelnd vor dem Torbogen. Sie hielten Abstand von den mit Maschinenpistolen bewaffneten Posten, die alle Eingänge besetzt hielten. Sie traten zur Seite, als die Militärpolizisten den Bürgersteig absperrten; der grüne, geschlossene Gefangenenwagen mit der Jeep-Eskorte kam die Straße herauf. Die Jeeps hielten schlitternd auf der nassen Straße, und nur der Gefangenenwagen fuhr weiter durch den Torbogen in den Hof des Hauses. Das war um halb zehn.
Kurz danach wurden die Zuschauer eingelassen. Nur vierzig Karten waren von der Kommandantur ausgegeben worden. Die Posten am Torbogen kontrollierten die Karten und Ausweise. In einem Vorraum aus grauem Marmor fand die zweite Kontrolle statt. Alle Aufgänge waren durch dicke Seile gesperrt und von den Posten bewacht; nur die eine Treppe zu der Zuschauergalerie war frei. Oben mußten alle Taschen abgegeben werden, und Männer und Frauen wurden getrennt in zwei Räumen nach Waffen abgesucht. Dann erst wurden sie auf die Galerie gelassen.
Die Schreiner und Elektriker, die den Weißen Saal des Curio-Hauses zum Verhandlungsraum umgebaut hatten, waren erst an diesem Morgen fertig geworden: für das Gericht eine Empore an der rechten Seite des Saales, gegenüber eine geschlossene Loge für die Angeklagten. Davor zwei schmale Tische für die Verteidiger und Dolmetscher. Auf der einen Schmalseite der Zeugenstand, auf der anderen der Platz für den Ankläger.
Um Punkt zehn Uhr betrat das aufgrund einer königlich-britischen Vollmacht zusammengestellte Militärgericht den Saal. Alle erhoben sich, als die acht Männer mit den Akten schnell zu ihren Plätzen schritten. Die Richter trugen Uniformen mit langen Ordensschnal-

len. Nur einer, der Gerichtsoffizier Melford Stevenson, trug eine schwarze Robe. Er setzte sich, ordnete seine Sachen, blickte zu dem links von ihm sitzenden Offizier. Brigadier Jones, der Vorsitzende des Gerichts, erhob sich und erklärte die Verhandlung für eröffnet.
Der hellgestrichene Raum war von Scheinwerfern angestrahlt. Ihre gebündelten Strahlen trafen auf die Mitte des Raumes, wo Verteidiger und Ankläger ihre Plädoyers halten würden.
Die fünf Angeklagten trugen ihre Uniformen ohne Orden. Die Hoheitsabzeichen waren abgetrennt. In dem hellen Licht waren ihre Gesichter schneeweiß über dem dunklen, sauber gebürsteten Tuch mit den abgestoßenen Revers. Nur der Kommandant, Kapitänleutnant Heinz Eck, blickte auf, als die Richter ihm gegenüber aufstanden und die rechte Hand zum Schwur hoben. Es waren vier Engländer und zwei Griechen, Kapitäne der königlich griechischen Kriegsmarine. Nach den Richtern wurden die Dolmetscher und Stenografen vereidigt. Dann rückte der Gerichtsoffizier, Stevenson, seine weiße Perücke zurecht.
Es wurde plötzlich still; sie, wie es in diesem Konzertsaal des Curio-Hauses früher still geworden war: Das Stühlerücken hörte auf, die Stimmen verebbten, und die bewaffneten Militärposten mit ihren leuchtendroten Mützenüberzügen und schneeweißem Koppelzeug, die hinter den Angeklagten saßen und im ganzen Saal verteilt waren, richteten sich steif auf.
Stevenson verlas die Anklageschrift in Englisch.
»Kapitänleutnant Heinz Eck, Leutnant zur See August Hoffmann, Marineoberstabsarzt Doktor Walter Weispfenning, Kapitänleutnant Ingenieur Hans Richard Lenz und Matrosenobergefreiter Wolfgang Schwender, Sie sind gemeinsam des folgenden Verbrechens angeklagt . . .«
Stevenson blickte einen Augenblick auf. Er hatte scharfe, dunkle Augen, die unter der weißen Perücke noch dunkler erschienen. Er las die Anklage zu Ende, und dann übersetzte der Dolmetscher.
». . . werden eines Kriegsverbrechens beschuldigt, weil sie in der Nacht vom 13. auf den 14. März 1944 auf dem Atlantischen Ozean als Kommandant und Besatzungsmitglieder von U852 nach Versenkung der ›Peleus‹ unter Verletzung des Kriegsrechts an der Tötung von Besatzungsmitgliedern des obengenannten Schiffes beteiligt waren, indem sie auf sie geschossen und Handgranaten geworfen haben.«
Die fünf Verteidiger, die vor den Angeklagten an einem Tisch saßen,

zogen ein paar Akten aus ihren Taschen. Auf ihren Gesichtern lag ein wenig Unruhe. Sie waren kaum vorbereitet, und sie schienen zu wissen, daß sie der Anklage nicht viel entgegenzusetzen hatten. Nur der Engländer Major Lermon, ein Rechtsanwalt, der sich freiwillig erboten hatte, den Angeklagten Lenz zu vertreten, schien gelassen. Er war es auch, der sich jetzt umwandte und den Angeklagten zunickte, als der Gerichtsoffizier sie aufforderte, sich schuldig oder nicht schuldig zu bekennen.

Einer nach dem anderen erhob sich von der Bank und sagte: »Nicht schuldig.«

Der Vertreter der Anklage, Colonel Halse, der an der Schmalseite gegenüber dem Zeugenstand saß, nahm nur für einen Augenblick das Stückchen Schnur, auf dem er kaute, aus dem Mund.

Die Verteidiger berieten sich, und dann erhob sich Lermon. Ein paar der Zuschauer auf den Tribünen beugten sich vor, als der Engländer in die Mitte des Raumes vor die Empore der Richter trat. Lermon sprach sehr ruhig und bestimmt. Er sagte, daß die Verteidigung gezwungen sei, den Gerichtshof um Vertagung zu bitten. Er selbst und die anderen Verteidiger hätten den Fall erst vor vier Tagen übertragen bekommen. Es sei nicht möglich gewesen, in dieser unverantwortlich kurzen Frist wichtige Zeugen zu berufen oder Dokumente der Seekriegsleitung zu beschaffen. Die Bibliotheken mit den notwendigen Nachschlagewerken seien zerstört und die Verkehrs- und Nachrichtenverbindungen äußerst schlecht. Die deutschen Verteidiger seien mit den Regeln der englischen Prozeßführung nicht vertraut. Er bat das Gericht zu bedenken, daß es höchst verhängnisvoll wäre, wenn in diesem Fall, der vielleicht zu einem Paradefall für künftige Prozesse werde und der möglicherweise mit einem Todesurteil ende, die Verteidigung nicht vorbereitet sei.

»Ich bitte daher den Gerichtshof dringend und nachdrücklich, eine Vertagung um mindestens eine Woche gewähren zu wollen.«

Halse erhob Einspruch. Stevenson schlug vor, den Antrag bis zum Ende dieser Sitzung zurückzustellen. Die Verteidigung nahm den Vorschlag an.

Dann begann Halse seine Anklage im einzelnen zu begründen. Er sprach betont gelassen, und während er sprach, ging er langsam auf und ab; manchmal trat er an seinen Tisch, um ein Dokument zu holen und auf den Richtertisch hinaufzureichen. Für den Ankläger war der Tatbestand klar, unwiderlegbar und erdrückend:

Die »Peleus«, ein griechisches Schiff, das im Dienst der Engländer

fuhr, war südlich des Äquators, dreihundert Meilen vor der afrikanischen Küste, durch U852 versenkt worden. Die Besatzung des Dampfers, 35 Mann – Griechen, Engländer, Chinesen, Russen, Ägypter, ein Pole und ein Chilene –, hatte sich auf Flöße gerettet, aber der Kommandant des deutschen U-Bootes hatte den Befehl gegeben, auf die Geretteten zu schießen, mit dem Ziel, alle Spuren der Versenkung, vor allem lebende Zeugen, zu beseitigen.
Aber drei Mann der »Peleus« waren nach 37 Tagen mit ihrem Floß von einem Schiff entdeckt und gerettet worden. Er könne diese Überlebenden dem Gericht nicht persönlich vorführen, erklärte Halse, aber er lege ihre beschworenen Aussagen als Beweismaterial vor.
Die Verteidigung erhob sogleich Einspruch. Lermon meinte, daß kein englisches Gericht solches Beweismaterial anerkennen würde.
Halse lächelte. Dies sei kein normales englisches Gericht, sagte er, sondern ein Militärgericht, das aufgrund einer königlichen Vollmacht, Paragraph 8., Ziffer 1a, in diesem Falle besondere, weitgehende Befugnisse habe.
Das Gericht beriet sich, und dann verkündete Stevenson, daß es beschlossen habe, das Beweismaterial anzuerkennen.
Einige Zeit später, fuhr Halse in seiner Anklage fort, sei ein deutsches U-Boot an der Ostküste Afrikas von Fliegern angegriffen worden. Die Besatzung gab das Boot auf, und dabei seien eine Seekarte und ein Logbuch von den Engländern erbeutet worden. Und beides beweise, daß dieses Boot am 13. März ein Schiff in der Position versenkt habe, in der auch die »Peleus« gesunken sei. Halse trat an den Tisch der Verteidiger. »Dieses Boot«, sagte er dann, »war U852, und der Kommandant dieses Bootes war der Angeklagte Kapitänleutnant Eck.« Er wandte sich wieder an die Richter: »Nachdem wir dies entdeckt hatten, wurden die Besatzungsmitglieder des U-Bootes nach England gebracht. Dort wurden sie eingehend verhört. Fünf Männer der Besatzung gaben Erklärungen ab.« Er machte eine Pause.
Zum erstenmal während der Verhandlung bemerkte man, daß auf den Tribünen Zuschauer saßen. Aber es war nicht mehr als eine leise Unruhe.
»Ich werde diese fünf Männer jetzt für die Anklage in den Zeugenstand rufen«, sagte Halse ungerührt.
Dr. Todsen, der Eck verteidigte, hatte sich umgewandt und machte eine Geste, als wolle er sagen: ruhig bleiben. Eck blickte einen Augenblick auf das strenge, hohlwangige Gesicht und nickte. Dann ging sein Blick zu der Zuschauertribüne hinauf. Er sah eine Reihe grauer Ge-

sichter, und nicht einmal die wenigen Frauen unterscheiden sich von den Männern. Er hatte das Gefühl, daß alle nur ihn ansahen, aber die Reihe der Gesichter blieb namenlos, und wieder fragte er sich, ob seine Eltern noch lebten.
Colonel Halse war an seinen Tisch getreten. Dort wandte er sich noch einmal um. »Ich bitte das Gericht, die Presse aufzufordern, in den Zeitungen keine Namen von Zeugen zu nennen, die von der Anklagevertretung vernommen werden«, sagte er. Die fünf Zeugen der Anklage saßen seit sieben Tagen im Hamburger Untersuchungsgefängnis, Holstenglacis 6, in strenger Einzelhaft. Sie waren aus England hergeflogen worden, und erst an diesem Morgen hatten sie erfahren, daß sie als Zeugen für die Anklage aussagen sollten.
Der Gerichtsoffizier Stevenson tupfte sich die Stirn ab und rückte dann seine Perücke wieder fest. Er blickte zu den Stuhlreihen hinter dem Tisch des Anklagevertreters hin, als er sagte: »Sie werden gewiß einsehen, daß im Interesse der Sicherheit die Namen derjenigen, die jetzt ihre Aussagen machen, nicht veröffentlicht werden sollten.« Er wandte sich an die Stenografen, auch im Protokoll die Namen nur mit den Anfangsbuchstaben einzusetzen.
Eck blickte hinüber zu der schmalen Tür, durch die jetzt der erste Zeuge den Gerichtssal betrat. Er wurde in den Zeugenstand geführt, und als er vereidigt wurde, bebte seine Stimme. Er blickte auf seine Hände, die auf den Knien lagen, als er sich setzte. Eck erkannte den Matrosenobergefreiten; es war Cierniak. Er hatte ihn seit damals, als sie das Boot aufgeben mußten, nicht mehr gesehen. Er erschien ihm jetzt noch jünger; als Cierniak auf das Boot kam, war er neunzehn Jahre. Für ihn, wie die meisten von ihnen, war es seine erste Feindfahrt gewesen.
Halse war an den Zeugenstand getreten, aber Eck hörte kaum, was er fragte und was Cierniak aussagte. Er dachte die ganze Zeit, daß er einmal zu ihm herübersehen müsse. Als Dr. Todsen sich dann zum Kreuzverhör erhob, beugte Eck sich vor und schüttelte den Kopf. Todsen sah ihn zweifelnd an, aber dann wandte er sich an den Richter. »Ich habe keine Fragen an den Zeugen«, sagte er. Es schien ihm schwerzufallen.
Der nächste Zeuge, den die Anklage rief, war der Oberleutnant zur See Ranft. Er war mit einundzwanzig Jahren als Zweiter Ingenieur-Offizier an Bord von U852 gekommen, und auch für ihn war es die erste und einzige Feindfahrt. Halse ließ sich von dem Oberleutnant bestätigen, daß U852 am Abend des 13. März die »Peleus« versenkt

hatte. Ranft berichtete, daß mit Maschinengewehren geschossen wurde, doch in der Dunkelheit habe er nur Wracktrümmer, aber keine Menschen darauf beobachten können. Der Zeuge schien nur widerstrebend zu antworten, und zum erstenmal wurde Halse ungeduldig. Er brach das Verhör schnell ab.
Als der nächste Zeuge vereidigt wurde, dachte Eck, daß alles nur ein Aufschub war. Er sah Hartmann, den Obersteuermann, mit erhobener Hand im Zeugenstand. Hartmann war einer der ältesten Männer an Bord gewesen, und Eck kam der Gedanke, wie leicht auch er und die anderen hier hätten unter der Anklage sitzen können. Er wurde aufmerksam, als Halse jetzt mit einem Heft in den Händen zu dem Zeugen trat.
»Ist dieses Dokument das Logbuch von U852?« fragte Halse. Er händigte dem Zeugen das Heft aus.
Der Obersteuermann blickte auf. »Ja«, sagte er dann.
»Ist darin unter dem Datum vom 13. März 1944 die Versenkung eines Schiffes vermerkt?«
»Ja.«
Die Köpfe der acht Männer in der Richterloge fuhren herum, und Stevenson beugte sich etwas vor. »Haben Sie dieses Logbuch jemals vorher gesehen?« fragte er.
»Ich habe es selbst geführt«, sagte Hartmann bestimmt.
Stevenson nickte Halse zu. Der hatte das Logbuch auf den Richtertisch gelegt und von seinem Platz eine Seekarte geholt. Er reichte sie dem Mann im Zeugenstand. »Sehen Sie sich diese Karte an. Erkennen Sie sie?«
»Jawohl. Das ist die Kurskarte von U852.«
»Können Sie aus dieser Karte ersehen, wo die ›Peleus‹ versenkt wurde?«
»Ja. Die entsprechenden Angaben sind auf dieser Karte eingetragen.«
Wieder beugte sich Stevenson vor und schaltete sich in das Verhör ein. »Haben Sie diese Eintragungen auf der Karte gemacht?«
»Ja.«
Auf dem Gesicht des Anklägers lag ein Lächeln, als wolle er sagen: Wozu das alles noch. »Ich nehme an, daß Sie sich zur Zeit der Versenkung in der Zentrale befanden?« fragte er.
»In der Zentrale, ja.«
»Kamen Sie auch auf die Brücke hinauf?«
»Ja.«

Durchgangsstation für die Besatzung von U 515 war das Lager Fort George G. Meade in der Nähe von Washington (Bild oben); für ihren Kommandanten wurde dies Lager zur Endstation. – Anfang Juli 1944 benachrichtigte das Internationale Rote Kreuz die Kriegsmarine, daß der POW Werner Henke auf der Flucht erschossen worden sei.

In das Camp Beate bei Sakramente, Kalifornien, kam später ein Teil der Besatzung U 515. – Henkes Grab liegt auf dem Friedhof des Lagers Fort George. Erst sehr viel später erhielt seine Ruhestätte diesen Grabstein. Lange nach seinem Tode beförderte man Werner Henke noch zum Korvettenkapitän.

Alle U-Bootfahrer lernten die Schrecken der von feindlichen Zerstörern abgeworfenen Wasserbomben kennen (Bild oben). — Aber auch diese Bilder sahen sie oft: ein sinkender Frachter, auf dem noch einige Überlebende kauern, in der Zieloptik des U-Bootes. Seit 1942 war es den U-Bootbesatzungen durch Dönitz verboten, Überlebende aufzufischen oder mit Proviant und Rettungsmitteln zu versorgen.

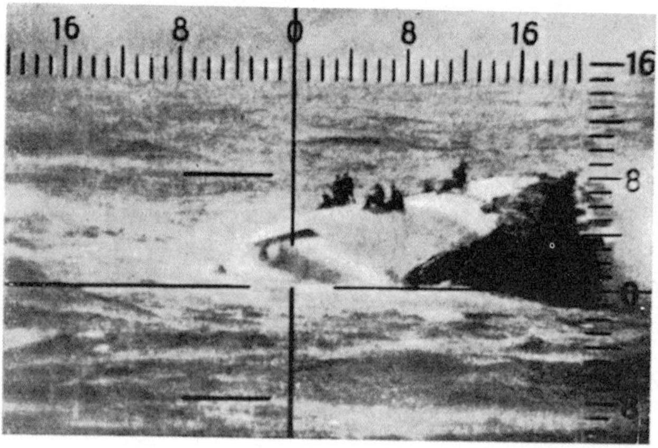

Ziel aller Ostasienboote war der Stützpunkt Penang in der Straße von Malakka (oben links), die letzte Station von U 181, dem Boot des Kapitäns zur See Wolfgang Lüth. Lüth bekam als erster Offizier der deutschen Kriegsmarine das Eichenlaub mit Schwertern und Brillanten. Unten: mit vierzehn Wimpeln, gleich vierzehn Versenkungen, läuft U 181 in Bordeaux ein.

5. Mai 1945, 8 Uhr, Teilkapitulation im norddeutschen Raum. Die U-Bootfahrer die dem verdammten Atlantik in neunundsechzig Monaten Seekrieg entronnen sind gehen glücklich an Land.

U 977 ergibt sich am 17. August 1945 in Argentinien nach einer Unterwasserfahrt von sechsundsechzig Tagen.

Vor der schottischen Küste versammelt sich die Besatzung eines anderen deutschen Bootes vor der Auslieferung an Deck (rechts).

»Und haben Sie ein sinkendes Schiff gesehen?«
Wieder antwortete der Obersteuermann nur mit einem »Ja«.
»Haben Sie beobachtet, daß später irgend etwas auf die Brücke hinaufgebracht wurde?«
»Ja, Pistolen.«
»Sonst noch irgend etwas?«
»Handgranaten.«
»Wer gab den Befehl, die Waffen auf die Brücke zu bringen?«
»Der Kommandant ...« Der Zeuge zögerte, als aber Halse in Richtung des Angeklagten nickte, sagte der Obersteuermann: »Ich erkenne ihn heute hier im Gerichtssaal.«
Halse nickte zufrieden. Er stellte einen Fuß auf das Geländer im Zeugenstand.
»Was geschah, nachdem die Pistolen und Handgranaten auf die Brücke hinaufgebracht worden waren?«
»Ich hörte schießen.«
»Haben Sie gesehen, wer sich am Schießen beteiligte?« Es war jetzt ganz still im Saal. Überall hingen die Schilder, auf denen »Silence« stand, aber der Vorsitzende hatte nicht einmal zur Ruhe mahnen müssen. Halse wiederholte seine Frage.
»Nein, das habe ich nicht gesehen«, antwortete der Zeuge.
»Wer befand sich alles auf der Brücke, als die Waffen hinaufgeschafft wurden?«
»Das kann ich nicht genau sagen. Ich habe das in meiner eidesstattlichen Erklärung damals angegeben, mehr kann ich dazu nicht sagen.«
Halse ging ein paarmal auf und ab. Seine nächste Frage kam fast lustlos: »Um welche Zeit geschah dies alles?«
»Um zehn Uhr herum, nachts.«
»Wie lange dauerte das Schießen?«
»Bis Mitternacht war es so ziemlich zu Ende.«
»Sahen Sie irgend jemand auf den Rettungsflößen?«
»Ich habe niemand auf den Flößen gesehen.«
Halse zögerte einen Augenblick. »Keine weiteren Fragen mehr«, sagte er dann. Er ging an seinen Tisch und setzte sich. Er nahm wieder die Schnur und begann darauf herumzukauen. Er schien nicht zuzuhören, als Dr. Todsen jetzt den Zeugen befragte.
»Was für Waffen sind auf die Brücke hinaufgereicht worden?« Todsen schien froh, endlich etwas tun zu können.
Der Obersteuermann rieb sich die Handflächen an seiner Hose ab. »Maschinengewehre und Mauserpistolen«, sagte er dann.

»Haben Sie bemerkt, daß während dieser ganzen Zeit Schüsse aus den Pistolen abgegeben worden sind?«
»Nein, nicht aus Pistolen.«
»Aus Maschinengewehren?«
»Ja, das habe ich gehört.«
Todsen ordnete seine Robe. Er trug sie wie einen Frack, und die Schleife am Hals war frisch gestärkt und schneeweiß. »Sie erinnern sich«, sagte er dann, »daß zuvor zwei Besatzungsmitglieder des versenkten Schiffes auf das U-Boot geholt worden waren, um dort verhört zu werden. Diese Leute wurden dann wieder auf die Flöße gesetzt. Ich frage Sie jetzt – haben Sie, als dies geschah, gehört, ob einem Floß durch Zuruf der Befehl erteilt worden ist, näher heranzukommen?«
»Nein, ich war unter Deck gegangen, um den Namen des Schiffes genau nachzuprüfen.«
»Haben Sie zu irgendeinem Zeitpunkt gehört, daß ein Besatzungsmitglied des deutschen Bootes gerufen hat: ›Tötet sie alle!‹ wie es einer der Überlebenden aussagte?«
»Nein, das ist niemals gerufen worden.«
»Wann verließ das U-Boot das Operationsgebiet?«
»Etwa um ein Uhr morgens, am 14. März.«
»Um welche Zeit bricht in dieser Gegend die Morgendämmerung an?«
»Sechs Uhr etwa . . .«
Todsen nickte. Dann ging er an seinen Platz zurück. Der Zeuge wollte sich erheben. Brigadier Jones, der Vorsitzende des Gerichts, flüsterte Stevenson etwas zu. Der Gerichtsoffizier winkte dem Zeugen, sitzen zu bleiben.
»Noch ein paar Fragen«, sagte er dann. »Haben Sie persönlich gehört, daß der Kommandant den Befehl gab, die Waffen auf die Brücke zu bringen?«
»Ich kann mich nicht mehr erinnern. Ich könnte es nach so langer Zeit nicht mehr genau sagen.«
Der Richter blickte gespannt auf den Zeugen, und der Obersteuermann sah vor sich hin. Er trug noch die alte blaue Marinehose. Stevenson ergriff wieder das Wort. »Nach der Versenkung, fuhr das Boot da zwischen den Wrackteilen herum?«
»Ja.«
»Und waren Sie auf der Brücke, als dies geschah?«
Der Obersteuermann nickte. Einer der Stenografen neben dem Zeu-

genstand blickte auf und rückte seinen Stuhl zurecht, bis das »Ja« kam.
»Wurde irgendein Befehl gegeben, der sich auf die herumtreibenden Wrackteile bezog?«
»Die Wrackteile sollten gerammt werden.«
»Wer gab diesen Befehl?«
»Der Kommandant.« Als keine Frage mehr kam, blickte er unsicher zu dem Tisch der Richter. Dann stand er auf und ging zögernd hinaus, als hätte man ihn das Wichtigste nicht gefragt.

Die Anklage rief noch zwei weitere Zeugen. Der erste war der einundzwanzigjährige Matrosengefreite Schmidt, der auf U852 mit der Verwaltung der Waffen beauftragt gewesen war. Das einzige Neue, was er aussagte, war, daß er von den fünf Handgranaten, die er ausgegeben hatte, drei zurückerhalten habe.
Nach ihm sagte der Sanitätsobergefreite Hameister aus. Er hatte die Angeklagten Lenz und Weispfenning mit dem Maschinengewehr schießen gesehen. Außerdem hatte sich der Leutnant Hoffmann bei ihm eine Handverletzung verbinden lassen und dabei gesagt, daß er eine Handgranate geworfen habe. Von beiden Zeugen konnte Halse keine Bestätigung bekommen, daß auf Menschen geschossen worden war.
Als letzten Zeugen rief die Anklage John Mossop, Anwalt beim Obersten Gerichtshof. Mossop hatte im Auftrag der britischen Admiralität die Angeklagten in England verhört und berichtete jetzt darüber.
Damit war die Beweisführung der Anklage abgeschlossen.
Stevenson blickte auf die Uhr. Dann begann er in einem etwas lehrhaften Ton zu erklären, daß jeder der Angeklagten sich jetzt gegen diese Anklage zu verteidigen habe. Er sagte, daß er es für nötig halte, sie auf ihre Rechte dabei zu verweisen. Erstens könne jeder seine Aussage unter Eid machen – aber dann sei er auch verpflichtet, sich einem Kreuzverhör zu unterwerfen. Zweitens könne er seine Aussagen ohne Eid machen – dann sei es niemandem, nicht einmal seinem Verteidiger, gestattet, Fragen an ihn zu richten. Drittens könne jeder sich weigern, überhaupt auszusagen. – »Ich werde Sie jetzt einzeln fragen, was Sie wählen.«
Er rief ihre Namen auf, und jeder erhob sich und erklärte, daß er seine Aussagen unter Eid zu machen wünsche.
Dann erhob sich Lermon, der englische Verteidiger. Seine Schritte waren lautlos auf der Matte, mit der die Mitte des Raumes ausgelegt

war. Eck vernahm seine Stimme wie aus weiter Ferne. Manchmal hörte er das Geräusch, wenn die Verteidiger sich Akten zuschoben oder einer der Richter aus der Karaffe Wasser in ein Glas goß. Und die ganze Zeit wünschte er sich nichts sehnlicher, als daß dies hier ende. Er verstand, daß Lermon seinen Antrag vom Vormittag erneuerte, die Verhandlung zu vertagen, da er noch verschiedene wichtige Zeugen erwarte. Eck hörte Halse Einwände machen. Dann berieten sich die Verteidiger, und schließlich verkündete Lermon, daß man nach reiflicher Überlegung der Ansicht sei, daß drei Tage Aufschub das mindeste sei; denn, so möge das hohe Gericht berücksichtigen, er habe Internationales Recht zu sprechen . . .

Er hörte sie reden und reden, und am meisten wunderte er sich über ihre Höflichkeit, und er wurde sich wieder bewußt, daß dies ein Konzertsaal war, ein Raum, in dem Menschen zusammenkamen, um Musik zu hören. Dies war nicht der Atlantik. Es war nicht jene Nacht.

Drei Tage länger, dachte er und schüttelte wie in Abwehr den Kopf. Er blickte überrascht auf, als der Gerichtsoffizier mit ungewohnter Schärfe sagte:

»Der Gedanke, daß die Verteidigung in irgendeinem Text des internationalen Rechts etwas zu finden hofft, was rechtfertigen könnte, was hier angeblich geschehen ist – verzeihen Sie, das ist doch etwas kühn. Aber über Ihren Antrag hat das Gericht zu entscheiden.«

Eck sah die Richter sich von ihren Plätzen erheben und hinausgehen. Ein paar Fotografen standen auf und wechselten an ihren Kameras die Blitzlichter aus.

Eck blickte zu den Zuschauern hinauf. Morgen würden alle Zeitungen über den ersten Tag des Prozesses berichten, aber er dachte dabei nur daran, daß er vielleicht so erfahren würde, ob seine Eltern noch lebten.

Die Tür ging auf; er sah die Richter zurückkommen und sich auf ihre Plätze setzen. Er war erleichtert, als er bemerkte, daß sie ihre Akten zusammenräumten. Stevenson ordnete die Falten seiner Robe, aber diesmal war es Jones, der Vorsitzende des Gerichts, der sprach. Er trug eine zerknitterte Feldbluse und darunter ein dunkles Hemd. Er hatte ein hartes, graues Gesicht, und seine Haare hatten die Farbe von Eisen. Seine Stimme war kalt, und Eck verstand, ehe der Dolmetscher übersetzte, daß der Antrag abgelehnt worden war.

Jones hatte die Mütze, die vor ihm lag, aufgenommen, als der Dolmetscher sagte, daß das Gericht beschlossen habe, die Verhandlung

bis morgen nachmittag um 14.15 Uhr zu vertagen. Die Verteidiger erhoben sich. Todsen kam an die Barriere und reichte Eck die Hand, aber sein Mandant blickte noch immer hinüber zu dem Vorsitzenden. Er fühlte sich von seinen harten Augen betrachtet, ohne daß sie etwas dabei verrieten.
»Ich werde Sie morgen in eigener Sache als ersten Zeugen aufrufen«, sagte Todsen.
Eck nickte. Dann spürte er den harten Griff an seinem Arm. Er stand auf und folgte dem Militärpolizisten . . .

Die Zellen der Angeklagten im Gefängnis Altona lagen im zweiten Stock des Nordflügels, zehn auf jeder Seite des Ganges. Die Zellen auf der einen Seite waren alle leer. Auch zwischen den einzelnen Zellen der fünf Angeklagten auf der anderen Seite war je eine freigelassen worden, damit sie sich nicht untereinander verständigen konnten.
Zwei Stunden vor Beginn der Nachmittagsverhandlung des zweiten Prozeßtages kam der englische Posten und schloß Ecks Zelle auf. Er blieb unter der Tür stehen und winkte dem Gefangenen, mitzukommen. Eck hing die rotbraun eingefärbte englische Uniform-Jacke, die er trug, um seine eigene Uniform zu schonen, in das kleine Spind. Er zog den blauen Marinerock über und folgte dem Posten durch den ruhigen und düsteren Gang bis an das Gitter. Sie mußten Treppen hinunter, durch ein zweites Gitter; als Eck den abgestandenen, warmen Geruch von der Gefängnisküche roch, wußte er, daß er ins Sprechzimmer geführt wurde. Einen Augenblick hoffte er, es seien die Eltern, die ihn erwarteten.
Der Posten stieß die Tür auf. Eck sah seinen Verteidiger, Dr. Todsen, in dem kahlen, nackten Raum stehen. Der Posten ließ sie allein, und der Anwalt zog zwei Stühle an den kleinen Holztisch in der Mitte des Raumes. Dr. Todsen legte seine Aktentasche vor sich hin und setzte sich.
Eck war an das vergitterte Fenster getreten. Er blickte hinunter in den Hof des Gefängnisses. »Sie haben von meinen Eltern noch nichts gehört?« fragte er dann.
»Heute steht zum erstenmal etwas in den Zeitungen«, sagte der Anwalt. Er zog einen Block aus der Tasche und begann nun an den linken Rand ein paar Zahlen zu schreiben. »Sie werden sich bestimmt sofort auf die Bahn setzen, wenn sie es lesen. Der Prozeß beginnt ja erst . . .«
Eck trat an den Tisch. Er blickte seinen Verteidiger prüfend an, und

dann setzte er sich ihm gegenüber. »Manchmal denke ich, es ist alles schon entschieden«, sagte er.
»Es wird schon gut laufen.« Todsen nahm die Armbanduhr vom Handgelenk und legte sie vor sich auf den Tisch. »Haben Sie alles, was Sie brauchen? Wenn ich etwas tun kann . . .«
»Meine Zelle ist größer als der Kommandantenraum in einem U-Boot«, sagte Eck. Und die Chance, lebend herauszukommen, ist vielleicht sogar besser, als sie es damals war.«
Todsen blickte auf. Die Ruhe dieses Mannes, den er zu verteidigen hatte, überrumpelte ihn immer wieder. Er verstand sie nicht. Sie blieb ihm ein Rätsel, und vielleicht hatte er gerade darum die Verteidigung übernommen. »Heute nachmittag in der Verhandlung werde ich Sie in den Zeugenstand rufen«, sagte er. »Ich möchte ihnen erklären, wie ich mir Ihre Verteidigung denke, ganz allgemein. Es sind vor allen Dingen zwei Punkte . . .«
»Hören Sie«, unterbrach Eck schnell. »Ich war der Kommandant. Ich trage die Verantwortung. Die anderen müssen draußen bleiben. Sie haben von mir die Befehle bekommen.«
»Die Befehle«, sagte Todsen beschwörend. »Darum geht es. Auch Sie hatten Ihre Befehle.« Er beugte sich über den Tisch. »Wenn ich Ihnen helfen soll, dann müssen Sie mir helfen.«
»Es gab keine Befehle«, sagte Eck.
»Ach was. Wir sind hier unter uns. Ich muß alles von Ihnen wissen. Wie es dazu kommen konnte, was Ihre Beweggründe waren . . .«
»Ich habe Ihnen alles gesagt.«
Todsens Bleistift umkreiste die Zahlen auf seinem Block. »Also passen Sie auf«, sagte er dann. »Professor Wegner wird heute nachmittag für die Verteidigung als Sachverständiger für Völkerrechtsfragen sprechen. Ich kann mich hier kurz fassen. Der erste Hauptpunkt, auf den unsere Verteidigung sich stützen wird, ist, daß hier ein militärischer Notstand vorlag. Verstehen Sie. Daß Sie in jener Nacht, als Sie nach der Versenkung des Schiffes den Befehl gaben, auf die Wrackteile zu schießen, gar nicht anders handeln konnten . . .«
Während Eck dem Anwalt zuhörte, sah er dic Gesichter der Richter vor sich. Das würde sie nicht überzeugen. Es klang falsch. Es überzeugte ihn selbst nicht, nicht jetzt, als er es den Anwalt sagen hörte. Damals hatte er gedacht, das Boot und die Besatzung retten zu müssen. Es war so lange her, über eineinhalb Jahre . . .
»Der zweite Punkt ist der«, hörte er den Anwalt sagen, »daß Sie gewissermaßen aufgrund eines höheren Befehls gedeckt waren. Es gilt

als verbürgte Regel internationalen Rechts, daß eine Einzelperson, die einer öffentlichen Streitmacht angehört und in dieser Funktion handelt, nicht in ihrer Eigenschaft als Privatperson angeklagt werden darf. Das heißt also: Falls eine Verantwortung besteht, so liegt sie bei den Männern, die Ihnen die Befehle gaben . . .«

Eck sah auf die Uhr. Er dachte, daß in zwei Stunden alles von neuem anfangen würde. Die Fahrt im Gefangenenwagen, der Weg durch den langen Gang mit den Militärpolizisten, das Warten im Vorraum und der Augenblick, in dem er den Saal betrat: das Licht der Scheinwerfer, die Menschen auf den Zuschauertribünen, die nur ihn anzuschauen schienen. – Ihn schwindelte, als er jetzt daran dachte. Die Tür ging auf, und der Posten erschien für einen Augenblick. »Sie haben noch fünf Minuten«, sagte er..

»Glauben Sie, man wird sie zu mir lassen?« sagte Eck, als sie wieder allein waren.

Todsen blickte überrascht auf. »Wen?« Er schob eine Schachtel Zigaretten über den Tisch.

»Meine Eltern.« Eck nahm sich eine der englischen Zigaretten, aber er schüttelte den Kopf, als Todsen ihm Feuer geben wollte.

Der Anwalt zündete sich seine Zigarette an. Seine Stimme klang beschwörend, als er sagte: »Sie machen es mir ziemlich schwer. Soll ich Sie verteidigen oder nicht? Hören Sie, erinnern Sie sich, daß Sie mir von dem U-Boot erzählten, das mit einer Anzahl Schiffbrüchiger an Bord von einem amerikanischen Flugzeug bombardiert wurde?«

»U 156, ja. Das war das Boot von Kapitänleutnant Hartenstein.«

»Von wem erfuhren Sie das?«

»Von zwei Offizieren. Sie waren auf Hartensteins Boot, als das passierte. U 156 hatte ein englisches Schiff torpediert und dann festgestellt, daß es italienische Kriegsgefangene an Bord hatte, über tausend, und vielleicht sechs- oder siebenhundert Engländer, darunter Frauen und Kinder . . .«

»Das deutsche U-Boot hat sie aufgefischt?«

»Ja, ich glaube, bis zum Abend waren es schon an die hundert. Am anderen Tag kamen noch zwei deutsche U-Boote hinzu. Sie nahmen so viele Überlebende an Bord, wie sie konnten, und sie zogen andere in Schlauchbooten im Schlepp hinter sich her, bis das amerikanische Flugzeug kam. Hartenstein hatte eine Rote-Kreuz-Fahne gesetzt, über zwei mal zwei Meter, erzählte man mir. Ein englischer Fliegeroffizier, der an Bord des U-Bootes war, morste das Flugzeug an, nicht anzugreifen, weil sich an Bord Überlebende, darunter Frauen, befänden. Das Flugzeug drehte daraufhin ab, aber nach einiger Zeit kam eine Maschine zurück und griff das Boot an. Ich glaube, sie warf drei Bomben. Zwei davon beschädigten das Boot und töteten Leute an Deck, und eine traf mitten in die Rettungsboote . . .«

Todsen suchte in seiner Aktentasche nach einem Dokument. Eck blickte hinüber zu dem vergitterten Fenster. Er dachte, daß es nur ein paar Minuten bis zum Hafen waren. Sie hatten ihn und die anderen Angeklagten mit einem Flugzeug von London zum Prozeß herübergeflogen. Vielleicht würde er die Stadt, in der er geboren worden war, nie mehr wiedersehen . . .

»Unmittelbar nach diesem Zwischenfall«, sagte Todsen, »ließ Dönitz alle U-Boot-Kommandanten durch Funkspruch unterrichten, daß ab sofort jeglicher Rettungsversuch von Angehörigen versenkter Schiffe zu unterbleiben habe. Das war im September 1942. Ich zitiere wörtlich: ›Rettung widerspricht den primitivsten Forderungen der Kriegsführung nach Vernichtung feindlicher Schiffe und Besatzungen.‹ – Sie kannten den Befehl?«

»Wir hatten ein ganzes Buch von Befehlen.«

»Das können Sie dem Vertreter der Anklage antworten«, sagte Todsen sehr scharf. »Also was ist?«

Eck nickte.

»Unter Punkt vier dieses Befehls«, fuhr der Anwalt fort, »da heißt es, wieder wörtlich: ›Daran denken, daß der Feind bei seinen Bombenangriffen auf deutsche Städte auf Frauen und Kinder keine Rücksicht nimmt.‹ – Dachten Sie daran? Spielte dieser Befehl nicht eine Rolle bei Ihren Überlegungen in jener Nacht . . .?«

»Vielleicht«, antwortete Eck zögernd. »Ich meine nicht den Befehl, ich meine, was Hartenstein passierte. Das war ähnlich. Das Flugzeug kümmerte sich nicht um die Menschen, als es das Boot angriff.« Er sah jetzt auf, und zum erstenmal war sein Blick flehend, so, als suche er selber die Wahrheit. Er machte eine Geste in den Raum. »Hier ist es nicht zu verstehen«, sagte er dann.

»Hören Sie noch mal zu«, sagte Todsen. »›Rettung widerspricht den primitivsten Forderungen der Kriegführung nach Vernichtung feindlicher Schiffe *und* Besatzungen.‹ – Ließe sich das nicht so auslegen . . .«

»Ich habe schon in England in der Gefangenschaft eine Erkärung unterschrieben, daß es keine Befehle gab, die mir vorschrieben, Menschen zu töten«, sagte Eck schnell.

»Sicher nicht. Aber Befehle, die man so auslegen könnte . . .«

Sie sahen sich eine Weile schweigend an. »Lassen Sie das aus dem Spiel«, sagte Eck dann. »Verstehen Sie doch. Ich will nicht, daß man denkt, ich suche eine Entschuldigung.«
»Sie sind über diesen Befehl belehrt worden? Vor dem Auslaufen? Wurde dabei nicht . . .«
Eck sah auf die Zigarette, die er noch immer in der Hand hielt. »Darf ich?« Er nahm die Schachtel und strich ein Streichholz an.
Todsen blickte auf die Armbanduhr. »Na schön«, sagte er.
Eck hatte sich erhoben.
»Noch eine Frage.« Todsen packte seine Sachen zusammen. »Wann hörten Sie zum erstenmal von dem Angriff auf das Boot Hartensteins?«
»In Kiel«, antwortete Eck. »Unmittelbar vor dem Auslaufen.«
Todsen nickte. Er trat neben Eck, und sie gingen auf die Tür zu. »Er hat uns fünf Minuten mehr gegeben«, sagte der Anwalt. »Wenn ich etwas von Ihren Eltern höre, gebe ich Ihnen sofort Nachricht.«

Die Nachmittagsverhandlung im Curio-Haus begann pünktlich um 14.15 Uhr.
Während der Völkerrechtler Professor Dr. Arthur Wegner sein Zwischenplädoyer hielt, hatte Eck das Gefühl, daß sich hier sein Schicksal entschied, ohne daß er daran beteiligt war. Ihm fiel heute auf, daß die Zuschauer alle dunkel gekleidet waren, ernst und feierlich, als ginge es um ein Begräbnis. Neben ihm auf der Anklagebank saß Hoffmann, der junge Leutnant. Sein Gesicht war grau, und er hielt den Kopf gesenkt, den Blick auf die Hände gerichtet, die gefaltet auf der Krücke des Stockes lagen; Hoffmann war der einzige von ihnen, der wußte, daß seine Eltern unter den Zuschauern saßen.
Als Professor Wegner mit seinem Vortrag zu Ende war, erhob sich Todsen schnell. »Einer der Punkte, auf die sich die Verteidigung stützt, ist die Tatsache, daß während des letzten Krieges beide Seiten sich unter gewissen Umständen berechtigt fühlten, in Notfällen Rettungsboote, ja sogar Überlebende anzugreifen . . .«
Stevenson, der Gerichtsoffizier, wechselte einen schnellen Blick mit Jones, dem Vorsitzenden. Sie redeten leise miteinander, dann sagte Stevenson: »Dieses Gericht ist lediglich an der Frage interessiert, ob das, was hier geschehen ist, ein Kriegsverbrechen war oder nicht. Ich glaube nicht, daß das, was andere Nationen bei anderen Gelegenheiten taten, für diese Verhandlung von Bedeutung ist.«
Todsen verließ seinen Platz und trat an den Richtertisch. »Wenn es

während des letzten Krieges unter gewissen Umständen zur Praxis wurde, sogar Rettungsboote anzugreifen, so bin ich der Ansicht, daß die herrschende Auffassung, Rettungsboote unter gar keinen Umständen anzugreifen, durch diese Praxis überholt worden ist.«
Stevenson beugte sich vor. »Wollen Sie damit sagen, daß Sie nachweisen können, daß es während des letzten Krieges Fälle gegeben hat, bei denen Rettungsboote, in denen sich Überlebende befanden, angegriffen wurden, ohne daß diese von sich aus eine feindliche Haltung einnahmen?«
Todsen nickte. »Ich glaube, das nachweisen zu können«, sagte er.
Stevenson schwieg eine Sekunde. Dann blickte er fragend zu dem Vertreter der Anklage hinüber.
»Was meinen Sie dazu?«
Colonel Halse erhob sich nur halb aus seinem Stuhl. »Mir sind solche Fälle nicht bekannt«, sagte er. »Aber wenn die Verteidigung solches Beweismaterial hier vorbringt, werde ich unter Umständen eine Vertagung beantragen müssen, um mir Material zu verschaffen, das diese Behauptung widerlegt.«
Die Richter am Tisch berieten einen Augenblick. Dann verkündete Stevenson: »Dieses Risiko muß das Gericht auf sich nehmen. – Doktor Todsen, das Gericht wird Ihnen gestatten, das Beweismaterial, von dem Sie sprechen, als Teil Ihrer Verteidigung vorzubringen.« Der Anwalt begab sich an seinen Platz. Er nickte Eck zu, und dann sagte er: »Ich rufe den Kommandanten von U852, Kapitänleutnant Heinz Eck, für die Verteidigung in den Zeugenstand.« Eck fühlte sich wie gelähmt, als er sich erhob. Der Anwalt begleitete ihn zum Zeugenstand. Das Licht der Scheinwerfer stand wie eine weiße, dichte Wand vor seinen Augen, und dahinter war seine Stimme, hallend und laut, als er den Schwur nachsprach: . . . die Wahrheit zu sagen und nichts als die Wahrheit.
Dann kam auch Dr. Todsens erste Frage: »Welche Dienststellung hatten Sie bei Ausbruch des Krieges?«
»Ich war bis zum Mai neunzehnhundertzweiundvierzig Kommandant eines Minensuchbootes.«
»Sie meldeten sich dann freiwillig zur U-Boot-Waffe. Wann war das?«
»Im Februar neunzehnhundertzweiundvierzig.«
»Nach Ihrer Versetzung – was für eine Ausbildung erhielten Sie da?«
»Ich kam nach Pillau zur Ausbildung bei der Schulflottille. Ich nahm

an einigen Lehrgängen in Meppen teil und dann an einem Kommandantenlehrgang unter der Leitung von Kapitänleutnant Mohr.«
»Sie machten mit Kapitänleutnant Mohr auf seinem Boot eine Feindfahrt?«
»Ja.«
»Und Sie bekamen dann ein eigenes Boot?«
»Ja.« Während der Dolmetscher die Fragen und Antworten übersetzte, hatte Eck Zeit, die Richter zu beobachten. Sie sahen zu ihm herüber, anscheinend unbeteiligt, und er fragte sich, als er von einem zum andern blickte, bei wem von ihnen er eine Chance hatte.
»Als Sie mit Ihrem eigenen Boot ausliefen, war das Ihre erste Unternehmung als U-Boot-Kommandant?«
»Ja, meine erste.«
»Wann liefen Sie in Kiel aus?«
»Am achtzehnten Januar neunzehnhundertvierundvierzig.«
»Bekamen Sie vorher noch besondere Instruktionen? Wurde Ihnen dabei gesagt, daß Ihre Aufgaben von besonderer Bedeutung seien?«
»Ja, es wurde uns gesagt, daß der U-Boot-Krieg zu diesem Zeitpunkt entscheidende Bedeutung habe.«
»Was war die Begründung?«
»Uns wurde gesagt, daß die U-Boot-Kriegführung in diesem Augenblick noch die einzige Offensivwaffe sei, die Deutschland geblieben war.«
»Wurden Sie auch unterrichtet, mit welcher feindlichen Abwehr Sie in den verschiedenen Seegebieten, die auf Ihrem Kurs lagen, zu rechnen hatten?«
»Ja, der Atlantik war in verschiedene Operationsgebiete eingeteilt.«
»Wurde Ihnen gesagt, daß Sie im Nordatlantik mit starker Abwehr rechnen mußten?«
»Ja.«
»Im Südatlantik war die Gefahr, entdeckt zu werden, nicht so groß?«
»Davon war die Rede, ja.«
Todsen blickte bei der nächsten Frage zum Richtertisch. »Aber wenn Sie dort einmal entdeckt worden waren, dann war die Gefahr um so größer. Größer sogar als im Nordatlantik?«
»Ja, das wurde gesagt.«
»Wurde dabei besonders betont, daß Sie nach einer Entdeckung im Südatlantik mit dem Einsatz sämtlicher in diesem Gebiet stationierten Luftstreitkräfte gegen Ihr Boot rechnen mußten . . .?«
»Einspruch!« rief Halse, der Vertreter der Anklage, von seinem Tisch

herüber. Stevenson sagte in ernstem Ton: »Doktor Todsen, es würde vor dem Gericht mehr Eindruck machen, wenn Sie diesem Zeugen gestatteten, seine eigenen Aussagen zu machen, anstatt ihm die Antworten in den Mund zu legen. Was Sie stellen, sind Suggestivfragen und . . .«

Eck hörte kaum, was Stevenson sagte. Er fühlte wieder die musternden Blicke der Richter. Die Stenografen saßen über ihre Blöcke gebeugt. Die Bleistifte flogen über das Papier. Halse kaute wieder auf einem Stückchen Schnur. Eck starrte auf die an den Rändern abgescheuerten Ärmel seines Uniformrockes. Er war plötzlich mit seinen Gedanken weit von diesem Gerichtssaal entfernt . . .

Damals, als er in Berlin in die S-Bahn nach Bernau stieg, ging über die Stadt ein Schneeregen nieder und zerfloß auf dem grauen Pflaster. Es war Anfang Januar, Januar 1944, und er war zur »Belehrung« vor seiner ersten Feindfahrt zum Befehlshaber der Unterseeboote ins Lager »Koralle« befohlen worden. Er trug an diesem Tag unter dem Mantel seine neue Uniform. Er hatte sie während der Tage, in denen er seine Eltern in Berlin besuchte, machen lassen. Sein U-Boot, U852, lag in Kiel, bereit zum Auslaufen. Im Juni 1943 hatte er es übernommen und in der Ostsee die Probefahrten gemacht.

U852 war eines aus der Serie von sechs Booten vom Typ Neun D2, – U847 bis U852. Diese Boote waren für den Einsatz in Ostasien bestimmt und die größten aller bisher gebauten Kampfboot-Typen: über siebenundachtzig Meter lang, 1200 t groß, mit einer Operationsweite bis zu zweiunddreißigtausend Seemeilen gegenüber den sechs- bis zehntausend Seemeilen der üblichen U-Boote.

Eck fand den Omnibus auf der Station in Bernau sofort. Als der Wagen eine halbe Stunde später vor dem Lager »Koralle« hielt, sah er, daß der Schnee hier draußen liegengeblieben war. Die Holzbaracken lagen versteckt im Wald, aber Eck und andere Offiziere wurden über die verschneiten Wege zu einem Gebäude aus Stein in der Mitte des Lagers geführt. Dort, in der Seekriegsleitung, fand die Belehrung statt. Kapitänleutnant Adalbert Schnee, einer der erfolgreichsten U-Boot-Kommandanten, Eichenlaubträger und seit Oktober 1942 im Stabe des BdU, instruierte die jungen Kommandanten über ihre Aufgaben.

Nachher wurde Eck allein in das große Lagezimmer gerufen, und der Erste Admiralsstabsoffizier im Stabe Dönitz, Fregattenkapitän Gün-

ter Hessler, unterrichtete ihn über das Ziel seiner Fahrt und sein Operationsgebiet im Indischen Ozean.
Draußen wurde es schon langsam dunkel, als Hessler aufstand und Eck vor die große Atlantikkarte führte. »Ich werde ganz offen sprechen«, sagte er. Er schaltete das Licht ein und nahm einen Zeigestock. Die Spitze zeigte auf Kiel, und Eck folgte ihr, als sie jetzt durch den Sund, Kattegat und Skagerrak und dann die Küste Norwegens entlang bis Bergen fuhr und von dort um Nordengland herum, westlich an Irland vorbei in den Atlantik.
Eck hörte zu, während der Offizier ihm die durch die Küstenkommandos der alliierten Luftstreitkräfte besonders gefährdeten Seegebiete beschrieb; aber er empfand dabei nichts von der Gefahr, von der Hessler sprach. »Sie werden während der meisten Zeit unter Wasser fahren«, erklärte Hessler. »Nur des Nachts aufgetaucht. Sie werden vielleicht drei, vier, fünf Wochen brauchen – und es gibt keinen Augenblick, wo Sie außer Gefahr sind. Unterschätzen Sie das nicht. Fühlen Sie sich nie sicher . . .«
Eck dachte in diesem Augenblick an seine Besatzung, sechsundsechzig Mann. Die meisten davon waren gerade erst zwanzig und machten ihre erste Feindfahrt. Es gab an Bord nur zehn Männer, die älter als vierundzwanzig und schon auf anderen Booten gefahren waren. Mit siebenundzwanzig war er, bis auf einen Bootsmaat, der älteste an Bord.
Die Spitze des Stockes stand jetzt auf der Höhe von Gibraltar. »Wenn Sie erst einmal hier sind«, sagte Hessler, »sind Sie schon ein alter, schlauer Wolf.« Hessler sah Eck einen Augenblick an, bevor er seinen Blick wieder auf die Karte richtete. »Sie kommen dann auf Ihrer Weiterfahrt in das Seegebiet westlich von Freetown. Das war früher einmal ein besonders erfolgreiches Kampfgebiet. In den letzten Jahren ist hier für uns nichts mehr zu holen. Der Gegner hat hier eine besonders dichte Luftüberwachung eingerichtet . . .« Die Stockspitze zeigte auf Freetown, auf die britische Insel Ascension, südlich des Äquators, und dann hinüber an die Ostküste Südafrikas, nach Natal. »Sie haben ständig Flugzeuge in der Luft. Zwischen Freetown und Ascension und zwischen diesen beiden Stützpunkten hinüber nach Natal. Außerdem nehmen wir an, daß in diesem Gebiet Flugzeugträger operieren. – Sehen Sie zu, daß Sie möglichst schnell da durchkommen.«
Eck dachte, daß er drei Jahre auf einem Minensuchboot gefahren war, zuerst in der Ostsee und dann bei der 8. Minensuchflottille in Royan als Kommandant von M 152 – und er hatte es überlebt.

Hessler hatte sich auf den Zeigestock gestützt, und manchmal, während er sprach, stieß er ihn auf den Boden, um seine Worte zu unterstreichen. »In Gefahr sind Sie in diesem Gebiet erst, wenn eines der Flugzeuge Sie aufgespürt hat. Fahren Sie getaucht, solange es geht. Passen Sie auf, daß Ihr Boot keine Ölspur hat. Seien Sie vorsichtig mit dem außenbords geworfenen Müll – die Flugzeuge machen mehrmals täglich ihre Patrouillenflüge, und wenn sie einmal eine Spur von Ihnen haben, dann werden sie Ihr Boot systematisch verfolgen, so lange, bis man Sie schnappt. Also, haben wir uns verstanden: Alles vermeiden, was Ihre Anwesenheit verraten könnte. Und wenn Sie in diesem Gebiet zufällig auf ein Schiff stoßen – verzichten Sie gegebenenfalls auf einen Angriff«, er lächelte jetzt, »wenn die Beute nicht zu fett ist.«
Eck mußte plötzlich daran denken, was Kapitänleutnant Schnee vorhin in der Belehrung gesagt hatte: daß die U-Boote noch die einzige Offensivwaffe seien, die Deutschland geblieben war. Er dachte, daß es für ihn nur eine Entscheidung geben dürfe, wenn er ein Schiff in diesem Gebiet anträfe: es zu versenken.
Hessler legte den Zeigestock zurück. Er ging voraus zu dem großen Tisch, und als Eck dachte, er werde verabschiedet, sagte Hessler: »Sie fahren eines dieser Boote vom Typ Neun D zwo – ich muß Ihnen dazu noch etwas sagen. Wie wir wissen, sind in der letzten Zeit mehrere Boote dieses Typs auf dem Anmarsch zum Indischen Ozean verlorengegangen. Wir kennen den genauen Standpunkt nicht, wo es geschah, aber wir müssen annehmen, daß diese Boote alle in dem Seegebiet, von dem wir eben sprachen, versenkt wurden . . .« Er ging ein wenig rastlos auf und ab. »Es ist eine eigenartige Sache: Keines dieser Boote hat Zeit gehabt, dem BdU durch einen kurzen Funkspruch den Angriff zu melden. – Sie müssen vollkommen überrascht worden sein, und das, obwohl dieser Typ mit einem neuen Radar-Empfangsgerät ausgerüstet war.«
Eck saß reglos da, und plötzlich dachte er, was immer man ihm hier in diesem Raum sagte – dort draußen würde er auf sich gestellt sein.
»Wir vermuten folgendes«, fuhr Hessler fort: »Der Gegner ortet unsere Boote irgendwann nachts, greift aber nicht sofort an. Er wartet auf einen günstigen Moment. Die Flugzeuge müssen unsere Boote aus den Wolken oder mit der Sonne im Rücken angegriffen haben, und zwar ohne Ortung, so daß sie nichts mehr verriet.« Hessler kam an den Tisch zurück. »Nur so können wir uns erklären, daß die Boote nicht mehr rechtzeitig tauchen konnten.«

Eck lächelte, aber er wußte, daß es kein überzeugendes Lächeln war, und plötzlich kam ihm zum Bewußtsein, daß es noch einen anderen Grund geben mußte: Der Typ, zu dem auch sein Boot gehörte, war durch seine Größe beim Tauchen besonders schwerfällig und langsam und deshalb bei Überraschungsangriffen leicht verwundbar. »Was für Boote waren es, die dort verlorengingen?« fragte er.
»Sie wurden alle von erfahrenen Kommandanten geführt«, sagte Hessler.
Draußen vor dem Fenster rutschte Schnee von einem der Bäume und schlug dumpf auf den Boden auf; es war ein unwirklich friedliches Geräusch. Hessler streckte die Hand aus. »Ihre endgültigen Befehle erhalten Sie vor dem Auslaufen.« Er nahm Eck am Arm und begleitete ihn zur Tür.
Vierzehn Tage später war das Boot des Kapitänleutnants Eck in See. Am 18. Januar lief U852 mit einer Besatzung von sechsundsechzig Mann an Bord von Kiel aus. Am 21. Januar nahm U852 in dem norwegischen Stützpunkt Kristiansand noch Ausrüstung an Bord. Zwei Tage später ging es von dort auf seine erste Feindfahrt.
Kurze Zeit nach U852 verließ auch das letzte Boot dieser in Bremen gebauten Serie vom Typ Neun D2, U851, den Stützpunkt in Kiel. Einen Monat nach dem Auslaufen nahm die Funkstelle beim BdU von diesem Boot eine Wettermeldung auf. Dann hörte man nichts mehr und wie die anderen Boote bekam es in dem beim BdU geführten Kriegstagebuch die Eintragung: »Totalverlust. Aus unbekannter Ursache gesunken.«
Die Serie hatte mit U847 begonnen. Und so waren sie nacheinander ausgelaufen: U847 unter Kuppisch, U848 unter Rollmann, U849 unter Schultze, U850 unter Ewerth. In der gleichen Reihenfolge gingen sie in den vier Monaten, bevor Eck mit U852 auslief, verloren. Ihre Kommandanten waren alte U-Boot-Fahrer, und drei von ihnen waren mit dem Ritterkreuz ausgezeichnet gewesen. Sie alle waren in dem Seegebiet versenkt worden, das U852 nach fast zwei Monaten erreichte ...
Am 13. März stand U852 südlich des Äquators, dreihundert Meilen westlich der afrikanischen Küste, genau auf der Luftlinie zwischen den alliierten Stützpunkten Freetown und Ascension.

Es war ein heißer Tag, und U852 fuhr seit einer Stunde aufgetaucht unter einem Himmel, der in seiner ganzen Weite wie ein Feuer war. Um siebzehn Uhr dreißig sichtete der Ausguck die Rauchfahne.

Es war am dreizehnten, und vielleicht hätte der Aberglaube der Seeleute Eck retten können.
Eck stand auf der Brücke, und seine Hände umklammerten das Glas. Er hörte das leichte Geräusch des Wassers am Boot entlanggleiten.
In dem Augenblick, als er den Befehl gab, das Schiff zu verfolgen, dachte er sicher nicht, daß damit schon alles entschieden war . . .
Die Rauchfahne hing dicht über dem Horizont zwischen Wasser und Sonne, und eine halbe Stunde später war sie mit bloßem Auge erkennbar.
Das U-Boot umfuhr sein Opfer in einem weiten Bogen. Hinter sich hörte Eck Schritte, und dann stand Hoffmann neben ihm, der Zweite Wachoffizier.
Sie waren jetzt fast zwei Monate unterwegs. Die größte Strecke hatte U852 getaucht zurückgelegt. Erst seitdem das U-Boot Gibraltar passiert hatte, hatte Eck es gewagt, auch am Tage ein paar Stunden aufgetaucht zu fahren, um schneller durch die tropische Zone zu kommen. Die Hitze im Boot war unerträglich. Sie stieg über vierzig Grad, wenn sie getaucht fuhren, und die Besatzung fand keinen Schlaf. Nachts, wenn das Boot über Wasser marschierte, hatte jeder auf Gefechtsstation zu sein.
»Was tun Sie an Deck?« fragte Eck. »Sie haben doch noch keine Wache. Versuchen Sie zu schlafen!«
»Ich habe es versucht, Herr Kaleu.« Hoffmann kniff vor dem grellen Licht die Lider zusammen. »Ich bin viel zu aufgeregt.« Er war einundzwanzig, aber sein schmales, sonst so jungenhaftes Gesicht war müde und abgespannt. »Das da vorn ist unser erstes Schiff.«
Eck antwortete nicht. Die Sonne schien immer noch erdrückend heiß. Selbst das Klatschen der Wellen gegen den grauen Leib des Bootes klang träge und unbeweglich. Auf der Brücke war es still. Die Ausgucks beobachteten gespannt ihre Sektoren. Alles lief ab wir bei einer Übung, und wenn alles gutging, würden sie bei Dunkelheit vor dem Schiff stehen und nur zu warten haben, daß es ihnen direkt vor die Torpedorohre lief. Eck sah alles vor sich, so wie man es auf den Lehrgängen mit Schiffsmodellen geübt hatte, und er fragte sich, warum er nicht ruhiger war.
Dies war das erste Schiff, das sie sichteten. Der Atlantik schien wie leergefegt, verödet vor Angst, ein Meer, auf dem jeder jeden fürchtete: die Schiffe die U-Boote, die U-Boote die Flugzeuge. Und selbst die Flugzeuge hatten noch die kleinen Gestalten zu fürchten, die aus dem Turmluk sprangen und in ihrer Verzweiflung zu den Flakwaffen

stürzten, wenn das U-Boot vor den anfliegenden Maschinen nicht mehr hatte tauchen können . . .
Eck beobachtete, wie der feine Rauchschleier langsam zurückwanderte, wie eine auf dem Wasser treibende Feder. Dann nahm er sein Glas und suchte den Himmel ab. Hoffmann stand noch immer wartend neben ihm. Auch er hatte sein Glas an die Augen genommen. »Nichts«, sagte Eck dann. »Sie lassen uns in Ruhe.« In den letzten vierzehn Tagen war das Boot nur zweimal von Flugzeugen entdeckt worden, beide Male in aller Frühe, als sie nicht sofort nach dem Morgengrauen getaucht waren. Aber beide Male hatten die Ausgucks die Maschinen noch rechtzeitig entdeckt. Vor zwei Tagen, am 11. März, hatte U852 auf der Höhe von Freetown einen Funkspruch vom BdU aufgenommen, der vor verstärkter Fliegertätigkeit in dem Gebiet, das sie zu durchfahren hatten, warnte. Aber nichts war geschehen. Auch jetzt blieb alles ruhig, unheimlich ruhig. Die Dunkelheit kam schnell, wie ein Tuch, das vor die Sonne gezogen wurde. Eck spürte, wie die Spannung auf der Brücke sich löste. Er gab seine Befehle, ohne das Glas von den Augen zu nehmen. Im Schutze der Dunkelheit fühlte er sich sicherer. Das Bild von dem Spiel mit Schiffsmodellen verblaßte, an seine Stelle trat jetzt das Bild eines Schiffes, das in Flammen auseinanderbarst. Er fühlte nichts dabei. Er dachte es kalt und fasziniert, weil es sein erstes Schiff war, das er versenkte. Das Tropenhemd klebte auf seinem Körper wie eine zweite Haut. Colditz, der Erste Wachoffizier, meldete die Torpedorohre klar. Eck spähte in die Dunkelheit, und dann sah er den Frachter, nur ein schwacher Schatten hinter der Stricheinteilung in der Optik; dann wurde der Leib größer und kam leicht schwankend heran . . .
Das Schiff, das in dieser Minute seine letzte Meile fuhr, der achttausendachthundertdreiunddreißig BRT große Frachtdampfer »Peleus«, war vor achtzehn Jahren auf einer englischen Werft gebaut worden. Es war Eigentum einer griechischen Reederei, aber seit 1940 fuhr es im Dienste der Engländer.
Die »Peleus« hatte auf dieser Fahrt Kriegsmaterial für Nordafrika an Bord. Sie kam von England, hatte Gibraltar und Freetown angelaufen und ihre Ladung gelöscht. Vor fünf Tagen, am 8. März, hatte das Schiff, mit Ballast in den Laderäumen, Freetown verlassen und war auf dem Weg nach Südamerika. Die »Peleus« war bewaffnet, und an Bord befanden sich fünfunddreißig Mann Besatzung. Kapitän, Offiziere und der größte Teil der Besatzung waren Griechen. Der Funker, der Chefsteward und einige Seeleute waren Engländer. Als Heizer ar-

beiteten Chinesen, Ägypter und ein Pole. Außerdem waren noch ein Russe und ein chilenischer Boy an Bord.
Aus der ganzen Welt hatte man sie zusammengeholt, sie, die ungefragten Diener der Kriegsschauplätze. Irgendwo in einem Schiffsbüro lag die Liste mit ihren Namen – Antonios Liossis, Peter MacLoed, Ah Lee Chan, Pierre Neumann, Wincenty Staniewicz. Und irgendwann einmal würde in Warschau, in Hongkong, in Kairo ein Brief ankommen, genauso wie ihn die Frauen in Bischofswerda und Münster und Schiffbek erhalten würden.
Es war kurz vor zwanzig Uhr, als der Erste Offizier der »Peleus«, Antonios Liossis, an Backbord des Frachters die Bahnen zweier Torpedos zu erkennen glaubte. Liossis hatte an diesem Abend Wache und stand auf der Brücke. Er hatte nur noch Zeit, eine Wendung zu machen, um dem Rudergänger einen Befehl zuzurufen, und das letzte, was er sah, bevor er das Bewußtsein verlor, war das Entsetzen in dem grauen Gesicht des Matrosen am Ruder . . .

Die beiden Torpedos trafen mittschiffs und spalteten den grauen, dunklen Leib des Schiffes wie mit einem Beilschlag. Fast gleichzeitig schlug das Krachen der Explosion Eck an die Ohren. Er hielt sein Glas auf das Schiff gerichtet, und dort, wo es getroffen worden war, quoll ein Pilz aus Feuer und Qualm auf.
Zuerst fühlte er nur Triumph, als das Schiff mit einem dumpfen Bersten auseinanderbrach. Aber es sank nicht einfach. Es ging nicht einfach unter – es schien zu sterben, qualvoll und langsam. Es dauerte eine Unendlichkeit, bis es sank, und doch waren nicht mehr als zwei Minuten vergangen, bis alles vorbei war.
»Funkraum an Brücke. Schiff sendet kein Notsignal.« Es war der Befehlsübermittler. Er hing halb im Turmluk, und man merkte seiner Stimme die Erleichterung an.
Eck ließ das Glas auf die Brust sinken. Er dachte, daß er den Namen des versenkten Schiffes feststellen mußte. Er starrte in die Dunkelheit; der Tod war lautlos und unsichtbar, und er zögerte, die Stille zu zerstören. Er trat vom Schanzkleid des Turmes zurück, und in diesem Augenblick hörte er das Pfeifen. Es war ein hoher, schriller Ton, und dann antwortete ein zweiter und ein dritter, und dazwischen war plötzlich ein Schrei.
»Da leben noch welche . . .«, sagte plötzlich Hoffmann neben ihm.
Eck drehte sich rasch nach dem Leutnant um. Das Pfeifen und die Rufe klangen wieder aus der Dunkelheit bis zur Brücke herauf. Er fühlte

plötzlich, daß er vor Kälte zitterte, eine Kälte, die seine Brust umschloß, so daß er kaum atmen konnte. »Gehen Sie an Deck«, sagte er schnell. »Wir müssen den Kapitän finden. Fragen Sie, ob der Kapitän lebt.«

Hoffmann nickte und verließ die Brücke.

Eck starrte ihm nach. Das Pfeifen in seinen Ohren wurde unerträglich. Er glaubte es jetzt überall zu hören. »Sie sollen aufhören damit!« rief er Hoffmann nach. »Sie sollen sofort aufhören!« Als er sich umwandte, blickte er in die jungen, erstarrten Gesichter der Männer auf der Brücke. »Hart backbord«, befahl er laut. Er hörte jetzt Hoffmanns Stimme an Deck, und bald darauf verstummten das Pfeifen und die Rufe. Er richtete sich auf, und der eisige Ring wich von seiner Brust. Das Boot fuhr jetzt näher an die Versenkungsstelle heran, und er sah die ersten Wracktrümmer auf dem Wasser treiben. An Deck hörte er immer noch Hoffmanns Stimme, die nach dem Kapitän rief. Plötzlich verstummte er.

»Herr Kaleu«, sagte einer der Ausgucks auf der Brücke, »die Flöße!«

»Ich habe selber Augen im Kopf«, sagte Eck rauh. Er sah die plumpen, quadratischen Schatten, und auf zweien oder dreien von ihnen brannten Signallampen. Er klammerte sich mit beiden Händen an die Reling und blickte auf die schwachen Lichter, die sich mit den Flößen leicht bewegten . . .

»An Funkraum«, rief er heiser. »Die Sechshundert-Meter-Welle abhören. Sofort Meldung, wenn Signale aufgenommen werden . . .«

Er fühlte sich kalt und elend und schloß eine Sekunde die Augen. Plötzlich glaubte er genau zu wissen, was geschehen würde, selbst wenn die Flöße keine Notsender hatten. Die alliierten Maschinen flogen ihre Patrouillen jeden Tag, und die Piloten würden die Flöße entdecken, und dann hatten sie ihre Spur. Mehr brauchten sie nicht. ›Wenn sie einmal eine Spur von Ihnen haben, dann wird man Sie so lange verfolgen, bis man Sie schnappt.‹ – Er hatte das Gefühl, als habe ihm das Schicksal eine Falle gestellt, und er war hineingegangen. Und dann dachte er an die vier Boote, die in diesem Gebiet versenkt worden waren; vier Boote, die von erfahrenen Kommandanten geführt wurden.

Hoffmanns Gesicht tauchte am Aufstieg auf. »Es antwortet niemand, Herr Kaleu«, meldete er.

»Sie sollen die Lichter löschen«, sagte Eck. Er zögerte. »Rufen Sie ein Floß heran. Holen Sie einen Mann an Bord, irgendeinen. Wir müssen den Namen des Schiffes feststellen. Aber seien Sie vorsichtig! Verlas-

sen Sie das Boot nicht. Warten Sie, ich schicke Ihnen Lenz, der spricht Englisch.«
Als der Leitende Ingenieur Lenz auf die Brücke kam, schickte Eck ihn dem Wachoffizier nach an Deck. Dann spähte er nach vorn, aber er sah nur undeutlich ihre Gestalten auf dem Vorschiff. Er hörte ihn rufen, und dann sah er, daß eine dritte Gestalt bei ihnen stand.
Die Lichter auf den Flößen waren jetzt gelöscht. Er erkannte wieder die plumpen, treibenden Schatten, und er dachte, daß er eine Entscheidung treffen müsse, und doch fühlte er dumpf, daß sie längst gefallen war. Sie war in den Lehrgängen gefallen, in denen der Tod nur ein taktisches Manöver war. Sie war gefallen, weil es eine Lüge war, wenn man sie hinausschickte, um Schiffe und Menschen in die Luft zu jagen, und dann noch von Mitleid mit den Überlebenden sprach. Sie war gefallen, als man ihm zu verstehen gab, daß es nichts nützen würde, daß man Schiffe versenkte, wenn der Feind immer wieder Besatzungen für diese seine Schiffe fände. Sie war gefallen, weil Befehle sie erinnerten, hart zu sein und an die Frauen und Kinder zu denken, die in den bombardierten Städten starben, und weil die Maxime, unter der sie aufgewachsen waren, hieß: sie oder ich.
Er wandte sich an den Befehlsübermittler. »Gehen Sie auf das Vorschiff«, befahl er. »Lenz und Hoffmann sollen sich mit der Vernehmung beeilen.« Er wandte sich um. »Lassen Sie Maschinengewehre auf die Brücke bringen«, sagte er.
Plötzlich standen Lenz und Hoffmann vor ihm. »Wir haben den Dritten Offizier an Deck geholt«, sagte Lenz. »Das Schiff hatte Kurs auf Südamerika. Ein Frachter mit Ballast. Acht-acht-drei-drei Bruttoregistertonnen. Die ›Peleus‹. Sie ist vor fünf Tagen aus Freetown ausgelaufen . . .«
»Wir müssen versuchen, die Flöße zu vernichten«, sagte er schnell.
Eine Sekunde sahen ihn die beiden schweigend an.
»Es waren drei Männer auf dem Floß«, sagte Lenz dann.
»Wir müssen es versuchen«, sagte er. »Wenigstens die größten Teile, die von einem Flugzeug gesichtet werden könnten.«
»Aber das heißt . . .«, begann Lenz.

Die Aussage des Kommandanten von U852 als Zeuge der Verteidigung in eigener Sache dauerte an diesem Nachmittag des zweiten Verhandlungstages im Hamburger Curio-Haus schon über eine Stunde.
Im Saal war es still, und Dr. Todsens Fragen an seinen Mandanten

kamen jetzt langsamer. »Aus welchem Grund glaubten Sie, daß die Flöße eine Gefahr für Sie bedeuteten?«
Das Licht der Scheinwerfer und die Hitze machten Eck wie benommen. »Aus zwei Gründen«, antwortete er. »Vor allem, weil ich befürchtete, daß sie einem Flugzeug den genauen Standort der Versenkung zeigen würden, und dann auch, weil es nicht ausgeschlossen war, daß die Flöße, wie die meisten zu dieser Zeit, mit modernen Signalmeldeanlagen ausgerüstet waren.«
»Als Sie das Feuer auf die Flöße eröffnen ließen, sahen Sie, daß sich irgendwelche Menschen auf ihnen befanden?«
»Nein, niemand war zu erkennen.«
»Was glaubten Sie, durch Ihr Maschinengewehrfeuer erreichen zu können?«
»Ich rechnete damit, daß die Flöße auf Fässern oder Hohlkörpern angebracht waren. Ich hielt es für möglich, durch Maschinengewehrfeuer die Hohlkörper zu durchlöchern, so daß die Flöße sinken würden.«
»Sank dieses Floß, das Sie beschießen ließen?«
»Nein, es sank nicht.«
»Gaben Sie zu irgendeinem Zeitpunkt den Befehl, auf Überlebende zu schießen?«
»Nein.«
»Sahen Sie, daß auf Überlebende geschossen wurde?«
»Nein, das habe ich nicht gesehen.«
»Haben Sie dann Handgranaten an Deck bringen lassen?«
»Ja, ich habe befohlen, Handgranaten an Deck zu bringen.«
»Aus welchen Gründen?«
»Nachdem ich erkannt hatte, daß die Flöße durch das Maschinengewehrfeuer nicht sanken.«
»Haben Sie erkennen können, daß durch das Werfen der Handgranaten Überlebende getötet oder verwundet worden sind?«
»Nein. Auf dem Floß, auf das Handgranaten geworfen wurden, befanden sich keine Überlebenden.«
»Wie erklären Sie sich, daß auf dem Floß keine Überlebenden waren?«
»Ich glaubte, daß sie ins Wasser gesprungen seien.«
»War Ihnen klar, daß durch das Versenken der Wrackstücke und Flöße auch die Überlebenden untergehen würden?«
Eck nickte. »Es war mir klar, daß die Möglichkeit, ihr Leben zu retten, damit zerstört wurde.«

»Konnten Sie denn die Überlebenden nicht an Bord des U-Bootes nehmen?«
»Das war ganz ausgeschlossen. Das verstieß gegen meine Befehle.«
»Warum erlaubten Ihnen die Befehle das nicht?«
Eck schüttelte den Kopf. Dann antwortete er ausweichend: »Ich hatte noch einen langen Weg vor mir und nicht genug Proviant, um noch Leute an Bord zu nehmen.«
»War das Ihre Situation – auf der einen Seite Ihr Boot und die Besatzung, auf der anderen Seite die Zerstörung der Flöße?«
»Ich stand unter dem Eindruck, daß mein Boot verloren war, wenn ich die Flöße nicht versenkte.«
»Bevor Sie die ›Peleus‹ versenkt hatten – haben Sie sich jemals vorgestellt, daß Sie einmal in die Situation kommen könnten, entscheiden zu müssen, Rettungsflöße zu vernichten?«
Einen Augenblick irrten seine Gedanken ab. Er sah wieder das Meer, leer und verödet, und dann dachte er daran, wie es angefangen hatte. – Er kannte das Meer als junger Seekadett. Er war auf der »Gorch Fock« nach Südamerika gefahren. Als Fähnrich hatte er auf dem Kreuzer »Karlsruhe« eine Weltreise gemacht. Er schien keinen Zusammenhang zu haben mit dem, was in jener Nacht geschehen war.
»Zeuge, beantworten Sie die Frage«, hörte er die Stimme Stevensons, des Gerichtsoffiziers. »Nein«, sagte er. »Eine solche Situation habe ich mir nie zuvor vorstellen können.«
»Haben Sie nach dem Verlassen der Versenkungsstelle eine Ansprache an die Besatzung gehalten?«
»Ja. Ich verließ die Brücke und ging in die Zentrale und sprach über Lautsprecher zu der Besatzung. Ich hatte den Eindruck, daß die Stimmung an Bord sehr gedrückt war, und ich selbst fühlte mich auch nicht anders. Das war der Grund, warum ich der Besatzung sagte, daß ich diesen Entschluß nur schweren Herzens gefaßt hatte ...«
Stevenson unterbrach das Verhör. »Welchen Entschluß?« sagte er scharf.
»Die Überreste des gesunkenen Schiffes zu zerstören«, sagte Eck.
»Die ›Überreste‹«, Stevenson gebrauchte das deutsche Wort, »das hieß doch auch die Überlebenden, oder nicht?«
Eck blickte zum Richtertisch hinüber. Er sah, daß die Glaskaraffen, die vor den Richtern standen, leer waren. »Es war mir klar, daß durch die Zerstörung der Flöße und Wrackteile die Überlebenden keine Chance mehr hatten.«

Stevenson nickte Dr. Todsen zu, aber der Verteidiger hatte keine weiteren Fragen mehr. Halse, der Vertreter der Anklage, trat an den Zeugenstand und begann sein Kreuzverhör.
»Sie sagen, daß Sie die ›Peleus‹ bei Tageslicht gesichtet hatten?«
»Ja.«
»Und Sie versenkten das Schiff wirklich nach Eintritt der Dunkelheit?«
»Ja.«
»Schien der Mond?«
»Nein.«
»Wieviel Rettungsflöße haben Sie nach der Versenkung auf dem Wasser gesehen?« Halse hielt seine Augen auf den Boden gerichtet, bei jeder Frage machte er einen Schritt auf Eck zu und blickte ihn dann starr an. Er versuchte nicht, den sarkastischen Unterton in seiner Stimme zu verbergen.
»Etwa sechs«, sagte Eck. Es war offensichtlich, daß Halse ihn für schuldig hielt. Jedes Wort, jede Geste sagte es; es war klar, eindeutig, wirklich – wie die leeren Wasserkaraffen; und er war fast dankbar dafür. Es fiel ihm leichter, auf die Fragen zu antworten als auf die seines Verteidigers.
»Große Flöße?« fragte Halse.
»Zwei bis zweieinhalb Quadratmeter.«
»Sie wußten, daß sich im Wasser um die Flöße noch eine Anzahl Menschen befand?«
»Während der Vernehmung befanden sich drei Mann Besatzung auf dem Floß.«
»Haben Sie daran gedacht, etwas für die Schiffbrüchigen zu tun?«
»Ich konnte ihnen nicht helfen.«
»Nach der Vernehmung – was geschah dann?«
»Ich lief mit langsamer Fahrt ab.«
»Wie weit fuhr das Boot?«
»Etwa tausend Meter.«
»Hatten Sie, als Sie abliefen, schon den Entschluß gefaßt, irgend etwas zu unternehmen?«
»Ja.«
»Was?«
»Die Flöße zu zerstören.«
»Aber Sie liefen doch erst etwa tausend Meter ab und kehrten dann wieder zurück, bevor Sie irgendeinen Versuch machten, Ihre Absicht auszuführen?«

»Die Maschinengewehre mußten erst klargemacht werden.«
»Wie lange dauerte das Schießen?«
»Ich glaube, bis Viertel vor eins.«
»Und um ein Uhr waren die Flöße nicht zerstört?«
»Nein.«
»Warum stellten Sie dann das Feuer auf die Flöße um ein Uhr ein?«
»Ich sah keine Möglichkeit mehr, die Flöße zu zerstören. Ich hatte es mit Maschinengewehrfeuer versucht, mit Handgranaten und schließlich durch Rammen, aber es nützte alles nichts.«
»War nicht der wahre Grund, daß es jetzt keine Überlebenden mehr gab?«
»Darüber dachte ich nicht nach.«
»Sie sprachen nach dem Vorfall über den Lautsprecher?«
»Ja.«
»Erinnern Sie sich an die Zeugenaussage, die Cierniak hier gestern machte?«
»Ja.«
»Sagte er, daß ein Teil Ihrer Ausführungen sich auf Bombenangriffe alliierter Flugzeuge auf Deutschland bezog?«
»Ja. Ich sagte, wenn wir vom Mitgefühl überwältigt werden sollten, dann müßten wir auch an unsere Frauen und Kinder denken, die zu Hause bei Bombenangriffen starben.«
»Mitgefühl mit den Wracktrümmern?« Halse richtete die Frage mit einem Lächeln an die Richter.
»Es war klar, daß auch die Überlebenden sterben würden.«
»Und das war Ihnen gleichgültig?«
»In meiner Ansprache habe ich gesagt, daß es mir nicht gleichgültig war.«
»Es war Ihnen also klar, daß als Folge Ihres Schießens Menschen sterben würden?« Halse wartete die Antwort nicht ab. Während der Dolmetscher noch seine Frage übersetzte, ging er an seinen Tisch zurück. Als Eck mit »Ja« antwortete, nickte er. »Keine weiteren Fragen an den Zeugen«, sagte er.

Als die Morgendämmerung des 14. März kam, lebten von der Besatzung der »Peleus« noch vier Mann. Und einer davon war Antonios Liossis, der Erste Offizier der »Peleus«, der auf der Brücke gestanden hatte, als die zwei Torpedos das Schiff trafen. Siebenunddreißig Tage später, am 20. April 1944, sichtete der Ausguck eines portugiesischen

Schiffes »Alexandre Silva«, fünfhundert Meter von der Versenkungsstelle der »Peleus« entfernt, ein Floß.
»A jangada! A jangada! Ein Floß! Ein Floß!« Der Ruf des Ausgucks erreichte den Kapitän auf der Brücke. Der Offizier am Sprachrohr blickte fragend auf, aber der Kapitän winkte ab.
»Com gente!« rief der Ausguck jetzt. »Mit Menschen!« Der Kapitän ging schnell nach steuerbord hinüber und nahm das Fernglas an die Augen. Sein Schiff, die »Alexandre Silva«, war auf dem Weg von Lissabon nach Portugiesisch-Westafrika. Die Sonne stand hoch, kreisrund wie eine Kugel aus flüssigem Glas.
Der Kapitän suchte mit seinem Glas die glatte spiegelnde Fläche des Meeres ab. Der Schweiß rann ihm von der Stirn in die dichten Brauen. Die »Alexandre Silva« hatte das Floß bereits passiert, und es trieb über eine Meile achteraus. Der Kapitän rief dem Offizier seine Befehle zu. Er hörte ihn die Kommandos wiederholen, das Klingeln des Telegrafen, er spürte die Erschütterung des Schiffes, als die Schrauben plötzlich entgegengesetzt mahlten. Das Schiff ging auf neuen Kurs. Die ganze Zeit behielt der Kapitän das Floß im Auge, und bald erkannte er die Gestalt, die sich auf die Knie aufgerichtet hatte. Als sie noch achthundert Meter entfernt waren, sah er den Mann zu dem kleinen Mast, an dem ein Sonnensegel hing, rutschen. In der Optik seines Glases waren es stumme, undeutliche Bewegungen, und doch zitterten die Hände des Kapitäns plötzlich, und er nahm sein Glas eine Sekunde von den Augen. Der Offizier war jetzt neben ihn getreten. Unten an Deck hatte die wachfreie Mannschaft sich an der Reling gesammelt. Man hörte ihre aufgeregten Stimmen bis zur Brücke herauf.
»Lassen Sie ein Boot klarmachen«, sagte der Kapitän. »Ein paar Mann sollen hinüberrudern. Aber Vorsicht, nichts zu trinken geben.« Er nahm sein Glas wieder an die Augen. Der Mann auf dem Floß hatte den Fetzen Tuch, der als Sonnensegel diente, herabgerissen. Er schwang es in langsamen, müden Bewegungen über dem Kopf, und dann knickte er plötzlich zusammen, und im Fallen riß er das Tuch mit, das sich über ihn breitete. Es war wie eine Erlösung, als der Hilfsmotor aufklang und das Beiboot mit den portugiesischen Farben auftauchte und auf das Floß zuhielt.
Eine halbe Stunden später lagen die drei Überlebenden der »Peleus« in der Offiziersmesse der »Alexandra Silva«. Die Betten standen direkt unter einem großen Ventilator. Die Luft war heiß und stickig, und die langen, schmalen Flügel des Ventilators brachten keine Küh-

lung, sondern bewegten nur leicht die heiße Luft. Die drei Männer lagen ganz starr und ruhig. Nur manchmal versuchte einer, sich aufzurichten oder zu sprechen.

»Was für ein Schiff?« fragte der Kapitän.

Der Hilfsarzt reichte ihm ein von Seewasser zerfressenes Papier.

»Ein Grieche«, sagte er.

Das Bild auf der Karte war fast unkenntlich, aber die Eintragungen waren noch lesbar. »Antonios Liossis, geboren am 7. November 1906 in Kilas, Königreich Griechenland.« Aus der Karte ging hervor, daß dieser Mann der Erste Offizier der »Peleus« war. Der Kapitän trat zu den drei Männern, die unruhig und fiebernd dort lagen. Der Hilfsarzt zeigte auf den in der Mitte. »Das ist der Erste Offizier. Die anderen trugen nichts bei sich.«

Er beugte sich zu ihnen hinunter, während er die Stimme des Hilfsarztes hörte. Aber er brauchte keine Erklärungen. Er sah die dick geschwollenen, aufgeplatzten Lippen und die Haut auf der Stirn und auf den Armen, die in Fetzen herunterhing. Er wußte, daß sie jetzt außer Gefahr waren, aber er wußte auch, daß es ein Wunder war, daß sie überlebt hatten.

Ein fiebriges Augenpaar starrte ihn an. Einen Augenblick glaubte er, aus den Augen ein dankbares Lächeln herauszulesen, aber dann war in ihnen wieder die Angst, daß alles vielleicht nicht wahr und nur ein Trugbild sein könnte . . .

Siebenunddreißig Tage hatten die drei Männer auf ihrem Floß verbracht; der Erste Offizier, Liossis, der griechische Matrose Dimitros Argiros und ein Mann vom Maschinenpersonal, der englische Staatsangehörige Rocco Said. Nach zwei Tagen konnten die Überlebenden der »Peleus« schon wieder an Deck gehen. Nur die Erinnerung an jene Nacht, in der ihr Schiff versenkt worden war, und an die Tage, die darauf folgten, war immer noch wie ein wirrer Traum. Nur langsam fügten sich die Bruchstücke zusammen.

Als die »Alexandra Silva« sieben Tage später, am 27. April 1944, mit den Überlebenden den Hafen von Lobito anlief, kannte jeder an Bord ihre Geschichte. Die drei Männer wurden nach Kapstadt gebracht. Sie waren noch dort, als bei den zuständigen Abwehroffizieren eine Nachricht eintraf: Flieger der Royal Air Force hatten ein deutsches U-Boot vernichtet und dabei ein Logbuch und eine Seekarte erbeutet, und beides bewies, daß es das U-Boot war, das die »Peleus« versenkt hatte.

Die Männer der »Peleus« wurden in Kapstadt verhört und dann zwei von ihnen nach London geflogen. In der britischen Admiralität gaben sie ihre Erlebnisse zu Protokoll. Die wichtigste Erklärung war die des Ersten Offiziers Liossis. Sie sollte später im Peleus-Prozeß in Hamburg zum Hauptbeweismaterial der Anklage werden. Die Erklärung vom 1. September 1944 lautet: »Ich, Antonios Cosmas Liossis, versichere unter Eid:

Die ›Peleus‹ lief am 8. März 1944 aus Freetown aus. Am 13. März 1944 hatte ich Wache. Es war gegen 19.20 Uhr, als ich an Backbord zwei Torpedolaufbahnen auf das Schiff zukommen sah. Ich rief dem Rudergänger einen Befehl zu, um sie auszumanövrieren, aber es war zu spät. An alles Weitere kann ich mich nicht erinnern, ich kam erst wieder zu Bewußtsein, als ich im Wasser war.

Ich schwamm eine kurze Zeit, bis ich ein Wrackteil fand. Es war ein Lukendeckel, und ich klammerte mich daran. Ich hörte jemand pfeifen, es war ein Matrose, Konstantinides. Er kam zu mir herangeschwommen, und wir versuchten dann beide, ein Floß zu erreichen, das wir in einiger Entfernung erkennen konnten.

Das Unterseeboot tauchte kurz darauf auf. Es fuhr mit langsamer Fahrt, während auf dem Vorschiff zwei Mann standen und uns anriefen, um den Namen unseres Schiffes zu erfahren . . .

Wir erreichten das Floß. Wir pullten eine kurze Zeit mit dem Notruder.

Das Unterseeboot entfernte sich, es lief einen weiten Kreis. Ich konnte den größten Teil des Restes der Besatzung im Wasser erkennen und sah, wie sie sich an die Wracktrümmer anklammerten, und ich hörte sie rufen und pfeifen.

Sehr bald erschien das Unterseeboot wieder. Man gab uns durch Zurufe die Anweisung, näher heranzukommen. Als wir draufhin an das Boot heranpullten, eröffneten diese plötzlich mit einem Maschinengewehr das Feuer.

Wir duckten uns sofort, um ein möglichst kleines Ziel zu bieten. Ich hörte Konstantinides vor Schmerzen aufschreien, er hatte verschiedene Kugeltreffer abbekommen.

Die Flöße wurden von den Kugeln durchsiebt, aber sie sanken nicht, weil die Fässer mit schwimmfähigem Material gefüllt waren.

Die Deutschen warfen außerdem Handgranten auf uns, und eine verwundete mich. Mein Kopf lag unter der Ruderbank, so daß ich nur an der rechten Schulter und am Rücken getroffen wurde. Sie warfen auch Handgranaten auf andere Flöße.

Das Unterseeboot kreuzte zwischen den umhertreibenden Wracktrümmern und schoß weiter mit dem Maschinengewehr; später wurde das Feuer immer wieder unterbrochen. Der Dritte Offizier des Schiffes hatte sich an mein Floß gehängt. Er war am rechten Arm schwer verwundet worden.
Erst kurz vor der Morgendämmerung lief das Unterseeboot ab, und jetzt erst stellte ich fest, daß Konstantinides tot war. Um die Wracktrümmer hatte sich ein ganzes Rudel von Haien gesammelt, und wir warteten bis zur Nacht, ehe wir seine Leiche über Bord warfen.
Wir beide hatten starke Schmerzen, aber wir fanden Morphium und Medikamente auf unserem Floß. Wir holten uns Schiffszwieback und Trinkwasser zusammen und machten uns ein Sonnensegel.
Am vierten Tag nach der Versenkung unseres Schiffes sichteten wir ein Floß, auf dem Rocco Said und Argios saßen. Am achten Tag kamen sie so nahe heran, daß sie zu uns übersteigen konnten, während sie ihr eigenes Floß aufgaben.
Fünfundzwanzig Tage nach der Versenkung starb der Dritte Offizier an seinen Verletzungen.
Wir hatten ein Segel angefertigt, und als Steuer benutzten wir ein Ruder, und so versuchten wir, die Westküste Afrikas zu erreichen.«

Seit der Versenkung der »Peleus« in der Nacht zum 14. März 1944 war von U852, dem Boot des Kapitänleutnants Heinz Eck, kein Funkspruch mehr beim BdU eingegangen. Erst am 14. April meldete sich U852 wieder. Es hatte vor Kapstadt ein Schiff versenkt, und zusammen mit diesem Erfolg meldete das Boot auch die Versenkung der »Peleus«. Vier Wochen später stand das Boot an der Ostküste Afrikas vor Italienisch-Somaliland, unterhalb von Kap Guardafui.
Keiner wußte, daß Flieger der 621. RAF-Staffel das Boot schon auf dem Anmarsch geortet hatten; in der Frühe des 2. Mai griff eine Maschine dieser Staffel U852 an und überraschte das aufgetauchte Boot.
Der Schrei »Flieger!« war auf der Brücke kaum verhallt, als das Gedröhn der zweimotorigen Maschine schon über dem Boot hing. Eck hatte Alarmtauchen befohlen . . .
Das Ende von U852 schien grausam und kurz zu sein wie das Ende so vieler Boote, deren Kriegstagebücher man beim BdU mit dem lakonischen Wort »Totalverlust« abschloß.
Die Bomben lösten sich, als das Boot unter Wasser schnitt; sie detonierten direkt am Boot und drückten es in die Tiefe. Das Licht war

ausgefallen. In den Sekunden, in denen das Boot absackte, blieb den sechsundsechzig Menschen nicht einmal mehr Zeit, noch Hoffnung zu schöpfen.

Der Kommandant stand mit Lenz, dem Leitenden Ingenieur, zusammen in der Zentrale, als das Boot auf zweihundert Meter Tiefe durchsackte.

»Schäden melden«, sagte Eck dann. Es klang wie eine Formel, an die man nur glauben mußte. Plötzlich hörte man tastende Schritte, Stimmen, die die Beschädigungen zur Zentrale weiterriefen. Die Notbeleuchtung ging an, und dann wurden die ersten Werkzeuge weitergereicht.

Es gelang ihnen, das Boot zu halten. Wasser war in den Batterie-Raum gelaufen, und durch die Gänge kroch jetzt das Chlorgas; in der Offiziersmesse über dem Batterie-Raum wurde es unmöglich zu arbeiten. – Zwanzig Minuten arbeiteten sie, zwanzig Minuten, in denen die unmenschliche Drohung, wie Ratten zu ersaufen, sie antrieb.

Erst als das Boot an die Oberfläche schoß, dachten sie an die neue Gefahr. Keiner glaubte wirklich, daß das feindliche Flugzeug nicht mehr auf sie wartete. Es war da. Als Eck als erster auf die Brücke kam, sah er eine Maschine.

»Alle Waffen besetzen«, sein Befehl kam gepreßt. Er sah an den Gesichtern der Männer, die an ihm vorbei zu den Geschützen rannten, daß sie wußten, wie schlecht ihre Chancen waren, aber auch sie schienen trotz allem erleichtert. Eck beobachtete das Flugzeug. Er wunderte sich, warum es nicht angriff. Es war selbst ohne Glas zu erkennen, langsam kreisend, während es höher stieg.

Lenz, der Leitende Ingenieur, stand plötzlich vor ihm. Eck richtete sich auf und sah ihn an. Lenz hob beide Hände in einer Geste, die alles sagte: »Das Boot ist nicht mehr tauchklar«, sagte er.

Er nickte ruhig, und obgleich er wußte, daß Lenz ihn fragend ansah, nahm er wieder das Glas hoch. Jetzt sah er zwei Flugzeuge; sie waren näher herangekommen, und er erkannte an den zwei Motoren die Wellington-Bomber. Die Stunden, die es noch hell blieb, würden die Flieger nicht brauchen, um ihr Opfer zu vernichten.

»Achtung, sie fliegen an!« rief eine Stimme neben ihm. Es war Schwan, der neunzehnjährige Oberfähnrich, der kurz vor dem Auslaufen als Wachoffizier-Schüler an Bord kommandiert worden war. Er stand auf der Brücke, das Glas vor den Augen; seine Aufgabe war es, die Entfernungswerte an die Geschütze weiterzugeben.

Die Maschinen kamen von beiden Seiten. Eck sah durch das Glas, wie ihre Tragflächen sich neigten, als seien sie zu schwer. Eck starrte ihnen entgegen, als könne er sie aufhalten. Er spürte nichts, als er am Horizont zwei weitere Maschinen auftauchen sah; sie kreisten und schienen sich bereit zu halten. Seine Befehle kamen ruhig. Er fuhr mit äußerster Kraft, als die Maschinen anflogen. »Hart backbord«, befahl er, als die Bomben sich lösten. Er fuhr immer mit harten Ruderlagen nach back- oder steuerbord, so daß er dabei langsam auch näher an die Steilküste herankam.

Der Oberfähnrich fiel beim ersten Angriff. Plötzlich zerbrach seine Stimme, als das Geschoß das Fernglas durchschlug, das er noch vor den Augen hielt. Als Eck den enthaupteten Körper neben sich sah, war es nur die Angst, die ihn auf den Beinen hielt, denn in diesem Augenblick schlugen die Bomben nahe am Boot ins Wasser. Vom Vorschiff kam ein Schrei. Einer der Männer, die Munition mannten, war zusammengesunken; die Druckwelle riß ihn vom Deck. Die vier Maschinen lösten sich in ihren Angriffen ab, pausenlos.

Bei einem der nächsten Angriffe fiel Colditz, der Erste Wachoffizier, dreiundzwanzig Jahre alt. Nach dem Angriff saß er noch im Sitz seines Geschützes, aufrecht, als richte er schon wieder das Rohr, und erst dann sahen sie, daß ihn ein Geschoß in den Rücken getroffen hatte.

Eck hatte den Begriff für die Zeit längst verloren. Der Gedanke an die schützende Nacht war wie ein leeres Versprechen, das sich nie erfüllen würde.

Immer wieder wurden Verwundete an ihm vorbeigetragen. Als er zur Seite blickte, sah er, daß das Boot nur noch ein paar Meilen von der Küste entfernt war. Die Steilküste ragte fahl und verwaschen in der blendenden Sonne auf. Er müßte versuchen, mit dem Boot die Küste zu erreichen. In der Nacht würde er im Schatten der Steilküste sicher sein vor ihren Radargeräten; vielleicht gelang es während der Dunkelheit, das Boot zu reparieren. Er dachte, daß die Flugzeuge schon sehr lange angreifen mußten.

Wieder hörte er das Gedröhn der Motoren. Die Maschinen flogen ihre Angriffe jetzt zögernder, und ihre Bomben fielen ungenauer. Es waren noch immer vier Maschinen, aber er wußte nicht, ob es noch dieselben wie am Anfang waren. Als sie diesmal abdrehten, stiegen sie sehr schnell, und plötzlich verschwanden sie zum Land hin. Jetzt erst sah er, daß die Dämmerung kam. Er rührte sich nicht. Die Männer an den Geschützen warteten. Der Himmel war ohne das Gedröhn der Motoren wie leer. Er wußte nicht, wie lange das Schweigen andauerte.

Plötzlich hörte er hinter sich einen harten, stolpernden Schritt, und eine Stimme sagte: »Wir haben vier Tote, Herr Kaleu.«

Eck führte das Boot in der beginnenden Dunkelheit unter die Steilküste. Er setzte es in dem niedrigen Wasser hundertundfünfzig Meter vom Strand entfernt auf Grund. Es war in der Nähe einer Bucht, und in den Karten fanden sie den Namen: Bender Beila.

Schon im Turm schlug Eck der Geruch des Chlorgases entgegen, jetzt vermischt mit dem Geruch von Blut. Weispfenning, der Bordarzt, hatte zusammen mit dem Sanitätsobergefreiten Hameister in der Offiziersmesse operiert. Benommen stand Eck dabei, aber er zwang sich zuzusehen. Der Arzt verband gerade einen Mann, dem ein Geschoß beide Oberschenkel durchschlagen hatte. Eck trat zurück, als sie ihn aufhoben und an ihm vorbeitrugen. Jetzt sah er, daß es Hoffmann war. Sein Kopf hing herunter. Er stützte ihn auf und half dabei, ihn dann auf das flache Kissen in der Koje zu betten. Dann ging er weiter durch das Boot, von Koje zu Koje, in denen andere Verwundete lagen. Als er zurückkam, blickte Weispfenning auf. »Wir haben zwanzig Schwerverletzte«, sagte er. Er ließ sich auf die Koje fallen und streifte die Handschuhe herunter.

Nachher besprach sich Eck mit Lenz, und dann stieg er schnell hinauf auf die Brücke zu den Wachen. Er kletterte an Deck; er spürte plötzlich den Wunsch, gehen zu können, eine weite Straße nur gehen und gehen, nicht hier, wo jeder Schritt sofort endete. Er starrte zur Küste hinüber, die in der Dunkelheit noch steiler erschien. Er schrak auf, als die Männer an Deck kamen. Er erkannte an den Gewichten, die über den Boden schleiften, daß sie die Toten heraufbrachten.

Die Nacht war still, nur das Hämmern aus dem Boot klang bis zur Brücke hinauf. Gegen vier Uhr kam Lenz und meldete, daß sie das Boot nicht mehr tauchklar bekommen würden. Eck wehrte sich zu glauben, daß dies das Ende sei. Er dachte, daß er das Boot nicht einfach aufgeben könne. Aber in drei Stunden würde es Tag sein, und mit dem Licht kamen die Flugzeuge. Der Tag und die Flugzeuge bedeuteten für ein Boot, das nicht mehr tauchen konnte, den Tod. Langsam löste sich die Steilküste aus der Dunkelheit, fahl und von Büschen und Disteln bewachsen. Er gab Befehl, das Boot aufzugeben.

Sie ließen Flöße und Schlauchboote ins Wasser. Die Schwerverwundeten wurden in die größeren Boote getragen, dann folgten die Leichtverwundeten auf den Einmann-Schlauchbooten. Sie legten ab, und Eck blieb nur mit drei Mann an Bord. Er wartete auf der Brücke und zog seine Schwimmweste über, während Lenz und die zwei

Maate im Boot die Sprengladungen in den Torpedoköpfen anbrachten.
Dann sah er die Maschinen. Es waren wieder vier, und diesmal zögerten sie nicht. Er rannte zum Turmluk. Sein Ruf hallte aus dem Boot zurück. Endlich erschien Lenz mit den Maaten. In neun Minuten würden die Zeitzünder die Sprengladungen auslösen. In neun Minuten gab es U852 nicht mehr. Eck nickte Lenz zu. Der Ingenieur sprang über Bord, und die anderen folgten. Er wunderte sich, warum die Maschinen das Boot nicht angriffen, und dann sah er, daß sie auf die Schlauchboote niederstießen, die von der starken Brandung wieder aufs Meer zurückgetrieben worden waren. Er sah die Männer aus den Booten ins Wasser springen; um sie schlugen die Geschoßgarben peitschend ins Wasser. Der Gefreite Hitzelberger schrie auf, und dann sah Eck, wie die Brandung den Toten in der Schwimmweste wegtrug. Er dachte wieder an die Nacht, in der er befohlen hatte, auf die Flöße der »Peleus« zu schießen, aber er fühlte keine Rechtfertigung, es war alles nur schlimmer.
Am Horizont tauchte jetzt eine Fregatte auf. Es war die »H.M.S. Falmouth«. Das Schiff hatte einen Konvoi, der von Mombasa nach Aden lief, begleitet und war durch Funkspruch herangerufen worden, um das U-Boot zu verfolgen.
Eck sprang über Bord und schwamm den anderen nach, der Steilküste zu. Er war schon ganz nahe am Ufer, als er Hoffmann entdeckte. Der schwerverwundete Leutnant ruderte wild mit den Armen, und an seiner Schwimmweste zerrte er einen anderen mit, den Matrosenobergefreiten Damm. Eck sah die beiden auf und nieder tauchen. Die anderen halfen ihm, Hoffmann und Damm hinter die aus den flachen Wasser ragenden Felsen vor der Küste zu ziehen; endlich spürte er festen Boden unter den Füßen. Es waren etwa sechs oder sieben, die sich dorthin gerettet hatten.
Zum erstenmal blickte er zurück zum Boot. Es ragte ganz aus dem Wasser und lag sehr ruhig da. Er richtete sich überrascht auf, als er den Wellington-Bomber das Boot anfliegen sah. Er hatte nur Augen für die Maschine, die das verlassene Boot anflog. Sie kam sehr tief über das Wasser heran, nicht höher als fünfzig Meter. Sie befand sich direkt über dem Boot, als die neun Minuten um waren und im Innern des Boots die Sprengladungen hochgingen. Eine Sekunde schien das Flugzeug in der Luft zu verharren. Dann wurde es von der Druckwelle der Explosion hochgetragen wie ein Fahrstuhl. Es war, als schüttele es seine Tragflächen ab, dann zerbarst es in der Luft und schleuderte

Juni 1943, Bremen. Heinz Eck übernimmt in der Werft feierlich sein neues Boot, U 852.

Unter der Anklage, den Befehl gegeben zu haben, auf Schiffbrüchige zu schießen, stand Heinz Eck, Kommandant von U 852, in Hamburg vor einem Militärgericht. Die Aufnahme zeigt ihn als jungen Seekadetten. Links sein Vater, rechts seine Mutter.

17. Oktober 1945. Im Hamburger Curio-Haus beginnt der Prozeß. Auf der Anklagebank (v. l. n. r.) Eck, Hoffmann, Dr. Weispfenning, Lenz und Schwender.

Der 883 BRT große griechische Frach ter »Peleus« fuhr im Dienst der Eng länder. Als U 852 das Schiff torpedier te, waren fünfunddreißig Mann ar Bord. Drei überlebten.

Die Zuschauertribünen des Weißen Saa les im Curio-Haus waren jeden Ta besetzt. – Brigadier Jones (Bild unten war Vorsitzender des Militärgerichts Neben ihm, mit Perücke, der Gerichts offizier Stevenson.

Obwohl der Krieg seit Tagen zu Ende war, befahl Dönitz ein Staatsbegräbnis für den Kapitän z. S. Lüth. Ehrenwachen vor und in der Aula der Marine-Kriegsschule Flensburg-Mürwik. — Mit einunddreißig Jahren war Lüth (Bild rechts unten) letzter Kommandeur dieser traditionsreichen Kriegsschule. Ein Posten erschoß ihn aus Versehen.

Die Zeugen: Ali Cremer, Chef des »Wachbataillon Dönitz«, der Wachhabende Karl Franz, der Posten Matthias Gottlob (von oben nach unten).

Zweihundert U-Bootkommandanten versenkten ihre Boote im Mai 1945. Alles Wertvolle wird vorher an Land geschleppt.

Das Ende: Ein Rudel grauer Wölfe auf der letzten Fahrt zur Übergabe an die Alliierten (Bild oben). In dem nordirischen Hafen Lisahally hat der Feind die Boote an die Kette gelegt.

zwei dunkle Punkte von sich; die Flieger schlugen dort ins Meer, wo jetzt die große Lach Öl, die sich um das Boot ausgebreitet hatte, zu brennen begann . . . Eck ließ sich hinter den Felsen fallen. Er legte das Gesicht an den Stein. Er wunderte sich, daß er die Wärme spürte. Er hätte laut schreien mögen. Zum erstenmal war in ihm der Gedanke, daß der Krieg, den sie führten, ein anderer Krieg war als der, von dem man immer redete.

»Das Boot!« hörte er plötzlich jemand neben sich sagen, atemlos und bestürzt. »Das Boot, Herr Kaleu! Der Turm . . .« Als er sich aufrichtete und hinüberblickte, sah er, daß der graue Leib von U 852 verschwunden war; aber der Turm stand unversehrt . . .

Eine lange schwarze Rauchfahne stand über dem Boot. Das Geräusch der Flugzeugmotoren klang hell über der Bucht, nur zerrissen von dem peitschenden Stakkato der Bordwaffen. Die Maschinen stellten ihr Feuer erst ein, als am Horizont die graue Silhouette der Fregatte auftauchte und das Schiff dann in schneller Fahrt näher kam. Die Männer der Besatzung von U 852, die im Wasser trieben, versuchten, die Küste zu erreichen; einige hatten nicht mehr die Kraft dazu, sie hingen wie leblos in ihren Schwimmwesten.

Einem kleinen Teil der Besatzung war es gelungen, die steile, fast achtzig Meter hohe Küste hinaufzuklettern. Es waren insgesamt zwölf Mann, die das Hochplateau erreichten; die Dornen rissen ihre Hände und Beine auf, aber Meter für Meter hatten sie sich an den ausgedorrten Büschen die felsige Steilküste hinaufgezogen. Sie sammelten sich, und als sie dann in die Bucht hinunterblickten, erkannten sie die Fregatte und am Horizont vier weitere Schiffe, die mit einem milchigweißen Sog hinter dem Heck durch das ruhige Wasser herankamen. Die drei Flugzeuge kreisten tief über dem Meer, dunkel spiegelten sich ihre Schatten auf der Wasserfläche.

Die Geretteten kauerten eine Weile am Strand und beobachteten, wie die Fregatte stoppte. Träge schwankend lag sie in der See. Dann schwang ein Boot aus. Es legte ab und fuhr zu den im Wasser treibenden Schlauchbooten und Schiffbrüchigen. Viermal fuhr das Boot zu der ankernden Fregatte zurück, dann hatten die Engländer die Überlebenden und die am Strand Wartenden aufgefischt. Alles war in einer halben Stunde vorbei; die zwölf Mann beratschlagten. Sie hatten kaum Proviant, nur das wenige, was sie beim Verlassen des Bootes schnell mit sich genommen hatten: etwas Zwieback, einige Dosen Milch und – Sonnenöl. Drei von ihnen waren verwundet, und nur ei-

ner, der Matrosenobergefreite Wolfgang Schwender, besaß eine Waffe, eine Mauserpistole. Es war kurz nach elf Uhr, als sie sich auf den Weg machten. Jetzt schon war es unerträglich heiß. Die Khaki-Uniformen klebten ihnen auf der Haut. Nach einer halben Stunde stießen sie auf ein ausgetrocknetes Flußbett. Sie folgten der ausgewaschenen Rinne, bis sie ein paar Büsche fanden. Sie drängten sich zusammen in ihren Schatten, aber die Hitze stieg glühend aus dem Boden auf. Das Land schien in der Hitze zu beben. Aus der Ferne hörten sie noch immer das Geräusch der Flugzeugmotoren, anschwellend und verebbend wie die Brandung des Meeres. Sie warteten die größte Hitze ab. Dann stolperten sie weiter. Einige der Schiffbrüchigen, die ihre Schuhe im Wasser verloren hatten, liefen auf Strümpfen.
Sie folgten dem ausgewaschenen Flußbett, zurück zur Küste. Die Mündung fiel steil zum Meer ab. Sie waren in einem Halbkreis gelaufen und wieder ganz in der Nähe der Bucht. Die Kriegsschiffe lagen noch da, draußen im Meer, das wie glänzendes Metall war. Plötzlich entdeckten sie die drei Boote an der Küste, und dann erst sahen sie, daß sie versuchten, den immer noch aus dem Wasser ragenden Turm des U-Bootes anzulaufen. Nur eines der drei Flugzeuge war noch da. Es kreiste ganz niedrig über dem Turm.
Die Engländer machten drei vergebliche Anläufe, aber dann schien es ihnen gelungen zu sein, ihre Boote festzumachen. Die zwölf Männer auf dem Hochplateau wurden Zeugen, wie einige Gestalten im Turm verschwanden . . .
Drei Tage lang warteten die zwölf; sie wagten nicht, die Flußmündung zu verlassen. Sie besaßen keine Karte, und so weit sie sahen, war das Land nichts als eine flimmernde Weite aus grellem Licht und Sand. Zweimal überflogen Maschinen die Bucht, und am dritten Tag wurden sie durch das Boot entdeckt. Es war ein kleines, schlankes Boot, das unter dem großen Dreiecksegel fast verschwand. Es kam die Küste herunter, dann legte es an, und ein Mann stieg das steile Ufer zu ihnen hinauf. An der Uniform erkannten sie den englischen Captain.
Sie waren ohne Wasser und Proviant und froh, daß man sie gefunden hatte. Sie halfen, die drei Verwundeten hinunter ins Boot zu tragen, das von drei eingeborenen Soldaten besetzt war. Die anderen neun folgten dem Captain, der mit ihnen das Flußbett zurückmarschierte. Sie brauchten vier Stunden für die zehn Kilometer bis zu dem Stützpunkt Bender Beila; das Boot mit den Verwundeten war schon vor ihnen eingetroffen. Am anderen Morgen wurden sie mit Lastwagen

weitergebracht. Erst im Gefangenenlager in Aden erfuhren sie, was aus den anderen geworden war ...

Fünf Männer der Besatzung von U 852 waren gefallen, und ein sechster war am Abend im Lazarett der »M.S. Falmouth« gestorben; Weispfenning, der Bordarzt von U 852, und der englische Arzt hatten den Matrosenobergefreiten, dem eine Maschinengewehrgarbe die Nieren zerrissen hatte, vergeblich operiert. Alle anderen waren gerettet worden.

Die Offiziere trennte man sofort von den Mannschaften. Sie alle wurden unter Deck gefangengehalten, und niemand hatte beobachtet, wie die Boote zu dem unzerstörten Turm des U-Bootes zurückfuhren. Selbst die Männer des Prisenkommandos der »Falmouth« ahnten noch nicht, wie bedeutsam der Fund war, den sie in der unzerstörten Zentrale des Bootes gemacht hatten: Ein Teil des Logbuches von U 852 und eine Seekarte, auf der der Versenkungsort der »Peleus« eingezeichnet war; beides lag unversehrt im Kartentisch.

Die Zerstörer mit den Gefangenen an Bord liefen Aden an. Zehn Tage nach der Sprengung von U 852 wurde ein Teil der Besatzung von U 852 auf den Kreuzer »Sussex« nach Port Said gebracht. Heinz Eck war am 12. Mai aus dem R.A.F.-Lager am Flughafen Aden abtransportiert worden. Von Port Said aus ging es in Lastwagen nach Kairo; bald folgte auch der Rest der Besatzung. Nur einer blieb in Aden zurück, der Leutnant zur See Hoffmann, dem beim Angriff der Flieger auf das Boot durch die Maschinengewehrgarbe beide Oberschenkel durchschossen worden waren.

Im Lager »Mahdi« am Stadtrand von Kairo hatten inzwischen die Verhöre begonnen. – Es waren die üblichen Fragen, die gestellt wurden, nach militärischen und technischen Einzelheiten; aber dann kam eine Frage, die die meisten nicht erwartet hatten: »Was haben Sie bei der Versenkung der ›Peleus‹ gemacht?«

Die Nachrichtenoffiziere in London wußten inzwischen, was für einen besonderen Fang sie gemacht hatten. Die Berichte der drei Überlebenden der »Peleus« waren ohne Hoffnung, das deutsche U-Boot je feststellen zu können, beiseite gelegt worden – bis das Logbuch und die Seekarte von U 852 in London eintrafen. Nun fehlten nur noch die Namen jener Männer, die sich an dem Schießen auf die im Wasser treibenden Flöße beteiligt hatten.

Die Verhöroffiziere in Kairo brauchten nicht lange. Die Männer von U 852 wurden in dunklen Zellen in Einzelhaft gehalten und nacheinander in die Verhörbaracke geführt, in den Raum, in dem die vergrößerten Luftaufnahmen zerbombter deutscher Städte an den Wänden hingen. Nach wenigen Tagen wußten die Engländer vier Namen außer dem des Kommandanten: Lenz, Leitender Ingenieur des Bootes; Weispfenning, Bordarzt; Hoffmann, Zweiter Wachoffizier, und Schwender, Matrosenobergefreiter.

Schwender, der einzige Mannschaftsdienstgrad, war ihnen vorerst nicht wichtig. Schwender und die anderen Besatzungsmitglieder von U852, die inzwischen davon erfahren hatten, daß ihr Kommandant wegen des »Peleus«-Falles vor ein Gericht gestellt werden sollte, blieben in Ägypten, bis der nächste Geleitzug nach England zusammengestellt wurde. Dann wurden sie, am 27. Juli 1944, in Port Said auf einem großen Truppentransporter eingeschifft, der »Britannic«. Während der Überfahrt heulten die Sirenen sechsmal U-Boot-Alarm, aber am 14. August erreichte das Geleit mit 28 Handelsschiffen, zwei Flugzeugträgern, einem Kreuzer und acht Zerstörern Liverpool vollzählig.

Eck, Lenz und Weispfenning aber waren bereits nach England gebracht worden, und zwar getrennt in Flugzeugen. Die Maschinen flogen von Kairo nach Gibraltar und von dort im Nonstopflug über das damals von den Deutschen noch ganz besetzte Frankreich nach England. Hoffmann, der junge Leutnant, lag noch immer in Aden im Lazarett.

John Mossop, Anwalt beim Obersten Gerichtshof und jetzt juristischer Berater der britischen Admiralität, war mit der Untersuchung des »Peleus«-Falles beauftragt worden. Er führte auch die Verhöre in dem alten, riesigen Steingebäude in London W, das fast alle gefangenen U-Boot-Offiziere kennengelernt haben: Kensington Palace Gardens. Mossop erschien jeden Tag mit einem Dolmetscher und zwei Offizieren vom Marine-Nachrichtendienst in Kensington Palace Gardens. Lenz, der Leitende Ingenieur von U852, war der erste, der eine Erklärung unterzeichnete: am 3. Juni 1944, auf den Tag genau einen Monat, nachdem U852 vor der Ostküste Afrikas aufgegeben worden war.

In dieser Erklärung schilderte Lenz seine Laufbahn, seine Kommandierung auf U852, die Ausfahrt und die Versenkung der »Peleus«. Er berichtete dann, wie er ein Mitglied der Besatzung des griechischen Schiffes verhörte und dem Kommandanten darüber Meldung machte. Dabei, so sagte Lenz aus, habe er erfahren, daß Eck entschlossen gewesen sei, alle Spuren der »Peleus« zu vernichten. Er, Lenz, habe gegen diesen Befehl Einwände erhoben, aber Eck habe auf der Ausführung bestanden. Lenz gab dann zu, später selbst mit einem Maschinengewehr, das vor ihm der Matrosenobergefreite Schwender bedient hatte, auf im Wasser treibende Wrackteile geschossen zu haben.

Mit dieser Erklärung des Leitenden Ingenieurs erschien Mossop drei Tage später bei Eck. Der Kommandant lehnte es ab, zu der Erklärung seines Leitenden Ingenieurs Stellung zu nehmen. Er betonte, daß er die Befehle erteilt habe und für alles, was geschehen war, allein verantwortlich sei.

Mossop fragte Eck nach Befehlen, die sein Verhalten rechtfertigen könnten, aber wieder betonte Eck, daß er alles auf sich nehmen werde und daß es keine derartigen Befehle gegeben habe. Am 6. Juni 1944 unterzeichnete der Kommandant von U852 das folgende Dokument:

»Ich, Kapitänleutnant Heinz Eck aus Berlin, Deutschland, versichere hiermit an Eides Statt:

Im März 1944 war ich der Kommandant von U852. Weder vor dem Auslaufen noch während der Fahrt oder zu irgendeinem anderen Zeitpunkt erhielt ich Befehle, auf Überlebende irgendeines Schiffes, das mein Boot versenken könnte, zu schießen oder sie zu töten. Ich mache diese beschworene Erklärung aus freiem Willen. Ich bin mir dabei bewußt, daß sie in einem Verfahren gegen mich verwendet werden kann.«

Ende Juli 1944 schloß Mossop die Untersuchung ab. Zwei der Überlebenden der »Peleus« waren nach London geholt worden und beschworen in der Admiralität in Gegenwart von Mossop ihre schon nach der Rettung in Kapstadt gemachten Aussagen. Aber davon erfuhren Eck und die anderen schon nichts mehr; sie waren aus London fortgebracht worden.

Eck kam in das Lager Nummer 1, Grizedale Hall. Auch Weispfenning und Schwender wurden nach ihm in dieses Lager bei Windermere in Nordengland gebracht – Grizedale Hall war der Sommersitz eines englischen Reeders, und in dem weiten, von Stacheldraht umgebenen Park konnten die Gefangenen sich ungehindert bewegen. Schwender arbeitete in der Bibliothek, Weispfenning wurde Lagerarzt, Eck unterstand die Ordonnanzkompanie.

Lenz war in das Lager 18 bei Newcastle in Northumberland gebracht worden; die übrigen Besatzungsmitglieder saßen im Camp 21, Comsie.

Der Sommer verging und auch der Winter. Von Mossop hörten die Gefangenen nichts. Niemand schien sich mehr für den Fall »Peleus«

zu interessieren. Dann kam das Ende des Krieges, ein Jahr nachdem sie in Gefangenschaft geraten waren. Aber auch jetzt geschah noch immer nichts.

Anfang August erhielt Eck die Bestätigung, daß man ihn vor ein Gericht stellen werde; eine englische Zeitung hatte es berichtet. Der Prozeß sollte in London stattfinden, und nur der Name des Kommandanten von U852 war genannt worden. Sie holten Eck am 1. September aus dem Lager, ganz überraschend; innerhalb einer Stunde mußte er seine Sachen packen. Weispfenning und Schwender erfuhren erst nachher, daß man ihren Kommandanten nach London geholt hatte. Beide wußte nicht, daß man drei Wochen zuvor bereits vier Besatzungsmitglieder nach London ins »Distriktlager« gebracht hatte, die später im Prozeß als Zeugen der Anklage auftreten sollten.

Vier Wochen saß Eck in einer Einzelzelle des Verhörlagers Hampton Court Park. Man hatte ihm am ersten Tag mitgeteilt, daß er vor ein Militärgericht gestellt werde; von den anderen war nicht die Rede gewesen. Dann hörte er nichts mehr. Erst einen Tag vor dem Abflug sagte man ihm, daß der Prozeß in Deutschland, in Hamburg, stattfinden werde. Das war am 30. September, und am gleichen Tag trafen Weispfenning, Schwender und Lenz in Hampton Court Park ein. Man hatte sie aus den Lagern geholt. Sie waren bis zu diesem Zeitpunkt immer noch in dem Glauben, daß sie in einem Prozeß nur als Zeugen auszusagen hätten. Am anderen Tag wurden die vier einem Offizier und zwei Militärpolizisten übergeben, die sie nach Hamburg bringen sollten. Es war ein kalter, nebliger Morgen, und sie sprachen kaum, als sie durch die Stadt fuhren und dann hinaus zum Flugplatz nach Croydon.

Niemand hatte ihnen gesagt, daß Hoffmann inzwischen nach England in ein Lager gebracht worden war. Als ihr Wagen in Croydon hielt und die vier auf das graue Hauptgebäude des Flughafens zugingen, sahen sie den Leutnant mit einem Militärpolizisten am Eingang stehen. Hoffmann stützte sich auf einen Stock. Als er sie erkannte, kam er ihnen humpelnd entgegen. Sie hatten nicht viel Zeit, sich zu begrüßen. Sie wurden durch die Halle auf das Flugfeld geführt, zu einer zweimotorigen Maschine, deren Propeller sich schon drehten. Das war am 1. Oktober 1945, sechzehn Tage vor Beginn des Prozesses.

Sie konnten sich während des Fluges unterhalten, aber sie sprachen kaum über den bevorstehenden Prozeß, und Eck beruhigte die anderen; er war immer noch der Überzeugung, daß nur er allein verantwortlich gemacht werden könnte.

Die Militärmaschine flog bis Brüssel. Die Nacht verbrachten die Gefangenen in einem Lager in Einzelzellen. Am Tag darauf wurden sie über Bückeburg nach Lübeck geflogen und von dort im geschlossenen Wagen nach Hamburg gebracht, in das Gefängnis an der Allee im Stadtteil Altona. Bis zum Kriegsende hatten hier deutsche Soldaten der Wehrmacht gesessen; bis zu sechzehn Mann in eine Zelle gepfercht, den Bombenangriffen in den Zellen hilflos ausgeliefert; die meisten waren sehr junge Menschen, die zum Tode verurteilt waren, weil sie den Mut gehabt hatten, die Wahrheit zu sagen.
Jedes der fünf Besatzungsmitglieder von U852 kam jetzt in eine Einzelzelle; auch bei den halbstündigen Spaziergängen im Gefängnishof durften sie nicht miteinander reden.
Am 8. Oktober 1945 wurde den Gefangenen die offizielle Anklageschrift überreicht. Alle fünf waren darin gemeinsam des gleichen Kriegsverbrechens angeklagt. Am gleichen Tag flogen vom Flugplatz London-Croydon der Leutnant Ranft und vier weitere Besatzungsmitglieder von U852 nach Hamburg; die Anklage plante, sie als Zeugen aufzurufen.
Ebenfalls am 8. Oktober wurde in Hamburg der Chef der Kriegsmarine-Dienststelle, der Admiral Hans Bütow, über die Anklageschrift informiert. Bütow benachrichtigte seinen Vorgesetzten, den Chef der Minenräum-Leitung in Glückstadt; beide Marine-Dienststellen arbeiteten, sechs Monate nach Ende des Krieges, noch immer unter englischer Aufsicht. In Glückstadt saß auch noch der Mann, der wenig später Dönitz in Nürnberg verteidigen sollte, der letzte Chefrichter Nord: Dr. Otto Kranzbühler. Auf Kranzbühlers Vorschlag wurde der Marine-Oberstabsrichter Dr. Edgar Pabst ausgewählt, die Angeklagten zu verteidigen. Ein weiterer Oberstabsrichter, Dr. Sieber, sollte die Unterlagen beschaffen, zusammen mit dem ehemaligen Nachrichtenoffizier im Stabe des BdU, Fregattenkapitän Hans Meckel.
In Hamburg hatte sich inzwischen bei Admiral Bütow Dr. Heinz Todsen, ein junger, fünfunddreißigjähriger Rechtsanwalt, gemeldet, der sich bereit erklärte, den Hauptangeklagten Eck zu vertreten. Auch ein Dr. Wulf meldete sich; er war von der Familie des Leutnants Hoffmann, die in Hamburg lebte, gebeten worden, die Verteidigung ihres Sohnes mit zu übernehmen.
Am 11. Oktober hatten die Anwälte sich untereinander geeinigt: Der Hauptangeklagte Eck sollte durch Dr. Todsen verteidigt werden, assistiert von Fregattenkapitän Meckel. Dr. Pabst sollte die Angeklagten Weispfenning, Schwender und Hoffmann vertreten; Dr. Wulf zu-

sätzlich auch Hoffmann. Lenz sollte durch den englischen Anwalt verteidigt werden, Major Lermon. Der Engländer, der sich ebenfalls freiwillig zur Verfügung gestellt hatte, war der einzige, der sich im englischen Kriegs- und Prozeßrecht auskannte. In letzter Minute, am Abend vor der Hauptverhandlung, wurde dann noch der Sachverständige für Völkerrecht, Professor Dr. Arthur Wegner, als Verteidiger für alle Angeklagten zugezogen.
Am Nachmittag des 11. Oktober sahen die Verteidiger die Angeklagten im Sprechraum des Gefängnisses in Altona zum erstenmal. Zwei Tage später erhielten die Anwälte Einsicht in die Prozeßakten.
Am 17. Oktober 1945, einem Mittwoch, begann im Hamburger Curio-Haus die Verhandlung.

Am Nachmittag des gleichen Tages erschien beim britischen Standortkommandanten von Bad Sachsa eine Frau und bat für sich und ihren Mann um einen Passierschein; erst aus der Zeitung hatten die Eltern des Kommandanten von U852, Eck, erfahren, daß ihr Sohn in Hamburg vor ein Militärgericht gestellt worden war. Die Frau ließ sich nicht abweisen, aber als sie endlich ihren Schein bekam, war es zu spät, noch an diesem Tag zu fahren. Auch den Zug am anderen Morgen, auf dessen Trittbrettern die Menschen hingen, erreichten die Eltern Ecks nur, weil der Schaffner sie ins Dienstabteil ließ. Während sie in Hannover im Wartesaal auf ihren Anschluß warteten, hörten sie plötzlich aus einem Lautsprecher den Namen ihres Sohnes; es war der zweite Verhandlungstag im Prozeß in Hamburg, und der Nachrichtensprecher berichtete, daß Eck in eigener Sache ausgesagt habe.
Sie kamen an diesem Abend spät nach Hamburg. Wegen der Sperrstunde konnten sie den Bahnhof nicht verlassen. Wieder saßen sie im Warteraum, aber nach einer halben Stunde kam Militärpolizei und räumte den Saal. Ein Dutzend Männer und Frauen wurden zu den draußen wartenden Lastwagen abgeführt; alle anderen, deren Papiere in Ordnung waren, wurden zum Bahnhofsbunker gewiesen. Dort verbrachten sie die Nacht auf den schmalen Bänken im Vorraum.
Auf dem Boden schliefen die Menschen. Durch die Stahltüren drangen aus dem Innern des Bunkers ein dumpfes Gemurmel, das Schreien von Kindern und immer wieder eine lärmende Stimme, die nach Ruhe schrie. Die beiden rückten eng zusammen, den kleinen Koffer vor sich auf den Knien. Zwei Menschen, die zwei Kriege erlebt hatten, die zweimal alles verloren hatten – und für die im Augenblick

alles doch nicht so schwer und ungeheuerlich war wie der Gedanke, daß ihr Sohn vor dem Richter stand, weil er den Befehl gegeben haben sollte, auf Schiffbrüchige zu schießen.

Die Verhandlung im Curio-Haus in der Rothenbaumchaussee hatte schon begonnen, als der Mann und die Frau dort ankamen. Sie hatten Dr. Todsen, den Anwalt ihres Sohnes, noch telefonisch erreicht, kurz bevor er sein Büro verlassen wollte. Jetzt versprach ihnen einer der Posten im Curio-Haus, die alle Eingänge scharf bewachten, den Anwalt zu verständigen. Draußen stand eine Gruppe von Menschen. Sie redeten über den Prozeß, aber dann schwiegen sie und blickten der Frau und dem Mann nach, die der Posten in den Innenhof führte.

Dr. Todsen trug seine Robe, als er aus dem Nebeneingang trat. Er begrüßte die Eltern schweigend. Die Frau sah den Anwalt ruhig und fast prüfend an, als suche sie in seinem Gesicht die offene und schonungslose Antwort, was sie erhoffen konnten.

Todsen schüttelte den Kopf. »Ich konnte keine Zuhörerkarten mehr bekommen. Für heute nicht mehr. Ich habe Ihrem Sohn gleich gesagt, daß Sie da sind. Er hat immer wieder nach Ihnen gefragt. Er war nicht sicher, ob Sie heil aus Berlin herausgekommen waren . . .« Er blickte von einem zum andern und sagte dann schnell, mit einer gewissen Verlegenheit in der Stimme: »Rufen Sie mich doch heute abend an. Verzeihen Sie, aber Ihr Sohn . . . er wird gleich aussagen. Ich muß zurück.«

»Wir können ihn heute nicht sehen?« Die Frau zögerte, und dann sagte sie: »Wie steht es denn?«

Todsen wischte sich über die Stirn. Er sah plötzlich abgespannt aus. »Wir können das alles in Ruhe besprechen, und für morgen werde ich für Sie sicher Zuhörerkarten bekommen.«

Die Frau hatte erst jetzt den grünen Kastenwagen entdeckt, in dem die Gefangenen zur Verhandlung gebracht wurden. Der Wagen parkte im Innenhof. Die Rücktüren standen offen, und der englische Fahrer saß dort und baumelte mit den Beinen. »Und im Gefängnis?« sagte die Frau. »Kann man ihn dort sprechen?«

»Ich fürchte, nein. Nicht, solange der Prozeß noch andauert, aber ich will auch das versuchen.« Todsen war unter die Tür getreten, aus der das Glas herausgebrochen war. »Die Verhandlung wird den ganzen Tag andauern«, sagte er. »Ich könnte höchstens in einer Pause herauskommen . . .«

Die Frau sah ihren Mann an. Er nickte, als verstehe er ihre stumme Frage. »Wir werden warten«, sagte die Frau.

Todsen reichte ihnen die Hand. Er raffte seine Robe zusammen, als er durch die Tür schritt.
Es war der dritte Verhandlungstag, der Tag, an dem die Verteidigung ihre Zeugen aufrufen würde. Es war der Tag, auf den Dr. Todsen seine ganze Hoffnung setzte.

Der dritte Tag hatte mit einigen ergänzenden Fragen an den Kommandanten von U852, Kapitänleutnant Eck, begonnen.
Eck antwortete ruhig und mit einem immer gleichbleibenden, verschlossenen Gesicht. Es war, als sei er mit seinen Gedanken nicht in diesem Saal, und am Schluß mußte Stevenson, der Gerichtsoffizier, ihn auffordern, den Zeugenstand zu verlassen.
Als Eck an seinen Platz auf der Anklagebank zurückging, nickte der hinter ihm sitzende Militärpolizist ihm zu. Heute morgen, als sie mit ihren Bewachern im Vorraum auf die Eröffnung der Verhandlung warteten, hatte der Engländer ihm zum erstenmal eine Zigarette angeboten; auch jetzt fragte sich Eck wieder, ob das ein gutes oder schlechtes Zeichen gewesen sei.
Dr. Todsen war zum Richtertisch getreten. Er reichte Stevenson ein paar Papiere hinauf. Das Gericht unterbrach die Verhandlung für fünf Minuten; ein Mann füllte die Wasserkaraffen auf dem Richtertisch nach. Todsen kam zurück. Er schob die Ärmel seiner Robe hoch, als er sich auf die Balustrade stützte, hinter der die Angeklagten saßen. Er sah Eck lächelnd an, als wolle er sagen, daß alles noch zum besten stehe. Ein paar Zuschauer auf der Empore erhoben sich, und sogleich drängten sich andere vor auf ihre Plätze.
»Morgen werden Ihre Eltern dasein«, sagte Dr. Todsen schnell. »Vielleicht kann ich erreichen, daß Sie sie mittags in der Verhandlungspause sprechen können.«
Eck nickte nur; von dem Augenblick an, als er hörte, daß sie lebten und gekommen waren, um ihn zu sehen, wußte er, daß er durchhalten würde. Er sah, wie Stevenson auf die Uhr blickte. Als Dr. Todsen dann den Hauptzeugen für seinen Mandanten Eck aufrief, den Kapitänleutnant Adalbert Schnee, war alles wieder wie in den Tagen zuvor: die wachen, musternden Blicke der Richter, die Verteidiger, die sich leise unterhielten und sich die Akten zuschoben, die Stenografen, die sich über ihre Blöcke beugten, und die Presseleute. – Es waren heute mehr als an den anderen beiden Tagen.
Er hörte den Kapitänleutnant Schnee die Eidesformel nachsprechen.

Er verlor wieder das Gefühl für die Zeit; es war wie die Stunden in seiner Zelle, wenn es dunkel wurde und er nicht wußte, ob der Tag oder die Nacht kam.
Dr. Todsen war an den Zeugenstand getreten. Der Anwalt hielt die Arme so verschränkt, daß man den großen Ring an seiner Hand sah. Er war selbstsicher und überzeugte. »Was für eine Dienststellung hatten Sie während des Krieges?« begann Dr. Todsen.
Auch Schnee schien ruhig und konzentriert, als wisse er um die Bedeutung seiner Aussagen. »Bei Kriegsausbruch war ich Wachoffizier auf dem Boot des Kapitänleutnants Kretschmer, danach Kommandant von vier U-Booten. Zwischendurch war ich eindreiviertel Jahre im Stabe des Befehlshabers der Unterseeboote in Berlin.«
»Was für Auszeichnungen wurden Ihnen verliehen?«
»Ich erhielt das Eichenlaub zum Ritterkreuz.«
»Wie viele Feindfahrten haben Sie gemacht?«
»Sechzehn.«
»Wann wurden Sie zum Stab des Befehlshabers der Unterseeboote versetzt?«
»Im Oktober neunzehnhundertzweiundvierzig.«
»Welche Stellung hatten Sie dort?«
»In erster Linie bearbeitete ich Geleitzugfragen. Dann hatte ich die Berichte der heimkehrenden Kommandanten untereinander abzustimmen. Es gehörte ebenfalls zu meinen Aufgaben, die U-Boot-Kommandanten vor ihren Feindfahrten zu belehren.«
»Haben Sie Eck irgendwelche Instruktionen erteilt?«
»Ja, in Berlin vor seiner ersten Feindfahrt.«
Der Zeuge berichtete dann von jener Unterredung beim BdU in Berlin. Er bestätigte die Aussagen, die Eck am zweiten Verhandlungstag darüber gemacht hatte. Schnee berichtete von der großen Gefahr der Entdeckung von U852 durch die ständig im Seegebiet von Freetown patrouillierenden Flugzeuge. Und er bestätigte schließlich, daß die Spuren eines versenkten Schiffes in diesem Gebiet ihn unbedingt verraten würden und der Kommandant daher versuchen mußte, sie zu zerstören. – Schnees Aussagen kamen rasch und sicher. Dr. Todsen unterstrich seine Antworten mit einem Nicken.
Die Richter hatten sich weit vorgebeugt. Selbst Halse, der Vertreter der Anklage, der sonst meist etwas überdrüssig der Vernehmung der Zeugen gefolgt war, machte sich jetzt Notizen.
Todsen wandte sich noch einmal an seinen Zeugen: »Gestern stellte das Gericht die Frage: ›Wäre es für Eck nicht ratsamer gewesen, im

Schutze der Nacht von der Versenkungsstelle abzulaufen, als durch die Zerstörung der Wrackteile kostbare Zeit zu verlieren?‹ – Was meinen Sie dazu?«

»Meiner Meinung nach wäre es gerade das Falsche gewesen. Auch unter den günstigsten Bedingungen hätte sich das Boot während der Nacht höchstens hundertfünfzig Seemeilen entfernen können. Für die Luftaufklärung aber war diese Entfernung bedeutungslos. Das Boot würde sich am nächsten Tag noch immer im feindlichen Operationsgebiet befunden haben.«

Wieder nickte Dr. Todsen. Dann stellte er eine letzte Frage: »Wie wir gehört haben, war Eck vom 18. Januar bis zum 13. März unterwegs. Er hatte den Nordatlantik durchfahren und das Seegebiet zwischen Freetown und Ascension erreicht. Als erfahrener U-Boot-Kommandant – wie beurteilen Sie die Belastung der Besatzung und des Kommandanten bei einer solchen Fahrt?«

»Die Belastung für die Besatzung, insbesondere aber für den Kommandanten, ist ungeheuer groß bei einem Boot, das praktisch die ganze Zeit unter Wasser fährt und nur in der Nacht kurze Zeit auftauchen kann, um die Batterien wieder aufzuladen. Da sind die erschwerten Lebensbedingungen durch die Enge im Boot, die schlechte Luft, weil das Boot dauernd getaucht fährt. Bei einem Boot, das unter solchen Umständen zwei Monate unterwegs ist, ist es nur zu wahrscheinlich, daß die gesundheitliche und seelische Verfassung der Besatzung auf den Nullpunkt sinkt.« Schnee zögerte einen Augenblick und sah zu der Bank der Angeklagten hinüber. Dann sagte er: »Ich kann mir denken, daß ein Kommandant unter solchen Umständen auch mal den Kopf verliert.«

Todsen trat zurück, und Halse erhob sich. Mit einem stummen Kopfnicken überließ Todsen dem Anklagevertreter den Zeugen zum Kreuzverhör. »Sie sind selbst U-Boot-Kommandant gewesen«, begann Halse sofort. »Haben Sie viele alliierte Schiffe versenkt?«

»Ja.«

»Wie viele?«

»Etwa dreißig.«

»Wenn Sie allein operierten – was taten Sie nach der Versenkung der Schiffe?«

»Ich habe immer versucht, so schnell wie möglich aus der Gefahrenzone herauszukommen.«

»Das ist Ihrer Meinung nach der richtigste Entschluß, nachdem ein Schiff versenkt ist?«

»Meiner Meinung nach war es das Allerwichtigste für mein Boot.«
»Und besser, als die Wracktrümmer zu versenken?«
Dr. Todsen war an seinen Platz zurückgekehrt. Er war einen Augenblick vor Eck stehengeblieben, als erwarte er, daß sein Mandant ihm die Hand schüttle. Aber Eck blickte unverwandt zum Zeugenstand hinüber.
»Besser, als Wracktrümmer zu versenken?« wiederholte Halse seine Frage voller Ungeduld, als verfolge er ein bestimmtes Ziel.
»In dem Seegebiet, in dem ich mit meinem Boot operierte, im Nordatlantik, waren umhertreibende Wracktrümmer ohne große Bedeutung«, antwortete der Zeuge.
»Wieso?«
»Im Nordatlantik befanden sich meist viele U-Boote, und teilweise operierten sie noch zusammen in Rudeln; dem Feind war die Anwesenheit dieser Boote also kein Geheimnis, im Gegensatz zu dem Gebiet, in dem die Versenkung des Schiffes durch Kapitänleutnant Eck stattfand.«
Halse trat noch näher an den Zeugenstand. »Wie hätten Sie als erfahrener U-Boot-Kommandant in Ecks Lage gehandelt . . .?«
Lermon, der englische Verteidiger des Angeklagten Lenz, schien als einziger die Gefahr zu erkennen. Die Richter und Halse blickten überrascht herüber, als Lermon aufsprang. Das harte Geräusch, mit dem er den Stuhl zurückschob, klang überlaut. Lermon sagte erregt: »Mit allem Respekt möchte ich darauf hinweisen, daß der Zeuge darauf aufmerksam gemacht werden sollte, daß er diese Frage nicht beantworten muß.« Lermon sah Dr. Todsen wie entschuldigend an. »Ich fürchte, Doktor Todsen ist diese Möglichkeit entgangen.«
Todsen wollte sich erheben, aber der Gerichtsoffizier winkte ab. Er besprach sich leise mit Jones, dem Präsidenten des Gerichts. Dann verkündete Stevenson, zu Lermon gewandt, mit einem lächelnden Unterton in der Stimme: »Ich bin nicht ganz so sicher, ob dieser Zeuge auf dieses Vorrecht Wert legt.« Er wandte sich zum Zeugenstand. »Sie können die Antwort auf eine Frage verweigern, wenn Sie glauben, daß Sie sich dadurch selbst eines Kriegsverbrechens bezichtigen, für das Sie belangt werden könnten.«
Lermon setzte sich zögernd. Es war sehr still im Saal, als Halse seine Frage wiederholte: »Als erfahrener U-Boot-Kommandant – wie hätten Sie in jener Nacht des dreizehnten März in Ecks Lage gehandelt?«
Schnee blickte einen Augenblick unsicher herüber zu den Verteidi-

gern. »Ich kenne diesen Fall nicht genau genug, um darauf antworten zu können«, sagte er vorsichtig.
Stevenson schaltete sich wieder in das Kreuzverhör ein: »Ich bitte Sie! Sie könnten sich wirklich etwas Besseres einfallen lassen. Sie kennen die Einzelheiten dieses Falles. Sie haben doch darüber ausgesagt.«
»Ja, gewiß. Aber . . .«
»Sie haben sich sehr ausführlich zu der Versenkung geäußert.« Stevensons Stimme wurde schärfer. »Sie wurden gefagt, was Sie getan hätten, wenn Sie der Kommandant von U 852 gewesen wären und als solcher gerade die ›Peleus‹ versenkt hätten.«
Wieder zögerte Schnee mit seiner Antwort. Er hatte die Hände auf den Zeugenstand gelegt.
Eck spürte die gespannte Stille im Saal, und er begriff, daß etwas Entscheidendes geschah. Er beugte sich vor und berührte Dr. Todsens Schulter, aber der Anwalt schüttelte den Kopf. Eck hatte ihm immer wieder gesagt, daß er alles aus dem Spiel lassen sollte – höhere Befehle und Zeugen, die sein Verhalten rechtfertigen sollten. Was geschehen war, war geschehen, und es war besser, wenn er allein dafür einstand. Er wußte plötzlich, was Schnee antworten würde; er konnte gar nicht anders antworten, denn in diesem Prozeß stand mehr auf dem Spiel als Schuld oder Unschuld von einigen Angeklagten. Niemand konnte ihn rechtfertigen, wenn er nicht gleichzeitig die anklagen würde, die diesen Krieg gewollt und befohlen hatten . . .
»Es ist sehr schwierig für mich, darauf zu antworten«, sagte Schnee. »Jetzt, nachdem der Krieg zu Ende ist, kann ich mich unmöglich in die schwierige Situation hineinversetzen, in der sich Kapitänleutnant Eck damals befunden hat.«
Halse trug wieder sein überlegenes Lächeln zur Schau, aber er überließ es Stevenson, weiterzufragen.
»Die Tatsache, daß der Krieg zu Ende ist, hat Sie doch nicht Ihrer Einbildungskraft beraubt – oder doch?« sagte der Gerichtsoffizier.
Nach englischem Kriegs- und Prozeßrecht war es seine Aufgabe, die Verhandlung unparteiisch zu führen, aber das schien jetzt vergessen.
»Nein«, sagte Schnee.
»Also, wie hätten Sie sich in Ecks Lage verhalten?«
Schnee blickte auf seine Hände. »Ich hätte unter allen Umständen versucht, Menschenleben zu schonen, wie das alle anderen U-Boot-Kommandanten auch taten. Wenn ich diesen Fall richtig verstanden habe, so kann ich ihn mir nur so erklären, daß Kapitänleutnant Eck

infolge der ungeheuren Belastungen, die er hinter sich hatte, seine Nerven verlor.«
»Heißt das, daß Sie nicht so gehandelt hätten wie Eck, wenn Sie nicht die Nerven verloren hätten?«
Schnee sagte mit gesenktem Kopf: »Ich hätte es nicht getan.«
Als Stevenson sich jetzt zurücksetzte, herrschte ziemlich lange Stille. Todsen zog ein Taschentuch aus dem weiten Ärmel seiner Robe und wischte sich über die Stirn. Seine Bewegungen wirkten langsam, als er sich erhob und den Zeugen in ein nochmaliges Kreuzverhör nahm. Der Anwalt erreichte, daß Kapitänleutnant Schnee die Frage, ob er in Ecks Lage die Wracktrümmer beseitigt hätte, diesmal mit einem »Ja« beantwortete. Aber Schnee sagte nicht, wie er sie beseitigt haben würde; und Todsen fragte ihn nicht danach.
Todsens Hauptargument, worauf der Anwalt seine ganze Verteidigung aufgebaut hatte, war ihm durch Schnees Antwort: »Ich hätte es nicht getan«, aus der Hand genommen worden: das Argument, daß ein militärischer Notstand Ecks Verhalten rechtfertigte.
Todsen erklärte, daß die Beweisaufnahme der Verteidigung für Eck damit beendet sei. Eck sah es dem Gesicht seines Anwalts an, daß die Sache nun nicht mehr gut stand. Aus der Erregung unter den Zuschauern, die sich auf der Empore von ihren Plätzen erhoben, glaubte Eck herauszuspüren, daß sie ihn für schuldig hielten . . .
In der Nachmittagssitzung begann Dr. Pabst mit der Beweisaufnahme für die durch ihn vertretenen Angeklagten: für den Leutnant zur See August Hoffmann, den Marine-Oberstabsarzt Dr. Walter Weispfenning und den Matrosenobergefreiten Wolfgang Schwender.
»Diese Angeklagten«, begann Dr. Papst, um gleich klarzustellen, wie er seine Verteidigung zu begründen gedachte, »wollten nicht auf Menschen schießen. Sie handelten nicht vorsätzlich, sie führten nur Befehle aus. Es war ihnen nicht klar, und es konnte ihnen nicht klar sein, daß dieser Befehl ein strafbares Vergehen bedeutete; durch eine Befehlsverweigerung aber hätten sie sich selber in unmittelbare Lebensgefahr gebracht.« Der Verteidiger rief dann den Leutnant Hoffmann als ersten Zeugen in eigener Sache auf. Der dreiundzwanzigjährige Hoffmann stellte seinen Stock beiseite, als er sich erhob. Er humpelte zum Zeugenstand. Sein schmales Gesicht war bleich, aber er wirkte sehr gefaßt und ruhig, als er den Eid sprach.
Dr. Pabst, der noch die Uniform des Marine-Oberstabsrichters trug, ließ Hoffmann berichten, daß er mit 18 Jahren in die Marine eingetreten sei und auf U852 seine erste Feindfahrt gemacht habe.

»Ich habe gelernt, daß es vor dem Feind keine Gehorsamsverweigerung gibt«, sagte Hoffmann. »Sie wird mit dem Tode bestraft.« Er erklärte, daß er auf die Flöße geschossen und Handgranaten geworfen habe, weil er vom Kommandanten den direkten Befehl dazu erhalten habe. Er habe nie gezögert, den Befehl Ecks auszuführen, denn er habe zu ihm unbedingtes Vertrauen gehabt und er sei ihm immer ein Vorbild gewesen. Er sei auch von der Rechtmäßigkeit des Befehls überzeugt gewesen, und außerdem sei ihm bekannt gewesen, daß der Kommandant im Besitz von Geheimbefehlen gewesen sei, deren Inhalt nur dieser selbst kannte.
Auch im Kreuzverhör blieb Hoffmann ruhig. Halse konnte ihn nicht bewegen, eine seiner Aussagen zu korrigieren oder zu widerrufen.
Dann wurde Weispfenning, der Bordarzt von U852, vereidigt. Er leugnete nicht, mit dem Maschinengewehr gefeuert und Handgranaten geworfen zu haben, aber er habe auf den Flößen keine Menschen erkannt.
Im Kreuzverhör mußte Weispfenning allerdings zugeben, daß er als Arzt aufgrund der Genfer Konvention besonderen Schutz als Nichtkombattant genoß. Aber auch er habe, sagte er, einen direkten Befehl von Eck erhalten, auf die Wracktrümmer zu schießen; es sei ihm nicht klar gewesen, daß er – auch nicht als Arzt – einen solchen Befehl hätte verweigern dürfen.
Die Aussagen Schwenders als Zeuge und im Kreuzverhör waren kurz. Der Matrosenobergefreite gab zu, geschossen zu haben, nur einen Feuerstoß, weil das Maschinengewehr dann Ladehemmung bekam. Eck hatte ihm befohlen: »Schwender, schießen Sie!«, und er habe diesem Befehl selbstverständlich gehorcht.
Dann erhob sich Lermon und trat in die Mitte des Saales vor den Richtertisch. Bevor er Lenz, den Leitenden Ingenieur von U852, den er verteidigte, in den Zeugenstand bat, wandte der Anwalt sich an das Gericht. Er sprach in einem betont ehrerbietigen Tonfall, der geschickt die schärferen Formulierungen verbarg.
Lermon stützte sich vorwiegend auf die Erklärung, die der Leitende Ingenieur in London abgegeben hatte und die dem Gericht vorlag und in der Lenz erklärt hatte, daß er mit dem Befehl seines Kommandanten nicht einverstanden gewesen sei, Eck aber auf der Ausführung bestanden habe. Daß der Angeklagte diesem Befehl gehorchen mußte, sagte Lermon zu den Richtern gewandt, die selbst alle Offiziere waren, das entspreche doch wohl voll und ganz der militärischen Auffassung des Gerichts.

Die Zuschauerempore hatte sich geleert, als Lenz aus dem Zeugenstand an seinen Platz zurückging. Eck dachte, es sei das beste Zeichen dafür, daß heute nichts mehr geschehen würde. Selbst einige Presseleute benutzten die kurze Pause, um den Saal zu verlassen, als Stevenson verkündet hatte, daß er Professor Wegner jetzt bitte, mit seinem Vortrag über die rechtlichen Fragen des Falles zu beginnen.
Eck hatte die ganze Zeit ruhig dagesessen, die Ellbogen auf die Knie gestützt. Er fühlte sich müde von der Konzentration, mit der er den Aussagen der Zeugen und den Übersetzungen der Dolmetscher gefolgt war. Es schien in diesem Prozeß viele Wahrheiten zu geben, und jeder hatte nur von seiner gesprochen. Er wartete auf den Augenblick, wenn die Militärpolizisten sie hinausführen würden, auf den kurzen Augenblick, wenn er durch den Hinterausgang ins Freie trat und auf dem Weg zum Gefangenenwagen ein paar Geräusche der Stadt hörte ... Er wartete auf die Fahrt durch die Stadt, wenn sie in dem dunklen Wagen saßen und zu erraten versuchten, durch welche Straßen sie fuhren. Er wartete selbst auf die Zelle, die er nicht mehr fürchtete, seitdem er wußte, daß seine Eltern lebten.
Eck blickte auf. Er sah Stevenson in seinen Akten blättern. Die Luft im Saal war stickig und verbraucht.
Professor Dr. Arthur Wegner hatte seinen Vortrag begonnen. Er hatte schmale, rotgeränderte Augen von der langen Nachtarbeit; man hatte ihn, der an der Hamburger Universität Völkerrecht lehrte, erst am Vortag des Prozesses berufen. Er bat jetzt darum, ihm für seinen Schlußvortrag bis zum nächsten Morgen Zeit zu geben. Als der Antrag abgelehnt wurde, begann er fast unsicher, aber je länger Eck ihn sprechen hörte, desto mehr hatte er das Gefühl, daß zum erstenmal in diesem Saal das ausgesprochen wurde, was auch er empfand.
»Wenn Sie die Haltung der Angeklagten beurteilen«, sagte der Professor an den Richtertisch gewandt, »vergessen Sie dann bitte nicht, daß sich das Gesicht einer ganzen Nation, ja einer ganzen Welt von Grund auf geändert hat. Jeder Anwalt, der seiner inneren Überzeugung treu bleiben will, muß alle jene bekämpfen, die gegen die Gesetze der Völker oder die Gesetze der Menschlichkeit verstoßen. – Ich habe diesen Standpunkt immer vertreten, auch unter dem Nationalsozialismus, und ich bin weit davon entfernt, die Beschuldigungen gegen die Angeklagten nicht als sehr schwerwiegend anzusehen. Was aber ihre Schuld betrifft, so müssen wir berücksichtigen, daß Handlungen, die unter anderen Umständen Verbrechen bedeuten würden, im Krieg in den meisten Fällen durch internationales Recht gerecht-

fertigt werden. Für den Staat, in dem diese Angeklagten lebten und aufwuchsen, galt nur ein Wille und nur ein Befehl, und wie sollte der einzelne über Recht oder Unrecht, über schuldig oder nichtschuldig entscheiden, wenn ihre Führer den Bruch internationaler Gesetze befahlen!«

Wegner sprach immer leidenschaftlicher.

»Die Grundlage für jedes Urteil oder Strafmaß«, sagte er, »ist in einem Rechtsstaat der Tatbestand. Die erste verderbliche ›Reform‹ der Nationalsozialisten war die Abschaffung des alten und gerechten ›*Nullum crimen sine lege, nulla poena sine lege*‹. – Kein Verbrechen ohne Gesetz, keine Strafe ohne Gesetz. Es hieße diese Methode nachahmen, wenn das Gericht die Angeklagten aufgrund eines Gesetzes richtet, das erst erlassen worden ist, nachdem sie ihre Tat begangen hatten, und das sie, als sie ihre Tat begingen, noch gar nicht kennen konnten.«

In der gleichen Weise sprach Wegner weiter. Nur an seiner Stimme merkte man, mit welcher Erregung er sprach.

»Ich bin überzeugt«, sagte er dann, »daß die aufgewühlten Leidenschaften einer besonneneren und friedlicheren Beurteilung der Kriegsverbrechen und der angeblichen deutschen Kriegsverbrechen Platz machen werden. Dann wird der, der sich heute von augenblicklichen Gefühlen und Stimmungen hinreißen läßt, gewiß beschämt sein. Ich bin ganz sicher, daß dieses Gericht, zum Beispiel im Fall des Kapitänleutnants Eck, besonnen urteilen wird. Ich bin ganz sicher, daß dieses Gericht von seiner Persönlichkeit beeindruckt worden ist . . .«

Stevenson, der Professor Wegner in seinem Plädoyer immer wieder unterbrochen hatte, um ihn zu ermahnen, nicht abzuschweifen, griff auch jetzt wieder ein. »Das hat nichts mit internationalem Recht zu tun, oder?« meinte der Gerichtsoffizier.

Einen Augenblick sahen sich die beiden Männer schweigend an; und einen Augenblick hatte Eck wieder das Gefühl, daß es hier nicht um ihn ging. Ihn und die andern schien man völlig vergessen zu haben. Aber dann hörte er Wegner sagen:

»Ich wollte, daß Sie verstehen, was für ein Mensch Eck ist. Ich kann mir nicht vorstellen, daß irgend jemand daran zweifeln kann, wie schwer Befehle von Vorgesetzten wiegen. Diese Männer standen unter dem Eindruck, daß sie einfach gehorchen mußten.« Er machte eine Pause und fuhr fort: »Es ist ja sehr schön, daß hier ein würdevoller und gutgeführter Prozeß läuft, als ob nichts geschehen sei. – Aber

vergessen Sie doch bitte nicht, welch umwälzende Veränderungen sich in der Zwischenzeit ergeben haben.
Ich kann Sie nun nur noch bitten, nicht ein altes Gesetz auf eine Welt anzuwenden, die durch ein Chaos ging – auf Menschen, die sich kraft neuer Ereignisse grundlegend gewandelt haben.«

Der vierte Tag, Samstag, der 20. Oktober 1945, begann mit den Schlußplädoyers der Verteidiger. Sie brachten noch einmal alles vor, was von den Angeklagten schon im Zeugenstand ausgesagt worden war. Dr. Todsen versuchte, die Zeugenaussagen des Kapitänleutnants Schnee abzuschwächen, und plädierte auch in seinem Schlußwort auf militärischen Notstand. Er beantragte keinen Freispruch. »Es ist jetzt Aufgabe des Gerichts«, sagte er, »zu entscheiden, ob ein Mensch wie Eck schuldig ist oder nicht.«
Dr. Pabst bat das Gericht um Freispruch für alle drei Angeklagten, die er vertrat. Für Schwender Freispruch, weil er keine strafbare Handlung begangen habe; für Hoffmann und Weispfenning Freispruch, weil sie nicht für Befehle verantwortlich gemacht werden könnten, die ihnen erteilt worden waren.
Lermon sprach von allen Verteidigern am längsten und geschicktesten. Er wies das Gericht darauf hin, daß nicht ein einziger Zeuge erklärt habe, daß tatsächlich auf Menschen geschossen worden sei. Das Beweismaterial der Anklage beruhe auf den schriftlichen Erklärungen der drei Überlebenden der »Peleus«, sagte er, und es sei doch sehr seltsam, daß die Anklagevertretung, die vierzehn Monate Zeit gehabt habe, diese Zeugen nicht hier habe aussagen lassen. Auch Lermon schloß: »Nicht schuldig für diesen Mann, Kapitänleutnant Lenz.«
Als der Vertreter der Anklage sich dann erhob und sein Schlußwort sprach, tat er es mit der Gelassenheit eines Mannes, der seiner Sache von vornherein sicher gewesen war. Halse sprach ohne jeden Nachdruck. Er faßte sich sehr kurz und endete dann: »Eck sagte aus, er habe alle Spuren der Versenkung vernichten wollen. Er sagte, er habe dabei an die Sicherheit seiner eigenen Besatzung und die seines Bootes gedacht. Zu seiner Verteidigung rief er einen angesehenen U-Boot-Kommandanten als Zeugen auf, der selbst etwa dreißig alliierte Schiffe versenkt hat. Und jener Mann sagte, daß er an Ecks Stelle niemals auf diese Flöße geschossen hätte. Er sagte, daß Eck den Kopf verloren habe; das mag eine Antwort sein. Ich unterstelle, daß es kaltblütiger Mord war.«

Auch für die anderen vier Angeklagten beantragte Halse das »Schuldig«.
Bevor sich das Gericht zurückzog, um sie schuldig oder nicht schuldig zu sprechen, faßte Stevenson noch einmal das Ergebnis der viertägigen Verhandlung zusammen. Dann erhoben sich die Richter, drei britische Armee-Offiziere, zwei britische und zwei griechische Marine-Offiziere. Die Angeklagten standen auf, als die Richter den Saal verließen.

Die sieben Sitze der Richter waren noch leer, als die Angeklagten in den Saal zurückgebracht wurden. Nur Stevenson saß an seinem Platz; im schneeweißen Licht der Tischlampe wirkte das Gesicht des Gerichtsoffiziers unter der Perücke wie eine Maske.
»Die Entscheidung scheint gar nicht so leichtzufallen!« Dr. Todsen blickte auf die Uhr. »Die beraten jetzt schon eineinhalb Stunden.« Der Anwalt bemühte sich, zuversichtlich zu erscheinen, und eine Sekunde glaubte Eck, er werde nun sagen, es sei ein gutes Zeichen. Todsen lächelte ihm zu, aber er sagte es nicht.
Seit der ersten Besprechung vor dem Prozeß hatte Dr. Todsen versucht, ihm das Gefühl zu geben, daß alles gut stand. Vielleicht hatte er es wirklich geglaubt; vielleicht war er nur ein guter Anwalt. Eck blickte zu der Zuschauerempore hinauf, zu dem Platz, an dem heute morgen seine Eltern gesessen hatten. Sie waren gleich zu Beginn der Verhandlung gekommen, aber er hatte sie nicht erkannt, bis zu dem Augenblick, als ein paar Zuschauer gingen und seine Eltern einen Platz in der ersten Reihe gefunden hatten. Nachher, als die Verhandlung unterbrochen wurde, hatte er seine Eltern in dem kleinen Vorraum gesprochen. Es waren nur ein paar Minuten, und die Militärpolizisten standen dabei. Am Nachmittag waren sie nicht mehr in die Verhandlung gekommen. Dr. Todsen hatte ihnen erklärt, daß sie ihren Sohn abends im Gefängnis in Altona sprechen könnten; der Anwalt hatte den Eltern nicht gesagt, daß noch an diesem Tag das Urteil gesprochen würde.
Es war im Saal plötzlich still geworden; die sieben Richter kamen hintereinander durch die schmale Tür und gingen zu ihren Plätzen. Halse, der Vertreter der Anklage, hatte seine Akten zusammengeräumt. Zu einem Stoß aufgeschichtet, lagen sie vor ihm, genau mit der Kante des Tisches abschließend.
Die fünf Angeklagten saßen unbeweglich auf ihren Plätzen, als Jones, der Präsident des Gerichts, sich erhob.

Eck spürte plötzlich, wie ihn der Posten hinter ihm in den Rücken stieß. Er erhob sich, und auch die anderen standen auf.
»Kapitänleutnant Heinz Eck«, begann Jones, »the Court find you guilty of the charge . . .«
Er verstand nur »Guilty« – schuldig. Das Wort schien ihm entgegenzuhallen, bis er verstand, daß Jones es fünfmal ausgesprochen hatte. Das Gericht hatte alle fünf der Anklage für schuldig befunden.
Jones hatte sich wieder gesetzt. Eck wartete, aber nichts geschah. Es blieb still, und wieder spürte er den Stoß im Rücken. Er setzte sich. Er hörte Stevenson etwas sagen, und dann war der Saal voller erregter Stimmen: auf der Zuschauerempore und an der Querseite, wo die Presseleute saßen.
Das Gesicht des Anwalts, der sich jetzt Eck zuwandte, war noch hohlwangiger. »Jetzt kommen nochmals die Verteidiger zu Wort«, sagte Todsen. »Dann erst wird das Gericht über das Strafmaß entscheiden . . .«
»Es tut mir leid«, sagte Eck, »nach alldem, was Sie getan haben. Ich weiß immer noch nicht, warum Sie es getan haben. Aber ich möchte Ihnen danken, Ihnen und den anderen . . .«
Dr. Todsen schien plötzlich hilflos. Er legte seine Hand auf Ecks Arm, aber es war eine Geste, als versuche er seiner Enttäuschung Herr zu werden.
Todsen sprach nur zehn Minuten in seinem Antrag auf ein mildes Urteil. Nach ihm folgten Dr. Wulf, der für Leutnant Hoffmann sprach. Dr. Pabst, der für Weispfenning und Schwender plädierte, und schließlich Lermon, der englische Verteidiger von Lenz.
Eck war in diesem Augenblick froh, daß er sich nie Illusionen gemacht hatte. Nachts, wenn er schlaflos in seiner Zelle lag, hatte er sich gegen den Gedanken aufgebäumt, daß in der Frühe eines Morgens alles zu Ende sein könnte. Jede Nacht. Aber noch an jedem Morgen, wenn er den grünen Gefangenenwagen bestieg, war er vorbereitet. Er war es auch jetzt. Nichts würde ihn überraschen. Nicht vor den Augen der anderen. Er hörte Jones' Stimme, und dann übersetzte der Dolmetscher, daß das Gericht sich jetzt zurückziehen werde, um über das Urteil zu beraten. Die fünf Angeklagten erhoben sich und warteten, bis die Richter den Saal verlassen hatten. Todsen suchte alle Kraft für ein Lächeln.
»Wenn sie mich zum Tod verurteilen«, sagte Eck plötzlich, »dann werden sie mich doch erschießen?«
»Um Gottes willen!« Todsen sah Eck ungläubig an; er mußte sich ge-

stehen, daß er seinen Mandanten nicht viel besser kannte als am ersten Tag. Ecks Ruhe und Sicherheit waren ihm immer noch ein Rätsel. Diese Ruhe hatte ihm Vertrauen gegeben. Sie hatte ihn überzeugt, daß Eck nicht schuldig sein konnte, und er hatte gedacht, sie werde auch die Richter überzeugen. »Kein Urteil wird sogleich ausgeführt«, sagte er jetzt. »Es muß erst bestätigt werden. Und dann bleibt immer noch ein Gnadengesuch . . .«

Es wurde wieder still im Saal, als die fünf Angeklagten von den Militärpolizisten mit dem weißen Koppelzeug und den rot überzogenen Mützen hinausgeführt wurden. Es war genau sechzehn Uhr fünfunddreißig.

Die fünf Angeklagten warteten in dem kleinen Vorraum auf das Urteil. Die Posten saßen zwischen ihnen verteilt. Die ganze Zeit versuchte Eck sich die Richter vorzustellen, die zur gleichen Zeit in einem anderen Raum zusammensaßen. Er fragte sich, ob einer sich finden würde, der für ihn sprach. Einer von sieben. – Er würde es nie erfahren.

Der Militärposten neben ihm rauchte nervös. Er hatte ein Gesicht, als spräche man auch über ihn das Urteil. Eck schüttelte den Kopf, als der Engländer ihm eine Zigarette anbot. Der Posten sah ihn dabei an, als wäre es ihm lieber gewesen, wenn der Angeklagte Angst gezeigt hätte.

Eck saß ganz in der Nähe der Tür. Plötzlich hörte er dahinter Stimmen. Der Posten machte eine Bewegung, als wolle er sagen – endlich. Dann wurde die Tür zum Saal aufgerissen, und der Chef-Dolmetscher kam herein. Auf der Uhr an der Wand war es siebzehn Uhr dreiunddreißig, und Eck dachte, daß sie damals die Rauchfahne der »Peleus« auf die Minute genau zur gleichen Zeit gesichtet hatten . . .

Alle fünf Angeklagten erhoben sich. Der Dolmetscher winkte ab und sagte, daß jeder einzeln zur Urteilsverkündung hereingeführt werden sollte. Dann deutete er auf Eck. Zwei Posten ergriffen Ecks Arme. Sie blieben auch im Saal rechts und links neben ihm stehen, als wollten sie bereit sein, ihn zu stützen.

Die Luft im Saal war zum Ersticken. Jones, der Präsident des Gerichts, hatte sich erhoben. Der Dolmetscher stand direkt vor ihm.

Eck hielt die Augen auf die Richter geheftet, eine Reihe Gesichter, die plötzlich namenlos waren, fremd, als hätte er sie nie gesehen. Wieder hörte er Jones' Stimme nur von weither.

»The Court sentences you to suffer death by shooting.«

Der Dolmetscher übersetzte stockend.
Eck begriff, daß man ihn zum Tode durch Erschießen verurteilt hatte, aber er nahm die Worte nicht auf. Es war einfach ein Gefühl, das von seinem Körper Besitz ergriff, als gehöre er ihm schon nicht mehr.
Dann fühlte er sich von den beiden Posten an den Armen gefaßt. Sie drehten ihn um und führten ihn ab. Im Weggehen sah er die Erleichterung auf ihren Gesichtern, daß ihr Angeklagter so ruhig blieb. Vor der Tür zum Vorraum blieben sie einen Augenblick mit ihm stehen; zwei Posten führten den Leutnant Hoffmann zwischen sich in den Saal.
Das Gericht verurteilte den Leutnant zur See Hoffmann zum Tode durch Erschießen.
Den Marine-Oberstabsarzt Weispfenning zum Tode durch Erschießen.
Kapitänleutnant Lenz zu lebenslänglichem Gefängnis.
Den Matrosenobergefreiten Schwender zu fünfzehn Jahren Gefängnis.
Die Verurteilung erfolgte ohne Begründung. Jeder von ihnen wurde von zwei Posten hereingebracht, hörte sein Urteil und wurde sofort wieder abgeführt. Es war Samstag. Samstag, der 20. Oktober 1945.
Zwei Tage vorher gingen im Nürnberger Gefängnis alliierte Offiziere von Zelle zu Zelle und überreichten den Gefangenen die Anklageschriften. Auch Dönitz, dem Großadmiral und ehemaligen Befehlshaber der U-Boote.

Das eiserne Tor zum Gefängnis in Altona stand offen. Als die Eltern von Heinz Eck auf das rote Backsteingebäude zugingen, sahen sie den grünen Gefangenenwagen vor dem Gebäude. Es war genau achtzehn Uhr. Sie nannten dem Wachhabenden ihren Namen. Sie wunderten sich, daß er sie sofort hereinführte, ohne nach ihren Ausweisen zu fragen.
Sie warteten auf einem langen Gang. Der Sergeant ging zu einer der Türen. Sie hörten in der Stille das Klopfen. Dann kamen Schritte den Gang zurück. Es war Major Le Cornu, der englische Kommandant des Gefängnisses. Der Offizier stellte sich vor. Die Frau verstand seinen Namen nicht, aber dann sah sie sein Gesicht, ernst und merkwürdig prüfend, daß sie sofort fragte: »Ist es schon geschehen?«
Le Cornu hielt die Augen auf den Boden gerichtet, als er sagte: »Wenn Sie mit Ihrem Sohn sprechen, bitte, machen Sie es ihm nicht zu schwer . . .«

Sie trat einen Schritt näher, und der Engländer sagte schnell: »Ja. Er ist verurteilt worden . . .«
»Zum Tode verurteilt?« Es war Ecks Vater, der fragte. Er hatte weißes Haar und eine tiefe, vernarbte Wunde auf der Stirn; eine Verwundung aus dem Ersten Weltkrieg.
Le Cornu nickte. Er ging voraus und öffnete die Tür zum Sprechzimmer. Er knipste das Licht an, aber als der Raum in dem kalten Licht nackt und kahl vor ihnen lag, schaltete er es wieder aus.
Die Frau zeigte auf die Tasche, als hätte sie erwartet, daß man sie untersuchen würde.
Der Engländer schüttelte den Kopf. »Eigentlich dürfte ich Sie nicht mit ihm sprechen lassen.« Er zog drei Stühle an den Tisch, der in der Mitte des Raumes stand. Er stellte zwei an eine Seite, einen an die andere. »Vor drei Wochen hat man sie hergebracht«, sagte er. »Ich sehe sie jeden Tag. Ich sehe sie, wie man sonst Menschen nicht sieht. Verstehen Sie, sie sind sehr tapfer – Sie können ihn allein sprechen.«
Er ging zur Tür, und dort wandte er sich noch einmal um. »Ich bin nicht ihr Richter«, sagte er.
Als der Posten kam und seine Zelle aufschloß und ihn zum Sprechraum führte, wußte Eck nicht, ob man seinen Eltern schon von dem Urteil berichtet hatte. Er tat überrascht, aber sein Vater sagte sofort: »Es ist gut. Wir wissen Bescheid.«
Man ließ sie eine Stunde allein; es war fast ganz dunkel geworden, als die Zeit um war. Es war das erste Mal, daß sie sich allein sprachen, das erste Mal nach zwei Jahren, in denen sie nichts voneinander gewußt hatten.
Die Eltern erzählten, wie es ihnen ergangen war, seit ihre Wohnung in Berlin beim Luftangriff zerstört worden war. Eck berichtete, was geschehen war. Aber er spürte, daß es ihm unmöglich war, ihnen klarzumachen, was sich in jener Nacht auf dem Atlantik ereignet hatte.
Zwischendurch schwiegen sie immer wieder und saßen sich nur stumm gegenüber. Sie sprachen auch von dem Urteil. Er sagte ihnen, daß er nie den Befehl gegeben habe, auf Schiffbrüchige, auf Menschen zu schießen. Sie sprachen davon, daß die Verteidiger eine Überprüfung des Urteils beantragen würden; er war froh, daß sie sich nicht allzu große Hoffnungen machten. Es war, als sie sich gegenübersaßen, als wußten sie, daß sie auf eine Probe gestellt wurden. Nachher hatte Eck das Gefühl, sie bestanden zu haben.
Die Angst kam erst wieder mit der Zelle und der Nacht und dem War-

ten auf den Morgen, an dem sie kommen würden, um ihn zu holen. Er wußte, sie kamen in der Frühe. Es war das einzige, was er mit Sicherheit wußte. Wenn er dann wach lag und auf die Schritte wartete, hoffte er, daß es bald geschehen möge . . .

Von da an sahen die Eltern Ecks ihren Sohn jeden Tag. Sie sprachen ihn nie mehr allein, immer war ein Posten dabei; auf Anweisung Le Cornus saß er meist in einer Ecke und las in einem Buch. Die offizielle Sprechzeit war täglich von vierzehn bis fünfzehn Uhr, eine Stunde für alle Besucher. Die Angehörigen der Verurteilten hatten sich untereinander zu einigen, und meist trafen sie sich vorher im »Justizhof«, einem Restaurant gegenüber dem Amtsgericht.

Die Eltern Ecks wohnten in Friedrichsberg, in dem Heim für Kriegsversehrte im Richard-Wagner-Krankenhaus. In einem engen Büroraum, dessen zersplitterte Scheiben mit Karton verstopft waren, hatte eine Schwester zwei Feldbetten für sie aufgestellt. Da die S-Bahn nicht fuhr, mußten sie jeden Morgen schon um zehn Uhr das Krankenhaus verlassen; sie kamen erst am Abend zurück. An manchen Tagen hatten sie dann ihrem Sohn nur zehn Minuten im Sprechzimmer gegenübergesessen.

Am 29. Oktober schickte Dr. Todsen eine Petition an den Feldmarschall Montgomery, das Todesurteil für den Kommandanten von U852 nicht zu bestätigen. Zusammen mit einem Rechtsgutachten des Professors Dr. Wegner und einer persönlichen Erklärung von Eck wurde das Gesuch über die britische Kommandantur im Hamburger Esso-Haus weitergeleitet.

Am 10. November wurde der Verteidiger benachrichtigt, daß die Petition abgelehnt worden war. Todsen erhielt die Nachricht mündlich und ohne Begründung.

Die Verteidiger rieten den drei zum Tode Verurteilten, ein Gnadengesuch einzureichen. Alle drei lehnten es ab. Erst als Lenz und Schwender, die beiden zu Gefängnis verurteilten Angeklagten, plötzlich von den drei andern getrennt und in Einzelzellen in ein anderes Stockwerk gebracht wurden, erreichten die Verteidiger, daß die drei zum Tode Verurteilten einem Gnadengesuch zustimmten. Am 26. November wurde das Gnadengesuch an Montgomery auf der Kommandantur eingereicht.

Sechs Tage zuvor, am 20. November, war plötzlich im Gefängnis in Altona ein Captain Patterson erschienen, der für die Verteidigung von

Dönitz beim Nürnberger Prozeß eine Aussage von Eck wünschte. Er verhörte den zum Tode Verurteilten in seiner Zelle, und Eck unterschrieb die folgende Aussage:

»Patterson: Wie heißen Sie mit Vor- und Zunamen?

Eck: Heinz Eck.

P.: Welche Nummer hatte das unter Ihrem Kommando stehende U-Boot, das das griechische Schiff ›Peleus‹ versenkte?

E.: U 852.

P.: Wurden Sie und vier andere Deutsche am 17. Oktober 1945 in Hamburg in einem Kriegsverbrecher-Prozeß angeklagt, unter anderem mit Maschinengewehren auf die Überlebenden der ›Peleus‹ geschossen zu haben?

E.: Ja.

P.: Hat das Gericht Sie für schuldig befunden?

E.: Ja.

P.: Haben Sie jemals direkte Befehle von Dönitz erhalten, auf Schiffbrüchige zu schießen?

E.: Nein.

P.: Haben Sie jemals direkte Befehle von Dönitz erhalten, Rettungsboote, Wrackteile, Rettungsbojen oder andere Rettungsmittel zu zerstören, auf die sich Überlebende nach der Torpedierung eines feindlichen Schiffes hätten retten können?

E.: Nein.

P.: Abgesehen davon, ob Sie einen derartigen Befehl erhalten oder auch nur davon gehört haben – sind Sie jemals von Admiral Dönitz dahin gehend belehrt oder ermutigt worden, daß auf Überlebende, die sich auf Wrackteilen befanden oder an irgend etwas anklammerten, das zu ihrer Rettung dienen konnte, geschossen werden sollte oder daß sie durch andere Mittel vernichtet werden sollten?

E.: Nein.«

Das war am 20. November, und nach dem Verhör meinte Eck zu seinem Verteidiger: »Sagen Sie Dönitz, daß ich nichts gesagt habe, was ihm schaden könnte.« Am gleichen Tag aber geschah etwas, das die drei zum Tode Verurteilten hätte retten können: An diesem Tag wurde ein junger Oberleutnant zur See von London nach Nürnberg geflogen: Peter Josef Heisig. Heisig, Erster Wachoffizier auf U 877, hatte in englischer Gefangenschaft von dem Urteil in einer Nachrichtensendung gehört. Heisig kannte einen der Angeklagten: Hoffmann. Und er hatte sich sofort bereit erklärt, zu bestätigen, was Eck in seiner Erklärung verneinte.

Der 29. November war ein Donnerstag, und wie in den vergangenen sechs Wochen, so warteten die Angehörigen der zum Tode Verurteilten auch an diesem Tag am Tor des Gefängnisses in Altona. Um vierzehn Uhr wurden sie eingelassen, aber O'Neill, der Sergeant, der sie sonst immer empfangen hatte, war heute nicht da. Überall standen Doppelposten, Männer mit fremden Gesichtern, die sie nie zuvor gesehen hatten und die keine ihrer Fragen beantworteten. Man hatte zwei Bänke in den Gang gestellt. Dort warteten sie. Sie wurden nicht ins Sprechzimmer geführt. Aber noch machten sie sich keine Gedanken, denn es war ihnen gesagt worden, daß sie in jedem Fall vierundzwanzig Stunden vor der Ausführung der Todesurteile unterrichtet werden würden.

Es war kalt im Gebäude, und die Geräusche erschienen noch hallender als sonst. Manchmal klangen in der Ferne Schritte und ein Klappern, wenn ein Gitter aufgeschlossen wurde. Noch nie hatten sie die Unruhe im Haus empfunden wie heute.

Niemand kam, um ihnen zu sagen, was geschehen war und daß mit dem Wagen, den sie draußen vor dem Eingang hatten parken sehen, zwei Offiziere gekommen waren, um den Verurteilten mitzuteilen, daß auch die Gnadengesuche abgelehnt worden waren. Das Urteil sollte am kommenden Morgen vollstreckt werden.

Während die Angehörigen dort unten ahnungslos warteten, gingen Jones, der Präsident des Gerichts, das die Angeklagten verurteilt hatte, und ein General von Zelle zu Zelle.

Die Verteidiger wußten schon Bescheid. Dr. Todsen war nicht erreichbar, aber als Dr. Wulf und Fregattenkapitän Meckel, Ecks zweiter Verteidiger und Sachverständiger im Prozeß, an diesem Morgen bei der Kommandantur im Esso-Haus nachfragten, hatte man ihnen die Ablehnung mitgeteilt. Beide waren noch vor den Angehörigen nach Altona gekommen; sie warteten nun in dem Büro des Gefängniskommandanten Le Cornu.

Um fünfzehn Uhr verließen die beiden britischen Offiziere das Gefängnis. Kurz drauf erschien O'Neill, aber als die Verteidiger sich erhoben, um ihm ins Sprechzimmer zu folgen, schüttelte der Sergeant den Kopf.

»Sie wollen niemanden sehen«, sagte er.

»Aber das geht doch nicht«, begann Dr. Wulf. »Die Angehörigen . . .«

Das monotone Geräusch der auf dem Gang auf und ab gehenden Posten war wie der Pendelschlag einer Uhr. »Das verstehe ich nicht.«

Dr. Wulf sah Meckel verstört an. »Sie waren die ganze Zeit so gefaßt . . .«
»Ich kann nichts anderes sagen. Sie möchten ihre Angehörigen nicht mehr sprechen.« O'Neill war beiseite getreten, als Le Cornu hereinkam. Der Major zog sich einen Stuhl heran und setzte sich. O'Neill verließ das Büro.
»Wir wollen noch ein Gesuch um Aufschub der Exekution einreichen«, sagte Dr. Wulf schließlich.
»Sie müssen es versuchen«, meinte Le Cornu; es war gleichzeitig die Antwort, daß er nicht an den Erfolg glaubte. Er saß dort, schweigend, den Kopf geneigt, als habe er sie vergessen.
»Aber diese Nacht«, sagte Dr. Wulf, »man kann sie diese letzte Nacht nicht allein lassen . . .«
»Sie werden nicht ohne Aufsicht sein«, sagte Le Cornu. »Sie sind immer bewacht. Sie kommen zusammen in eine Gemeinschaftszelle. Sie können sie dort heute abend sehen, den ganzen Abend. Was ich tun kann . . .« Er richtete sich auf und trat an den Schreibtisch.
»Und morgen früh«, sagte Dr. Wulf tonlos, »wir möchten mitgehen, das wird doch gehen.«
Le Cornu schrieb etwas auf einen Zettel. Er fächelte ihn durch die Luft, bis die Tinte getrocknet war. »Ich habe es dreißigmal erlebt«, sagte der Engländer dann. »Überlegen Sie es sich. Dreißigmal. – Ich weiß nicht, ob es ihnen hilft, wenn jemand dabei ist. Ich weiß nur, daß es jedesmal furchtbar ist. Für alle . . .« Er reichte Meckel den Zettel. Er sah ihn dabei nicht an.
Meckel las die feine, dünne Schrift. Nur ein Wort stand dort. »Hafenkrankenhaus«. Er blickte überrascht auf.
»Wenn Sie es den Angehörigen sagen wollen«, sagte Le Cornu. »Dorthin werden sie nachher gebracht.«
Das Geräusch der Postenschritte auf dem Gang kam näher, entfernte sich. Es schien ein unfaßbarer Gedanke, daß für die in ihren Zellen mit jedem Schritt die Zeit unabänderlich ablief. »Sie müßten dann morgen früh um sechs Uhr hier sein«, sagte Le Cornu schnell.
»Hören Sie«, sagte Dr. Wulf beschwörend, »lassen Sie mich noch mit den dreien sprechen. Lassen Sie mich in die Zellen gehen. Vielleicht kann ich sie umstimmen, und die Angehörigen können sie doch noch sehen. Ich wüßte nicht, was ich ihnen sagen sollte . . .«
Le Cornu zögerte einen Augenblick. Dann ging er zur Tür und rief einen Namen. Ein Posten kam heran.

Dr. Wulf kam nach einer halben Stunde zurück. Er nickte.
»Sie wollten es ihnen nicht noch schwerer machen. Aber ich habe sie überzeugen können.« Die beiden Verteidiger traten auf den Gang, und dann sahen sie die Frau. Der Posten versuchte vergeblich, sie zurückzuhalten. Es war die Mutter Ecks, und als sie die Verteidiger im Dunkel des Ganges erkannte, blieb sie stehen.
»Wir warten jetzt zwei Stunden«, sagte sie. »Was ist passiert? Warum sagt man uns nichts . . .?«
»Das Gnadengesuch ist abgelehnt.« Dr. Wulf sagte es kaum hörbar, und die Frau schien es nicht wahrgenommen zu haben. Sie sah die Männer flehend an, als erwarte sie ihren Widerspruch.
Als er nicht kam, sank ihr Kopf herab. Le Cornu war ihnen auf den Gang gefolgt. Er nahm die Frau am Arm und führte sie in sein Büro.
»Sie können Ihren Sohn noch einmal sehen«, sagte er. »Bitte warten Sie hier . . .«
Sie wurden nicht in das alte Sprechzimmer geführt. Sie sprachen ihren Sohn auch nicht allein. Es war ein anderer Raum. Er war durch eine Wand getrennt, und in der Mitte war ein kleiner Schalter eingelassen. Zwei Posten waren ihnen gefolgt, und auf ein Klopfzeichen hin zog einer von ihnen das Schalterfenster hoch.
Eck saß auf der anderen Seite. Sie sahen nur sein Gesicht und die Brust. Ein Posten stand direkt hinter ihm.
Sie hatten jeder zehn Minuten. Die Mutter sprach zuerst mit ihm. Dann der Vater. Jeder für sich allein. Die Frau weinte auch jetzt nicht.
Nachher, in Le Cornus Büro, schrieb sie an dem Schreibtisch des Majors noch einen Brief an ihren Sohn. Sie klammerte sich an den Gedanken, der ihr bisher über alles hinweggeholfen hatte: daß sie wenigstens die Gewißheit haben würde, wo und wie ihr Sohn gestorben war. Jetzt, in dieser Stunde, war es ein Trost.
Die beiden Anwälte hatten das Gefängnis verlassen. Im Esso-Haus gaben sie ihre Gesuche, die Exekution aufzuschieben, ab. Sie sollten durch Funkspruch weitergegeben werden. Aber Major France machte ihnen keine Hoffnung. Um acht Uhr waren sie wieder in Altona. Es war halb zehn, als in Friedrichsberg im Richard-Wagner-Krankenhaus das Telefon schrillte. Die Nachtschwester wußte sofort Bescheid, als sie den Name Eck hörte. Jeder im Haus wußte davon. Als die Mutter Ecks kam, war Dr. Wulf am Apparat. Er sagte, daß sie diese Nacht ruhig schlafen könne. Die Exekution sei verschoben worden. Um achtundvierzig Stunden.

Aber seine Stimme klang nicht sehr sicher, als er es sagte, denn es war eine verzeihliche Lüge, um die Eck den Verteidiger gebeten hatte.
Am anderen Morgen betraten Dr. Wulf und Fregattenkapitän Meckel das Gefängnis pünktlich um sechs Uhr. Das erste, was ihnen auffiel, war das tiefe Schweigen; das Gebäude schien ausgestorben so wie die ausgebrannten Ruinen an den Rändern der Straßen, durch die sie gegangen waren. In dem halbdunklen Gang lag noch die Kälte der Nacht. Eine Sekunde lang glaubte Dr. Wulf, daß sie zu spät gekommen seien.
Le Cornu, der Gefängniskommandant, wartete in seinem Büro. Der Major schien sehr ruhig, aber er sah nicht aus wie ein Mann, der diese Stunden schon dreißigmal erlebt hatte und sie nicht mehr fürchtete. Er war es, der zuerst sprach. »Sie haben geschlafen«, sagte er. »Als die Posten kamen, um sie zu wecken, schliefen sie wirklich fest. Alle drei . . .«
Der Engländer hatte die Tür zu einem zweiten Raum geöffnet. Die beiden Männer waren ihm gefolgt. Sie sahen den Tisch, das gebrauchte Geschirr; Dr. Wulf zählte drei Gedecke.
»Ich habe sie zum Frühstück heruntergeholt«, erklärte Le Cornu. Er blickte von einem zum andern. Als suche er nach einer Erklärung, warum ihn plötzlich so fror, wandte Dr. Wulf sich zum Fenster, vor dem die Dunkelheit wie eine Wand stand. Er fragte sich, warum ihnen die Rolle zugefallen war, das Ende zu erleben. Dr. Todsen war nicht gekommen, Dr. Pabst, der gestern noch zugesagt hatte, war krank geworden. – Er verstand sie plötzlich sehr gut. Und wieder, wie schon am Abend zuvor, hatte er das Gefühl, als würde er Zeuge von etwas, bei dem es keine Zuschauer geben sollte . . .
Sie hatten den ganzen letzten Abend zusammengesessen. Le Cornu hatte erlaubt, daß auch Lenz und Schwender, die beiden zu Gefängnis Verurteilten, an dem letzten Abend vor der Exekution aus ihren Zellen geholt wurden. Von acht Uhr an hatten sie in der großen Gemeinschaftszelle zusammengesessen: die zwei Verteidiger und in der ersten halben Stunde auch Le Cornu und O'Neill, der Sergeant. Auf dem Tisch stand ein kleiner Weihnachtsbaum. Sie hatten gegessen und getrunken, aber immer war der Gedanke an den kommenden Morgen gegenwärtig gewesen; wie die fünf bewaffneten Posten, die die ganze Zeit über bewegungslos an den Wänden hinter ihnen gestanden hatten.
Um elf Uhr war der Geistliche gekommen, Pastor Hunzinger, der

Wehrmachtspfarrer. Dr. Wulf und Meckel hatten sich verabschiedet, und der Geistliche war mit den zum Tode Verurteilten allein geblieben; die Posten hatten die Zelle verlassen, bis auf einen.
Als es jetzt klopfte, trat Le Cornu schnell zur Tür. Es war Hunzinger. Der Geistliche begrüßte sie mit einem stummen Kopfnicken.
Le Cornu nahm ihn am Arm und sagte, daß er ihn zu den Verurteilten führen werde. Dann wandte er sich noch einmal um: »Warten Sie bitte hier draußen«, sagte er zu den beiden Verteidigern. »Es ist bald soweit.«
Dr. Wulf blickte auf den steifen schwarzen Hut, den er in den Händen hielt. Er hörte die Schritte kaum, die sich entfernten.
Sie hatten gedacht, der Augenblick, in dem sie den Verurteilten an diesem Morgen zum erstenmal gegenübertreten mußten, werde der schwerste sein, aber dann war er der leichteste von allen. Die drei kamen ihnen entgegen, als sei dies ein Tag wie jeder andere. Eck ging den andern voran. Er begrüßte sie. Er war der erste, der laut und ungezwungen sprach.
»Guten Morgen!« wiederholte er, als sie ihm schweigend entgegentraten. Sein Gesicht war ernst, sehr ruhig und sehr jung. Nichts an seiner Haltung war gespielt.
Die Uniformen der drei Verurteilten, die sie immer geschont hatten, waren sauber gebürstet. Die Hosen hatten Bügelfalten; sie mußten sie über Nacht unter die Matratzen ihrer Betten gelegt haben.
Dr. Wulf sah jetzt erst, daß alle drei Briefe in den Händen hielten. Er nahm sie entgegen und steckte sie weg. Hoffmann, der junge Leutnant, war vor Le Cornu getreten. Er hielt dem Kommandanten den Stock hin, den er in England im Lazarett bekommen hatte. Als der Engländer ihn nicht sofort nahm, sagte Hoffmann: »Geben Sie ihn bitte zurück! Ich brauche ihn jetzt nicht mehr.«
Le Cornu nahm den Stock und reichte ihn O'Neill, dem Sergeanten, der hinter ihm stand. Irgendwo schien ein Fenster offenzustehen. Ein kalter Wind kam herein, und sie hörten das Geräusch eines anfahrenden Wagens. Dann wurde es übertönt von einem anderen Geräusch: harte, gleichmäßige Schritte, die näher kamen; und als sie sich alle umwandten, sahen sie die sechs kräftigen Militärpolizisten in zwei Reihen herankommen. Sie hielten ohne ein Kommando, als hätten sie das oft einstudiert. Immer noch schweigend nahmen je zwei von ihnen einen Verurteilten in die Mitte. Sie begannen sie zu durchsuchen. Schnell glitten ihre Hände tastend von oben nach unten den Körper entlang.

Dr. Wulf beobachtete, wie Eck dabei seine Hand auf die linke Brusttasche hielt, dort, wo er den letzten Brief seiner Mutter aufbewahrte. Dann wurden die drei abgeführt, um in ihrer Zelle ihre letzten Sachen zu ordnen.
Le Cornu ging mit den beiden Verteidigern und dem Geistlichen zum Ausgang. Das letzte, was Dr. Wulf sah, war der Stock, den O'Neill gegen die weißgekalkte Wand des Ganges gelehnt hatte.
Der Wind war stärker geworden. Aber Wulf war jetzt ruhig, als er ins Freie trat. Er hatte die Hoffnung, daß er stark genug sei, es zu ertragen. Sie blieben auf den Stufen stehen. Der Gefangenenwagen stand in der Ausfahrt, mit der Rückseite zu ihnen. Die Türen waren weit geöffnet, und das Innere des Wagens war hell erleuchtet. Dann erkannte Wulf auch die Posten, fast dreißig Militärpolizisten. Sie standen rechts und links vom Eingang postiert, bis hin zu den offenen Türen des Wagens.
Wulf tastete nach den Briefen. Er blickte auf den Wagen, in das helle, glatte, erleuchtete Innere mit den zwei Bänken zu beiden Seiten. Es war ein unheimlicher Anblick.
Auch hier geschah alles lautlos. Nur das gleichmäßige Geräusch des laufenden Motors war zu hören. Dann hörte Wulf Schritte hinter seinem Rücken. Die sechs Militärpolizisten brachten die Verurteilten.
Le Cornu nahm Eck und Hoffmann an den Arm, und so schritt er mit ihnen schnell auf den Gefangenenwagen zu, gefolgt von O'Neill, der Weispfenning begleitete.
Kaum waren sie im Wagen, warfen zwei Posten die Türen zu.
Plötzlich waren überall Stimmen. Der Gefangenenwagen fuhr an. Aus dem Dunkel stachen die Scheinwerfer von mehreren Jeeps. Le Cornu führte die beiden Verteidiger zu einem der Autos. Das Gesicht des Majors war blaß, als er mit dem Geistlichen und O'Neill in den ersten Wagen stieg. Wulf blickte auf die Uhr, als müsse er sich die Zeit merken. Es war kurz vor acht.
Kurz vor acht an einem Freitag, Freitag, der 30. November 1945. Einundvierzig Tage nach dem Urteil. Zwanzig Monate und siebzehn Tage nach jener Nacht auf dem Atlantik, in der die »Peleus« versenkt worden war. Aber daran dachte Dr. Wulf jetzt nicht. Er beugte sich aus dem Wagen und sah die Kolonne der Fahrzeuge. Am Schluß folgte ein Krankenwagen mit dem Roten Kreuz an den Seitenwänden. Er wunderte sich, wie langsam sie fuhren.
Die Autokolonne schien auf dem glatten, feuchten Pflaster entlangzugleiten.

Die Verteidigung der Angeklagten lag in den Händen dieser Anwälte: Dr. Todsen, Hauptverteidiger des Kommandanten von U 852 (Bild links). Nobert Lermon (obere Reihe v. l. n. r.), ein englischer Verteidiger, der sich freiwillig zur Verfügung gestellt hatte; Prof. A. Wegner; Sachverständiger für Völkerrecht; Dr. Wulf und Dr. Pabst. Rechts im Bild der wichtigste Zeuge des Prozesses, »Adi« Schnee. Schnee hatte Eck vor seiner ersten Feindfahrt in Berlin belehrt.

Eck war in Hamburg geboren, aber er sah die Stadt nie wieder, auch den Hafen nicht, der durch die vielen versenkten Wracks vollkommen blockiert war (Bild unten): In Hamburg, auf dem Ohlsdorfer Friedhof, liegen die Gräber der drei im U-Boot-Prozeß zum Tode Verurteilten.

Das Ende. Dr. Speer, Dönitz und Jodl im Hof des Polizei-Präsidiums in Flensburg.

Am 23. Mai 1945 erscheinen englische Panzer vor der Enklave Mürwik und verhaften Beamte und Offiziere.

Zum letzten Mal — Leinen fest! In Wilhelmshaven werden U-Boote zur Übergabe bereitgemacht.

Stapellauf bei der Werft Blohm & Voß Anfang 1944 (Bild oben). Ein Jahr später inspizieren britische Truppen auf der Hamburger Werft die halbfertigen neuen 1600 t-Elektro-Boote mit ihren sechs Torpedorohren, die nicht mehr zum Einsatz gekommen sind. Mit ihnen glaubte Dönitz in letzter Stunde noch eine Wende im U-Bootkrieg erringen zu können.

Vom Flugplatz Flensburg-Weiche startet die amerikanische Militärmaschine, die Dönitz und andere Gefangene nach Luxemburg bringt. In den gleichen Tagen ergibt sich U 541 den Engländern in Gibraltar. — In achtundsechzig Monaten Seekrieg wurden neununddreißigtausend U-Boot-Offiziere und -Besatzungen in viele blutige Schlachten geschickt. Zweiunddreißigtausend von ihnen kehrten nicht zurück.

Ein junger Oberleutnant, der seit zehn Tagen in Nürnberg darauf wartete, als Zeuge vernommen zu werden, glaubte an diesem Tag noch immer, Hoffmann und den zwei mit ihm zum Tode Verurteilten mit seiner Aussage helfen zu können. Peter Josef Heisig, vierundzwanzig Jahre alt, war Ende 1944 auf seiner zweiten Fahrt auf U877 in Gefangenschaft geraten. Er saß im Lager Shapwells bei Carlisle an der schottischen Grenze; dort, in dem Foyer des ehemaligen Hotels, dessen Wände mit den Bildern deutscher Dome ausgemalt waren, hörte Heisig die Radiomeldung vom Todesurteil gegen den Kommandanten von U852 und zwei seiner Offiziere.
Der Leutnant zur See Hoffmann und Heisig hatten Ende 1942 als Oberfähnriche bei der 2. Unterseeboots-Lehrdivision in Gotenhafen eine Rede gehört, die Dönitz zum Abschluß des Lehrganges hielt.
Dönitz hatte davon gesprochen, wie schwer es für die Alliierten geworden sei, für ihre Schiffe Besatzungen zu bekommen. Der Weg über den Atlantik sei ihnen zu gefährlich geworden. Die Verluste an Besatzungen würden den Feind ganz besonders schwer treffen. Es hieße dem Gegner in die Hand arbeiten, hatte der Großadmiral gesagt, wenn deutsche Unterseeboote unter der gegebenen Situation noch Besatzungen retteten, die ja wieder auf neuen Handelsschiffen weiterfahren würden. Es sei ganz im Gegenteil auch zur See jetzt der totale Krieg zu führen, denn Besatzungen seien für Unterseeboote genauso ein Ziel wie die Schiffe selbst ...
Das war unmißverständlich, und Heisig erinnerte sich genau an den Tag; daran, wie er und Hoffmann nach der Rede Dönitz' zu ihrem Wohnschiff, der »Hansa«, zurückgegangen waren, ratlos über das, was sie gehört hatten. Sie hatten beide Dönitz' Rede so aufgefaßt, daß er es guthieß, wenn nicht nur Schiffe versenkt würden, sondern auch möglichst wenige Besatzungen nach Hause kämen.
Heisig hatte Hoffmann seither nicht mehr wiedergesehen, aber als er die Radiomeldung hörte, meldete sich der junge Oberleutnant sofort bei dem deutschen Kommandanten des Gefangenenlagers, dem Oberstleutnant Fürst von Urach. Von Urach war der erste, der Heisig warnte. Aber Heisig hatte trotzdem Meldung gemacht, und der Lagerkommandant hatte sie weitergeleitet. Nach acht Tagen waren zwei Engländer gekommen. Auch sie hatten ihn gewarnt. Sie sagten ihm, daß seine Aussage im Nürnberger Prozeß gegen Dönitz verwendet werde und daß er lieber die Finger davon lassen solle.
Heisig hatte seine Aussage nicht zurückgenommen, und am 20. November flog man ihn nach Nürnberg. Die erste Zeit saß er in Ein-

zelhaft. Dann kam er in den Zeugenflügel. Auf dem Weg zum Gerichtssaal, am 14. Januar 1946, glaubte Heisig immer noch, daß er Hoffmann und den anderen helfen konnte. Noch vor vierzehn Tagen hatte ein englischer Kapitänleutnant ihm erklärt, daß seine Aussagen selbstverständlich sofort nach Hamburg weitergeleitet würden. Vor dem Gerichtssaal kam der amerikanische Franziskanerpater, Pater Sixtus, auf ihn zu; von ihm hörte Heisig zum erstenmal, daß das Urteil längst vollstreckt worden war. Vor sechs Wochen. Am Morgen des 30. November 1945. Als Heisig in den Zeugenstand ging, um unter Eid verhört zu werden, wußte er, daß er seine Aussagen nur noch für drei Tote machte.

Der Nebel hatte schon in den Straßen begonnen, dünne Schleier im Licht der Autoscheinwerfer; über dem Schießstand beim Borsteler Jäger hing er an diesem Morgen des 30. November 1945 dicht wie eine weiße Flagge.
Die Wagen fuhren an die hohen Wälle heran, die die Schießbahnen voneinander abtrennten; drei grüne, aufgeworfene Wälle. Die Ambulanz war zurückgeblieben, der Fahrer hatte den Wagen hinter ein paar dichten Büschen abgestellt, so daß er nicht zu sehen war. Le Cornu, O'Neill und der Geistliche waren aus ihren Autos gestiegen, ebenso wie Dr. Wulf und Meckel. Es war kurz vor halb neun.
Sie warteten schweigend, als die Jeeps zurückstießen und ihre Scheinwerfer erloschen. Nur der Gefangenenwagen stand noch da. Die Motorhaube zitterte von den Stößen des Motors. Auf ein Zeichen Cornus hin öffnete der Posten die Rücktüren. Die drei Verurteilten saßen auf der Bank direkt bei den Türen; sie sprangen ohne zu zögern auf den Boden. Sie warteten, bis der Wagen gewendet hatte und das Geräusch des Motors immer leiser wurde.
Le Cornu war vorangegangen, zu dem schmalen Durchgang. Wulf erkannte nun die Militärpolizisten; die einzelnen Gestalten flossen im Nebel zu einem Block zusammen. Wulf wunderte sich, daß sie keine Gewehre bei sich trugen.
Aus dem Grau kam jetzt ein Mann; in der erdfarbenen Uniform der Engländer. Der englische Captain hatte einen Degen umgeschnallt, der über den Boden schleifte, als er vor Le Cornu hintrat. »Ich führe das Exekutionskommando, Sir«, sagte er auf englisch.
Le Cornu antwortete nicht. Er deutete nur auf die drei Verurteilten. Der Captain wandte sich um. Er legte die Hand an die Mütze und grüßte jeden, auch die Verurteilten. Alles war unwirklich an diesem

Morgen, wie in einem Spiel, dessen Regeln nicht von Menschen ersonnen sein konnten.

Die drei Verurteilten standen nahe beisammen. Dr. Wulf konnte ihre Gesichter nicht sehen; er war nicht sicher, ob er ihnen hätte in die Augen blicken können. Neben dem Engländer war jetzt ein zweiter Mann aufgetaucht. Es schien der Dolmetscher zu sein, denn Wulf hörte, wie er die Frage des Captains übersetzte, ob die Verurteilten noch einen Wunsch hätten. Als sie verneinten, wurde das Gesicht des Captains plötzlich ratlos. Er war noch sehr jung. Er blickte von einem zum andern. Seine Hand zitterte, und sie wurde erst ruhig, als er sie auf den Griff des Degens legte. Wieder stellte er eine Frage. Wieder übersetzte der Dolmetscher: »Wollen Sie denn keine Binde vor die Augen?«

Wulf hörte Eck mit »Nein« antworten. Auch Hoffmann verneinte! Nur Weispfenning, der Arzt, nickte.

Dann winkte der Dolmetscher sie heran, und Wulf verstand, daß sie sich verabschieden sollten. Er würde es niemals vergessen können, für sein ganzes Leben würde er ihre Gesichter sehen, in denen sich nichts geändert hatte. Und erst später, viel später würde er verstehen, daß dieser Augenblick für sie bedeutet haben mußte, daß sie gerechtfertigt waren . . .

Dann trat Wulf zurück. Er hörte den Geistlichen mit den Verurteilten sprechen. Wulf verstand nicht, was Hunzinger sagte. Er sah nur, wie er sie segnete; die Bewegung seiner Hand, die das Kreuz schlug, war noch nicht zu Ende, als die Militärpolizisten schon hinzusprangen.

Je sechs nahmen einen der Verurteilten in ihre Mitte. Wulf entdeckte die Stricke in ihren Händen. Der Verteidiger machte eine Bewegung, als suche er einen Halt. Dann blickte er, vor Grauen fassungslos, hinüber. Er sah zum erstenmal die drei in den Boden gerammten Holzpfähle. Nur den ersten konnte er deutlich erkennen, den ersten, zu dem Eck hingeführt wurde. Als dann die Posten zurücksprangen, sah er den mit Stricken umschnürten Körper.

Nur noch ein Posten stand vor Eck. Er hielt plötzlich ein weißes Stück Papier in den Händen, und als er zurücktrat, stak das runde, weiße Papier auf der Brust des Verurteilten, auf der linken Seite über dem Herzen.

Der englische Captain war einen Schritt vorgetreten. Wulf hörte sein Kommando; jetzt entdeckte er auch die Schützen, zehn Meter vor den Pfählen. Sie standen, je neun Mann, mit dem Rücken zu den Verurteilten.

Es kann nicht sein, dachte Wulf. Es ist nicht wahr. Sie haben sich nie gesehen. Sie werden nicht schießen; und eine Sekunde fragte er sich, warum die Richter nicht da waren, die sie doch verurteilt hatten. Dann kam ein Kommando. Die Stimme des Captains klang brüchig und rauh. Die Schützen fuhren herum, hoben die Gewehre und zielten auf die weißen Papiere über den Herzen.
Wulf wandte sich ab, als der Captain den Degen zog, und als die Schüsse fielen, blieb er wie getroffen stehen. Er hielt plötzlich den Hut in den Händen. Er wußte nicht, wann er ihn abgenommen hatte. Es war ganz still.
Und dann hörte er etwas, das so unwirklich war, daß er zuerst nicht glauben konnte, daß es ein Weinen war. Und doch war es das Schluchzen eines Menschen, und als Wulf sich umwandte, sah er, daß es der junge englische Captain war. Er hielt den Degen vor sich, in beiden Händen, und weinte.
In der Nähe startete ein Motor. Der Wagen mit den roten Kreuzen fuhr heran und hielt. Soldaten sprangen ins Freie. Dann kamen sie mit ihren Bahren. Drei Bahren, die mit schneeweißen Laken bedeckt waren. Sie trugen die Bahren mit den leuchtendweißen Laken durch das Grau des Morgens.
Sie verschwanden damit in dem Durchgang. Als sie zurückkamen, brachten sie die Toten. Die Türen des Wagens fielen zu. Hinter dem Nebel stand jetzt die Sonne, bleich und kraftlos; die Männer froren.

Zur gleichen Stunde schrieb die Mutter von Heinz Eck noch einen Brief an ihren Sohn. Sie trug den Brief bei sich, und als sie und ihr Mann an diesem Morgen in die Stadt fuhren, waren sie noch immer in dem Glauben, ihn noch einmal zu sehen. Dann erfuhren sie die Wahrheit. Und obwohl sie in den letzten Wochen an nichts anderes hatten denken können als an diese Stunde, erschien es ihnen jetzt wie ein böser, unwirklicher Traum.
Die Eltern waren, wie die anderen Angehörigen der Erschossenen, in die Marine-Dienststelle bestellt worden. Bütow, der Admiral, den die Engländer vor dem Prozeß mit der Benennung der Verteidiger beauftragt hatten, eröffnete ihnen, daß die Toten nur dann beerdigt werden konnten, wenn sie ein Dokument unterschrieben. Er las ihnen die Erkärung vor. Die Angehörigen hatten sich zu verpflichten, die Beerdigung niemandem bekanntzugeben. Ansprachen am Grabe waren verboten, außer der des Geistlichen. Die Eltern von Heinz Eck unterschrieben, und dann sagte Bütow, daß die Särge in der Anatomie

des Hafenkrankenhauses stehen würden, wenn sie die Toten noch einmal sehen wollten.
Am Nachmittag gingen die Eltern zum Hafenkrankenhaus in schwarzen Kleidern, die sie sich geliehen hatten, und mit ein paar Blumen. Der Anatomiediener führte sie bis vor den Sarg. Er fragte, ob er ihn öffnen solle. Der Mann und die Frau blickten sich an, und dann schüttelte die Frau den Kopf. Sie sah ihren Sohn vor sich, so, wie sie ihn zum letztenmal gesehen hatte, und so sollte er in ihrer Erinnerung bleiben.
Nachher fuhren die Eltern noch einmal hinaus nach Altona in das Gefängnis. Le Cornu empfing sie. Er führte sie in die Zelle ihres Sohnes. Sie sahen mit Verwunderung die Blumen, die vor den Zellen in Vasen auf dem Boden standen.
Le Cornu wartete, ob sie fragen würden, wie ihr Sohn gestorben sei. Als sie schwiegen, sagte er, daß er und die anderen sehr tapfer gestorben seien und daß er ihre Zellen vierzehn Tage leer lassen werde. Aber die Frau sah ihn dabei an, als könne sie sich noch immer nicht die Stunde vorstellen, in der ihr Sohn wirklich sterben würde.
Es würden noch viele Tage vergehen müssen, bis die Worte und das Händeschütteln vorüber waren, und erst dann würde sie erwachen, mit dem Wissen, daß er tot war . . .
Heinz Eck, Kommandant von U852, der Zweite Offizier, Leutnant zur See Hoffmann, und der Bordarzt Weispfenning wurden am 6. Dezember 1945 auf dem Ohldorfer Friedhof begraben.
In den Tagen zuvor standen an den Bahnhöfen in Hamburg Männer in umgeschneiderten Anzügen aus blauem Marinetuch. Sie standen in den Hallen und draußen vor den Eingängen, und jedem, in dem sie einen ehemaligen Marinesoldaten zu erkennen glaubten, flüsterten sie den Tag, die Stunde und den Ort zu, an dem das Begräbnis der drei stattfinden würde. Und an dem Tag des Begräbnisses waren es dann Hunderte, die dem Sarg folgten.

Die Mutter von Heinz Eck lebt noch. Ihr Mann starb bald nach dem Tod des Sohnes. Die Frau hat nichts vergessen, aber sie fürchtet die Erinnerung nicht länger.
Das Gefängnis in Altona steht nicht mehr, es wurde abgerissen. Lenz und Schwender, die beiden zu Gefängnis verurteilten Besatzungsangehörigen von U852, leben noch. Einen Tag nach der Exekution hatte man sie ins Zuchthaus nach Fuhlsbüttel gebracht. Sie blieben drei Jahre dort, bis sie nach Werl gebracht wurden. Schwender, der zu

fünfzehn Jahren Gefängnis verurteilt worden war, wurde nach sechs Jahren begnadigt und entlassen; Lenz, zu lebenslänglichem Gefängnis verurteilt, wurde acht Monate später begnadigt.

Dr. Pabst, der Marine-Oberstabsrichter und Hauptverteidiger, starb dreiviertel Jahre nach dem Prozeß, durch Selbstmord.

Dr. Todsen, Ecks Verteidiger, lebte noch drei Jahre. Auf den Tag genau, an dem Eck in Hamburg erschossen wurde, am 30. November, starb Dr. Todsen nach einem Zusammenstoß seines Autos am gleichen Tag mit einem englischen Militär-Lastwagen im Krankenhaus von Hannover.

Dr. Wulf hat seine Anwaltskanzlei in Hamburg.

Fregattenkapitän Meckel ist wieder bei der Bundesmarine.

In Nürnberg wurde Dönitz zu zehn Jahren Haft verurteilt.

Sie würden vorübergehen, und dann würde er wieder frei sein. Er und die anderen. Sie alle würden frei sein und ihre Memoiren schreiben. Sie würden nicht lügen. Nur verschweigen.

Sie würden ihre edlen Motive bekennen und den Toten ein paar ehrende Zeilen widmen. Aber sie würden nicht sagen, wie grausam sie alle gestorben waren:

Der Kapitänleutnant Günther Prien mit seiner ganzen Besatzung, dessen Boot Wasserbomben auseinandergerissen hatten. Der sechsundzwanzigjährige Peter Zschech, der es nicht ertragen konnte, erfolglos zu sein, und sich an Bord seines Bootes erschoß. Werner Henke, der einsam und allein den Tod gesucht hatte, als er den Drahtzaun eines Gefangenenlagers in den USA hinaufkletterte. Der Kapitän zur See Wolfgang Lüth, der durch die Kugel eines deutschen Wachtposten sterben mußte, obwohl der Krieg längst zu Ende war. Die drei U-Boot-Offiziere, die an einem Novembermorgen in Hamburg an Pfähle gebunden wurden, ein Stück weißes Papier auf ihrer linken Brust, damit das Exekutionskommando ihre Herzen nicht verfehlte –

Das würden sie in ihren Büchern nicht sagen. Und sie, die die Befehle gegeben hatten, würden mit reiner Weste dastehen und sich an die Brust klopfen und bekennen, daß sie immer das Beste gewollt hätten.

Damals, als wir besiegt am Boden lagen, hatten wir den Krieg fast besiegt, aber dann, auf dem Weg nach oben, haben wir den Sieg verschenkt.

Deutsche U-Boote im Zweiten Weltkrieg

Die Liste der deutschen U-Boote 1939 bis 1945 verdanken wir Angaben deutscher U-Bootfahrer, der Britischen Admiralität, der U.S. Navy, insbesondere der »Deutschen Dienststelle für die Benachrichtigung der nächsten Angehörigen von Gefallenen der ehemaligen deutschen Wehrmacht«, Berlin-Borsigwalde und dem Nachschlagewerk »Die Deutsche Kriegsmarine 1939–1945« (Verlag Hans Henning Podzun, Bad Nauheim)

Zeichenerklärung: + Untergegangen ohne Überlebende (Totalverlust)
× Untergegangen mit Überlebenden
○ Selbstversenkt
□ 1945 an Alliierte ausgeliefert

U 1	Korv.K. Jürgen Deecke	15. 4. 40	Südnorwegen	×
U 2	Obltn. Wolfgang Schwarzkopf	8. 4. 40	vor Pillau	×
U 3	Ltn. Hermann Neumeister	31. 7. 44	in Gotenhafen außer Dienst gestellt und ausgeschlachtet	
U 4	Obltn. Hubert Rieger	31. 7. 44	in Gotenhafen außer Dienst gestellt und ausgeschlachtet	
U 5	Ltn. Hermann Rahn	19. 3. 43	Pillau	×
U 6	Obltn. Erwin Jestel	7. 8. 44	in Gotenhafen außer Dienst gestellt, später gesprengt (?)	
U 7	Obltn. Günther Loeschke	18. 2. 44	vor Pillau	×
U 8	Obltn. Jürgen Kriegshammer	Mai 45	Kiel	○
U 9	Obltn. Heinrich Klapdor	20. 8. 44	Konstanza/Rumänien	×
U 10	Obltn. Kurt Ahlers	Juli 44	in Danzig außer Dienst gestellt später gesprengt	
U 11	Obltn. Günter Dobenecker	14. 12. 44	in Gotenhafen außer Dienst gestellt	
		3. 5. 45		○
U 12	Kptltn. Dietrich von der Ropp	8. 10. 39	vor Dover	×
U 13	Kptltn. Max Schulte	31. 5. 40	nordöstl. Newcastle	×
U 14	Obltn. Hans-Joachim Dierks	2. 5. 45	Wilhelmshaven	○
U 15	Obltn. Peter Frahm	1. 2. 40	Nordsee	×
U 16	Kptltn. Horst Wellner	24. 10. 39	vor Dover	×
U 17	Obltn. Friedrich Baumgärtel	Mai 45	Wilhelmshaven	○
U 18	Obltn. Karl Fleige	25. 8. 44	Konstanza/Rumänien	○
U 19	Obltn. Willy Ohlenburg	10. 9. 44	vor der türk. Küste	○
U 20	Obltn. Karl Grafen	10. 9. 44	vor der türk. Küste	○
U 21	Obltn. Wolfgang Schwarzkopf	5. 8. 44	in Pillau außer Dienst gestellt	
U 22	Kptltn. Karl-Heinrich Jenisch	25. 4. 40	Jammirbucht (Skagerrak)	×
U 23	Obltn. Rudolf Arendt	10. 9. 44	vor der türk. Küste	○
U 24	Obltn. Dieter Lenzmann	25. 8. 44	Konstanza/Rumänien	○
U 25	Korv.K. Heinz Beduhn	3. 8. 40	Nordsee	×
U 26	Korv.K. Heintz Scheringer	1. 7. 40	Nordatlantik	×
U 27	Korv.K. Johannes Franz	20. 9. 39	nordwestl. d. Hebriden	×
U 28	Obltn. Dietrich Sachse	4. 7. 44	außer Dienst gestellt	
U 29	Obltn. Graf Ulrich-Philipp von und zu Arco-Zinneberg	5. 5. 45	Flensburger Förde	○
U 30	Obltn. Ludwig Fabricius	5. 5. 45	Flensburger Förde	○
U 31	Kptltn. Wilfried Prellberg	2. 11. 40	nordwestl. Irland	×
U 32	Kptltn. Hans Jenisch	30. 10. 40	nordwestl. Irland	×
U 33	Kptltn. Hans-Wilhelm von Dresky	12. 2. 40	vor der Firth ot Clyde	×
U 34	Ltn. Eduard Aust	5. 8. 43	Kollision	
		8. 9. 43	außer Dienst gestellt	
U 35	Kptltn. Werner Lott	20. 11. 39	Nordmeer	×
U 36	Kptltn. Wilhelm Fröhlich	4. 12. 39	Nordsee	×

U 37	Kptltn. Eberhard von Wenden	3. 5. 45	Sonderburger Bucht	O
U 38	Korv.K. Georg Peters	2. 5. 45	Wesermünde	O
U 39	Kptltn. Gerhard Glattes	14. 9. 39	westl. der Hebriden	×
U 40	Kptltn. Wolfgang Barten	13. 10. 39	Kanal	+
U 41	Kptltn. Gustav-Adolf Mugler	5. 2. 40	Nordatlantik	+
U 42	Kptltn. Rolf Dau	13. 10. 39	Nordatlantik	+
U 43	Kptltn. Hans-Joachim Schwandtke	30. 7. 43	südwestl. der Azoren	×
U 44	Kptltn. Ludwig Mathes	20. 3. 40	Nordmeer	+
U 45	Kptltn. Alexander Gehlhaar	14. 10. 39	östl. von Irland	+
U 46	Obltn. Erich Jewinski	Mai 45	Flensburg	O
U 47	Korv.K. Günther Prien	7. 3. 41	südl. Irland	+
U 48	Obltn. Diether Todenhegen	Mai 45		O
U 49	Kptltn. Curt von Goßler	15. 4. 40	bei Narvik	×
U 50	Kptltn. Max-Hermann Bauer	10. 4. 40	nordöstl. der Shetland-Inseln	+
U 51	Kptltn. Dietrich Knorr	20. 8. 40	in der Biskaya	×
U 52	Obltn. Ernst-August Racky	Mai 45		O
U 53	Korv.K. Harald Grosse	21. 2. 40	vor dem Nordkanal	+
U 54	Kptltn. Günter Kutschmann	Seit Febr. 40	in der Nordsee verloren. Ursache unbekannt. Wrackteile wurden gefunden	
U 55	Kptltn. Werner Heidel	30. 1. 40	vor dem Eingang zum Engl. Kanal	×
U 56	Ltn. Heinrich Miede	28. 4. 45	Kiel	×
U 57	Obltn. Peter Kühl	Sept. 40	Kiel	O
U 58	Obltn. Richard Schulz	3. 5. 45	Kiel	O
U 59	Ltn. Herbert Walther	April 45	Kiel außer Dienst gestellt	
U 60	Obltn. Herbert Giesewetter	2. 5. 45	Wilhelmshaven	O
U 61	Ltn. Werner Zapf	2. 5. 45	Wilhelmshaven	O
U 62	Ltn. Hans-Eckart Augustin	2. 5. 45	Wilhelmshaven	O
U 63	Obltn. Günther Lorentz	25. 2. 40	südl. der Shetland-Inseln	×
U 64	Kptltn. Wilhelm Schulz	13. 4. 40	Herjangsfjord	×
U 65	Kptltn. Joachim Hoppe	28. 4. 41	südöstl. Island	+
U 66	Kptltn. Gerhard Seehausen	6. 5. 44	westl. Kapverdische Inseln	×
U 67	Kptltn. Günther Müller-Stöckheim	16. 7. 43	Mittelatlantik	×
U 68	Obltn. Albert Lauzemis			
U 69	Kptltn. Ulrich Gräf	17. 2. 43	im Nordatlantik	+
U 70	Kptltn. Joachim Matz	7. 3. 41	südöstl. von Island	×
U 71	Obltn. Emil Ranzau	2. 5. 45	Wilhelmshaven	O
U 72	Obltn. Karl-Theodor Mayer	30. 3. 45	Bremen	×
U 73	Kptltn. Horst Deckert	16. 12. 43	nördl. von Oran	×
U 74	Obltn. Karl Friederich	2. 5. 42	östl. von Cartagena	+
U 75	Kptltn. Helmuth Ringelmann	28. 12. 41	vor Marsa Matruk	×
U 76	Obltn. Friedrich von Hippel	5. 4. 41	südl. von Island	×
U 77	Kptltn. Otto Hartmann	28. 3. 43	östl. von Cartagena	×
U 78	Obltn. Horst Hübsch	16. 4. 45	Pillau	×
U 79	Kptltn. Wolfgang Kaufmann	23. 12. 41	nördl. von Sollum	×
U 80	Obltn. Hans Keerl	28. 11. 44	westl. Pillau	×
U 81	Obltn. Johann-Otto Krieg	9. 1. 44	Pola/Istrien	×
U 82	Kptltn. Siegfried Rollmann	6. 2. 42	nordöstl. der Azoren	+
U 83	Kptltn. Ulrich Wörishoffer	4. 3. 43	südöstl. von Cartagena	+
U 84	Kptltn. Horst Uphoff	24. 8. 43	Mittelatlantik	+
U 85	Obltn. Eberhard Greger	14. 4. 42	bei Cape Hatteras	+
U 86	Kptltn. Walter Schug	29. 11. 43	östl. der Azoren	+
U 87	Kptltn. Joachim Berger	4. 3. 43	im Nordatlantik	+
U 88	Kptltn. Heino Bohmann	14. 9. 42	südl. Spitzbergen	+
U 89	Korv.K. Dietrich Lohmann	12. 5. 43	Nordatlantik	+
U 90	Kptltn. Hans-Jürgen Oldörp	24. 7. 42	östl. Neufundland	+
U 91	Kptltn. Heinz Hungerhausen	25. 2. 44	mittleren Nordatlantik	×
U 92	Kptltn. Wilhelm Brauel	12. 10. 44	in Bergen/Norwegen außer Dienst gestellt	
U 93	Kptltn. Horst Elfe	15. 1. 42	nordöstl. von Madeira	×
U 94	Obtln. Otto Ites	28. 8. 42	südwestl. von Haiti	×
U 95	Kptltn. Gerd Schreiber	28. 11. 41	südwestl. Almeria	×
U 96	Obltn. Robert Rix	30. 3. 45	Wilhelmshaven	×
U 97	Kptltn. Hansgeorg Trox	16. 6. 43	westl. von Haifa	×
U 98	Obltn. Kurt Eichmann	19. 11. 42	südwestl. Kap St. Vincent	+
U 99	Korv.K. Otto Kretschmer	17. 3. 41	südöstl. von Island	×
U 100	Kptltn. Joachim Schepke	17. 3. 41	südöstl. von Island	×
U 101	Obltn. Helmut Münster	1945		
U 102	Kptltn. Harro von Kloth	10. 5. 44	nordwestl. Madeira	×
U 103	Kptltn. Gustav-Adolf Janssen	1944	außer Dienst gestellt	×
U 104	Kptltn. Harald Jürst	21. 11. 40	Nordatlantik	+

U 105	Kptltn. Jürgen Nissen	2. 6. 43	vor Dakar	+
U 106	Obltn. Wolfdietrich Damerow	2. 8. 43	Nordatlantik	×
U 107	Ltn. Karl-Heinz Fritz	18. 8. 44	auf Überführungsfahrt von	
			Lorient	+
U 108	Oblt. Mathias Brünig	11. 4. 44	Stettin gebombt	
		Mai 45		O
U 109	Obltn. Joachim Schramm	7. 5. 43	Nordatlantik	+
U 110	Kptltn. Fritz-Julius Lemp	9. 5. 41	östl. Cape Farewell	×
U 111	Kptltn. Wilhelm Kleinschmidt	4. 10. 41	südwestl. Teneriffa	+
U 112	bis U 115 geplant			
U 116	Obltn. Wilhelm Grimme	seit Okt. 42	im Nordatlantik verschollen	+
U 117	Korv.K. Hans-Werner Neumann	7. 8. 43	im mittl. Nordatlantik	+
U 118	Korv.K. Werner Cygan	12. 6. 43	Nordatlantik	+
U 119	Kptltn. Horst-Jessen von Kameke	24. 6. 43	im Nordatlantik	+
U 120	Obltn. Rolf-Rüdiger Bensel	Mai 45	Bremerhaven	O
U 121	Obltn. Friedrich Horst	2. 5. 45	Wesermünde	O
U 122	Kptltn. Hans-Günther Loof	21. 6. 40	Nordsee verschollen	+
U 123	Obltn. Horst von Schröter	19. 8. 44	in Lorient außer Dienst gestellt	
		1945		□
U 124	Korv.K. Johann Mohr	2. 4. 43	Nordatlantik	+
U 125	Kptltn. Ulrich Folkers	6. 5. 43	östl. Neufundland	+
U 126	Obltn. Siegfried Kietz	3. 7. 43	Nordatlantik	+
U 127	Korv.K. Bruno Hansmann	15. 12. 41	westl. Gibraltar	+
U 128	Kptltn. Hermann Steinert	28. 5. 43	südl. Pernambuco	×
U 129	Obltn. Richard von Harpe	Juli-Aug. 44	in Lorient außer Dienst gestellt,	
			später	O
U 130	Obltn. Siegfried Keller	12. 3. 43	Nordatlantik	+
U 131	Korv.K. Arend Baumann	17. 12. 41	nördl. Madeira	×
U 132	Kptltn. Ernst Vogelsang	5. 11. 42	südöstl. von Cape Farewell	
			(Grönland)	+
U 133	Kptltn. Eberhard Mohr	14. 3. 42	vor Salamis	+
U 134	Kptltn. Hans-Günther Brosin	24. 8. 43	vor Vigo	+
U 135	Obltn. Otto Luther	15. 7. 43	zwischen Kap Juby/Afrika	
			und Kanarischen Inseln	×
U 136	Kptltn. Heinrich Zimmermann	11. 7. 42	westl. Madeira	+
U 137	Obltn. Erich Fischer	2. 5. 45	Wilhelmshaven	O
U 138	Obltn. Franz Gramitzky	18. 6. 41	westl. von Cadiz	×
U 139	Obltn. Walter Kimmelmann	2. 5. 45	Wilhelmshaven	O
U 140	Obltn. Wolfgang Scherfling	2. 5. 45	Wilhelmshaven	O
U 141	Obltn. Heinrich-Dietrich Hoffmann	Mai 45	Wilhelmshaven	O
U 142	Obltn. Carl Schauroth	2. 5. 45	Wilhelmshaven	O
U 143	Obltn. Walter Kasparek	30. 6. 45		□
U 144	Kptltn. Gert von Mittelstaedt	9. 8. 41	nördl. Dägo am Eingang	
			Finnenbusen	+
U 145	Obltn. Friedrich-Karl Görner	30. 6. 45		□
U 146	Obltn. Helmuth Wüst	2. 5. 45	Wilhelmshaven	O
U 147	Obltn. Eberhard Wetjen	2. 6. 41	nordwestl. von Irland	+
U 148	Obltn. Renko Tammen	2. 5. 45	Wilhelmshaven	O
U 149	Obltn. Helmut Plohr	30. 6. 45		□
U 150	Obltn. Jürgen Kriegshammer	30. 6. 45		□
U 151	Obltn. Ferdinand Graf von Arco	2. 5. 45	Wilhelmshaven	O
U 152	Obltn. Gernot Thiel	Mai 45	Wilhelmshaven	O
U 153	Korv.K. Wilfried Reichmann	13. 7. 42	Karibisches Meer vor Colon	
			(Panama)	+
U 154	Obltn. Gerth Gemeiner	3. 7. 44	westl. Madeira	+
U 155	Obltn. Fritz Altmeier	30. 6. 45		□
			und versenkt	
U 156	Korv.K. Werner Hartenstein	8. 3. 43	Mittelatlantik	+
U 157	Korv.K. Wolf Henne	13. 6. 42	Golf von Mexiko	+
U 158	Korv.K. Erwin Rostin	30. 6. 42	im Atlantik westl. Bermudas	+
U 159	Obltn. Heinz Beckmann	15. 7. 43	Karibisches Meer	+
U 160	Obltn. Gerd von Pommer-Esche	14. 7. 43	Mittelatlantik	+
U 161	Kptltn. Albrecht Achilles	27. 9. 43	vor Bahia	+
U 162	Freg.K. Jürgen Wattenberg	3. 9. 42	vor Trinidad	×
U 163	Korv.K. Kurt-Eduard Engelmann	15. 3. 43	nach dem Auslaufen aus	
			Lorient verschollen	+
U 164	Korv.K. Otto Fechner	6. 1. 43	nordwestl. Pernambuco	×
U 165	Korv.K. Günther Hoffmann	seit 27. 9. 42	in der Biskaya verschollen	+
U 166	Obltn. Hans-Günther Kuhlmann	1. 8. 42	Golf von Mexiko	+
U 167	Korv.K. Kurt Sturm	6. 4. 43	bei den Kanarischen Inseln	O
U 168	Kptltn. Helmuth Pich	6. 10. 44	Java-See vor Samarang	×
U 169	Obltn. Hermann Bauer	27. 3. 43	Nordatlantik	+

U 170	Obltn. Hans-Gerold Hauber	Mai 45	und versenkt	□
U 171	Kptltn. Günter Pfeffer	9. 10. 42	Biskaya	×
U 172	Obltn. Hermann Hoffmann	12. 12. 42	westl. der Kanarischen Inseln	×
U 173	Obltn. Hans-Adolf Schweichel	16. 11. 42	vor Casablanca	+
U 174	Obltn. Wolfgang Grandefeld	27. 4. 43	südl. Neufundland	×
U 175	Kptltn. Heinrich Bruns	17. 4. 43	südwestl. Irland	×
U 176	Korv.K. Reiner Dierksen	15. 5. 43	Floridastraße	+
U 177	Korv.K. Heinz Buchholz	6. 2. 44	Südatlantik	×
U 178	Kptltn. Wilhelm Spahr	20. 8. 44		○
U 179	Freg.K. Ernst Sobe	8. 10. 42	vor Kapstadt	+
U 180	Obltn. Rolf Riesen	22. 8. 44	Biskaya	+
U 181	Freg.K. Kurt Freiwald	6. 5. 45	an Japan übergeben	
U 182	Korv.K. Nicolai Clausen	16. 5. 43	Südatlantik	+
U 183	Kptltn. Fritz Schneewind	24. 4. 45	Java-See	+
U 184	Kptltn. Günther Dangschat	20. 11. 42	Mittelatlantik	+
U 185	Kptltn. August Maus	24. 8. 43	Mittelatlantik	×
U 186	Korv.K. Siegfried Hesemann	14. 5. 43	Nordatlantik	+
U 187	Kptltn. Ralph Münnich	4. 2. 43	Nordatlantik	×
U 188	Kptltn. Siegfried Lüdden	20. 8. 44	Bordeaux	○
U 189	Korv.K. Hellmut Kurrer	24. 4. 43	östl. Cape Farewell	+
U 190	Obltn. Hans-Edwin Reith	Mai 45	Halifax und versenkt	□
U 191	Kptltn. Helmut Fiehn	25. 4. 43	südöstl. Cape Farewell	+
U 192	Obltn. Werner Happe	5. 5. 43	Nordatlantik	+
U 193	Obltn. Dr. Ulrich Abel	28. 4. 44	westl. Nantes	+
U 194	Korv.K. Hermann Hesse	24. 6. 43	südwestl. Island	+
U 195	Obltn. Friedrich Steinfeldt		an Japan	□
U 196	Obltn. Johannes Werner Striegler	seit 30. 11. 44	südl. Java verschollen	+
U 197	Korv.K. Robert Bartels	20. 8. 43	südl. Madagaskar	+
U 198	Obltn. Burkhard Heusinger von Waldegg	12. 8. 44	Indischen Ozean	+
U 199	Kptltn. Hans-Werner Kraus	31. 7. 43	vor Rio de Janeiro	×
U 200	Korv.K. Heinrich Schonder	24. 6. 43	südwestl. Island	+
U 201	Obltn. Günther Rosenberg	17. 2. 43	östl. von Neufundland	+
U 202	Kptltn. Günter Poser	2. 6. 43	bei Cape Farewell/Grönland	×
U 203	Kptltn. Hermann Kottmann	25. 4. 43	südöstl. von Cape Farewell (Grönland)	×
U 204	Kptltn. Walter Kell	19. 10. 41	vor der Straße von Gibraltar	+
U 205	Kptltn. Friedrich Bürgel	17. 2. 43	im östl. Mittelmeer	×
U 206	Kptltn. Herbert Opitz	30. 11. 41	Biskaya	+
U 207	Obltn. Fritz Meyer	19. 9. 41	am Südausg. der Dänemarkstr.	+
U 208	Obltn. Alfred Schlieper	11. 11. 41	westl. der Straße von Gibraltar	+
U 209	Kptltn. Heinrich Brodda	19. 5. 43	Nordatlantik bei Grönland	+
U 210	Kptltn. Rudolf Lemcke	6. 8. 42	südl. Cape Farewell	×
U 211	Kptltn. Karl Hause	19. 11. 43	östl. der Azoren	+
U 212	Kptltn. Helmut Vogler	21. 7. 44	südl. Brighton	+
U 213	Obltn. Amelung von Varendorff	31. 7. 42	Nordatlantik	+
U 214	Obltn. Gerhard Conrad	26. 7. 44	Kanal	+
U 215	Kptltn. Fritz Höckner	3. 7. 42	Nordatlantik	+
U 216	Kptltn. Karl-Otto Schultz	20. 10. 42	südwestl. Irland	+
U 217	Kptltn. Kurt Reichenbach-Klinke	5. 6. 43	Mittelatlantik	+
U 218	Kptltn. Rupprecht Stock	Mai 45	und versenkt	□
U 219	Korv.K. Walter Burghagen	Mai 45	an Japan übergeben	
U 220	Obltn. Bruno Barber	27. 10. 43	Mittelatlantik	+
U 221	Kptltn. Hans Trojer	27. 9. 43	südwestl. von Irland	+
U 222	Kptltn. Ralf von Jessen	2. 9. 42	Danziger Bucht	×
U 223	Obltn. Peter Gerlach	29. 3. 44	nördl. Palermo	×
U 224	Obltn. Hans-Carl Kosbadt	13. 1. 43	westl. von Algier	×
U 225	Obltn. Wolfgang Leimkühler	21. 2. 43	Nordatlantik	+
U 226	Obltn. Albrecht Gange	6. 11. 43	östl. von Neufundland	+
U 227	Obltn. Jürgen Kuntze	30. 4. 43	nördl. der Färöer	+
U 228	Kptltn. Herbert Engel	29. 9. 44		
U 229	Obltn. Robert Schetelig	22. 9. 43	südöstl. von Cape Farewell (Grönland)	+
U 230	Obltn. Heinz-Eugen Eberbach	21. 8. 44	auf Reede von Toulon	○
U 231	Kptltn. Wolfgang Wenzel	13. 1. 44	nordöstl. der Azoren	×
U 232	Kptltn. Ernst Ziehm	8. 7. 43	westl. von Oporta	+
U 233	Kptltn. Hans Steen	6. 7. 44	Nordatlantik östl. Halifax/ Kanada	×
U 234	Kptltn. Johann-Heinrich Fehler	16. 5. 45		□

U 235	Kptltn. Friedrich Huisken	14. 4. 45	im Kattegatt	+
U 236	Obltn. Herbert Mumm	4. 5. 44	Schleimündung	○×
U 237	Kptltn. Karl-Heinz Menard	4. 4. 45	Kiel	×
U 238	Kptltn. Horst Hepp	9. 2. 44	südwestl. von Irland	×
U 239	Obltn. Ulrich Vöge	24. 7. 44	Kiel außer Dienst gestellt	
U 240	Obltn. Günther Link	16. 5. 44	nordwestl. der Färöer	+
U 241	Obltn. Arno Werr	18. 5. 44	nordöstl. der Färöer	+
U 242	Obltn. Heinrich Riedel	3. 4. 45	verschollen	
U 243	Kptltn. Hans Märtens	8. 7. 44	westl. Nantes	×
U 244	Obltn. Hans Peter Mackeprang	Mai 45	und versenkt	□
U 245	Korv.K. Friedrich-Wilhelm Schumann-Hindenberg	Mai 45	und versenkt	□
U 246	Kptltn. Ernst Raabe	29. 3. 45	im Kanal bei Landsend	+
U 247	Obltn. Gerhard Matschulat	1. 9. 44	Engl. Kanal	+
U 248	Obltn. Johann-Friedrich Loos	16. 1. 45	Nordatlantik	+
U 249	Kptltn. Uwe Kock	8. 5. 45		□
U 250	Kptltn. Karl Werner Schmidt	30. 7. 44	Moivisto-Meerenge (Finnenbusen)	×
U 251	Obltn. Franz Säck	19. 4. 45	Kattegatt südl. Göteborg	×
U 252	Kptltn. Kai Lerchen	14. 4. 42	südwestl. Irland	+
U 253	Kptltn. Adolf Friedrichs	23. 9. 42	nordöstl. Irland	+
U 254	Kptltn. Hans Gilardone	8. 12. 42	Nordatlantik Nähe Grönland	×
U 255	Obltn. Helmut Heinrich	Mai 45	und versenkt	□
U 256	Korv.K. Heinrich Lehmann-Willenbrock	1945	5. 10. 55 AD	□
U 257	Kptltn. Heinz Rahe	24. 2. 44	Nordatlantik	×
U 258	Kptltn. Wilhelm von Mäszenhausen	21. 5. 43	Nordatlantik	+
U 259	Kptltn. Klaus Köpke	15. 11. 42	nördl. Algier	+
U 260	Obltn. Klaus Becker	12. 3. 45	südl. Irland	○
U 261	Kptltn. Hans Lange	15. 9. 42	westl. der Shetland-Inseln	+
U 262	Kptltn. Karl-Heinz Laudahn			
U 263	Korv.K. Kurt Nölke	20. 1. 44	vor La Rochelle	+
U 264	Kptltn. Hartwig Looks	19. 2. 44	Nordatlantik	×
U 265	Obltn. Leonhard Auffhammer	3. 2. 43	südl. Island	+
U 266	Kptltn. Ralf von Jessen	14. 5. 43	mittl. Nordatlantik	×
U 267	Obltn. Bernhard Knieper	5. 5. 45	Flensburger Förde	○
U 268	Obltn. Ernst Heydemann	19. 2. 43	westl. von Nantes	+
U 269	Obltn. Georg Uhl	27. 6. 44	Engl. Kanal	×
U 270	Obltn. Heinrich Schreiber	12. 8. 44	westl. La Rochelle	×
U 271	Kptltn. Curt Barleben	28. 1. 44	westl. von Limerick/Irland	×
U 272	Kptltn. Horst Hepp	12. 11. 42	bei Hela	×
U 273	Obltn. Hermann Roßmann	19. 5. 43	südwestl. Island	+
U 274	Obltn. Günther Jordan	23. 10. 43	südwestl. von Island	+
U 275	Obltn. Helmut Wehrkamp	10. 3. 45	südl. von Newhaven	×
U 276	Kptltn. Rolf Borchers	1945	29. 9. 44 Neustadt AD	□
U 277	Kptltn. Robert Lübsen	1. 5. 44	südwestl. der Bäreninsel	+
U 278	Kptltn. Joachim Franze	19. 5. 45	und versenkt	□
U 279	Kptltn. Otto Finke	4. 10. 43	südwestl. Island	+
U 280	Obltn. Walter Hungershausen	16. 11. 43	mittl. Nordatlantik	+
U 281	Kptltn. Heinrich von Davidson	Mai 45	und versenkt	□
U 282	Obltn. Rudolf Müller	29. 10. 43	Nordatlantik	+
U 283	Obltn. Günter Ney	11. 2. 44	südwestl. der Färöer-Inseln	+
U 284	Obltn. Günther Scholz	21. 12. 43	mittl. Nordatlantik	×
U 285	Kptltn. Konrad Bornhaupt	15. 4. 45	südwestl. von Irland	+
U 286	Obltn. Willi Dietrich	29. 4. 45	in der Barentssee vor Murmansk	+
U 287	Obltn. Heinrich Meyer	16. 5. 45	in der Elbmündung	×
U 288	Obltn. Willy Meyer	3. 4. 44	südöstl. der Bäreninsel	×
U 289	Kptltn. Alexander Hellwig	31. 5. 44	südwestl. der Bäreninsel	+
U 290	Obltn. Heinz Baum	5. 5. 45	Geltinger Bucht	○
U 291	Obltn. Hermann Neumeister	24. 6. 45	und versenkt	□
U 292	Obltn. Werner Schmidt	27. 5. 44	westl. von Drontheim	+
U 293	Kptltn. Leonhard Klingspor	Mai 45	und versenkt	□
U 294	Obltn. Heinz Schütt	19. 5. 45	und versenkt	□
U 295	Obltn. Günter Wieboldt	19. 5. 45	und versenkt	□

U 296	Kptltn. Karl-Heinz Rasch	22. 3. 45	im Nordkanal vor Irland	+
U 297	Obltn. Wolfgang Aldegarmann	6. 12. 44	Pentland Firth	+
U 298	Obltn. Heinrich Gehrken	Mai 45	und versenkt	□
U 299	Obltn. Bernhard Emde	Mai 45	und versenkt	□
U 300	Obltn. Fritz Hein	22. 2. 45	vor Cadiz	×
U 301	Kptltn. Willy-Roderich Körner	21. 1. 43	westl. Bonefacio/Korsika	+
U 302	Kptltn. Herbert Sickel	6. 4. 44	nordwestl. der Azoren	+
U 303	Kptltn. Karl Franz Heine	21. 5. 43	südl. Toulon	×
U 304	Obltn. Heinz Koch	28. 5. 43	südöstl. von Cape Farewell	+
U 305	Kptltn. Rudolf Bahr	17. 1. 44	südwestl. von Irland	+
U 306	Kptltn. Claus von Trotha	31. 10. 43	nordöstl. der Azoren	+
U 307	Obltn. Erich Krüger	29. 4. 45	vor Murmansk	×
U 308	Obltn. Karl Mühlenpfordt	4. 6. 43	nordöstl. der Färöer	+
U 309	Obltn. Herbert Loeder	16. 2. 45	vor dem Moray Firth	+
U 310	Obltn. Wolfgang Ley	10. 5. 45	Drontheim AD dann	□
U 311	Kptltn. Joachim Zander	24. 4. 44	südwestl. Irland	+
U 312	Obltn. Jürgen von Gaza	19. 5. 45	und versenkt	□
U 313	Kptltn. Friedhelm Schweiger	19. 5. 45	und versenkt	□
U 314	Kptltn. Georg-Wilhelm Basse	30. 1. 44	südöstl. der Bäreninsel	+
U 315	Obltn. Herbert Zoller	Mai 45	1. 5. 45 AD	□
U 316	Obltn. Gottfried König	2. 5. 45	vor Travemünde	○
U 317	Obltn. Peter Rahlf	26. 6. 44	nordöstl. der Shetland-Inseln	+
U 318	Obltn. Josef Will	19. 5. 45	und versenkt	□
U 319	Obltn. Johannes Clemens	15. 7. 44	westsüdwestl. von Lindesnes/ Norwegen	×
U 320	Obltn. Emmrich	7. 5. 45	westlich Bergen	×
U 321	Obltn. Fritz Berends	2. 4. 45	südwestlich Irland	+
U 322	Obltn. Gerhard Wysk	25. 11. 44	westlich der Shetland-Inseln	+
U 323	Obltn. Hans-Jürgen Dobinsky	3. 5. 45	in Nordenham	○
U 324	Obltn. Joachim Sauerbier	Mai 45	und versenkt	□
U 325	Obltn. Erwin Dohrn	30. 4. 45	bei Isle of Man	+
U 326	Kptltn. Peter Matthes	Seit April 45	in den Gewässern um England verschollen	
U 327	Kptltn. Hans Lemcke	27. 2. 45	bei Landsend	+
U 328	Obltn. Hans-Erich Scholle	Mai 45	und versenkt	□
U 329	Letzter Kommandant nicht ermittelt	30. 3. 45	in Bremen durch Flieger vernichtet	
U 330	Als Auftrag noch sistiert			
U 331	Kptltn. Hans-Diedrich Freiherr von Tiesenhausen	13. 11. 42	nordwestl. Algier	×
U 332	Obltn. Eberhard Hüttemann	2. 5. 43	in der Biskaya	+
U 333	Kptltn. Hans Fiedler	31. 7. 44	im Nordatlantik	×
U 334	Obltn. Heinz Ehrich	14. 6. 43	südwestlich von Island	+
U 335	Kptltn. Hans-Hermann Pelkner	3. 8. 42	nordöstlich der Färöer-Inseln	×
U 336	Kptltn. Hans Hunger	4. 10. 43	südwestlich Island	+
U 337	Obltn. Kurt Ruwiedel	15. 1. 43	südwestlich Island	+
U 338	Kptltn. Manfred Kinzel	20. 9. 43	südwestlich Island	+
U 339	Obltn. Werner Remus	3. 5. 45	in Wilhelmshaven	○
U 340	Obltn. Hans-Joachim Klaus	1. 11. 43	im Atlantik	×
U 341	Obltn. Dietrich Epp	19. 9. 43	südwestl. Island	+
U 342	Obltn. Albert Hossenfelder	17. 4. 44	südlich Island	×
U 343	Obltn. Wolfgang Rahn	10. 3. 44	südlich Sardinien	+
U 344	Kptltn. Ulrich Pietsch	24. 8. 44	nordöstlich Nordkap	+
U 345	Obltn. Ulrich Knackfuß	27. 12. 45	□ und	+
U 346	Obltn. Arno Leisten	20. 9. 43	bei Hela durch Tauchpanne gesunken	+
U 347	Obltn. Johann de Buhr	17. 7. 44	westlich von Narvik	×
U 348	Obltn. Hans Norbert Schunck	März 45	bei Luftangriff auf Hamburg versenkt	×
U 349	Obltn. Udo-Wolfgang Dähne	5. 5. 45	in der Geltinger Bucht	○
U 350	Obltn. Erich Niester	März 45	in der Deutschen Werft, Ham-nurg, durch Fliegerbomben	×
U 351	Obltn. Hugo Strehl	5. 5. 45	in der Geltinger Bucht	○
U 352	Kptltn. Hellmut Rathke	9. 5. 42	im Nordatlantik	×
U 353	Obltn. Wolfgang Römer	16. 10. 42	im mittleren Nordatlantik	×

U 354	Obltn. Hans-Jürgen Sthamer	25. 8. 44	nordwestlich Bäreninsel	+
U 355	Kptltn. Günter La Baume	1. 4. 44	südwestlich Bäreninsel	+
U 356	Obltn. Günter Ruppelt	27. 12. 42	im Nordatlantik	+
U 357	Kptltn. Adolf Kellner	26. 12. 42	nordwestlich Irland	+
U 358	Kptltn. Rolf Manke	1. 3. 44	nördlich der Azoren	×
U 359	Obltn. Heinz Förster	28. 7. 43	im Karibischen Meer	+
U 360	Kptltn. Klaus Becker	2. 4. 44	nordwestlich von Hammerfest	+
U 361	Kptltn. Hans Seidel	17. 7. 44	westlich von Narvik	+
U 362	Obltn. Ludwig Franz	6. 9. 44	bei Krakowka	+
U 363	Kptltn. Werner Nees	19. 5. 45	und versenkt	□
U 364	Obltn. Paul-Heinrich Sass	30. 1. 44	westlich Bordeaux	+
U 365	Obltn. Diether Todenhagen	13. 12. 44	im Nördlichen Eismeer	+
U 366	Obltn. Bruno Langenberg	5. 3. 44	nördlich Hammerfest	+
U 367	Obltn. Hasso Stegemann	15. 3. 45	vor Hela	+
U 368	Obltn. Herbert Giesewetter	24. 6. 45		□
U 369	Kptltn. Ludwig Schaafhausen	Mai 45	und versenkt	□
U 370	Obltn. Karl Nielsen	5. 5. 45	in der Geltinger Bucht	○
U 371	Obltn. Horst-Arno Fenski	4. 5. 44	im Mittelmeer	×
U 372	Kptltn. Heinz-Joachim Neumann	5. 8. 42	vor Jaffa	×
U 373	Obltn. Detlef von Lehsten	8. 6. 44	vor Brest	×
U 374	Obltn. Unno von Fischel	12. 1. 42	im Mittelmeer	×
U 375	Kptltn. Jürgen Koenenkamp	30. 7. 43	nordwestlich Malta	+
U 376	Kptltn. Friedrich Marks	10. 4. 43	in der Biskaya	+
U 377	Obltn. Gerhard Kluth	seit Jan. 44	im Atlantik verschollen	
U 378	Kptltn. Erich Mäder	20. 10. 43	im mittleren Nordatlantik	×
U 379	Kptltn. Paul-Hugo Kettner	8. 8. 42	südöstlich Cape Farewell	+
U 380	Kptltn. Albrecht Brandi	11. 3. 44	in Toulon	×
U 381	Kptltn. Wilhelm Heinrich Graf von Pückler und Limpurg	19. 5. 43	südöstlich Cape Farewell	+
U 382	Obltn. Hans-Dietrich Wilke	Jan. 45	in der 4. Einfahrt in Wilhelms-haven	×
U 383	Kptltn. Horst Kremser	1. 8. 43	südwestlich Irland	+
U 384	Obltn. Hans-Achim von Rosenberg-Gruszcynski	19. 3. 43	südwestlich Island	+
U 385	Kptltn. Hans-Guido Valentiner	11. 8. 44	in der Biskaya	×
U 386	Obltn. Fritz Albrecht	19. 2. 44	im mittleren Nordatlantik	×
U 387	Kptltn. Rudolf Büchler	9. 12. 44	vor Murmansk	+
U 388	Obltn. Peter Sues	20. 6. 43	südöstl. von Grönland	+
U 389	Kptltn. Siegfried Heilmann	5. 10. 43	in der Dänemark-Straße	+
U 390	Obltn. Heinz Geißler	5. 7. 44	in der Seine-Bucht	×
U 391	Obltn. Gert Dültgen	13. 12. 43	bei der Biskaya	+
U 392	Obltn. Henning Schümann	16. 3. 44	in der Straße von Gibraltar	+
U 393	Obltn. Friedrich-Georg Herrle	4. 5. 45	im Kleinen Belt	○
U 394	Kptltn. Wolfgang Borger	1. 9. 44	im Nordmeer	+
U 395	Boot nicht fertiggestellt			
U 396	Kptltn. Hilmar Siemon	23. 4. 45	südwestl. der Shetland-Inseln	+
U 397	Kptltn. Gerd Groth	5. 5. 45	Flensburger Förde	○
U 398	Obltn. Wilhelm Cranz	seit Mai 45	in den Gewässern um England verschollen	
U 399	Obltn. Heinz Buhse	26. 3. 45	bei Landsend	×
U 400	Kptltn. Horst Creutz	17. 12. 44	südlich von Cork/Irland	+
U 401	Kptltn. Gero Zimmermann	3. 8. 41	südwestlich von Irland	+
U 402	Korv.K. Siegfried Freiherr von Forstner	13. 10. 43	im mittleren Nordatlantik	+
U 403	Kptltn. Karl Franz Heine	7. 8. 43	im Mittelatlantik	×
U 404	Obltn. Adolf Schönberg	28. 7. 43	in der Biskaya	+
U 405	Korv.K. Rolf-Heinrich Hopman	1. 11. 43	im Nordatlantik	+
U 406	Kptltn. Horst Dieterichs	18. 2. 44	im Nordatlantik	×
U 407	Obltn. Hans Kolbus	19. 9. 44	im Mittelmeer	×
U 408	Kptltn. Reinhard von Hymmen	5. 11. 42	in der Dänemark-Straße	+
U 409	Kptltn. Hans Ferdinand Maßmann	16. 7. 43	nordöstlich Algier	×
U 410	Obltn. Horst-Arno Fenski	11. 3. 44	Toulon	×
U 411	Kptltn. Johann Spindlegger	28. 11. 42	im westlichen Mittelmeer	+
U 412	Kptltn. Walther Jahrmärker	22. 10. 42	nordöstlich Färöer-Inseln	+
U 413	Obltn. Dietrich Sachse	20. 8. 44	im Kanal südlich Brighton	×
U 414	Obltn. Walter Huth	25. 5. 43	im Mittelmeer	+
U 415	Obltn. Herbert Werner	14. 7. 44	in Brest	×
U 416	Obltn. Eberhard Rieger	12. 12. 44	in der Ostsee	×
U 417	Obltn. Wolfgang Schreiner	11. 6. 43	südöstlich Island	+
U 418	Obltn. Gerhard Lange	1. 6. 43	in der Biskaya	+

U 419	Kptltn. Dietrich Giersberg	8. 10. 43	im mittleren Nordatlantik	+
U 420	Obltn. Hans-Jürgen Reese	26. 10. 43	im mittleren Nordatlantik	+
U 421	Obltn. Hans Kolbus	29. 4. 44	bei Toulon	×
U 422	Obltn. Wolfgang Poeschel	4. 10. 43	nördlich der Azoren	+
U 423	Obltn. Klaus Hackländer	17. 6. 44	nordwestl. der Färöer-Inseln	+
U 424	Obltn. Günter Lüders	11. 2. 44	südwestlich Irland	+
U 425	Kptltn. Heinz Bentzien	17. 2. 45	vor Murmansk	×
U 426	Kptltn. Christian Reich	8. 1. 44	im Nordatlantik	+
U 427	Obltn. Karl-Gabriel Graf Gudenus	19. 5. 45	von Narvik über Norwegen nach England weitergegeben und versenkt	□
U 428	Obltn. Hans-Ulrich Hanitsch	3. 5. 45	im Nord-Ostsee-Kanal	○
U 429	Obltn. Martin Kuttkat	März 45	bei Luftangriff auf Wilhelmshaven	×
U 430	Obltn. Ulrich Hammer	30. 3. 45	in Bremen bei Luftangriff	×
U 431	Obltn. Dietrich Schöneboom	30. 10. 43	vor Toulon	+
U 432	Kptltn. Hermann Eckhardt	11. 3. 43	im Nordatlantik	×
U 433	Kptltn. Hans Ey	16. 11. 41	südlich Malaga	×
U 434	Kptltn. Wolfgang Heyda	18. 12. 41	nördlich Madeira	×
U 435	Kptltn. Siegfried Strelow	9. 7. 43	westlich Figueira/Portugal	+
U 436	Kptltn. Günter Seibicke	26. 5. 43	im Nordatlantik	+
U 437	Kptltn. Hermann Lamby	4. 10. 44	bei Luftangriff auf Bergen/Norwegen beschädigt und außer Dienst gestellt	
		5. 10. 44	dann und Abbruch	□
U 438	Kptltn. Heinrich Heinsohn	6. 5. 43	nordöstlich Neufundland	+
U 439	Obltn. Helmut von Tippelskirch	3. 5. 43	im Nordatlantik	×
U 440	Obltn. Werner Schwaff	31. 5. 43	Biskaya	+
U 441	Kptltn. Klaus Hartmann	18. 6. 44	nordwestlich von Brest	×
U 442	Korv.K. Hans-Joachim Hesse	12. 2. 43	im Nordatlantik	+
U 443	Kptltn. Konstantin von Puttkamer	23. 2. 43	vor Algier	+
U 444	Obltn. Albert Langfeld	11. 3. 43	im mittleren Nordatlantik	×
U 445	Obltn. Rupprecht Fischler Graf von Treuberg	24. 8. 44	Biskaya	+
U 446	Obltn. Helmut-Bert Richard	3. 5. 45	in der Ostsee	○
U 447	Obltn. Friedrich-Wilhelm Bothe	7. 5. 43	westlich Gibraltar	+
U 448	Obltn. Helmut Dauter	14. 4. 45	nordöstlich der Azoren	×
U 449	Kptltn. Hermann Otto	24. 6. 43	im Nordatlantik	+
U 450	Obltn. Kurt Böhme	10. 3. 44	südlich Ostia	×
U 451	Korv.K. Eberhart Hoffmann	21. 12. 41	vor Tanger	×
U 452	Kptltn. J. Marck	25. 8. 41	südöstlich Island	+
U 453	Obltn. Dierk Lührs	21. 5. 44	im Jonischen Meer	×
U 454	Kptltn. Burkhard Hackländer	1. 8. 43	im Nordatlantik	×
U 455	Kptltn. Hans-Martin Scheibe	6. 4. 44	im Mittelmeer	+
U 456	Kptltn. Max-Martin Teichert	13. 5. 43	im mittleren Nordatlantik	+
U 457	Korv.K. Karl Brandenburg	16. 9. 42	in der Barentssee	+
U 458	Kptltn. Kurt Diggins	22. 8. 43	im Mittelmeer	×
U 459	Korv.K. von Wilamowitz-Möllendorf	24. 7. 43	im Nordatlantik	×
U 460	Kptltn. Heinrich Schnorr	4. 10. 43	im Nordatlantik	×
U 461	Korv.K. Wolf-Harro Stiebler	30. 7. 43	im Nordatlantik	×
U 462	Kptltn. Bruno Vowe	30. 7. 43	in der Biskaya	×
U 463	Korv.K. Wolfbauer	15. 5. 43	südwestlich der Scilly-Inseln	+
U 464	Kptltn. Otto Harms	20. 8. 42	im Nordmeer	×
U 465	Kptltn. Heinz Wolf	5. 5. 43	im Atlantik	+
U 466	Kptltn. Gerhard Thater	19. 8. 44	in Toulon	○
U 467	Kptltn. Heinz Kummer	29. 5. 43	südöstlich Island	+
U 468	Kptltn. Klemens Schamong	11. 8. 43	vor Bathurst	×
U 469	Obltn. Emil Claussen	27. 3. 43	südlich Island	+
U 470	Obltn. Günter Grave	16. 10. 43	südwestl. Island	×
U 471	Kptltn. Friedrich Kloevekorn	6. 8. 44	bei Toulon	
U 472	Kptltn. Wolfried Freiherr von Forstner	4. 3. 44	südöstlich der Bäreninsel	×
U 473	Kptltn. Heinz Sternberg	5. 5. 44	im Nordatlantik	×
U 474	1944 auf Helling durch Flieger zerstört			
U 475	Kptltn. Otto Stoeffler	3. 5. 45	in Kiel	○
U 476	Obltn. Otto Niethmann	24. 5. 44	nordwestlich Drontheim	×
U 477	Obltn. Karl-Joachim Jenssen	3. 6. 44	westlich Drontheim	+
U 478	Obltn. Rudolf Rademacher	30. 6. 44	nordöstlich der Färöer-Inseln	+
U 479	Obltn. Friedrich Sons	12. 12. 44	im Finnbusen verschollen	+
U 480	Obltn. Hans-Joachim Förster	24. 2. 45	im Englischen Kanal	+
U 481	Obltn. Klaus Andersen	19. 5. 45	von Narvik nach England übergeführt und versenkt	□

U 482	Kptltn. Hartmut Graf von Matuschka	15. 1. 45	im Nordkanal	+
U 483	Kptltn. Hans-Joachim von Morstein	Mai 45	über Drontheim nach England abgeliefert und versenkt	□
U 484	Korv.K. Wolff-Axel Schäfer	9. 9. 44	südlich Hebriden	+
U 485	Obltn. Friedrich Lutz	8. 5. 45	Operation Deadlight und versenkt	□
U 486	Obltn. Gerhard Meyer	12. 4. 45	nordwestlich von Bergen	+
U 487	Obltn. Constantin Metz	13. 7. 43	im Mittelatlantik	×
U 488	Obltn. B. Studt	26. 4. 44	im Mittelatlantik	+
U 489	Obltn. Schmandt	4. 8. 43	im Nordatlantik	×
U 490	Obltn. W. Gerlach	12. 6. 44	nordwestlich der Azoren	×
U 491	bis U 500 zum Teil noch vor Baubeginn Aufträge sistiert			
U 501	Korv.K. Hugo Förster	10. 9. 41	Dänemark-Straße	×
U 502	Kptltn. Jürgen von Rosenstiel	5. 7. 42	Biskaya	+
U 503	Korv.K. Otto Gerhicke	15. 3. 42	südöstl. Neufundland	+
U 504	Kptltn. Wilhelm Luis	30. 7. 43	Nordatlantik	+
U 505	Obltn. Harald Lange	4. 6. 44	nordwestl. Dakar	×
		ab 1954	Ausstellungsstück Museum Chikago	
U 506	Kptltn. Erich Würdemann	12. 7. 43	Nordatlantik	×
U 507	Korv.K. Harro Schacht	13. 1. 43	Südatlantik	+
U 508	Kptltn. Georg Staats	12. 11. 43	Biskaya	+
U 509	Kptltn. Werner Witte	15. 7. 43	nordwestl. Madeira	+
U 510	Kptltn. Alfred Eick	8. 5. 45		□
U 511	Kptltn. Fritz Schneewind	Juli 43	an Japan verkauft	
U 512	Kptltn. Wolfgang Schultze	2. 10. 42	nördl. Cayenne	×
U 513	Kptltn. Friedrich Guggenberger	19. 7. 43	Südatlantik	×
U 514	Kptltn. Hans-Jürgen Auffermann	8. 7. 43	Biskaya	+
U 515	Kptltn. Werner Henke	9. 4. 44	nördl. Madeira	×
U 516	Obltn. Friedrich Petran	Mai 45	und versenkt	□
U 517	Kptltn. Paul Hartwig	21. 11. 42	südwestl. Irland	×
U 518	Obltn. Hans Offermann	22. 4. 45	Nordatlantik	+
U 519	Kptltn. Günter Eppen	10. 2. 43	südwestl. Irland	+
U 520	Kptltn. Volkmar Schwartzkopf	30. 10. 42	Nordatlantik	+
U 521	Kptltn. Klaus Bargsten	2. 6. 43	südöstl. Baltimore	×
U 522	Kptltn. Herbert Schneider	23. 2. 43	südwestl. Madeira	+
U 523	Kptltn. Werner Pietzsch	25. 8. 43	Nordatlantik	×
U 524	Kptltn. Walther Freiherr von Steinaecker	22. 3. 43	südl. Madeira	+
U 525	Kptltn. Hans-Joachim Drewitz	11. 8. 43	Nordatlantik	+
U 526	Kptltn. Hans Möglich	14. 4. 43	vor Lorient auf eine Mine gelaufen	×
U 527	Kptltn. Herbert Uhlig	23. 7. 43	südl. der Azoren	×
U 528	Kptltn. Georg von Rabenau	13. 5. 43	südwestl. Irland	×
U 529	Kptltn. Georg-Werner Fraatz	15. 2. 43	im Nordatlantik	+
U 530	Obltn. Otto Wermuth	Juli 45		□
U 531	Kptltn. Herbert Neckel	6. 5. 43	nordöstl. Neufundland	+
U 532	Freg.K. Ottoheinrich Junker	Mai 45	und versenkt	□
U 533	Kptltn. Helmut Hennig	17. 10. 43	Golf von Oman	×
U 534	Kptltn. Herbert Nollau	5. 5. 45	Kattegatt	×
U 535	Kptltn. Helmut Ellmenreich	5. 7. 43	Biskaya	+
U 536	Kptltn. Rolf Schauenburg	20. 11. 43	Nordatlantik	×
U 537	Kptltn. Peter Schrewe	9. 11. 44	Java-See	+
U 538	Kptltn. Hans-Egbert Goßler	21. 11. 43	Nordatlantik	+
U 539	Kptltn. Hans-Jürgen Lauterbach-Emden	Mai 45	und versenkt	□
U 540	Kptltn. Lorenz Kasch	18. 10. 43	östl. Cape Farewell	+
U 541	Kptltn. Kurt Petersen	Mai 45	und versenkt	□
U 542	Obltn. Christian-Brandt Coester	28. 11. 43	nördl. Madeira	+
U 543	Kptltn. Hans-Jürgen Hellriegel	2. 7. 44	südwestl. Teneriffa	+
U 544	Kptltn. Willy Mattke	17. 1. 44	Nordatlantik	+
U 545	Kptltn. Gert Mannesmann	11. 2. 44	Nordatlantik	×
U 546	Kptltn. Paul Just	24. 4. 45	nordwestl. der Azoren	×
U 547	Obltn. Peter Niemeyer	Nov. 44	Ostsee	
U 548	Obltn. Erich Krempl	30. 4. 45	östl. Kap Hatteras	+
U 549	Kptltn. Detlev Krankenhagen	29. 5. 44	südwestl. Madeira	+
U 550	Kptltn. Klaus Hänert	16. 4. 44	östl. New York	○

U 551	Kptltn. Karl Schrott	23. 3. 41	südöstl. Island	+
U 552	Obltn. Günter Lube	Mai 45	in Wilhelmshaven	O
U 553	Korv.K. Karl Thurmann	Seit Jan. 43	im Mittelatlantik vermißt	+
U 554	Kptltn. Karl Hartwig Siebold	3. 5. 45	in Wilhelmshaven	O
U 555	Obltn. Detlev Fritz	März 45	in Hamburg auß. Dienst gestellt	□
U 556	Kptltn. Herbert Wohlfahrt	27. 6. 41	südwestlich Island	O
U 557	Kptltn. Ottokar Paulßen	16. 12. 41	vor Salamis	+
U 558	Kptltn. Günter Krech	20. 7. 43	in der Biskaya	×
U 559	Kptltn. Hans Heidtmann	30. 10. 42	nordöstl. Port Said	+
U 560	Obltn. Paul Jacobs	3. 5. 45	in Kiel	O
U 561	Obltn. Fritz Henning	12. 7. 43	in der Straße von Messina	×
U 562	Kptltn. Horst Hamm	19. 2. 43	nordöstl. Bengasi	×
U 563	Obltn. Gustav Borchardt	31. 5. 43	südwestl. von Brest	+
U 564	Kptltn. Hans Fiedler	14. 6. 43	in der Biskaya	×
U 565	Kptltn. Fritz Henning	24. 9. 44	in Salamis/Mittelmeer	O
U 566	Kptltn. Hans Hornkohl	24. 10. 43	im Nordatlantik	×
U 567	Kptltn. Engelbert Endrass	21. 12. 41	nordöstl. der Azoren	+
U 568	Kptltn. Joachim Preuß	28. 5. 42	nordöstl. Tobruk	+
U 569	Obltn. H. Johannsen	22. 5. 43	im mittl. Nordatlantik	×
U 570	Kptltn. Hans Joachim Rahmlow	27. 8. 41	südlich Island	
U 571	Obltn. Gustav Lüssow	28. 1. 44	westlich Irland	+
U 572	Obltn. Heinz Kummetat	3. 8. 43	nordöstl. Trinidad	+
U 573	Kptltn. Heinrich Heinsohn	1. 5. 42	nordwestlich Algier	
U 574	Kptltn. Dietrich Gengelbach	19. 12. 41	im Nordatlantik	×
U 575	Obltn. Wolfgang Boehmer	13. 3. 44	nördl. der Azoren	×
U 576	Kptltn. Hans-Dieter Heinicke	15. 7. 42	im Nordatlantik	+
U 577	Kptltn. Herbert Schauenburg	9. 1. 42	im Mittelmeer	+
U 578	Korv.K. Ernst-August Rehwinkel	9. 8. 42	in der Biskaya	+
U 579	Obltn. Hans-Dietrich Schwarzenberg	5. 5. 45	im Kleinen Belt	+
U 580	Obltn. Hans-Günter Kuhlmann	11. 11. 41	vor Memel	×
U 581	Kptltn. Werner Pfeiffer	2. 2. 42	südwestl. Azoren	×
U 582	Kptltn. Werner Schulte	6. 10. 42	südwestl. Island	+
U 583	Kptltn. Heinrich Ratsch	15. 11. 41	in der Ostsee	+
U 584	Kptltn. Joachim Deecke	31. 10. 43	im Nordatlantik	+
U 585	Kptltn. Bernhard Lohse	29. 3. 42	vor Murmansk	+
U 586	Obltn. Heinz Götze	5. 7. 44	bei Toulon	×
U 587	Kptltn. Ulrich Borcherdt	27. 3. 42	im Nordatlantik	+
U 588	Kptltn. Victor Vogel	31. 7. 42	im mittl. Nordatlantik	+
U 589	Kptltn. Hans-Joachim Horrer	12. 9. 42	südwestl. Spitzbergen	+
U 590	Obltn. W. Kruer	9. 7. 43	im Mittelatlantik	+
U 591	Kptltn. Reiner Ziesmer	30. 7. 43	im Südatlantik	×
U 592	Obltn. Heinz Jaschke	31. 1. 44	südwestl. Irland	+
U 593	Kptltn. Gerd Kelbling	13. 12. 43	nördl. Constantine/Algier	×
U 594	Kptltn. Friedrich Mumm	7. 6. 43	westl. Gibraltar	+
U 595	Kptltn. Jürgen Quaet-Faslem	14. 11. 42	nordöstl. Oran	×
U 596	Obltn. Hans Kolbus	24. 9. 44		O
U 597	Kptltn. E. Bopst	12. 10. 42	südwestl. Island	+
U 598	Kptltn. Gottfried Holtorf	26. 7. 43	im Südatlantik	×
U 599	Kptltn. Wolfgang Breithaupt	24. 10. 44	nordöstl. Azoren	+
U 600	Kptltn. Bernhard Zurmühlen	25. 11. 43	im Nordatlantik	+
U 601	Obltn. Otto Hansen	25. 2. 44	nordwestl. Narvik	+
U 602	Kptltn. Philipp Schüler	23. 4. 43	verschollen	
U 603	Kptltn. Hans-Joachim Bertelsmann	1. 3. 44	im mittleren Nordatlantik	+
U 604	Kptltn. Horst Höltring	11. 8. 43		O
U 605	Kptltn. Herbert-Victor Schütze	11. 11. 42	vor Algier	+
U 606	Obltn. Hans Döhler	22. 2. 43	im mittleren Nordatlantik	×
U 607	Obltn. Wolf Jeschonnek	13. 7. 43	vor der Biskaya	×
U 608	Obltn. Wolfgang Reisener	10. 8. 44	in der Biskaya	×
U 609	Kptltn. Klaus Rudloff	7. 2. 43	im mittleren Nordatlantik	+
U 610	Kptltn. Walter Freiherr von Freyberg-Eisenberg-Allmendingen	8. 10. 43	im mittleren Nordatlantik	+
U 611	Kptltn. Nikolaus von Jacobs	10. 12. 42	südlich Island	+
U 612	Obltn. Hans-Peter Dick	2. 5. 45	in Warnemünde	O
U 613	Korv.K. Helmut Köppe	23. 7. 43	südlich der Azoren	+
U 614	Kptltn. Wolfgang Sträter	28. 7. 43	im Nordatlantik	+
U 615	Kptltn. Ralph Kapitzky	6. 8. 43	in der Karibischen See	×
U 616	Kptltn. Siegfried Koitschka	16. 5. 44	im westlichen Mittelmeer	×
U 617	Korv.K. Albrecht Brandi	12. 9. 43	vor Melilla	×
U 618	Obltn. Erich Faust	14. 8. 44	in der Biskaya	+
U 619	Obltn. Kurt Makowski	15. 10. 42	im mittleren Nordatlantik	+
U 620	Kptltn. Heinz Stein	14. 2. 43	nordwestlich Lissabon	+
U 621	Obltn. Hermann Stuckmann	18. 8. 44	in der Biskaya	+

U 622	Kptltn. Horst-Thilo Queck	24. 7. 43	vor Drontheim/Norwegen	×
U 623	Obltn. Hermann Schröder	21. 2. 43	im Nordatlantik	+
U 624	Kptltn. Ulrich Graf von Soden-Fraunhofen	7. 2. 43	im Nordatlantik	+
U 625	Obltn. Siegfried Straub	10. 3. 44	westlich Irland	+
U 626	Ltn. H. Bade	15. 12. 42	im mittleren Nordatlantik	+
U 627	Kptltn. Robert Kindelbacher	27. 10. 42	südlich Island	+
U 628	Kptltn. Heinrich Hasenschar	3. 7. 43	vor der Biskaya	+
U 629	Obltn. Hans Helmuth Bugs	8. 6. 44	vor dem Englischen Kanal	+
U 630	Obltn. Werner Winkler	4. 5. 43	im Nordatlantik	+
U 631	Obltn. Jürgen Krüger	17. 10. 43	im Nordatlantik	+
U 632	Kptltn. Hans Karpf	6. 4. 43	westlich Island	+
U 633	Obltn. Bernhard Müller	7. 3. 43	im mittleren Nordatlantik	+
U 634	Obltn. Eberhard Dahlhaus	30. 8. 43	östlich der Azoren	+
U 635	Obltn. Heinz Eckelmann	6. 4. 43	südwestlich Island	+
U 636	Obltn. Eberhard Schendel	21. 4. 45	westlich Irland	+
U 637	Kptltn. Wolfgang Rickeberg	6. 5. 45		□
			und versenkt	
U 638	Kptltn. Oskar Staudinger	5. 5. 43	nordöstlich Neufundland	+
U 639	Obltn. Walter Wichmann	21. 8. 43	in der Karasee vor Ob-Mündung	+
U 640	Obltn. Heinz Nagel	17. 5. 43	im Nordatlantik	+
U 641	Kptltn. Horst Rendtel	19. 1. 44	südwestlich Irland	+
U 642	Kptltn. Herbert Brünning	5. 7. 44	auf Toulon	×
U 643	Kptltn. Hans-Harald Speidel	8. 10. 43	im mittleren Nordatlantik	×
U 644	Obltn. Kurt Jensen	7. 4. 43	nordwestlich Narvik/ Norwegen	+
U 645	Obltn. Ferro	24. 12. 43	nordöstlich der Azoren	+
U 646	Obltn. H. Wulff	17. 5. 43	südöstlich Island	+
U 647	Kptltn. Willi Hertin	seit 3. 8. 43	vor Island verschollen	
U 648	Obltn. Stahl	23. 11. 43	nordöstlich Azoren	+
U 649	Obltn. Raimund Tiesler	24. 2. 43	östliche Ostsee	×
U 650	Obltn. Rudolf Zorn	seit 7. 1. 45	westlich England vermißt	+
U 651	Kptltn. Peter Lohmeyer	29. 6. 41	südlich Island	×
U 652	Obltn. Georg-Werner Fraatz	2. 6. 42	im östlichen Mittelmeer	○
U 653	Obltn. Hans-Albrecht Kandler	15. 3. 44	im mittleren Nordatlantik	+
U 654	Obltn. Ludwig Forster	22. 8. 42	in der Karabischen See	+
U 655	Kptltn. Dumrese	24. 3. 42	nördlich Hammerfest/ Norwegen	+
U 656	Obltn. Ernst Kröning	1. 3. 42	südlich Neufundland	+
U 657	Kptltn. Heinrich Göllnitz	14. 5. 43	im Nordatlantik	+
U 658	Kptltn. Hans Senkel	30. 10. 42	nordöstlich Neufundland	+
U 659	Kptltn. Hans Stock	3. 5. 43	im Nordatlantik	
U 660	Kptltn. Götz Baur	12. 11. 42	im Mittelmeer	×
U 661	Obltn. Eric von Lilienfeld	15. 10. 42	im mittleren Nordatlantik	+
U 662	Kptltn. Heinz-Eberhard Müller	21. 7. 43	nördlich Amazonas	×
U 663	Kptltn. Heinrich Schmid	7. 5. 43	vor der Biskaya	+
U 664	Kptltn. Adolf Graef	9. 8. 43	westlich Azoren	×
U 665	Kptltn. H. J. Haupt	22. 3. 43	in der Biskaya	+
U 666	Obltn. Willberg	10. 2. 44	westlich Irland	×
U 667	Obltn. Karl-Heinz Lange	25. 8. 44	in der Biskaya	+
U 668	Kptltn. Fritz Henning	19. 5. 45		□
			und versenkt	
U 669	Obltn. Köhl	7. 9. 43	vor der Biskaya	+
U 670	Obltn. Guido Hyronimus	21. 8. 43	in der Danziger Bucht	×
U 671	Obltn. Wolfgang Hegewald	4. 8. 44	im Englischen Kanal	×
U 672	Obltn. Ulf Lawaetz	18. 7. 44	nördlich Guernsey	×
U 673	Obltn. Ernst Gerke	24. 10. 44	vor Stavanger/Norwegen	×
U 674	Obltn. Harald Muhs	2. 5. 44	nordwestlich Narvik	+
U 675	Obltn. Karl-Heinz Sammler	24. 5. 44	im Nordmeer	+
U 676	Obltn. Werner Saß	19. 2. 45	im Finnbusen	+
U 677	Obltn. Gerhard Ady	April 45	bei Luftangriff auf Werft	×
U 678	Obltn. Guido Hyronimus	6. 7. 44	im Englischen Kanal	×
U 679	Obltn. Eduard Aust	10. 1. 45	in der Ostsee	+
U 680	Obltn. Max Ulber	24. 6. 45		□
			und versenkt	
U 681	Obltn. Werner Gebauer	11. 3. 45	im Englischen Kanal	×
U 682	Obltn. Tienemann	31. 3. 45	bei Luftangriff auf Hamburg	×
U 683	Kptltn. Günter Keller	12. 3. 45	im Englischen Kanal	+
U 684	bis U 700 vor Baubeginn Auftr. sistiert			
U 701	Kptltn. Horst Degen	7. 7. 42	im Nordatlantik	×
U 702	Kptltn. Wolf-Rüdiger von Rabenau	4. 4. 42	in der Nordsee	+

U 703	Obltn. Joachim Brünner	seit Sept. 44	im Nordmeer verschollen	+
U 704	Obltn. Gerhard Nolte	3. 5. 45	in Vegesack	O
U 705	Kptltn. Karl-Horst Horn	3. 9. 42	Biskaya	+
U 706	Kptltn. Alexander von Zitzewitz	20. 8. 43	Biskaya	×
U 707	Obltn. Günther Gretschel	9. 11. 43	östlich Azoren	+
U 708	Obltn. Herbert Kühn	3. 5. 45	in Wilhelmshaven	O
U 709	Obltn. Rudolf Ites	1. 3. 44	im Nordatlantik	+
U 710	Obltn. Dietrich von Carlowitz	24. 4. 43	südlich Island	+
U 711	Kptltn. Hans-Günther Lange	4. 5. 45	Harstadt/Nordnorwegen	×
U 712	Obltn. Eberhard Freiherr v. Ketelhodt	Juni 45	in Kristiansand/Süd	□
			und versenkt	
U 713	Obltn. Henri Gosejacob	24. 2. 44	nordwestlich Narvik	+
U 714	Kptltn. Hans-Joachim Schebcke	14. 3. 45	in der Nordsee	+
U 715	Kptltn. Helmut Röttger	13. 6. 44	nordöstlich Färöer-Inseln	×
U 716	Obltn. Hans Thieme	19. 5. 45		□
			und versenkt	
U 717	Obltn. Siegfried von Rothkirch und Panthen	2. 5. 45	bei Glücksburg	O
U 718	Obltn. Helmut Wieduwilt	18. 11. 43	nordöstlich Bornholm	×
U 719	Kptltn. Klaus-Dietrich Steffens	26. 6. 44	westlich Nord-Irland	+
U 720	Obltn. Erhard Wendelberger	24. 6. 45		□
			und versenkt	
U 721	Obltn. Ludwig Fabricius	Mai 45	in der Geltinger Bucht	O
U 722	Obltn. Kurt Reimers	27. 3. 45	bei Hebriden-Inseln	+
U 723	bis U 730 vor Baubeginn Auftrag sistiert			
U 731	Obltn. Alexander Graf Keller	15. 5. 44	vor Tanger	+
U 732	Obltn. Claus-Peter Carlsen	31. 10. 43	vor Gibraltar	×
U 733	Obltn. Ulrich Hammer	5. 5. 45	in der Geltinger Bucht	O
U 734	Obltn. Hansjörg Blauert	9. 2. 44	südwestlich Irland	+
U 735	Kptltn. Hans-Joachim Börner	29. 12. 44	in Norwegen	×
U 736	Obltn. Reinhard Reff	6. 8. 44	in der Biskaya	×
U 737	Obltn. Friedrich-August Gréus	19. 12. 44	vor Narvik	×
U 738	Obltn. Gebhard Hoffmann	14. 2. 44	vor Gotenhafen	
U 739	Obltn. Fritz Kosnick	30. 6. 45		□
			und versenkt	
U 740	Kptltn. Günther Stark	9. 6. 44	im Nordatlantik	+
U 741	Obltn. Gerhard Palmgren	15. 8. 44	nordwestlich Le Havre	×
U 742	Kptltn. Heinz Schwaßmann	18. 7. 44	westlich Narvik	+
U 743	Obltn. Helmut Kandzior	9. 9. 44	nordwestlich Irland	+
U 744	Obltn. Heinz Blischke	6. 3. 44	im mittleren Nordatlantik	×
U 745	Kptltn. Wilhelm von Trotha	seit 4. 2. 45	im Finnbusen verschollen	+
U 746	Obltn. Ernst Lottner	5. 5. 45	in der Geltinger Bucht	O
U 747	Obltn. Günter Zahnow	April 45	in Hamburg	×
U 748	Obltn. Hans-Friedrich Puschmann	3. 5. 45	in Rendsburg	O
U 749	Obltn. Huisken	4. 4. 45	in Kiel	×
U 750	Obltn. Fritz Grauert	5. 5. 45	in der Geltinger Bucht	O
U 751	Kptltn. Gerhard Bigalk	17. 7. 42	im Nordatlantik	+
U 752	Kptltn. Karl-Ernst Schröter	23. 5. 43	im mittleren Nordatlantik	+
U 753	Korv.K. Alfred Manhardt v. Mannstein	seit 15. 5. 43	verschollen	+
U 754	Kptltn. Hans Oestermann	31. 7. 42	nördlich Boston	+
U 755	Kptltn. Walter Göing	28. 5. 43	nordwestlich Mallorca	×
U 756	Kptltn. Klaus Harney	3. 9. 42	südwestlich von Island	+
U 757	Kptltn. Friedrich Deetz	8. 1. 44	südwestlich Irland	+
U 758	Obltn. Hans-Arnd Feind	1945		□
			und versenkt	
U 759	Kptltn. Rudolf Friedrich	26. 7. 43	östlich Jamaica	+
U 760	Kptltn. Otto-Ulrich Blum	8. 9. 43	Spanien interniert	□
			und versenkt	
U 761	Obltn. Horst Geider	24. 2. 44	vor Tanger	×
U 762	Obltn. Walter Pietschmann	8. 2. 44	im mittleren Nordatlantik	+
U 763	Obltn. Karlheinz Schröter	24. 1. 45	bei Königsberg	×
U 764	Obltn. Hanskurt von Bremen	Mai 45		□
			und versenkt	
U 765	Obltn. Wendt	6. 5. 44	im mittleren Nordatlantik	×
U 766	Obltn. Hans-Joachim Wilke	Aug. 44	außer Dienst gestellt	
U 767	Obltn. Dankleff	18. 6. 44	südwestlich Guersey	×
U 768	Obltn. Johann Buttjer	20. 11. 43	in der Ostsee	×
U 769	und U 770 während des Baues auf der Werft in Wilhelmshaven Mitte 1943 durch Luftangriff vernichtet			
U 771	Obltn. Gert Block	11. 11. 44	im Nordmeer	×

U 772	Kptltn. Ewald Rademacher	30. 12. 44	im Kanal südlich Weymouth	+
U 773	Obltn. Hugo Baldus	Mai 45		□
			und versenkt	
U 774	Obltn. Werner Sausmikat	8. 5. 45	südwestlich Irland	+
U 775	Obltn. Erich Taschenmacher	Mai 45		□
			und versenkt	
U 776	Obltn. Lothar Martin	Mai 45		□
U 777	Obltn. Günter Ruperti	15. 10. 44	Wilhelmshaven	×
U 778	Obltn. Ralf Jürs	Mai 45		□
			und versenkt	
U 779	Obltn. J. Stegemann	24. 6. 45		□
			und versenkt	
U 780	bis U 791 vor Baubeginn Auftrag sistiert bzw. Auftrag nicht mehr vergeben			
U 792	Obltn. Hans Duis	Mai 45	in der Flensburger Förde Später gehoben und nach England übergeführt. Versuche	○
U 793	Obltn. Friedrich Schmidt	3. 5. 45	in Kiel Später gehoben und nach England übergeführt. Versuche	○
U 794	Obltn. Ph. Becker	3. 5. 45	in der Geltinger Bucht	○
U 795	Obltn. Horst Selle	3. 5. 45	in Kiel Später gehoben und nach England übergeführt. Versuche	○
U 801	Kptltn. Hans-Joachim Branz	17. 3. 44	Mittelatlantik	×
U 802	Kptltn. Helmut Schmoeckel	Mai 45		□
			und versenkt	
U 803	Kptltn. Karl Schimpf	27. 4. 44	vor Swinemünde	×
U 804	Obltn. Harald Meyer	9. 4. 45	Kleinen Belt	×
U 805	Korv.K. Richard Bernardelli	10. 5. 45		□
U 806	Kptltn. Klaus Hornbostel	24. 6. 45		□
U 807	bis U 820 vor Baubeginn sistiert oder nicht mehr vergeben			
U 821	Obltn. Ulrich Knackfuß	10. 6. 44	in der Biskaya	×
U 822	Obltn. Elsinghorst	3. 5. 45	Wesermünde	○
U 823	und U 824 vor Baubeginn Auftrag sistiert			
U 825	Obltn. Stölker	24. 6. 45		□
			und versenkt	
U 826	Obltn. Olaf Lübcke	Mai 45		□
			und versenkt	
U 827	Kptltn. Kurt Baberg	Mai 45	in der Geltinger Bucht	○
U 828	Obltn. Alfred John	3. 5. 45	in Wesermünde	○
U 829	bis U 840 nicht gebaut			
U 841	Kptltn. Werner Bender	17. 10. 43	östl. Cape Farewell	×
U 842	Korv.K. Wolfgang Heller	6. 11. 43	Nordatlantik	+
U 843	Kptltn. Oskar Herwartz	9. 4. 45	Kattegatt	×
U 844	Obltn. Günther Möller	16. 10. 43	südwestl. Island	+
U 845	Korv.K. Werner Weber	10. 3. 44	Nordatlantik	×
U 846	Obltn. Erich Hashagen	4. 5. 44	Biskaya	×
U 847	Kptltn. Herbert Kuppisch	27. 8. 43	im Sargassomeer	+
U 848	Korv.K. Wilhelm Rollmann	5. 11. 43	Südatlantik	+
U 849	Kptltn. Heinz-Otto Schultze	25. 11. 43	westl. Kongomündung	+
U 850	Freg.K. Klaus Ewerth	20. 12. 43	westl. Madeira	+
U 851	Korv.K. Hannes Weingaertner	seit März 44	südöstl. Neufundland	
			verschollen	+
U 852	Kptltn. Heinz Wilhelm Eck	3. 5. 44	Somaliküste	×
U 853	Obltn. Helmut Frömsdorf	6. 5. 45	vor New York	+
U 854	Kptltn. Horst Weiher	4. 2. 44	Ostsee	×
U 855	Obltn. Prosper Ohlsen	24. 9. 44	westl. Bergen	+
U 856	Obltn. Friedrich Wittenberg	7. 4. 44	östl. Philadelphia	×
U 857	Obltn. Rudolph Premauer	7. 4. 45	vor Boston	+
U 858	Kptltn. Thilo Bode	14. 5. 45		□
U 859	Kptltn. Johann Jebsen	23. 9. 44	Straße von Malakka	+
U 860	Freg.K. Paul Büchel	4. 7. 44	vor Südafrika	×
U 861	Freg.K. Jürgen Oesten	Mai 45		□
			und versenkt	
U 862	Korv.K. Heinrich Timm	Mai 45	von Japan übernommen	
U 863	Kptltn. Dietrich von der Esch	29. 9. 44	im Südatlantik	+
U 864	Korv.K. Ralf-Raimar Wolfram	9. 2. 45	westl. Bergen	+
U 865	Obltn. Stellmacher	19. 9. 44	nordwestl. Bergen	+

U 866	Obltn. Peter Rogowsky	18. 3. 45	nordöstl. Boston	+
U 867	Kpt. z. S. Arved von Mühlendahl	18. 9. 44	nordwestl. Bergen	+
U 868	Obltn. Eduard Turre	Mai 45		□
			und versenkt	
U 869	Kptltn. Helmuth Neuerburg	28. 2. 45	vor Rabat	+
U 870	Korv.K. Ernst Hechler	30. 3. 45	durch Fliegerangriff auf Bremen vernichtet	
U 871	Kptltn. Erwin Ganzer	26. 9. 44	nordwestl. der Azoren	+
U 872	Kptltn. Peter-Ottmar Grau	29. 7. 44	durch Flieger in Bremen vernichtet	
U 873	Kptltn. Friedrich Steinhoff	16. 5. 45		□
U 874	Kptltn. Theodor Petersen	Mai 45		□
			und versenkt	
U 875	Kptltn. Georg Preuß	Mai 45		□
			und versenkt	
U 876	Kptltn. Rolf Bahn	5. 5. 45	in der Eckernförder Bucht	○
U 877	Kptltn. Eberhard Findeisen	27. 12. 44	Nordatlantik	×
U 878	Kptltn. Johannes Rodig	10. 4. 45	westl. St. Nazaire	+
U 879	Kptltn. Erwin Machen	19. 4. 45	östl. Boston/USA	+
U 880	Kptltn. Gerhard Schötzau	16. 4. 45	Nordatlantik	+
U 881	Obltn. Heinz Frischke	6. 5. 45	südöstl. Neufundland	+
U 882	vor Baubeginn Auftrag sistiert			
U 883	Obltn. Übel	24. 6. 45		□
			und versenkt	
U 884	Kptltn. Konrad Lüders	30. 3. 45	auf Helling d. Flieger zerstört	
U 885	Auftrag sistiert nach bzw. vor Baubeginn			
U 886	auf Helling	30. 3. 45	durch Flieger zerstört	
U 887	Auftrag sistiert nach bzw. vor Baubeginn			
U 888	Auftrag sistiert nach bzw. vor Baubeginn			
U 889	Kptltn. Friedrich Bräucker	Mai 45		
U 890	bis U 900 vor Baubeginn Auftrag sistiert			
U 901	Obltn. Hermann Schrenk	Mai 45		□
			und versenkt	
U 902	vor Baubeginn Auftrag sistiert			
U 903	Obltn. Otto Fränzel	3. 5. 45	in Kiel	○
U 904	Obltn. Günter Stührmann	4. 5. 45	in Eckernförde	×
U 905	Obltn. Herbert Schwarting	20. 3. 45	südöstlich der Färöer-Inseln	+
U 906		31. 12. 44	auf Helling durch Flieger vernichtet	
U 907	Obltn. Servais Cabolet	Mai 45		□
			und versenkt	
U 908		31. 12. 44	auf Helling durch Flieger vernichtet	
U 909	bis U 920 vor Baubeginn Auftrag sistiert bzw. nicht mehr vergeben			
U 921	Obltn. A. Werner	30. 9. 44	nordwestlich Hammerfest	+
U 922	Obltn. Erich Käselau	3. 5. 45	in Kiel	○
U 923	Obltn. Heinz Frömmer	Febr. 45	östl. Feuerschiff Kiel	+
U 924	Obltn. Hanjürg Schild	3. 5. 45	in Kiel	○
U 925	Obltn. Knoke	seit Sept. 44	verschollen	+
U 926	Obltn. Helmut Rehren	Mai 45		□
U 927	Kptltn. Jürgen Ebert	24. 2. 45	im Englischen Kanal	+
U 928	Kptltn. Helmut Stähler	Mai 45		□
			und versenkt	
U 929	Obltn. W. Schulz	3. 5. 45	vor Warnemünde	○
U 930	Obltn. Kurt Mohr	3. 5. 45		□
			und versenkt	
U 931	bis U 950 vor Baubeginn Auftrag sistiert bzw. Auftrag nicht mehr vergeben			
U 951	Obltn. Kurt Pressel	7. 7. 43	im Nordatlantik	+
U 952	Kptltn. Oscar Curio	6. 8. 44	Toulon	×
U 953	Obltn. Erich Steinbrink	20. 5. 45		□
U 954	Kptltn. Udo Löwe	19. 5. 43	im Nordatlantik	+
U 955	Obltn. Baden	7. 6. 44	in der Biskaya	+
U 956	Obltn. Heinz-Dieter Mohs	Mai 45		□
			und versenkt	
U 957	Obltn. Gerhard Schaar	19. 10. 44	bei Lofoten/Norwegen	×

U 958	Obltn. Friedrich Stege	3. 5. 45		○
U 959	Obltn. Friedrich Weitz	2. 5. 44	im Nordmeer	+
U 960	Obltn. Günther Heinrich	19. 5. 44	nordwestlich von Algier	×
U 961	Obltn. Klaus Fischer	29. 3. 44	östlich Island	+
U 962	Obltn. Ernst Lieseberg	8. 4. 44	im Nordatlantik	+
U 963	Obltn. Rolf-Werner Wentz	10. 5. 45	vor portugiesischer Küste	○
U 964	Obltn. Johann Emmo Hummer	16. 10. 43	südwestlich Island	×
U 965	Obltn. Günter Unverzagt	27. 3. 45	nördlich Schottland	+
U 966	Obltn. Ekkehard Wolf	10. 11. 44	in der Biskaya	×
U 967	Obltn. Heinz-Eugen Eberbach	11. 8. 44	in Toulon	○
U 968	Obltn. Otto Westphalen	19. 5. 45		□
			und versenkt	
U 969	Obltn. Dobbert	6. 8. 44	vor Toulon	×
U 970	Kptltn. Hans Heinrich Ketels	7. 6. 44	westlich Bordeaux	×
U 971	Obltn. Walter Zeplin	24. 6. 44	im Englischen Kanal	×
U 972	Obltn. Klaus-Dietrich König	seit Jan. 44	im Nordatlantik verschollen	+
U 973	Obltn. Klaus Paepenmöller	6. 3. 44	nordwestlich Narvik	×
U 974	Kptltn. Heinz Wolff	19. 4. 44	vor Stavanger	×
U 975	Kptltn. Wilhelm Brauel	Mai 45		□
			und versenkt	
U 976	Obltn. Raimund Tiesler	25. 3. 44	in der Biskaya	×
U 977	Obltn. Heinz Schaeffer	Mai 45		□
			und versenkt	
U 978	Obltn. Günther Pulst	Mai 45		□
			und versenkt	
U 979	Kptltn. Johannes Meermeier	3. 5. 45	in der Nordsee	○
U 980	Kptltn. Hermann Dahms	11. 6. 44	nordwestlich Bergen	+
U 981	Obltn. Günther Keller	12. 8. 44	Biskaya	×
U 982	Obltn. Curt Harmann	April 45	Hamburg	×
U 983	Obltn. Kurt Reimers	8. 9. 43	in der Ostsee	×
U 984	Obltn. Heinz Sieder	20. 8. 44	Biskaya	+
U 985	Kptltn. Heinz Wolff	Mai 45		□
			und versenkt	
U 986	Obltn. Karl-Ernst Kaiser	17. 4. 44	südwestl. Irland	×
U 987	Obltn. Hilmar Schreyer	15. 6. 44	westl. Narvik	+
U 988	Obltn. Erich Dobberstein	29. 6. 44	westl. Guernsey	+
U 989	Kptltn. Hardo Rodler von Roithberg	14. 2. 45	Färöer-Insel	+
U 990	Kptltn. Hubert Nordheimer	25. 5. 44	Nordmeer	×
U 991	Kptltn. Diethelm Balke	Mai 45		□
			und versenkt	
U 992	Obltn. Hans Falke	19. 5. 45		□
			und versenkt	
U 993	Obltn. Karl-Heinz Steinmetz	4. 10. 44	Bergen n. Fliebos AD	×
U 994	Obltn. V. Melzer	Mai 45		□
			und versenkt	
U 995	Obltn. Hans-Georg Hess	8. 5. 45	AD dann	□
U 996		Aug. 44	im Bau auf Helling in Ham-burg durch Flieger vernichtet	
U 997	Kptltn. Hans Lehmann	19. 5. 45		□
			und versenkt	
U 998	Obltn. Gerhard Fiedler	27. 6. 44	außer Dienst gestellt n. Fliebos	
U 999	Obltn. Wolfgang Heibkes	5. 5. 45	Geltinger Bucht	○
U 1000	Obltn. Müller	29. 9. 44	außer Dienst gestellt n. Mine	
U 1001	Kptltn. Ernst Blaudow	8. 4. 45	Nordatlantik	×
U 1002	Obltn. Richard Boos	Mai 45		□
U 1003	Obltn. W. Strübing	23. 3. 45	Nordkanal	○
U 1004	Obltn. Rudolf Hinz	Mai 45	Bergen	□
			und versenkt	
U 1005	Obltn. Hermann Lauth	Mai 45		□
U 1006	Obltn. Horst Voigt	16. 10. 44	südwestl. der Färöer-Inseln	×
U 1007	Kptltn. Ernst von Witzendorff	2. 5. 45	nördl. Wismar	×
U 1008	Obltn. Hans Geßner	6. 5. 45	Skagens-Horn	×
U 1009	Obltn. Klaus Hilgendorf	Mai 54		□
			und versenkt	
U 1010	Kptltn. Günter Strauch	Mai 45		□
			und versenkt	
U 1011			im Bau auf Helling in Hamburg	
U 1012			durch Fliegerangriff vernichtet	
U 1013	Obltn. Gerhard Linck	17. 3. 44	Ostsee Kollision	×
U 1014	Obltn. Wolfgang Glaser	4. 2. 45	Minchkanal (Hebriden)	+
U 1015	Obltn. Richard Boos	19. 5. 44	westl. Pillau	×
U 1016	Obltn. Walter Ehrhardt	5. 5. 45	Großer Belt	○

U 1017	Obltn. W. Rinken	29. 4. 45	nordwestl. Irland	+
U 1018	Obltn. Walter Burmeister	27. 2. 45	im Kanal	×
U 1019	Obltn. Rinck	Mai 45		□
			und versenkt	
U 1020	Obltn. Otto Eberlein	seit Jan. 45	verschollen	
U 1021	Obltn. William Holpert	30. 3. 45	Minchkanal (Hebriden)	+
U 1022	Obltn. Hans-Joachim Ernst	Mai 45		□
			und versenkt	
U 1023	Kptltn. Heinrich Schroeteler	Mai 45		□
			und versenkt	
U 1024	Kptltn. Hans-Joachim Gutteck	12. 4. 45	südlich der Isle of Man	×
U 1025	Kptltn. Oskar Curio	5. 5. 45	Geltinger Bucht	○
U 1026	bis U 1050 vor Baubeginn Auftrag sistiert bzw. Auftrag nicht vergeben			
U 1051	Obltn. Heinrich v. Holleben	27. 1. 45	St. Georgs-Kanal	+
U 1052	Obltn. Günther Scholz	Mai 45		□
			und versenkt	
U 1053	Obltn. Helmut Lange	15. 2. 45	vor Bergen	+
U 1054	Letzter Kommandant nicht ermittelt	16. 9. 44	in Rostock außer Dienst gestellt 1945	□
U 1055	Obltn. Rudolf Meyer	30. 4. 45	westl. Brest	+
U 1056	Obltn. Gustav Schröder	5. 5. 45	Geltinger Bucht	○
U 1057	Obltn. Dr. Günter Lüth	Mai 45		□
			und versenkt	
U 1058	Obltn. Hermann Bruder	Mai 45		□
			und versenkt	
U 1059	Obltn. Günter Leupold	19. 3. 44	südwestl. Kapverdische Inseln	×
U 1060	Obltn. Herbert Brammer	27. 10. 44	Nordmeer	×
U 1061	Obltn. Heinz-Gerhard Jäger	Mai 45		□
			und versenkt	
U 1062	Obltn. Karl Albrecht	30. 9. 44	südwestl. Kapverdische Inseln	+
U 1063	Kptltn. Stephan	15. 4. 45	Kanal westl. Landsend	×
U 1064	Freg.K. Karl-Hermann Schneidewind	Mai 45		□
			und versenkt	
U 1065	Obltn. J. Panitz	9. 4. 45	im Kattegatt	+
U 1066	bis U 1100 vor Baubeginn Auftrag sistiert bzw. Auftrag nicht mehr erteilt			
U 1101	Obltn. Rudolf Dübler	5. 5. 45	Geltinger Bucht	○
U 1102	Obltn. G. Soll	24. 6. 45		□
			und versenkt	
U 1103	Obltn. Jürgen Iversen	24. 6. 45		□
			und versenkt	
U 1104	Obltn. Rüdiger Perleberg	Mai 45		□
U 1105	Obltn. Hans-Joachim Schwarz	Mai 45		□
U 1106	Obltn. Erwin Bartke	29. 3. 45	Nordatlantik	+
U 1107	Obltn. Fritz Parduhn	25. 4. 45	Biskaya	+
U 1108	Obltn. Wiegand	Mai 45		□
U 1109	Obltn. F. van Riesen	Mai 45		□
U 1110	Obltn. Joachim-Werner Bach	24. 6. 45		□
			und versenkt	
U 1111	bis U 1130 vor Baubeginn sistiert bzw. Auftrag nicht mehr erteilt			
U 1131	Obltn. Günter Fiebig	April 45	Kiel Fliebos	×
U 1132	Obltn. Walter Bruno Koch	5. 5. 45	Geltinger Bucht	○
U 1133	bis U 1160 vor Baubeginn Auftrag sistiert bzw. nicht mehr erteilt			
U 1161	Obltn. Bruno Schwalbach	5. 5. 45	Geltinger Bucht	○
U 1162	Obltn. Klaus Euler	5. 5. 45	Geltinger Bucht	○
U 1163	Obltn. Ernst-Ludwig Balduhn	Mai 45		□
			und versenkt	
U 1164	Letzter Kommandant nicht ermittelt	24. 7. 44	nach Fliegerbombenschäden in Kiel außer Dienst gestellt	
U 1165	Obltn. Helmuth Hamann	19. 5. 45		□
			und versenkt	
U 1166	Obltn. Sarto Ballert	22. 7. 44	nach Torpedoexplosion in Kiel außer Dienst gestellt	
U 1167	Obltn. Karl-Hermann Bortfeld	30. 3. 45	beim Luftangriff auf Hamburg	×
U 1168	Kptltn. Hans-Hugo Umlauf	5. 5. 45	Geltinger Bucht	○
U 1169	Obltn. H. Goldbeck	5. 4. 45	St. Georgs-Kanal	+
U 1170	Obltn. Friedrich Justi	3. 5. 45	Travemünde	○
U 1171	Obltn. W. Koopmann	Juni 45		□
U 1172	Obltn. Jürgen Kuhlmann	26. 1. 45	Irische See	+

U 1173	bis U 1190 vor Baubeginn Auftrag sistiert			
U 1191	Obltn. Peter Grau	25. 6. 44	Engl. Kanal	+
U 1192	Obltn. Karlheinz Meenen	3. 5. 45	Kiel	○
U 1193	Obltn. Joachim Guse	5. 5. 45	Geltinger Bucht	○
U 1194	Obltn. Franz Conen	24. 6. 45		□
			und versenkt	
U 1195	Kptltn. Ernst Cordes	6. 4. 45	Engl. Kanal	×
U 1196	Obltn. René Ballert	Aug. 44	nach Torpedoexplosion außer Dienst gestellt	
		3. 5. 45	Travemünde	○
U 1197	Obltn. Kurt Lau	24. 6. 45		□
			und versenkt	
U 1198	Obltn. Gerhard Peters	24. 6. 45		□
			und versenkt	
U 1199	Obltn. R. Stollmann	21. 1. 45	Kanal	×
U 1200	Obltn. Heinrich Mangels	11. 11. 44	Nordatlantik	+
U 1201	Obltn. Reinhold Merkle	Mai 45		□
U 1202	Kptltn. Rolf Thomsen	10. 5. 45	in Bergen außer Dienst gestellt	
U 1203	Obltn. Sigurd Seeger	Mai 45		□
			und versenkt	
U 1204	Obltn. Erwin Jestel	5. 5. 45	Geltinger Bucht	○
U 1205	Obltn. Hermann Zander	2. 5. 45	Kiel	○
U 1206	Kptltn. Karl-Adolf Schlitt	14. 4. 45	Nordsee	×
U 1207	Obltn. Kurt Lindemann	5. 5. 45	Geltinger Bucht	○
U 1208	Korv.K. Georg Hagene	20. 2. 45	St. Georgs-Kanal	+
U 1209	Obltn. Ewald Hülsenbeck	18. 12. 44	Engl. Kanal	×
U 1210	Obltn. P. Grabert	3. 5. 45	vor Eckernförde	×
U 1211	bis U 1220 vor Baubeginn Auftrag sistiert			
U 1221	Obltn. Paul Ackermann	3. 4. 45	in Kiel durch Flieger versenkt	
U 1222	Kptltn. Heinz Bielfeld	11. 7. 44	westl. La Rochelle	+
U 1223	Obltn. Albert Kneip	28. 4. 45	vor Wesermünde	×
U 1224	als japanisches U-Boot »RO 501«	13. 5. 44	nordwestl. Kap Verden	+
U 1225	Obltn. Ernst Sauerberg	24. 6. 44	nordwestl. Bergen	+
U 1226	Obltn. August Wilhelm Claußen	28. 10. 44	Nordatlantik verschollen	+
U 1227	Obltn. Fritz Altmeier	April 45	durch Flieger in Kiel vernichtet	
U 1228	Obltn. Friedrich-Wilhelm Marienfeld	Mai 45		□
U 1229	Korv.K. Armin Zinke	20. 8. 44	südöstl. Neufundland	+
U 1230	Kptltn. Hans Hilbig	24. 6. 45		□
			und versenkt	
U 1231	Obltn. Helmut Wicke	Mai 45		□
U 1232	Obltn. Götz Roth	24. 6. 45		□
U 1233	Obltn. Peter Niemeyer	24. 6. 45		□
			und versenkt	
U 1234	Obltn. Hans-Christian Wrede	5. 5. 45	Geltinger Bucht	○
U 1235	Obltn. Franz Barsch	15. 4. 45	Nordatlantik	+
U 1271	Obltn. Gerhard Thiemann	Mai 45		□
U 1272	Obltn. Hans Schatteburg	Mai 45		□
U 1273	Obltn. Helmut Knollmann	17. 2. 45	Oslofjord/Norwegen	+
U 1274	Obltn. Hans-Hermann Fitting	16. 4. 45	Nordsee	+
U 1275	Obltn. Günther Frohberg	Mai 45	in Bergen außer Dienst gestellt, später	□
U 1276	Obltn. Karl-Heinz Wendt	3. 4. 45	Nordmeer	+
U 1277	Obltn. Peter Stever	3. 6. 45	Nordatlantik	○
U 1278	Obltn. Erich Müller-Bethke	17. 2. 45	Nordmeer	+
U 1279	Obltn. Hans Falke	3. 2. 45	Nordmeer	×
U 1280	bis U 1300 vor Baubeginn Auftrag sistiert bzw. nicht mehr vergeben			
U 1301	Kptltn. Paul-Ehrenfried Lenkait	Mai 45		□
			und versenkt	
U 1302	Kptltn. Wolfgang Herwartz	7. 3. 45	St. Georgs-Kanal	+
U 1303	Obltn. Heinz Baum	5. 5. 45	Geltinger Bucht	○
U 1304	Obltn. W. Süss	5. 5. 45	Geltinger Bucht	○
U 1305	Obltn. Hans Christiansen	Mai 45		□
U 1306	Obltn. U. Kießling	5. 5. 45	Geltinger Bucht	○
U 1307	Obltn. Hans Buscher	Mai 45		□
			und versenkt	
U 1308	Obltn. Heinrich Besold	2. 5. 45	nordwestl. Warnemünde	○
U 1309	bis U 1404 vor Baubeginn Auftrag sistiert bzw. nicht mehr vergeben			
U 1405	Obltn. Herbert Rex	5. 5. 45	Geltinger Bucht	○

U 1406	Obltn. Werner Klug	5. 5. 45	Cuxhaven	○
U 1407	Obltn. Horst Heitz	5. 5. 45 1946–50	Cuxhaven, gehoben, an England als brit. »METEORITE«, dann abgebrochen	○
U 1408	Kmdt. nicht ermittelt, nicht im Dienst			
U 1409	Kmdt. nicht ermittelt, nicht im Dienst			
U 2321	Obltn. Hans Heinrich Barschkis	Mai 45	und versenkt	□
U 2322	Obltn. Fridtjof Heckel	Mai 45	und versenkt	□
U 2323	Obltn. Walter Angermann	29. 7. 44	Strander Bucht	×
U 2324	Kptltn. Konstantin von Rappard	Juni 45	und versenkt	□
U 2325	Obltn. Kurt Eckel	Mai 45	und versenkt	□
U 2326	Obltn. Karl Jobst	Mai 45 6. 12. 46	mit franz. Besatzung vor Toulon gesunken	□
U 2327	Obltn. Wolfgang Schulz	2. 5. 45	in Hamburg	○
U 2328	Obltn. Peter Lawrence	Mai 45	und versenkt	□
U 2329	Obltn. Heinrich Schlott	Juni 45	und versenkt	□
U 2330	Obltn. H. Beckmann	3. 5. 45	in Kiel	○
U 2331	Obltn. Hans Walter Pahl	Okt. 44	vor Hela durch Unfall verlorengegangen	×
U 2332	Obltn. Dieter Bornkessel	2. 5. 45	in Hamburg	○
U 2333	Obltn. Gerhard Baumann	5. 5. 45	Geltinger Bucht	○
U 2334	Obltn. Walter Angermann	Mai 45	und versenkt	□
U 2335	Obltn. Karl-Dietrich Benthin	Mai 45	und versenkt	□
U 2336	Obltn. Emil Klusmeier	Juni 45	und versenkt	□
U 2337	Obltn. G. Genisch	Mai 45	und versenkt	□
U 2338	Obltn. K. D. Kaiser	4. 5. 45	Kleiner Belt vor Fredericia	+
U 2339	Obltn. Wörmann	Mai 45	Geltinger Bucht	○
U 2340	Obltn. Emil Klusmeier	30. 3. 45	beim Luftangriff auf Hamburg vernichtet	
U 2341	Obltn. Böhm	24. 6. 45	und versenkt	□
U 2342	Obltn. Berchthold Schad von Mittelbiberach	26. 12. 44	vor Swinemünde	+
U 2343	Kptltn. Gerhard Kellerstrass	5. 5. 45	Geltinger Bucht	○
U 2344	Obltn. Ellerhage	18. 2. 45 1956	nach Kollision vor Heiligendamm gesunken durch Sowjetzone geborgen	
U 2345	Obltn. K. Steffen	Juni 45	und versenkt	□
U 2346	Obltn. von der Höh	5. 5. 45	Geltinger Bucht	○
U 2347	Obltn. Willibald Ulbing	5. 5. 45	in der Geltinger Bucht	○
U 2348	Obltn. Georg Goschzik	Juni 45	und versenkt	□
U 2349	Obltn. Hans-Georg Müller	5. 5. 45	Geltinger Bucht	○
U 2350	Obltn. Werner Schauer	Mai 45	und versenkt	□
U 2351	Ltn. Werner Brückner	April 45 Juni 45	in Kiel außer Dienst gestellt	□
U 2352	Ltn. Sigmund Budzyn	5. 5. 45	Geltinger Bucht	○
U 2353	Obltn. Jürgen Hillmann	Mai 45		□
U 2354	Obltn. Dieter Wex	Mai 45	und versenkt	□
U 2355	Obltn. Franke	3. 5. 45	in Kieler Förde vor Laboe gesunken	
U 2356	Obltn. Paul Härtel	24. 6. 45	und versenkt	□
U 2357	Obltn. Erwin Heinrich	5. 5. 45	Geltinger Bucht	○
U 2358	Obltn. J. Breun	5. 5. 45	Geltinger Bucht	○
U 2359	Obltn. G. Bischoff	2. 5. 45	Kattegatt	+
U 2360	Ltn. Kurt Schrobach	5. 5. 45	Geltinger Bucht	○

U 2361	Obltn. Heinz von Hennig	Mai 45		□
			und versenkt	
U 2362	Obltn. Martin Czekowski	5. 5. 45	Geltinger Bucht	○
U 2363	Ltn. Karl Frahm	Mai 45		□
			und versenkt	
U 2364	Kptltn. Gerhard Remus	5. 5. 45	Geltinger Bucht	○
U 2365	Obltn. Uwe Christiansen	5. 5. 45	Kattegatt nach Fliebos	○
		Juni 56	gehoben	
		Juli 57	Bundesmarine »Hai«	
U 2366	Obltn. Kurt Jäckel	5. 5. 45		□
			und versenkt	
U 2367	Ltn. Heinz Schröder	5. 5. 45	im Großen Belt durch Kollision mit einem anderen U-Boot gesunken, 1956 gehoben, dann B-Marine	
U 2368	Ltn. Fritz Ufermann	5. 5. 45		□
			und versenkt	
U 2369	Obltn. Hans-Walter Pahl	5. 5. 45		□
			und versenkt	
U 2370	Obltn. Dieter Bornkessel	Mai 45	in Hamburg	○
U 2371	Obltn. Johannes Kühne	Mai 45	in Hamburg	○
U 2372	bis U 2400 noch im Zusammenbau gesprengt			
U 2401	bis U 2500 vor Baubeginn Auftrag sistiert			
U 2501	Obltn. Otto Hübschen	2. 5. 45	in Hamburg	○
U 2502	Kptltn. Heinz Franke	Mai 45		□
U 2503	Kptltn. Karl Jürg Wächter	4. 5. 45	im Kleinen Belt	×
U 2504	Obltn. Horst Günther	2. 5. 45	in Hamburg	○
U 2505	Obltn. Martin Duppel		wie U 2504	
U 2506	Kptltn. Horst von Schröter	Mai 45		□
U 2507	Kptltn. Paul Siegmann	5. 5. 45	in der Geltinger Bucht	○
U 2508	Obltn. Uwe Christiansen	3. 5. 45	in Kiel	○
U 2509	Korv.K. Rudolf Schendel	8. 4. 45	Hamburg	
U 2510	Obltn. Werner Herrmann	3. 5. 45	vor Travemünde	○
U 2511	Korv.K. Adalbert Schnee	Mai 45		□
U 2512	Kptltn. Hubert Nordheimer	3. 5. 45	in Eckernförde	○
U 2513	Freg.K. Erich Topp	Mai 45		□
U 2514	Kptltn. Rolf-Birger Wahlen	8. 4. 45	Hamburg Fliebos	×
U 2515	Kptltn. Rolf Borchers	11. 3. 45	wie U 2514	
U 2516	Obltn. Fritz Kallipke	8. 4. 45	wie U 2514	
U 2517	Obltn. Hans-Jürgen Hansen	4. 5. 45	in der Flensburger Förde	○
U 2518	Obltn. Friedrich Weidner	Mai 45		□
U 2519	Korv.K. Peter Erich Cremer	3. 5. 45	in Kiel	○
U 2520	Obltn. A. Schubert	3. 5. 45	in Kiel	○
U 2521	Obltn. Joachim Methner	4. 5. 45	östlich Aarhus	+
U 2522	Kptltn. Horst-Thilo Queck	5. 5. 45	in der Geltinger Bucht	○
U 2523	Kptltn. Hans-Heinrich Ketels	17. 1. 45	Hamburg Fliebos	×
U 2524	Kptltn. Ernst von Witzendorff	3. 5. 45	im Kattegatt	○
U 2525	Kptltn. Paul-Friedrich Otto	5. 5. 45	in der Geltinger Bucht	○
U 2526	Obltn. Otto Hohmann	2. 5. 45	vor Travemünde	○
U 2527	Obltn. Heinz Götze	2. 5. 45	vor Travemünde	○
U 2528	Obltn. Otto Bitter	2. 5. 45	vor Travemünde	○
U 2529	Obltn. Fritz Kallipke	Mai 45		□
U 2530	Kptltn. Max Bockelberg	11. 3. 45	Hamburg Fliebos	×
U 2531	Obltn. Heinz Niß	2. 5. 45	bei Travemünde	○
U 2532		8. 4. 45	Hamburg Fliebos	×
U 2533	Obltn. Horst Günther	3. 5. 45	in Travemünde	○
U 2534	Kptltn. Ulrich Drews	6. 5. 45	im Kattegatt	+
U 2535	Obltn. Otto Bitter	3. 5. 45	in Travemünde	○
U 2536	Obltn. Ulrich Vöge	3. 5. 45	in Travemünde	○
U 2537	Obltn. Heinrich Klapdor	8. 4. 45	Hamburg Fliebos	×
U 2538	Obltn. Heinrich Klapdor	9. 5. 45	vor Ärö	×
U 2539	Obltn. Erich Jewinski	3. 5. 45	in Kiel	○
U 2540	Obltn. Rudolf Schultze	4. 5. 45	in der Flensburger Förde nach Fliebos	○
U 2541	Kptltn. Rolf-Birger Wahlen	5. 5. 45	in der Geltinger Bucht	○
U 2542	Obltn. Otto Hübschen	3. 5. 45	Kiel Fliebos	×
U 2543	Obltn. Stolzenburg	3. 5. 45	in Kiel	○
U 2544	Obltn. Rudolf Meinelschmidt	5. 5. 45	Aarhus	○
U 2545	Obltn. Hans-Bruno Freiherr von Müffling	3. 5. 45	in Kiel	○

U 2546	Obltn. Dobbert	3. 5. 45	in Kiel	○
U 2547	Obltn. Freimuth Richter	8. 4. 45	auf Helling durch Flieger zerstört	
U 2548	Obltn. Karl-Erich Utischill	3. 5. 45	Kiel	○
U 2549	Obltn. Kurt Sureth	8. 4. 45	auf Helling durch Flieger zerstört dann AD	
U 2550	Obltn. Günter Wolff	8. 4. 45	auf Helling durch Flieger zerstört dann AD	
U 2551	Kptltn. Gerhard Schaar	5. 5. 45	in der Geltinger Bucht	○
U 2552	Obltn. Johannes Rudolph	5. 5. 45	Kiel	○
U 2553	bis U 2564 fast fertig, dann abgebrochen			
U 2565	bis U 2761 im Sektions-Bau gewesen. Abgebrochen			
U 2762	bis U 3000 vor Baubeginn Auftrag nicht mehr vergeben			
U 3001	Kptltn. Hans Vogel	1. 5. 45	vor Wesermünde	○
U 3002	Freg.K. Hermann Kaiser	2. 5. 45	in Travemünde	○
U 3003	Obltn. Ludo Kregelin	4. 4. 45	Kiel Fliebos	×
U 3004	Obltn. Hans-Helmut Poeschel	2. 5. 45	in Hamburg Fliebos	×
U 3005	Obltn. Fritz-Heinrich Hinrichs	3. 5. 45	in Kiel	○
U 3006	Obltn. Ernst Fischer	1. 5. 45	in Wilhelmshaven	○
U 3007	Kptltn. Karl Heinz Marbach	24. 2. 45	Bremen Fliebos	×
U 3008	Kptltn. Helmut Manseck	Juni 45	nach Kiel von den USA	□
U 3009	Kptltn. Karl Schimpf	1. 5. 45	vor Wesermünde	○
U 3010	Kptltn. Hans Bungards	3. 5. 45	in Kiel	○
U 3011	Kptltn. Otto Tinschert	3. 5. 45	bei Travemünde	○
U 3012	Kptltn. Friedrich Klövekorn	3. 5. 45	bei Travemünde	○
U 3013	Obltn. Horst Eilers	3. 5. 45	bei Travemünde	○
U 3014	Kptltn. Karl-Heinz Marbach	3. 5. 45	vor Neustadt/Holstein	○
U 3015	Kptltn. Peter Ottmar Grau	5. 5. 45	in der Geltinger Bucht	○
U 3016	Kptltn. Wilhelm Meentzen	2. 5. 45	bei Travemünde	○
U 3017	Obltn. Lindschau	Mai 45	von Horten nach England	□
U 3018	Obltn. Siegfried Breinlinger	2. 5. 45	bei Travemünde	○
U 3019	Obltn. Ernst Racky	2. 5. 45	bei Travemünde	○
U 3020	Obltn. Männele	2. 5. 45	bei Travemünde	○
U 3021	Obltn. von Meeteren	2. 5. 45	bei Travemünde	○
U 3022	Kptltn. Paul Weber	5. 5. 45	Geltinger Bucht	○
U 3023	Obltn. Henning Harms	2. 5. 45	bei Travemünde	○
U 3024	Obltn. Blaich	3. 5. 45	vor Neustadt/Holstein	○
U 3025	Kptltn. Hans Vogel	3. 5. 45	bei Travemünde	○
U 3026	Obltn. Fresche	3. 5. 45	bei Travemünde	○
U 3027	Obltn. Kreimann	3. 5. 45	bei Travemünde	○
U 3028	Kptltn. Erwin Christophersen	3. 5. 45	im Großen Belt	+
U 3029	Kptltn. Hermann Lamby	3. 5. 45	in Kiel	○
U 3030	Obltn. Bernhard Luttmann	3. 5. 45	im Kleinen Belt	×
U 3031	Obltn. Joachim-Werner Bach	3. 5. 45	in Kiel	○
U 3032	Obltn. Horst Slevogt	3. 5. 45	im Kleinen Belt	×
U 3033	Obltn. Geilsen	5. 5. 45	in der Geltinger Bucht	○
U 3034	Obltn. Wilhelm Prehn	5. 5. 45	in der Geltinger Bucht	○
U 3035	Obltn. Ernst Gerke	Juni 45		□
U 3036	Während des Zusammenbaues in Bremen durch Fliegerbomben zerstört			
U 3037	Kptltn. Gustav-Adolf Janßen	2. 5. 45	bei Travemünde	○
U 3038	Obltn. Matthias Brünig	3. 5. 45	in Kiel	○
U 3039	Kptltn. Günter Ruperti	3. 5. 45	in Kiel	○
U 3040	Kptltn. Horst Robbers	3. 5. 45	in Kiel	○
U 3041	Kptltn. Hans Hornkohl	Mai 45	von Horten nach England	□
U 3042	und U 3043 beim Zusammenbau in Bremen durch Fliegerbomben zerstört	April 45		
U 3044	Obltn. Detlef von Lehsten	5. 5. 45	in der Geltinger Bucht	○
U 3045	bis U 3061 fast fertiggestellt, aber nicht mehr im Dienst			
U 3062	bis U 3500 im Sektionsbau abgebrochen oder vor Baubeginn Auftrag sistiert			
U 3501	Kptltn. Hans-Joachim Schmidt-Weichert	1. 5. 45	Wesermünde	○
U 3502	Obltn. Hermann Schultz	2. 5. 45	Hamburg	○
U 3503	Obltn. Hugo Deiring	8. 5. 45	im Kattegatt	○
U 3504	Kptltn. Karl Hartwig Siebold	1. 5. 45	in Wilhelmshaven	○
U 3505	Obltn. Horst Willner	3. 5. 45	durch Flieger in Kiel vernichtet	×
U 3506	Kptltn. Gerhard Thäter	2. 5. 45	Hamburg	○

U 3507	Obltn. Otto Niethmann	3. 5. 45	bei Travemünde	○
U 3508	Kptltn. Detlef von Lehsten	4. 3. 45	in Wilhelmshaven durch Flieger vernichtet	×
U 3509	Obltn. Geiler	Sept. 44 3. 5. 45	Beim Zusammenbau durch Fliegerbomben stark beschädigt und nach Weiterbau in Bremen selbst gesprengt, abgewrackt	
U 3510	Obltn. Werner Schwirley	5. 5. 45	in der Geltinger Bucht	○
U 3511	Kotltn. Hermann Schrenk	3. 5. 45	bei Travemünde	○
U 3512	Kptltn. Hans Hornkohl	8. 4. 45	in Kiel durch Flieger vernichtet	×
U 3513	Obltn. Otto-H. Nachtigall	3. 5. 45	bei Travemünde	○
U 3514	Obltn. Günther Fritze	Mai 45	in Bergen	□
			und versenkt	
U 3515	Obltn. Kuscher	Mai 45	Horten	□
U 3516	Kptltn. Gerhard Groth	2. 5. 45	bei Travemünde	○
U 3517	Obltn. Helmut Münster	2. 5. 45	bei Travemünde	○
U 3518	Kptltn. Herbert Brünning	3. 5. 45	Kiel	○
U 3519	Kptltn. Richard von Harpe	2. 3. 45	Warnemünde	+
U 3520	Obltn. Sarto Ballert	31. 1. 45	Kieler Bucht durch Minentreffer gesunken, gehoben, abgewrackt	+
U 3521	Obltn. Günther Keller	2. 5. 45	bei Travemünde	○
U 3522	Obltn. D. Lenzmann	2. 5. 45	bei Travemünde	○
U 3523	Obltn. Werner Müller	5. 5. 45	östlich Aarhus	+
U 3524	Korv.K. Hans Witt	5. 5. 45	in der Geltinger Bucht	○
U 3525	Kptltn. Hans-Ludwig Gaude	1. 5. 45	Kiel	○
U 3526	Obltn. Karl-Heinz Schmidt	5. 5. 45	in der Geltinger Bucht	○
U 3527	Obltn. Willy Kronenbitter	1. 5. 45	vor Wesermünde	○
U 3528	Kptltn. Heinz Zwarg	1. 5. 45	vor Wesermünde	○
U 3529	Obltn. Kurt Hilbig	5. 5. 45	in der Geltinger Bucht	○
U 3530	Kptltn. Wilhelm Brauel	3. 5. 45	in Kiel	○
U 3531	bis U 3537 kurz vor Fertigstellung abgeschleppt nach Bremerhaven, bis 1946 abgewrackt	Mai 45	Kiel	○
U 3532	Obltn. Peter Niemeyer	Mai 45	Brunsbüttel AD, 1946 Abbruch	
U 3533	Obltn. Jaenicke		v. Danzig n. Westen, 1946 Abbruch	
U 3534	Obltn. Wolff Günther		v. Danzig n. Westen	
U 3535	Obltn. Walter Zenker		v. Danzig n. Westen, Rußland	
U 3536	Obltn. Heinrich Gode		Rußland	□
U 3537	Obltn. Hubertus Korndörfer		Rußland	□
U 3538	bis U 3695 Sektion zum Teil fertig, zum Teil im Zusammenbau. Fertigbau von 20 bis 30 Booten für UdSSR möglich			
U 3696	bis U 4000 vor Baubeginn Auftrag sistiert			
U 4001	bis U 4500 unfertig abgebr. bzw. nicht mehr vergeben			
U 4501	bis U 4700 unfertig abgebr. bzw. nicht mehr vergeben			
U 4701	bis U 4703	5. 5. 45	Flensburger Förde	○
U 4704	Obltn. Gerhard Franceschi	5. 5. 45	Flensburg	○
U 4705	Obltn. Landt-Hayen	3. 5. 45	Kiel	○
U 4706	Obltn. Manfred Schneider	1948	an Norwegen »Knerter«	
U 4707	Obltn. Leder	5. 5. 45		○
U 4708	Obltn. Schulz	Mai 45	im Bau durch Flieger beschädigt und abgewrackt	
U 4709		4. 5. 45	in Kiel durch Flieger im Dock vernichtet	
U 4710	Obltn. Ludwig-Ferdinand von Friedeburg	5. 5. 45	Geltinger Bucht	○
U 4711	Obltn. Harald Endler	4. 5. 45	in Kiel durch Flieger im Dock vernichtet	
U 4712	Obltn. Karl Fleige	4. 5. 45	in Kiel durch Flieger im Dock vernichtet	
U 4713	bis U 4891 im Zusammenbau bzw. Sektionsbau gesprengt u. abgewrackt			
U 4892	bis U 5000 nicht mehr gebaut			
U 5001	bis U 6351 waren im Bau, wurden sistiert. Frontbereit waren 30+50 Boote Typ XXVII b Kleinst-U-Boot			

Unter 37 U-Booten, die ursprünglich unter fremder Flagge fuhren und von der deutschen Kriegsmarine übernommen wurden, befanden sich:

1 Türke	(UA), türkischer Bauauftrag, 3. Mai 45 in Kiel selbst gesprengt
1 Engländer	(UB) 1940 gekapert, 3. Mai 45 in Kiel selbst gesprengt
2 Norweger	(UC1 und UC2) 1940 erbeutet, 1942 bzw. 1944 in Norwegen abgewrackt
5 Holländer	(UD1 und UD5) 1940 erbeutet, davon 1 Boot selbst versenkt, 2 Boote selbst gesprengt, 1 Boot außer Dienst gestellt, 1 Boot zurück
3 Franzosen	(UF1 bis UF3) 1940 erbeutet, davon 2 Boote selbst versenkt, 1 Boot selbst gesprengt
25 Italiener	(UIT1 – UIT25) nach 8. Sept. 1943 übernommen, sechs Boote in Häfen, zwei Boote im Einsatz vernichtet, 14 Boote selbst gesprengt, ein Boot nicht in Dienst gestellt, zwei Boote im Mai 45 von Japanern übernommen.